Pfeifer · Praxisbuch Qualitätsmanagement

Tilo Pfeifer

Praxisbuch Qualitätsmanagement

Aufgaben, Lösungswege, Ergebnisse

2., vollständig überarbeitete und erweiterte Auflage,
mit 214 Abbildungen und 34 Tabellen

HANSER

Professor Dr.-Ing. Dr. h. c. Prof. h. c. T. Pfeifer
Fraunhofer-Institut für Produktionstechnologie (IPT), Aachen
Abteilung Mess- und Qualitätstechnik
und
Werkzeugmaschinenlabor der RWTH Aachen (WZL)
Lehrstuhl für Fertigungsmesstechnik und Qualitätsmanagement

Die Deutsche Bibliothek – CIP-Einheitsaufnahme

Ein Titeldatensatz für diese Publikation
ist bei Der Deutschen Bibliothek erhältlich.
ISBN 3-446-21508-5

Dieses Werk ist urheberrechtlich geschützt.
Alle Rechte, auch die der Übersetzung, des Nachdrucks und der Vervielfältigung des Buches oder Teilen daraus, vorbehalten. Kein Teil des Werkes darf ohne schriftliche Genehmigung des Verlages in irgendeiner Form (Fotokopie, Mikrofilm oder einem anderen Verfahren), auch nicht für Zwecke der Unterrichtsgestaltung – mit Ausnahme der in den §§ 53, 54 URG ausdrücklich genannten Sonderfälle –, reproduziert oder unter Verwendung elektronischer Systeme verarbeitet, vervielfältigt oder verbreitet werden.

© 2001 Carl Hanser Verlag München Wien

Satz: Manuela Treindl, Regensburg
Druck und Bindung: Druckhaus „Thomas Müntzer" GmbH, Bad Langensalza
Umschlaggestaltung: MCP Susanne Kraus GbR, Holzkirchen, unter Verwendung eines Bildes der Bavaria Bildagentur GmbH, Gauting
Printed in Germany

Vorwort zur zweiten Auflage

Qualitätsmanagement hat heute mehr oder weniger stark in jedem Unternehmen Einzug gehalten. Die Potenziale zur Verbesserung der firmeninternen und -übergreifenden Produktions- und Dienstleistungsprozesse sind hinlänglich bekannt. Trotzdem gibt es bei der praktischen Umsetzung der vom Qualitätsmanagement bereitgestellten Methoden immer noch Probleme. Verantwortlich sind hierfür teilweise erhebliche Defizite in der Kenntnis der Methoden. Zum anderen fehlt es an anschaulichen Fallbeispielen, anhand derer die mit der Umsetzung von Elementen des Qualitätsmanagement betrauten Mitarbeiter ihre Aktivitäten in Unternehmen praxisgerecht planen und umsetzen können.

Um einen Beitrag zur praxisnahen Vermittlung der Thematik zu leisten, ist das vorliegende Buch entstanden. Aufbauend auf meinem Lehrbuch Qualitätsmanagement, das eher die Grundlagen der im Qualitätsmanagement anzuwendenden Techniken, Methoden und Strategien vermittelt, soll dieses Praxishandbuch dazu dienen, die im Lehrbuch theoretisch vorgestellten Methoden anhand von Fallbeispielen aus der Praxis in ihrer Anwendung näher kennenzulernen. Durch die Einbindung von Übungsaufgaben wird dem Leser darüber hinaus die Möglichkeit gegeben, sich gründlich mit der behandelten Materie auseinanderzusetzen.

Das Praxishandbuch basiert auf meiner langjährigen Erfahrung als Hochschullehrer, die sich mit der Erkenntnis deckt, dass ein durchschnittlich begabter Mensch lediglich 20 % vom „Gehörten", bereits 50 % vom „Gelesenen" und – man staune – 95 % vom „Praktizierten" behält.

Es war daher auch für die zweite Auflage mein besonderes Anliegen, mit den in diesem Buch vorgestellten Fallbeispielen den Prozess des „learning by doing" nachhaltig zu stimulieren, um somit eine stärkere Verankerung des erworbenen Wissens zu erreichen. Alle hier aufgeführten Fallbeispiele beruhen auf vom Fraunhofer Institut für Produktionstechnologie (IPT) und dem Laboratorium für Werkzeugmaschinen und Betriebslehre (WZL) durchgeführten Projekten mit Partnern aus den verschiedensten Bereichen der Industrie. Somit beschreiten wir mit dem vorliegenden Buch nicht den klassischen Weg der Wissensvermittlung (90 % Theorie – 10 % Praxis) sondern genau den umgekehrten Weg (10 % Erläuterung – 90 % Praxis), womit eine wesentliche Lücke in der Wissensvermittlung zum Thema Qualitätsmanagement geschlossen wird.

Das Handbuch zielt darauf ab, die Grundausbildung an Technischen Hochschulen, Universitäten, Fachhochschulen und Berufsbildenden Schulen auf dem wichtigen und interdisziplinären Gebiet des Qualitätsmanagements nachhaltig zu unterstützen und praxisorientiert auszurichten. Darüber hinaus soll es ebenso die immer wichtiger werdenden Aus- und Weiterbildungsaktivitäten vor Ort in der Industrie unterstützen.

In seiner zweiten Auflage wurde das Buch inhaltlich um aktuelle Themen ergänzt. Neben Beispielen zum prozessorientierten Qualitätsmanagement und einer Methodik zur systematischen Qualitätsplanung (Control Plan), die ihren Ursprung in der Richtlinie

QS 9000 hat, wurde das Thema Industrielles Verbesserungsmanagement neu aufgenommen.

Um für den Leser eine möglichst übersichtliche Einordnung der behandelten Themen zu bieten, wurde das Buch ebenso wie das Lehrbuch „Qualitätsmanagement" in zwei Teile gegliedert. Während in Teil A der Schwerpunkt der Inhalte auf die Strategien und Rahmenbedingungen des Qualitätsmanagements gelegt wurde, behandelt Teil B schwerpunktmäßig Methoden und Techniken des Qualitätsmanagements.

Die dargestellten Fallbeispiele decken sowohl hinsichtlich der Einzelaspekte der diversen Methodiken und Techniken als auch hinsichtlich der Reichweite implementierter Gesamtsysteme ein Themenfeld von außerordentlicher Breite und Tiefe ab. Daher ist dieses Buch ein Gemeinschaftswerk und konnte nur durch die intensive Zusammenarbeit zwischen externen Spezialisten und Institutsmitarbeiterinnen und -mitarbeitern entstehen.

Ich möchte an dieser Stelle zunächst meinen herzlichen Dank allen Industriepartnern aussprechen, die durch die freundliche Bereitstellung von Datenmaterialien, Unterlagen oder auch kompletten Fallbeispielen ganz entscheidend dazu beigetragen haben, dass dieses Buch in der vorliegenden Form entstehen konnte.

Für ihren unermüdlichen Einsatz bei der textlichen Ausgestaltung und Bearbeitung der einzelnen Beiträge sowie der Erstellung des umfangreichen Bildmaterials gilt mein Dank meinen Mitarbeiterinnen E. Geiger und S. Schermesser, sowie meinen Mitarbeitern A. Bisenius, F. Bitte, H. Borghese, J. Dahmen, D. Effenkammer, T. Greshake, G. Hanel, S. Heiliger, F. Lesmeister, P. Lorenzi, M. Merget, A. Napierala, R. Reinecke, M. Rübartsch, T. Russack, D. Sack, R. Schmidt, L. Sommerhäuser, Dr. D. Steins, M. Tillmann und Dr. V. Varnhagen.

Besonderer Dank gilt meinen Mitarbeitern Herrn G. Hanel und Herrn M. Tillmann für die Gesamtkoordination zur Erstellung des Buches.

Aachen, Herbst 2000   Prof. Dr.-Ing. Dr. h. c. Prof. h. c. T. Pfeifer

Vorwort zur ersten Auflage

Qualitätsmanagement – heute in aller Munde – wird trotz des ihm innewohnenden Potentials zur Verbesserung der Leistungserstellung in Produktions- und Dienstleistungsprozessen bzw. allgemein zur Optimierung von Geschäftsprozessen viel zu selten voll ausgeschöpft. Wie mannigfaltige Studien, branchenübergreifende Analysen oder auch auf bestimmte Produktsegmente fokussierte Erhebungen immer wieder verdeutlichen, sind es gravierende Defizite in der Kenntnis und vor allem nicht ausgebildete Fähigkeiten in der Anwendung der im jeweiligen Segment einzusetzenden QM-Methoden, die hierfür verantwortlich zu machen sind.

Aufbauend auf meinem Lehrbuch Qualitätsmanagement, das einen Beitrag zur Wissensvermittlung der im Qualitätsmanagement anzuwendenden Techniken, Methoden und Strategien leistet und sich an den einzelnen Phasen der Produktentstehung orientiert, soll dieses Praxishandbuch dazu dienen, die theoretisch vorgestellten Methoden anhand realer Fälle in ihrer tatsächlichen Anwendung näher kennenzulernen. Durch die Einbindung von Übungsaufgaben und Lernerfolgsfragen wird dem Leser darüber hinaus die Möglichkeit gegeben, sich effektiv mit der behandelten Materie auseinanderzusetzen.

Das Praxishandbuch entstand aus meiner langjährigen Erfahrung als Hochschullehrer, die sich voll mit der bekannten Erkenntnis deckt, dass ein durchschnittlich begabter Mensch lediglich 20 % vom „Gehörten", bereits 50 % vom „Gelesenen" und – man staune – 95 % vom „Praktizierten" behält.

Es war daher mein besonderes Anliegen, mit den in diesem Buch vorgestellten Übungen und Anwendungsbeispielen den Prozess des, wie man heute so schön sagt, „learning by doing" nachhaltig zu stimulieren, um somit eine stärkere Wissensverankerung zu erreichen. Alle aufgeführten Fallbeispiele beruhen im übrigen auf konkret durchgeführten Projekten mit Industriepartnern, des Fraunhofer Instituts für Produktionstechnologie (IPT) und des Laboratoriums für Werkzeugmaschinen und Betriebslehre (WZL). Somit wird hier nicht der klassische Weg der Wissensvermittlung [90 % Theorie – 10 % Praxis], sondern genau der umgekehrte Weg [10 % einführende Erläuterung – 90 % Praxis] durchschritten, womit eine wesentliche Lücke in der Vermittlung des QM-Wissens geschlossen wird.

Das Handbuch zielt darauf ab, die Grundausbildung an Technischen Hochschulen, Universitäten, Fachhochschulen und Berufsbildenden Schulen auf dem wichtigen, interdisziplinären Gebiet des Qualitätsmanagements nachhaltig zu unterstützen und praxisorientiert auszurichten. Darüber hinaus soll es dazu dienen, unverzichtbare Aus- und Weiterbildungsprozesse vor Ort in der Industrie zu unterstützen sowie Selbstlernprozesse zur Wissensauffrischung bzw. -vertiefung zu fördern.

Das vorliegende Praxishandbuch, wie nahezu alles im Anwendungsfeld des Qualitätsmanagements, ein Gemeinschaftswerk. Es ist entstanden durch eine sehr engagierte und effiziente Zusammenarbeit zwischen externen Spezialisten und Institutsmitarbeiterinnen und -Mitarbeitern. Ich möchte an dieser Stelle zunächst meinen herzlichen Dank allen Industriepartnern aussprechen, die durch die vorbehaltlose Bereitstellung von Datenmaterialien, Unterlagen oder kompletten Fallbeispielen ganz entscheidend dazu beigetragen haben, dass dieses Buch in der vorliegenden Form entstehen konnte.

Für ihren unermüdlichen Einsatz bei der textlichen Ausgestaltung und Bearbeitung der einzelnen Übungsbeiträge sowie der Erstellung des umfangreichen Bildmaterials gilt mein besonderer Dank Jenny Becker (IAW), Dr. Bernd Gimpel, Dr. Dietmar Köppe, Burkhard Ludes (GFQS), Jens Kamphausen (BMW), Markus Müller (IPT/PO), meiner Mitarbeiterin Susanne Korsmeier sowie meinen Mitarbeitern Johannes Böhmer, Dr. Rolf Flamm, Dr. Reinhard Freudenberg, Waldemar Gaida, Robert Grob, Dr. Jan Heine, Pavlos Klonaris, Stefan Meyer, Albert Neumann, Dr. Thomas Prefi, Dr. Stephan Rhiem, Christoph Theis, Michael Tobias, Thomas Weingarten, Mathias Wunderlich und Thomas Zenner.

Herrn Klonaris gebührt in diesem Zusammenhang besonderer Dank für die gesamte Koordination zur Erstellung des Buches.

Aachen, Frühjahr 1996   Prof. Dr.-Ing. Prof. h. c. Dr. h. c. Tilo Pfeifer

Inhaltsverzeichnis

Vorwort zur zweiten Auflage V

Vorwort zur ersten Auflage VII

Abkürzungsverzeichnis XV

KAPITEL 1:   TQM – Philosophie und Werkzeuge 1

1.1   Einführung 2

1.2   Seven Tools – Übungen zu den sieben statistischen Werkzeugen 2

      1.2.1   Strichliste 2
      1.2.2   Histogramm 2
      1.2.3   Pareto-Diagramm 4
      1.2.4   Ursache-Wirkungs-Diagramm (Ishikawa-Diagramm) 7
      1.2.5   Korrelationsdiagramm 9
      1.2.6   Verlaufsdiagramm 11

1.3   Der kontinuierliche Verbesserungsprozess (KVP) 13

      1.3.1   KVP im Produktionsbereich 14
      1.3.2   KVP im Logistikbereich 19
      1.3.3   Zusammenfassung 21

1.4   Das TQM-Instrument der Personalentwicklung:
     Die Bildungsbedarfsanalyse 21

1.5   Gruppenarbeit 24

1.6   Die Werkerselbstprüfung – der erste Schritt zur Eigenverantwortung 24

      1.6.1   Vorstellung des Unternehmens und der Rahmenbedingungen 25
      1.6.2   Die Werkerselbstprüfung 25
      1.6.3   Vorgehensweise bei der Einführung 25
      1.6.4   Bewertung 28
      1.6.5   Ergebnisse 29
      1.6.6   Fazit 30

1.7   Lernerfolgsfragen 30

1.8   Antworten 31

| KAPITEL 2: | Qualitätsmanagementsysteme | 35 |

2.1 Prozessorientiertes Qualitätsmanagement 37
    2.1.1 Grundlagen 37
    2.1.2 Praxisbeispiel zur Absicherung von Geschäftsprozessen 41
2.2 Der Control Plan – Systematische Qualitätsplanung in der
    Automobilindustrie 46
    2.2.1 Einführung und Theorie 46
    2.2.2 Praxisbeispiel 50
    2.2.3 Übungsaufgabe 56
2.3 Das Produktaudit 58
    2.3.1 Voraussetzungen für ein Produktaudit 59
    2.3.2 Ablauf des Produktaudits 60
    2.3.3 Durchführung des Produktaudits 61
    2.3.4 Bewertung 62
    2.3.5 Fallbeispiel 65
2.4 Zertifizierung 68
    2.4.1 Auswahl der Zertifizierungsgesellschaften 69
    2.4.2 Vorgehensweise 69
2.5 Die QM-Dokumentation 72
    2.5.1 Einleitung 72
    2.5.2 Strukturierung der QM-Dokumentation 72
    2.5.3 Praxisbeispiel zur Erstellung von QM-Dokumenten 73
2.6 Übungsaufgabe zur Erstellung einer Verfahrensanweisung 81
    2.6.1 Anforderungen an die Beschaffung 81
    2.6.2 Lieferantenaudit 81
    2.6.3 Musterverfahrensanweisung „Lieferantenaudit" 85
2.7 Das elektronische QM-Handbuch 90
    2.7.1 Die QM-Dokumentation als Qualitätsregelkreis 90
    2.7.2 Die Problematik der QM-Dokumentation 92
    2.7.3 Resultierende Forderungen an ein Konzept zur rechnerunterstützten
          QM-Dokumentation 95
    2.7.4 Planung und Umsetzung einer rechnerunterstützten
          QM-Dokumentation 97
    2.7.5 Nutzen 101
    2.7.6 Lernerfolgsfragen 102
    2.7.7 Antworten 103
Literatur 103

KAPITEL 3: **Qualitätsmanagement und Information:
Verbesserungsmanagement – Aus Fehlern lernen** 105

3.1 Einleitung 106

3.2 Forderungen an ein Verbesserungsmanagement-System 108

3.3 Komponenten eines Verbessungsmanagement-Systems 111

3.4 Einführung eines Verbesserungsmanagement-Systems 115

3.5 Lernerfolgsfragen 116

Literatur 116

KAPITEL 4: **Qualität und Wirtschaftlichkeit** 117

4.1 Einleitung 118

4.2 Die Ausgangssituation 118

4.3 Erfassungs- und Verrechnungsabläufe 119

4.4 Fehlerschlüssel 121

4.5 Datenauswertung 123

4.6 Ableitung von Verbesserungsmaßnahmen 127

4.7 Übungsaufgabe 127

4.8 Lösung 131

KAPITEL 5: **Qualitätsmanagement in den frühen Phasen** 133

5.1 Quality Function Deployment (QFD) 135
    5.1.1 Die Methode des Quality Function Deployment 135
    5.1.2 Praxisbeispiel: Einstufiges Getriebe 136
    5.1.3 Übungsaufgabe: Dosenöffner 151
    5.1.4 Musterlösung zur Übungsaufgabe 157

5.2 TRIZ in der Produktentwicklung 162
    5.2.1 Einführung und Theorie 162
    5.2.2 Praxisbeispiel 163

5.3 Fehlerbaumanalyse 166
    5.3.1 Aufgaben der Fehlerbaumanalyse 166
    5.3.2 Arbeitsablauf einer Fehlerbaumanalyse 168
    5.3.3 Die Systemanalyse 168
    5.3.4 Definition des unerwünschten Ereignisses 172
    5.3.5 Wahl der Zuverlässigkeitskenngrößen 172
    5.3.6 Bestimmen der Ausfallkennwerte der Komponenten 173
    5.3.7 Erstellen des Fehlerbaums 175
    5.3.8 Auswertung eines Fehlerbaums 178
    5.3.9 Qualitative Analyse 181
    5.3.10 Quantitative Analyse 181
    5.3.11 Exkurs: Rechnen mit Ausfallwahrscheinlichkeiten 182
    5.3.12 Vorgehen zur Berechnung eines Fehlerbaums 182
    5.3.13 Maßnahmen 186
    5.3.14 Weitere Rechenverfahren für Fehlerbäume 187

5.4 Statistische Versuchsmethodik 189
    5.4.1 Einstellung eines Druckgussprozesses 190
    5.4.2 Optimierung der Flugeigenschaften eines Papierhubschraubers .. 194
    5.4.3 Formel- und Tabellensammlung 199
    5.4.4 Lösung 201

5.5 Fehler-Möglichkeits- und Einfluss-Analyse 208
    5.5.1 Die Geschäftsprozess-FMEA 208
    5.5.2 Fehler-Möglichkeits- und Einfluss-Analyse in der Konstruktion .. 211
    5.5.3 Fehlermöglichkeits- und Einflussanalyse in der Prozessplanung
          (System-FMEA Prozess) 230

Literatur 242

KAPITEL 6:   QM in der Beschaffung 245

6.1 Lieferantenaudit 246
    6.1.1 Einführung und Theorie 246
    6.1.2 Praxisbeispiel 255

6.2 Aufzeichnung der Qualität gelieferter Produkte 255
    6.2.1 Einführung und Theorie 255
    6.2.2 Praxisbeispiel 256
    6.2.3 Übungsaufgabe 263
    6.2.4 Lernerfolgsfragen 266
    6.2.5 Antworten 266

Literatur 266

Kapitel 7: Qualitätsmanagement in der Fertigung 269

7.1 Prüfdatenauswertung 270

    7.1.1 Prozessmodelle 270
    7.1.2 Qualifikation der Fertigungseinrichtung (Maschine) 272
    7.1.3 Prozessfähigkeit 276
    7.1.4 Durchführung 276

7.2 Statistische Prozessregelung (SPC) 279

    7.2.1 Einführung und Theorie 279
    7.2.2 Praxisbeispiel 280

7.3 Prüfmittelüberwachung 286

    7.3.1 Gerätespezifische Prüfmittelüberwachung 288
    7.3.2 Aufgabenspezifische Prüfmittelüberwachung 295
    7.3.3 Rechenaufgaben 302
    7.3.4 Lösung 303

Literatur 306

Weiterführende Literatur 307

Kapitel 8: Qualitätsmanagement während des Feldeinsatzes (Weibull-Auswertung) 309

8.1 Einleitung 310

8.2 Aufgabenstellung 310

8.3 Formeln 314

    8.3.1 Berechnung der Mittleren Ordnungszahl $j(t_j)$ 314
    8.3.2 Berechnung der Summenhäufigkeiten $H_j(t_j)$ für die Ausfallverteilung 314

8.4 Lösungsweg 314

    8.4.1 Ermittlung der Summenhäufigkeit je Fahrstreckenklasse $HS(t_j)$ .. 314
    8.4.2 Ermittlung der Einzelhäufigkeiten je Fahrstreckenklasse $HE(t_j)$. 316
    8.4.3 Ermittlung der Anzahl nicht schadhafter Teile je Klasse $n_{\text{nicht schadhaft}}(t_j)$ 316
    8.4.4 Zwischenergebnis 317
    8.4.5 Ermittlung der Mittleren Ordnungszahl $j(t_j)$ 318
    8.4.6 Ermittlung der Summenhäufigkeit $H_j(t_j)$ für die Ausfallverteilung ... 319
    8.4.7 Zwischenergebnis 319
    8.4.8 Eintragung der Summenhäufigkeiten der Fahrstreckenklassen $H_j(t_j)$ .. 320
    8.4.9 Extrapolation 320

8.5 Ergebnis 323

Literatur 323

Stichwortverzeichnis 325

Abkürzungsverzeichnis

ASI	American Supplier Institute
AV	Arbeitsvorbereitung
CAQ	Computer Aided Quality
DIN	Deutsche Industrie Norm
DIN	Deutsches Institut für Normung
EK	Einkauf
EN	Europäische Norm
FMEA	Fehlermöglichkeit und Einflussanalyse
FTA	Fault Tree Analysis
GW	Grenzwert
HPRS	Hydropneumatisches Regelungssystem
IC	Innovationscheckliste
ISO	International Organization for Standardization
KVP	Kontinuierlicher Verbesserungsprozess
OEG	Obere Eingriffsgrenze
OGW	Oberer Grenzwert
PNF	Primär nützliche Funktion
PSF	Primär schädliche Funktion
QFD	Quality Function Deployment
QFD	Quality Funktion Deployment
QKZ	Qualitätskennzahl
QM	Qualitätsmanagement
QM	Qualitätsmanagement
QZ	Qualitätszirkel
RPZ	Risikoprioritätszahl
RZ	Risikozahl
SPC	Statistische Prozessregelung (Statistical Process Control)
SPC	Statistische Prozessreglung
SPC	Stichprobenprüfung
SVM	Statistische Versuchsmethodik
TQM	Total Quality Management
UEG	Untere Eingriffsgrenze

UGW	Unterer Grenzwert
VDA	Verbund der Automobilindustrie
WSP	Werkerselbstprüfung

Kapitel 1

TQM – Philosophie und Werkzeuge

Gliederung

1.1 Einführung 2

1.2 Seven Tools – Übungen zu den sieben statistischen Werkzeugen 2
    1.2.1 Strichliste 2
    1.2.2 Histogramm 2
    1.2.3 Pareto-Diagramm 4
    1.2.4 Ursache-Wirkungs-Diagramm (Ishikawa-Diagramm) 7
    1.2.5 Korrelationsdiagramm 9
    1.2.6 Verlaufsdiagramm 11

1.3 Der kontinuierliche Verbesserungsprozess (KVP) 13
    1.3.1 KVP im Produktionsbereich 14
    1.3.2 KVP im Logistikbereich 19
    1.3.3 Zusammenfassung 21

1.4 Das TQM-Instrument der Personalentwicklung:
Die Bildungsbedarfsanalyse 21

1.5 Gruppenarbeit 24

1.6 Die Werkerselbstprüfung – der erste Schritt zur Eigenverantwortung 24
    1.6.1 Vorstellung des Unternehmens und der Rahmenbedingungen 25
    1.6.2 Die Werkerselbstprüfung 25
    1.6.3 Vorgehensweise bei der Einführung 25
    1.6.4 Bewertung 28
    1.6.5 Ergebnisse 29
    1.6.6 Fazit 30

1.7 Lernerfolgsfragen 30

1.8 Antworten 31

1.1 Einführung

Im Rahmen von TQM soll jeder Mitarbeiter in den Qualitätsprozess miteinbezogen werden. Die individuellen Fähigkeiten und Qualitätsverantwortungen sind unverzichtbare Bestandteile des TQM und adäquat zu fördern. Mögliche Formen der Förderung werden in diesem Kapitel anhand von Praxisbeispielen skizziert.

Der kontinuierliche Verbesserungsprozess als integraler Bestandteil eines umfassenden Qualitätsmanagements wird sowohl am Beispiel des Produktionsbereichs als auch am Beispiel des Logistikbereichs dargestellt.

Aus der Vielzahl von Qualifizierungsmaßnahmen und -möglichkeiten sind drei ausgewählt, die am Ende dieses Kapitels detailliert und praxisbezogen beschrieben werden: die Werkerselbstprüfung, die Gruppenarbeit und das Computer Based Training.

1.2 Seven Tools – Übungen zu den sieben statistischen Werkzeugen

1.2.1 Strichliste

Eine einfache und zweckmäßige Form der Datenerhebung am Arbeitsplatz ist die Strichliste. In ein vorbereitetes Formular werden die erfassten Messwerte und Ergebnisse mit einem Strich eingetragen. Der gemessene Wert braucht somit nicht aufgeschrieben zu werden.

Eine andere Form der Strichliste ist das Eintragen von Fehlern in eine Skizze oder in die Konstruktionszeichnung des betreffenden Teiles. Dabei wird der Fehlerort und die Fehlerhäufigkeit erfasst. Diese Form der Strichliste erlaubt meist schon nach kurzer Zeit, Fehlerhäufigkeiten an bestimmten Merkmalen und dann auch die Fehlerursachen zu ermitteln.

Wie wird eine Strichliste erstellt?

- Zuerst ist ein zweckmäßiges Formular bzw. eine Skizze/Zeichnung des zu untersuchenden Teiles zu erstellen.
- Sollen mit der Strichliste Messwerte erfasst werden, so sind Gruppen wie bei einem Histogramm (Abschnitt 1.2.2) zu bilden. Bei Fehlerlisten sind bekannte oder zu erwartende Fehler vorher zu erfassen und in das Formular einzutragen. Es ist dabei sinnvoll, am Ende dieser Liste einige Zeilen frei zu lassen, damit unvorhergesehene Fehler nachträglich während der Prüfung hinzugefügt werden können.

1.2.2 Histogramm

Das Histogramm ist eine Analysemethode, die die Häufigkeitsverteilung von Messdaten grafisch darstellt. Dazu sind die Messdaten in Gruppen zusammenzufassen. Diese meist gleich großen Teilbereiche werden Klassen genannt. Den Zahlenwert, der zwei Klassen voneinander abtrennt, nennt man Klassengrenze. Da eine ungünstige Wahl dieser Klassengrenzen einen Sachverhalt stark verfälschen kann und somit wichtige Informationen aus den Messdaten verloren gehen, kommt der Auswahl dieser Klassengrenzen eine besondere Bedeutung zu.

Die Häufigkeit der Daten wird durch Rechtecke über diesen Klassen dargestellt. Die Höhe der Rechtecke ist dabei das Maß für die Häufigkeit der Daten.

Das Erstellen eines Histogramms und die Bildung von Klassen wird am folgenden Übungsbeispiel verdeutlicht. Hierzu soll zunächst aus gesammelten Daten eine Strichliste erstellt und darauf aufbauend ein Histogramm angefertigt werden.

An einer Drehbank wurde der Durchmesser 33,45 mm einer Welle stündlich stichprobenmäßig überwacht und die Ergebnisse in das folgende Datenerfassungsformular (**Tabelle 1.2-1**) eingetragen:

Tabelle 1.2-1   Datenerfassungsformular für Wellendurchmesser

Produkt:	Welle 4711			Datum:		09.–13.01.95	
Spezifikation:	Durchmesser 33,45±0,15 mm			Maschine:		PC 1	
Anzahl geprüft: n = 40				Prüfer:		Ludes	
	7:00	8:00	9:00	10:00	11:00	12:00	13:00	14:00
Mo	33,60	33,46	33,48	33,50	33,42	33,43	33,52	33,40
Di	33,48	33,56	33,50	33,52	33,47	33,48	33,46	33,50
Mi	33,41	33,37	33,47	33,49	33,32	33,44	33,51	33,49
Do	33,55	33,52	33,31	33,51	33,45	33,44	33,33	33,46
Fr	33,48	33,48	33,30	33,40	33,52	33,34	33,46	33,43

Bitte erstellen Sie aus diesen Daten zunächst eine Strichliste.

– Ermitteln Sie den Maximal- (x_{max}) und Minimalwert (x_{min}) der Stichprobe.

  x_{max} = ……… x_{min} = ………

– Bilden Sie aus diesen Werten die Differenz:

  $x_{max} - x_{min}$ = ………

– Bestimmen Sie die Anzahl der Klassen k, wobei n = Anzahl der Stichprobenwerte (Anm.: Runden Sie k auf die nächste ganze Zahl ab):

  $k = \sqrt{n}$ = ………

– Dividieren Sie die Differenz $x_{max} - x_{min}$ durch die Anzahl der Klassen, um die Klassenbreite h zu erhalten:

  $h = \dfrac{x_{max} - x_{min}}{k}$ = ………

Vervollständigen Sie nun **Tabelle 1.2-2**.

Tabelle 1.2-2 Strichliste

Klassen-Nr.	Klasse von	Klasse bis ( )	Anzahl	Summe
1	33,30			
2				
3				
4				
5				
6				
7				
8				

Die erstellte Strichliste ist die Grundlage für die Erstellung des Histogramms. Bilden Sie dazu die Summen der einzelnen Klassen. Erstellen Sie dann mit Hilfe von **Bild 1.2-1** das Histogramm.

Beurteilen Sie bitte die Messwerte. Sind Auffälligkeiten vorhanden?

1.2.3 Pareto-Diagramm

Bei der Lösung von Problemen ist es sinnvoll und meist auch notwendig, sich auf die wesentlichen Größen zu konzentrieren und nicht alle Probleme anzugehen. Hier hilft das Pareto-Prinzip. Dieses sagt vereinfacht aus, dass 20 % der Ursachen 80 % der Wirkung ausmachen.

Bei der Erstellung eines Pareto-Diagramms geht man wie folgt vor:
– Ermittlung und Auflistung aller Ursachen
– Zuordnung der Daten zu diesen Ursachen
– Berechnung der prozentualen Anteile der Einzelursache an der Summe der Einzelursachen
– Berechnung der kumulierten Summen
– Grafische Darstellung der Ursachen in Form von Balkendiagrammen (der Größe nach sortiert)
– Zeichnen der Summenkurve
– Ermittlung der wesentlichen Ursachen (Zeichnen der 80 %-Linie)

Mit Hilfe dieser Analyse ist man in der Lage, aus der Vielzahl der Ursachen die wichtigsten zu separieren und sich auf das Wesentliche zu konzentrieren. Die Vorgehensweise wird nun an dem folgenden Praxisbeispiel verdeutlicht.

In einer Bildröhrenfabrik werden täglich die attributiven Fehler in der Fertigung ermittelt. Ziel ist es, Fehlerschwerpunkte zu ermitteln und Gegenmaßnahmen einzuleiten. Vom Qualitätswesen wurde eine Fehlersammelkarte erstellt, in der die Fehler und deren Häufigkeit eingetragen wurden. Die Auswertung dieser Erfassungsblätter ist für eine Woche in der **Tabelle 1.2-3** dargestellt:

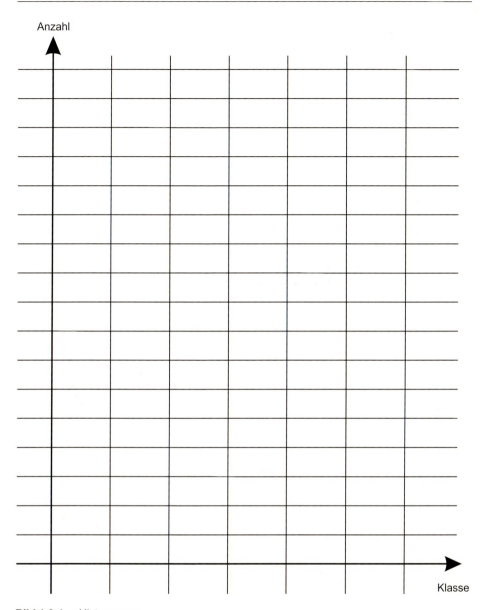

Bild 1.2-1 Histogramm

Tabelle 1.2-3 Fehlersammelkarte

Fehler	Mo	Di	Mi	Do	Fr	Summe	%
Kratzer	15	18	10	25	18		
Stoßstellen	11	7	5	12	13		
Flecken	90	98	94	110	97		
fehlende Streifen	20	15	18	20	23		
lose Teile	5	7	10	8	6		
Dellen	10	5	8	6	20		
Streustrahlen	110	95	76	105	95		
Gesamtsumme							

– Ordnen Sie die Fehler in absteigender Reihenfolge (den größten zuerst) und berechnen Sie den kumulierten Fehleranteil (**Tabelle 1.2-4**).

Tabelle 1.2-4 Fehlerprozente und kumulierte Fehlerprozente

Fehler		

– Zeichnen Sie das Pareto-Diagramm (**Bild 1.2-2**):
  – Fehler in % als Balken
  – Fehler kumuliert als Linie
– Auf welche Fehlerarten würden Sie sich zuerst konzentrieren, um den Prozess zu verbessern? Ziehen Sie dazu im Bild 1.2-2 eine waagerechte Linie bei 80 % kumuliert.

Anmerkung: Der 80 %-Wert ist nur als Hilfsgröße und nicht als absoluter Wert zu sehen. Bei der Pareto-Analyse ist es angebracht, auch rechts vom Schnittpunkt der Summenkurve mit der 80 %-Linie zu schauen. Merkmale, deren prozentualer Anteil sich kaum vom letzten Merkmal links vom Schnittpunkt unterscheidet sollten mit in die weitere Betrachtung einbezogen werden.

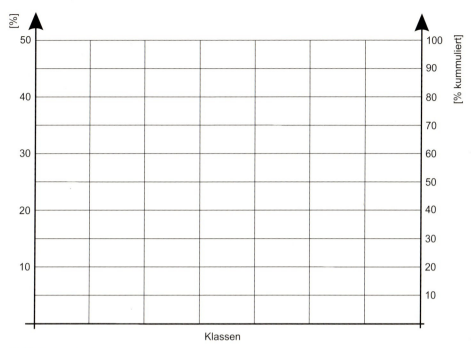

Bild 1.2-2 Pareto-Diagramm

1.2.4 Ursache-Wirkungs-Diagramm (Ishikawa-Diagramm)

Die Ermittlung der Ursachen für ein Problem ist im Rahmen der Pareto-Analyse eine wichtige Vorbereitung. Eine sehr geeignete Methode zur strukturierten Ermittlung dieser Ursachen ist das Ursache-Wirkungs-Diagramm. Dies wird auch häufig nach seinem Erfinder als Ishikawa-Diagramm oder wegen der äußeren Form als Fischgräten-Diagramm bezeichnet.

Ausgangspunkt für die Erstellung dieses Diagramms können z. B. gesammeltes Expertenwissen oder Informationen aus einem Brainstorming sein.

Vorgehensweise zur Erstellung eines Ursache-Wirkungs-Diagramms:

- Ermitteln Sie die Fehlererscheinung, d. h. die Wirkung. Sie wird an das Ende eines dicken waagerechten Pfeils geschrieben (**Bild 1.2-3**).
- Mit Hilfe eines Brainstormings z. B. sind die Ursachen, die die Wirkung beeinflussen, zu ermitteln; verwenden Sie hierzu möglichst eine Tafel oder ein großes Blatt Papier.
- Strukturieren Sie diese Informationen; schreiben Sie die wichtigsten unabhängigen Ursachen bzw. Einflussgrößen (Stufe 1) auf, und zeichnen Sie Pfeile (vergleichbar mit Gräten) zum waagerechten Pfeil.
- Tragen Sie nun die Einflussfaktoren (Subfaktoren, Stufe 2), die diese Ursachen (Stufe 1) beeinflussen, als Pfeile an die Pfeile der Stufe 1 (Gräten) an.

– Verfahren Sie ebenso mit Faktoren der Stufe 3 und ggf. der Stufe 4.

Falls das Diagramm zu umfangreich wird (in der Regel reicht es, ein Diagramm bis zur Stufe 3 zu erstellen), so überdenken Sie noch einmal Ihre Hauptursache und unterteilen Sie das Ursache-Wirkungs-Diagramm in mehrere kleine Diagramme. Ein Hilfsmittel zur sinnvollen Reduzierung einer Ursachenvielfalt kann auch eine vorgeschaltete Pareto-Analyse sein.

Aufgabe: Auf den Kraftstoffverbrauch eines PKW wirken viele Einflussgrößen ein. In einer Diskussion zu diesem Thema wurden die folgenden Einflüsse genannt:

Dachgepäckträger, Gepäck, Geschwindigkeit, Temperatur, beförderte Personen, Fahrweise, Fahrbahnbeschaffenheit, offenes Schiebedach, Spoiler, Verkehrsdichte, Reifenbreite, Streckenwahl, Anhänger, Steigungen, Luftdruck.

Diese Unterpunkte sollen in einem Ishikawa-Diagramm unter den folgenden Oberbegriffen eingetragen werden: Luftwiderstand, Gewicht, Umgebung und Fahrer.

– Bitte zeichnen Sie mit diesen Randbedingungen das Ishikawa-Diagramm, und ergänzen Sie es um weitere mögliche Oberbegriffe bzw. Unterpunkte.

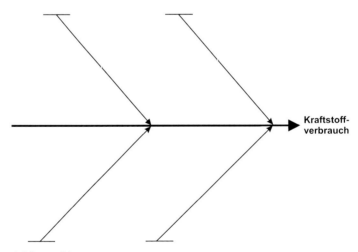

Bild 1.2-3 Ishikawa-Diagramm

Zu Beginn der Informationsermittlung für ein Ishikawa-Diagramm ist es häufig einfacher, auf die 6 m als Oberbegriffe zurückzugreifen.

– Bitte nennen Sie diese 6 m.

M _____

M _____

M _____

M _____

M _____

M _____

1.2.5 Korrelationsdiagramm

Mit einem Korrelationsdiagramm oder auch x-y-Diagramm werden Datenpaare dargestellt. Mit Hilfe dieser Darstellung kann überprüft werden, ob ein Zusammenhang zwischen zwei untersuchten Größen besteht.

Das **Bild 1.2-4** zeigt mögliche Formen von Korrelationsdiagrammen und deren Interpretation:

Die Stärke des Zusammenhangs der beiden Größen, der Korrelationsgrad, wird über den Korrelationskoeffizienten bestimmt. Dieser kann Werte zwischen −1 (stark negativ) und +1 (stark positiv) annehmen. Die nachfolgende Übung soll die Erstellung und Auswertung eines Korrelationsdiagramms zeigen.

Zur Bestimmung des Zusammenhangs zwischen der Härtetemperatur und der Härte eines neuen Werkstoffs wurde eine Versuchsreihe gefahren. Die Versuchsergebnisse sind in der folgenden **Tabelle 1.2-5** dokumentiert (Härte [HR-C]/Temperatur [°C]):

Tabelle 1.2-5 Versuchsergebnisse eines Härtetests

59/920	55/920	56/910	52/900	55/900	56/900	57/900	59/900	52/890
56/890	57/890	58/890	47/880	49/880	52/880	55/880	48/870	50/870
51/870	52/870	53/870	54/870	56/870	46/860	48/860	49/860	50/860
51/860	46/850	48/850	52/850	53/850	54/850	45/840	46/840	48/840
49/840	52/840	58/840	43/830	46/830	50/830	42/820	43/820	44/820

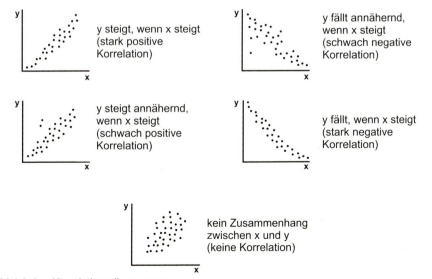

Bild 1.2-4 Korrelationsdiagramme

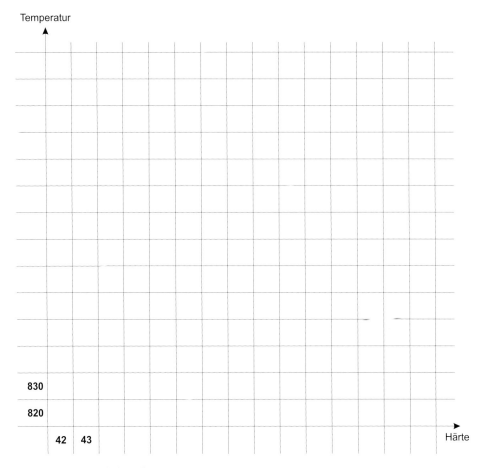

Bild 1.2-5 Korrelationsdiagramm

– Tragen Sie diese Werte bitte in das vorbereitete Diagramm (**Bild 1.2-5**) ein.

Mit den folgenden Schritten sollen Sie nun nachweisen, ob ein Zusammenhang (Korrelation) zwischen der Härtetemperatur und der Härte vorhanden ist.

– Zeichnen Sie eine waagerechte und senkrechte Mittellinie, um die Anzahl der Punkte in gleiche Hälften zu teilen.
– Nummerieren Sie die so entstandenen Quadranten im mathematisch positiven Sinn (links herum) durch, wobei der rechte obere der erste Quadrant ist.
– Zählen Sie die Anzahl der Punkte in den einzelnen Sektoren 1 bis 4 (n1, n2, n3 und n4).
– Ermitteln Sie n+ = n1 + n3 und n– = n2 + n4.
– Liegen Punkte auf der Trennungslinie, so können sie halb zum einen und halb zum anderen Quadranten gezählt werden. Eine andere Möglichkeit ist es, diese Punkte aus der Wertung herauszunehmen.

1.2 Seven Tools – Übungen zu den sieben statistischen Werkzeugen

k	α=0,01	α=0,05	k	α=0,01	α=0,05	k	α=0,01	α=0,05	k	α=0,01	α=0,05	k	α=0,01	α=0,05
			24	5	6	42	12	14	60	19	21	78	27	29
			25	5	7	43	12	14	61	20	22	79	27	30
8	0	0	26	6	7	44	13	15	62	20	22	80	28	30
9	0	1	27	6	7	45	13	15	63	20	23	81	28	31
10	0	1	28	6	8	46	13	15	64	21	23	82	28	31
11	0	1	29	7	8	47	14	16	65	21	24	83	29	32
12	1	2	30	7	9	48	14	16	66	22	24	84	29	32
13	1	2	31	7	9	49	15	17	67	22	25	85	30	32
14	1	2	32	8	9	50	15	17	68	22	25	86	30	33
15	2	3	33	8	10	51	15	18	69	23	25	87	31	33
16	2	3	34	9	10	52	16	18	70	23	26	88	31	34
17	2	4	35	9	11	53	16	18	71	24	26	89	31	34
18	3	4	36	9	11	54	17	19	72	24	27	90	32	35
19	3	4	37	10	12	55	17	19	73	25	27	91	32	35
20	3	5	38	10	12	56	17	20	74	25	28	92	33	36
21	4	5	39	11	12	57	18	20	75	25	28	93	33	36
22	4	5	40	11	13	58	18	21	76	26	28	94	33	36
23	4	6	41	11	13	59	19	21	77	26	29	95	34	36

Bild 1.2-6 Tabelle zur Bestimmung des Signifikanzniveaus

– Vergleichen Sie den kleineren der Werte n+ und n– mit der Zahl in der Vorzeichentest-Tabelle, wobei k = n+ + n– ist.
– Wie groß ist die Sicherheit, dass in diesem Falle ein Zusammenhang zwischen der Härtetemperatur und der Härte besteht? Verwenden Sie dazu die **Bild 1.2-6** (a = 0,01 ⇒ 99 % Sicherheit, a = 0,05 ⇒ 95 % Sicherheit).

Anmerkung: Falls die ermittelten zwei Größen von einer weiteren Größe abhängig sind, oder wenn der Zusammenhang nicht gesichert ist, so können Korrelationen auch vorgetäuscht werden. Die Darstellung des Korrelationsdiagramms kann eine Abhängigkeit vortäuschen, obwohl diese gar nicht vorhanden ist!

1.2.6 Verlaufsdiagramm

Das Verlaufsdiagramm wird häufig zur Darstellung von Daten in zeitlicher Reihenfolge genutzt. Diese einfache Analyse zeigt schon beim Eintragen in das Diagramm Besonderheiten im zeitlichen Verlauf.

Voraussetzung für die Erstellung eines Verlaufsdiagramms:
– Die Daten müssen entsprechend der zeitlichen Reihenfolge der Erfassung vorliegen.

Vorgehensweise bei der Erstellung eines Verlaufsdiagramms:
– Ermittlung der Datenanzahl
– Wertebereich der Daten ermitteln (größter und kleinster Wert)
– Werte grafisch als Punktfolge auftragen und ggf. verbinden
– Kurvenverlauf betrachten und interpretieren
– Ggf. Datenauswertung vornehmen
– Maßnahmen einleiten

Bitte erstellen Sie auf der Grundlage der Daten in der nachfolgenden Tabelle (**Tabelle 1.2-6**) ein Verlaufsdiagramm (**Bild 1.2-7**).

Tabelle 1.2-6 Durchmesser gefertigter Flansche

Beispiel: Durchmesser gefertigter Flansche			
Zeit	Durchmesser [mm]	Zeit	Durchmesser [mm]
9:05	18,49	9:55	18,63
9:10	18,48	10:00	18,62
9:15	18,44	10:05	18,49
9:20	18,43	10:10	18,41
9:25	18,40	10:15	18,40
9:30	18,42	10:20	18,45
9:35	18,49	10:25	18,45
9:40	18,63	10:30	18,43
9:45	18,64	10:35	18,43
9:50	18,65	10:40	18,48

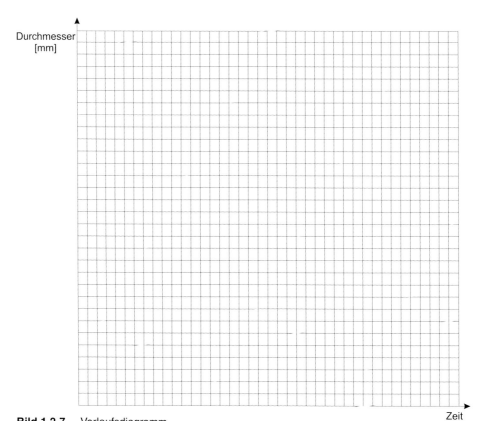

Bild 1.2-7 Verlaufsdiagramm

– Sind Auffälligkeiten vorhanden?

Eine genauere Untersuchung dieser Daten, insbesondere unter statistischen Gesichtspunkten, erfolgt mit Hilfe von Regelkarten und SPC.

1.3 Der kontinuierliche Verbesserungsprozess (KVP)

Die kontinuierliche Verbesserung ist integraler Bestandteil eines umfassenden Qualitätsmanagements. Es ist die Aufgabe aller Mitarbeiter, über ihr Tagesgeschäft hinaus den notwendigen Veränderungsprozess zu gestalten und voranzutreiben. Dabei geht es meist weniger um die großen und spektakulären Projekte als vielmehr um kleine Verbesserungsthemen im eigenen Arbeitsumfeld. Diese sind in der Regel von jedem einzelnen stark beeinflussbar und umsetzbar. Aufgrund der vielschichtigen Verbesserungsmöglichkeiten („Es gibt nichts, was man nicht besser machen könnte.") sowie der spezifischen Rahmenbedingungen kann es kein formalisiertes Vorgehen bei der Identifizierung von Verbesserungsthemen und deren Umsetzung geben. Die Freiheit des Weges ist ein Erfolgsfaktor für individuelle Verbesserungsprozesse. Wichtig ist dabei ein systematisches Vorgehen und die Anwendung geeigneter Werkzeuge und Methoden (**Bild 1.3-1**).

Die folgenden Beispiele eines Automobilherstellers können deshalb nur einzelne Facetten des kontinuierlichen Verbesserungsprozesses (KVP) beschreiben.

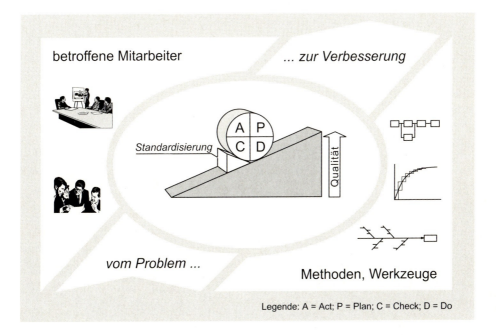

Bild 1.3-1 Systematische Problemlösung

1.3.1 KVP im Produktionsbereich

Verbesserungen gibt es nicht erst seit der Diskussion über Kaizen (jap.: kontinuierliche Verbesserung) bzw. KVP. Der Ansatz eines kontinuierlichen Verbesserungsprozesses ist daher nicht neu. Mehr und mehr sind jedoch die Mitarbeiter selbst bei der Umsetzung ihrer Verbesserungsideen gefordert. Die überholte Arbeitsweise der strikten Trennung von Planen und Ausführen ist noch allzu häufig in den Köpfen verankert. Jeder Mitarbeiter muss sich vielmehr auch als Problemlöser innerhalb seiner Aufgabengebiete verstehen. Die dazu notwendige Veränderung bzgl. Einstellung und Bereitschaft bei Führungskräften und Mitarbeitern ist kein Prozess, der sich von heute auf morgen realisieren, geschweige denn anordnen lässt. Vielmehr muss er durch langfristige Maßnahmen unter dem Dach einer einheitlichen Qualitätsstrategie vorbereitet werden.

Nicht durch Reden, sondern nur durch Handeln bzw. Umsetzen und damit durch einen sichtbaren Erfolg kann der Impuls für einen permanenten Verbesserungsprozess gegeben werden. Eine Intensivphase bzw. ein Workshop vor Ort in der Produktion hat sich dafür in der Praxis als geeignetes Mittel durchgesetzt (**Bild 1.3-2**). Der entsprechende Betrachtungsbereich in der Fertigung sollte dabei nicht zu groß gewählt werden. Die Intensivphase, zu der ein Kernteam von Mitarbeitern, die mittelbar und unmittelbar am Prozess beteiligt sind, freigestellt wird, erlaubt aufgrund der hohen zur Verfügung stehenden Kapazitäten, viele Ideen umzusetzen. In dem mehrtägigen Workshop werden zunächst im Rahmen eines kleinen Theorieteils die Grundlagen und Methoden der systematischen Problemlösung und Themenabarbeitung geschult bzw. wiederholt und dann vor Ort der Arbeitsprozess sowie das Arbeitsumfeld nach Verbesserungspotentialen un-

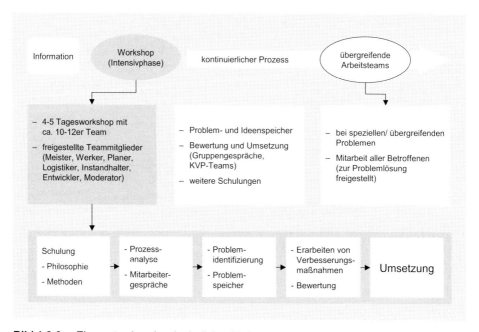

Bild 1.3-2 Elemente eines kontinuierlichen Verbesserungsprozesses

tersucht. Der zeitliche Schwerpunkt der Intensivphase liegt in der anschließenden Umsetzung der erarbeiteten Vorschläge.

Die vielen sichtbaren Verbesserungen erzeugen bei den Beteiligten ein motivierendes Klima, das über die Dauer des Workshops hinaus die Ideenumsetzung forcieren kann. Es ist oft schwierig, den durch eine Intensivphase erzeugten Impuls nicht verpuffen zu lassen. Der Freiraum und die Kapazitäten, die im Workshop vorhanden waren, stehen im Tagesgeschäft nicht mehr mit derselben Intensität zur Verfügung. Themen müssen priorisiert und gezielt abgearbeitet werden. Umfangreiche bzw. komplexe Problemstellungen müssen dann wieder von übergreifenden und freigestellten Projektteams bearbeitet werden.

Am Beispiel einer Intensivphase wird im Folgenden beschrieben, wie einzelne Verbesserungsthemen systematisch erarbeitet und umgesetzt werden. Neben den spontanen Vorschlägen der Mitarbeiter entstehen viele Ideen aus der vollständigen und systematischen Betrachtung der Arbeitsabläufe. So können die größten Verbesserungspotentiale erkannt und umgesetzt werden. Neben der Aufnahme der einzelnen Ablaufschritte umfasst die Analyse des Arbeitsprozesses auch eine Wertschöpfungsbetrachtung.

Durch eine konsequente Unterscheidung zwischen Wertschöpfung und „Verschwendung", d. h. nicht-wertschöpfenden Tätigkeiten, lassen sich viele Ansätze für Verbesserungen finden. Im Produktionsbereich unterscheidet man die sieben klassischen Arten der Verschwendung:

- durch Überproduktion
- durch Wartezeit
- durch Transport
- im Herstellungsprozess
- durch Bestände
- durch Bewegung und
- durch Fehler

Als wertschöpfend gelten nur solche Tätigkeiten, die den Wert des Produktes oder der Dienstleistung aus der Sicht des Kunden (intern und extern) erhöhen. Am Beispiel eines Arbeitstaktes aus der Stoßfängervormontage ist eine Prozessanalyse dargestellt (**Bild 1.3-3**).

Es wird deutlich, dass nur ein geringer Anteil der ausgeführten Tätigkeiten wirklich wertschöpfend ist. Natürlich ist es nicht möglich, alle nicht-wertschöpfenden Umfänge, die in der Analyse den einzelnen Verschwendungsarten zugeordnet wurden, zu eliminieren. Aber sie weisen auf ein Potential, das überdacht werden muss. Die Umschreibung einer Tätigkeit mit dem negativ belegten Begriff „Verschwendung" hat darüber hinaus den psychologischen Effekt, eine ständige Auseinandersetzung mit möglichen Verbesserungen zu forcieren. „Verschwendung" darf in diesem Zusammenhang nicht mit Geringschätzung gleichgesetzt werden.

Bei der Beschreibung der einzelnen Probleme sind sowohl die Ideen des Arbeitsteams als auch der Mitarbeiter vor Ort aufzunehmen. Neben einer Zeit- bzw. Kostenersparnis sind dabei vor allem Qualitätsverbesserungen, d. h. die Eliminierung möglicher Fehler, anzustreben. Selbst kleinste Verbesserungen summieren sich über die Taktwiederholung zu großen Einsparungen. Als Ergänzung zum Datenblatt der Prozessanalyse ist eine Skizze des Arbeitsplatzes mit möglichen Veränderungen anzufertigen (**Bild 1.3-4**). Ana-

Datum: 06.07.2000	Blatt:	1/1		Durchgeführt von: Müller	
Arbeitsschritte	WS	NWS	Zeit-Anteil	Probleme	Lösung
1. zur nächsten Vorrichtung gehen		6	10%		Vorgang könnte entfallen, wenn Auftrag von weitem lesbar wäre, Visualisierung
2. Auftrag lesen		5	15%	nur 3 Varianten ECE, US, Jap.	
3. zur Bereitstellung		6	16%		
4. Leiste aufnehmen		3	5%		
5. zur Vorrichtung gehen		3	15%		
6. Leiste in Einbaulagen stecken	X		5%		
7. justieren, ausrichten		5	10%	Spiel, Toleranzen ausgleichen	ad hoc: Vorrichtung, Hilfsmittel
8. Leiste fertigmontieren (mit leichten Handschlägen)	X		7%		langfristig: Keilnuten an
9. Sitz überprüfen		5/7	7%	100% Kontrolle	Zierleiste zur Selbstzentrierung
10. nachjustieren mit Keil		7	10%	bei jeder zweiten Leiste	
Summe Zeitanteile	12%	88%			

Legende:
1.Überproduktion 2.Bestand 3.Transport 4.Wartezeit 5.Herstellung 6.Bewegung 7.Fehler/Nacharbeit
WS = Wertschöpfende Tätigkeit   NWS = Nicht-wertschöpfende Tätigkeit, Verschwendung

Bild 1.3-3 Prozessanalyse der Stoßfängervormontage

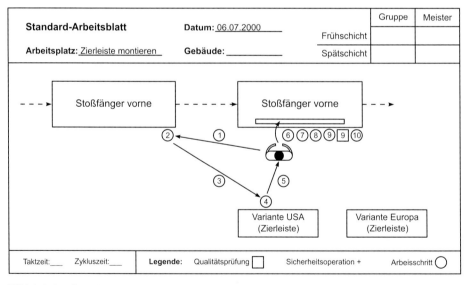

Bild 1.3-4 Standardarbeitsblatt

lyseblätter und Skizzen bilden eine verständliche Dokumentation eines idealen Ablaufes. Dieser Standard kann als Grundlage zur Einarbeitung neuer Mitarbeiter genutzt werden. Er bildet darüber hinaus die Ausgangsbasis weiterer Verbesserungsschritte.

Ein weiteres Hilfsmittel zur Dokumentation und weiteren Bearbeitung der einzelnen Ideen ist der Themenspeicher (**Bild 1.3-5**). In dieses Plakat werden alle Vorschläge bzw. Ideen eingetragen. Der Themenspeicher, der direkt im Fertigungsbereich angebracht ist,

1.3 Der kontinuierliche Verbesserungsprozess (KVP)

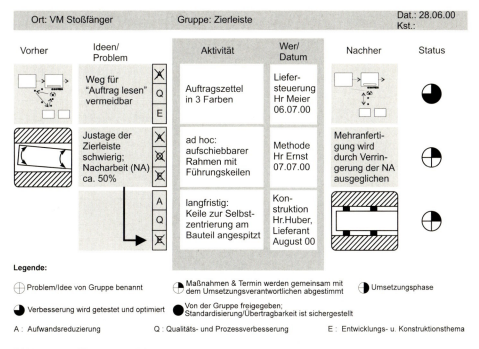

Bild 1.3-5 Themenspeicher

kennzeichnet den aktuellen Status der Abarbeitung. Auch noch so kleine Verbesserungsvorschläge sind hier dokumentiert und bleiben mit ihrem Umsetzungsverantwortlichen für jedermann transparent. Der Themenspeicher ermöglicht, Ideen, die während der täglichen Arbeit entstehen, schnell einzutragen. Die Aufzeichnungen dienen dann innerhalb der Gruppengespräche als Diskussionsgrundlage zur Festlegung der entsprechenden Umsetzungsmaßnahmen.

Bei der Bearbeitung der einzelnen Themen ist eine systematische Vorgehensweise notwendig. In Detaillierung der Phasen Plan, Do, Check und Action aus dem Deming-Kreis sind die einzelnen Vorgehensschritte in **Bild 1.3-6** dargestellt. Nicht immer ist jeder Schritt umfangreich aufzubereiten. Gerade bei kleineren Themen liegen Problem, Ursache und notwendige Maßnahmen klar auf der Hand. Wichtig ist hier dann „nur" noch die Umsetzung.

Viele Vorschläge sind nicht ohne größere strukturelle Veränderungen zu realisieren. Bei solchen längerfristigen Maßnahmen darf die kurzfristige „Problemreparatur" nicht vergessen werden. Durch sie muss sichergestellt werden, dass Fehler im Prozess nicht weitergegeben werden.

Ein weiterer wichtiger Schritt innerhalb der Problemlösung ist die quantitative Bewertung. Zum einen ist dadurch objektiv zu entscheiden, ob Aufwand und Nutzen im gewünschten Verhältnis stehen. Auf der anderen Seite ist es stets motivierend zu wissen, was der eigene Arbeitseinsatz eingebracht hat. So ist es beispielsweise wichtig, Kosten für Material, das im Fertigungsbereich gelagert ist, transparent und bewusst zu machen.

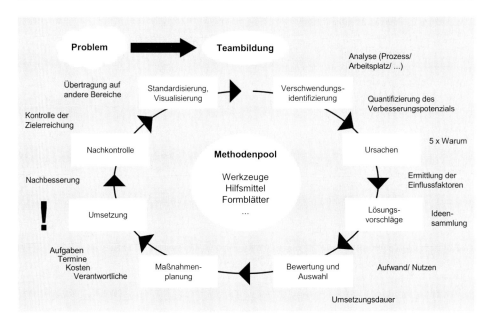

Bild 1.3-6 Schritte zur systematischen Problemlösung

Mit dem Wissen möglicher Verbesserungseffekte lässt sich so die Ideenumsetzung beschleunigen. Kennzahlen, die zur Bewertung herangezogen werden, sind
- Nacharbeitskosten,
- Ausbringung,
- Materialbestand,
- genutzte Fläche,
- Durchlaufzeit oder
- Teilevielfalt.

In einem weiteren Beispiel konnte nach der Ausweisung der unterschiedlichen Einkaufspreise der Wagenhebervarianten eines Fahrzeugmodells durch die Idee eines Mitarbeiters die Variantenanzahl reduziert werden. Durch kleine Änderungen an den Befestigungspunkten im Kofferraum konnte so einheitlich auf die kostengünstigste Variante umgestellt werden, was eine jährliche Einsparung von über 1 Mio. DM bewirkte.

Die erarbeiteten, umgesetzten und getesteten Verbesserungen müssen zu einem neuen Ist-Stand bzw. Standard gebündelt werden. Das jeweilige Verbesserungsniveau wird dadurch eingefroren und für jedermann festgehalten. Nur so ist die Voraussetzung für den nächsten Optimierungsschritt gegeben. Durch die Visualisierung, d. h. die Sichtbarmachung (z. B. von Standards, Zielen, relevanten Prozessdaten und Qualitätsproblemen) wird die Transparenz und damit auch der Anstoß für weitere Verbesserungen geschaffen. Zur Verbesserung des Informationsmanagements wurde in einem Fertigungsbereich eine Infowand installiert. Wichtige Prozess- und Ergebniskennzahlen werden visualisiert und liefern damit Anstöße für notwendige Verbesserungen.

Die jeweiligen Verbesserungsprozesse konzentrieren sich auf die Schwachstellen einzelner Produktionsbereiche. Während in der Montage Optimierungen vor allem unter Just-in-Time-Aspekten wie Bestandsreduzierung und Durchlaufzeitverkürzung durchgeführt werden, liegt der Schwerpunkt in maschinen- und anlagenintensiven Bereichen auf der Erhöhung der Anlagenverfügbarkeit und der Reduzierung von Rüstzeiten. Priorität in allen Bereichen hat die konsequente Verfolgung von Qualitätsproblemen, indem die Mitarbeiter die jeweiligen Ursachen analysieren und durch geeignete Maßnahmen beseitigen.

1.3.2 KVP im Logistikbereich

Der arbeitsplatznahe Materialfluss fällt in den direkten Betrachtungsbereich der Werker vor Ort und wird bei den vorher beschriebenen Analysen im Produktionsbereich mitberücksichtigt. Der werksinterne und -übergreifende Materialstrom ist dagegen häufig nicht transparent und bietet aufgrund gewachsener Strukturen oft große Verbesserungspotenziale, die erst unter einer ganzheitlichen Betrachtung zu Tage treten. Im folgenden werden zwei Beispiele einer Materialflussoptimierung bei einem Automobilhersteller vorgestellt.

Im Rahmen einer Intensivphase wurde der Materialfluss zur und innerhalb der separaten Türenvormontage untersucht. Separate Türenvormontage bedeutet, dass die Türen nach der Lackierung der Karossen ausgehängt, auf einer separaten Linie fertigmontiert (Schließanlage, Türverkleidung, Seitenscheiben etc.) und zum Ende der Fahrzeugmontage wieder an die Karosse montiert werden. Aufgrund struktureller Gegebenheiten – die separate Türenvormontage ist in dem Beispiel räumlich beengt in einem Obergeschoss der Montagehalle untergebracht – bilden die Materialversorgung und die Bestandsmengen die Hauptprobleme der Türenvormontage. Alle benötigten Teile werden über einen Aufzug in die Türenvormontage gebracht.

Das Projektteam der Intensivphase setzte sich aus dem Meister, zwei Werkern, den zugehörigen Fachleuten aus den Bereichen Planung, Qualitätssicherung und Logistik, dem Abteilungsleiter sowie dem Moderator zusammen (**Bild 1.3-7**). Zusätzlich unterstützt wurde das Team durch zwei Gäste aus fachfremden Bereichen.

Nach einer kurzen theoretischen Einführung wurden zunächst vor Ort in einer „Aufräumaktion" nicht mehr benötigte Teile und Vorrichtungen entfernt sowie die arbeitsplatznahe Materialbereitstellung optimiert. Schon so konnten Flächen freigespielt und das Materialhandling verringert werden.

Im nächsten Schritt wurde in kleinen Teams die Anlieferung kritischer Teile analysiert, bei denen häufig Versorgungsschwierigkeiten aufgetreten waren. Am Beispiel der Seitenscheiben ist der Materialfluss dargestellt. Aufgrund der problematischen Anlieferung wurde in der Vergangenheit ein Zwischenpuffer geschaffen, um den Sicherheitsbestand zu vergrößern. Neben den größeren Materialbindungskosten haben sich damit die notwendige Lagerfläche, die Einsteuerungs- und Aussteuerungsvorgänge sowie die Auslastung des Aufzugs erhöht. Dieser bildet den Engpass bei der Materialbereitstellung, da er mehrere Ebenen der Montagehalle mit Material bedienen muss. Oftmals werden die Kisten der einzelnen Teile vermischt, was zu verlängerten Be- und Entladevorgängen des Aufzugs führt, da das für ein Stockwerk bestimmte Material oftmals nicht zugänglich ist und erst freigeräumt werden muss.

1 TQM – Philosophie und Werkzeuge

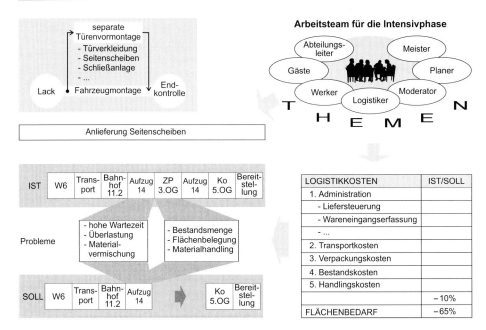

Bild 1.3-7 Beispiel aus der separaten Türenmontage

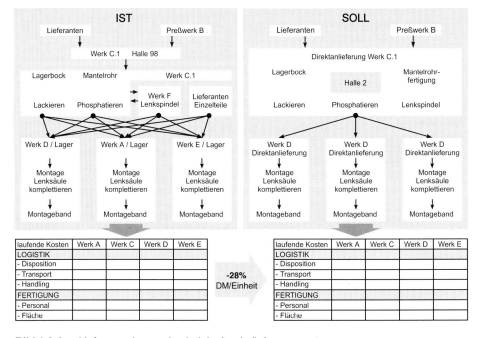

Bild 1.3-8 Lieferantenintegration bei der Lenksäulenvormontage

Anhand einer Analyse der Aufzugsvorgänge, eines Kapazitätsabgleichs mit anderen halleneigenen Aufzügen sowie fester organisatorischer Regeln konnte in Abstimmung mit anderen Prozessstellen der Engpass an dem Aufzug entzerrt werden. Dies sowie die Änderung des Materialabrufes waren die Voraussetzung für die Auflösung des Zwischenpuffers. Die damit verbundene Einsparung wurde anhand der Logistikkosten bewertet und ausgewiesen.

Permanente Verbesserung umfasst neben den vielen kleinen Verbesserungen auch die Lösung struktureller Probleme. Im folgenden Beispiel wurde überlegt, den komplexen Materialfluss für die Lenksäule eines Fahrzeugtyps durch die Verlagerung sämtlicher Vormontageumfänge ans Endmontageband zu optimieren. Im Gegensatz zu geringfügigen Veränderungen, wo ein Sollzustand eingeführt, getestet und ggf. wieder rückgängig gemacht werden kann, ist bei größeren Strukturmaßnahmen eine detaillierte Bewertung von Nutzen und Aufwand im Vorfeld notwendig.

In einem Team aus der Logistik- und Fertigungsplanung sowie den entsprechenden Werksstellen wurde deshalb diese Idee durchgespielt und bewertet. Eine Lieferantenintegration war zwar als kostengünstigste Lösung anzusehen, konnte aber aus tariflichen und gesetzgeberischen Gründen nicht realisiert werden. Es wurde daraufhin untersucht, ob eine Komplettmontage beim Lieferanten und anschließende Anlieferung an die einzelnen Werke eine kostenmäßige Verbesserung bedeuten würden. Dazu wurden Ist- und Sollzustand analysiert (**Bild 1.3-8**).

Anhand der beiden Prozesse konnten die zwei Abläufe kostenmäßig verglichen werden. Die Ausweisung einer Einsparung bildet die Entscheidungsgrundlage für die anschließende Umsetzung.

1.3.3 Zusammenfassung

Neben dem methodischen Vorgehen, das in den einzelnen Beispielen beschrieben wurde, sind für einen permanenten Verbesserungsprozess vor allem die ‚soft facts' bzw. weichen Faktoren auf der Verhaltensebene erfolgsentscheidend. Es ist Führungsaufgabe, die Rahmenbedingungen zu schaffen, um den Prozess der schrittweisen Verbesserung zu forcieren, damit die kleinen und damit scheinbar unwichtigen Dinge nicht vom Tagesgeschäft zurückgedrängt werden. Einzelne punktuelle Erfolge von KVP dürfen nicht darüber hinwegtäuschen, dass der eigentliche Nutzen erst langfristig über die Veränderung von Denk- und Verhaltensweisen sichtbar wird.

1.4 Das TQM-Instrument der Personalentwicklung: Die Bildungsbedarfsanalyse

Die Bildungsbedarfsanalyse ist als das TQM-Instrument der Personalentwicklung anzusehen, denn eine bedarfsgerechte und mitarbeiterorientierte Konzeption von Qualifizierungsmaßnahmen ist ohne systematische Erhebung des Bildungsbedarfs nicht möglich.

Im Folgenden wird die Durchführung einer Bildungsbedarfsanalyse exemplarisch anhand eines Fallbeispiels dargestellt:

In einem mittelständischen Unternehmen des Maschinenbaus soll ein QM-System eingeführt werden. Die Unternehmensleitung wendet sich an einen externen Berater, der die Abteilung „Personalentwicklung" bei der damit verbundenen Mitarbeiterqualifizierung unterstützen soll.

Eine Bildungsbedarfsanalyse lässt sich in drei wesentliche Phasen gliedern:
1. Erhebung des Soll- und Ist-Zustands der Mitarbeiterqualifikation
2. Vergleich des Soll- und Ist-Zustands der Mitarbeiterqualifikation
3. Ableitung der Grob- und Richtlernziele für die künftige Mitarbeiterqualifizierung

Im ersten Schritt der Bildungsbedarfsanalyse muss der Sollzustand der arbeitsplatzspezifischen Mitarbeiterqualifikation festgesetzt werden, da diese für ein funktionierendes QM-System unabdingbar ist. Daran anschließend muss der Ist-Zustand der arbeitsplatzspezifischen Mitarbeiterqualifikation erhoben werden. Hierbei können vorhandene Stellenbeschreibungen hilfreich sein. Sind keine Stellenbeschreibungen im Unternehmen vorhanden, muss die Erhebung des Ist-Zustands mit Hilfe von Interviews oder Fragebögen durchgeführt werden.

Zunächst werden im Beispielunternehmen die arbeitsplatzspezifischen QM-Anforderungen in Gesprächen der Abteilung „Personalentwicklung" mit den externen Beratern definiert und in Form von Anforderungsprofilen schriftlich fixiert. Auf Stellenbeschreibungen, die zu überarbeiten wären, konnte in diesem Fall nicht zurückgegriffen werden.

Darauf aufbauend wird ein Fragebogen zur Erhebung des Wissenstands zum Thema QM in allen Hierarchieebenen entwickelt. Die einzelnen Fragenkomplexe betreffen z. B. QM-Techniken und -Methoden oder thematisieren die sich verändernde Stellung des Menschen (als Kunde oder als Mitarbeiter) im QM-System. Der trotz gesetzter Frist nur schleppende Rücklauf der Fragebögen wird durch eine Nachfassaktion (schriftliche und persönliche Erinnerungen) verbessert.

Im zweiten Schritt der Bildungsbedarfsanalyse verdeutlicht der Abgleich von Soll- und Ist-Qualifikationen dann die QM-spezifischen Qualifikationsdefizite bzw. den Bildungsbedarf in diesem Themenbereich.

Die mit Hilfe des Fragebogens erhobenen Daten werden mit den vorher schriftlich fixierten arbeitsplatzspezifischen QM-Anforderungen verglichen. Als nicht deckungsgleich und somit problematisch erwiesen sich beispielsweise die folgenden Punkte:

1. Die Umsetzung der von der Unternehmensleitung entwickelten Qualitätsphilosophie in Qualitätsziele für jeden einzelnen Mitarbeiter war nicht gesichert.

2. Kundenorientierung wurde zwar als wichtig erachtet, eine systematische Untersuchung der Kundenzufriedenheit erfolgte jedoch nicht.

3. Die Mitarbeiterorientierung hatte einen weitaus geringeren Stellenwert als die Kundenorientierung und es war nur ansatzweise eine Einbindung der Mitarbeiter in die Qualitätsförderung festzustellen.

4. Methodische und soziale Kompetenzen (z. B. Problemlösungs-, Moderations- und Präsentationstechniken, Arbeiten in und mit Gruppen) werden nicht in demselben Maße geschult, wie sie für wichtig erachtet werden. Dabei wurden besondere Defizite auf der ausführenden Ebene festgestellt, während die Managementebene entsprechende Qualifikation im Rahmen von Führungskräfteseminaren erhalten hatte.

1.4 Das TQM-Instrument der Personalentwicklung: Die Bildungsbedarfsanalyse

Die Bildungsbedarfsanalyse wird in einem dritten Schritt mit einer Zieldefinition abgeschlossen. Für die einzelnen Zielgruppen (z. B. Meister oder Gruppenleiter) wird in Form von Grob- und Richtlernzielen festgehalten, wie die erhobenen Differenzen zwischen dem Anforderungs- und dem individuellen Qualifikationsprofil vermindert werden können. In diesem Zusammenhang muss auch der Zeitrahmen festgelegt werden, d. h. die Zielerreichung muss in einem bestimmten Zeitraum gewährleistet sein.

Den festgestellten Differenzen entsprechend werden Maßnahmen festgelegt, die die Einführung eines Qualitätsmanagementsystems unterstützen:

1. Vorgesetzte bzw. Mitarbeiter mit Führungsverantwortung benötigen Kommunikationsschulungen für die Mitarbeitergespräche (die u. a. für Zielvereinbarungen unabdingbar sind).
2. Es ist eine Systematik einzuführen, mit deren Hilfe Kundenwünsche erfasst werden können (begleitet durch die Schulung der betroffenen Mitarbeiter, die die Methoden der Datenerhebung anwenden und die Daten auswerten werden). Zudem ist der Aufbau von Informationswegen nötig, um allen Mitarbeitern die Erhebungsergebnisse mitteilen zu können.
3. Mitarbeiterorientierung verlangt u. a. veränderte Arbeitsstrukturen (z. B. Gruppenarbeit), ein verbessertes betriebliches Vorschlagswesen und umfassendere Informations- und Kommunikationsstrukturen.
4. Besonders Qualifizierungsmaßnahmen in Form von Gruppenarbeit erscheinen begleitend zur Einführung eines QM-Systems geeignet, da diese Form von Schulung eine Vermittlung und gleichzeitige Nutzung von methodischen und sozialen Kompetenzen bedingt.

Nach Abschluss der Bildungsbedarfsanalyse sind resultierend aus den Lernzielen bedarfsgerechte Qualifizierungskonzeptionen zu entwerfen (bei innerbetrieblichen Qualifizierungsmaßnahmen) oder externe Qualifizierungsmaßnahmen auszuwählen.

Die beschriebene Vorgehensweise der Bildungsbedarfserhebung fördert den Lern- und Transfererfolg der Qualifizierungsmaßnahmen, denn

– die Inhalte der Maßnahmen sind zum einen an der Praxis und Aufgabenstellung des Unternehmens orientiert, und
– zum anderen können die Mitarbeiter das Lernangebot mit ihrer aktuellen Berufstätigkeit in Beziehung setzen.

Abschließend sei an dieser Stelle hervorgehoben, dass Bildungsbedarfserhebungen nicht einmalig stattfinden sollten, sondern regelmäßig (z. B. jährlich) nötig sind, um bedarfsgerecht auf die sich ständig wandelnden gesellschaftlichen, wirtschaftlichen und technologischen Umweltbedingungen zu reagieren. Eine realisierbare Form der jährlichen Bildungsbedarfserhebung ist die sog. Trainingsmatrix. Sie ist die Grundlage für Gespräche zwischen Vorgesetztem und Mitarbeiter und erleichtert die gemeinsame Lernzieldefinition im Rahmen des Mitarbeitergesprächs. In die Trainingsmatrix werden die Qualifikationsanforderungen der betrachteten Stelle vom Vorgesetzten eingetragen. Zusammen mit dem Stelleninhaber werden anschließend dessen Qualifikationen gegenübergestellt und mit den Anforderungen verglichen. Ergeben sich dabei Defizite, werden konkrete Schulungsmaßnahmen – in Zusammenarbeit mit der Abteilung „Personalentwicklung" – bestimmt.

1.5 Gruppenarbeit

Nicht alle unterschiedlichen Ausprägungsformen der Gruppenarbeit können an dieser Stelle detailliert vorgestellt werden. Als herausragende Form ist die teamorientierte Zusammenarbeit, z. B. als sog. Qualitätszirkel, anzusehen. Qualitätszirkel zielen darauf ab, dass eine Gruppe von Mitarbeitern ein für ihr Arbeitsfeld spezifisches Problem gemeinsam löst. D. h. gemeinsam wird dieses Problem als solches identifiziert, gemeinsam wird über Lösungsmöglichkeiten diskutiert, gemeinsam wird eine Entscheidung gefunden, und gemeinsam wird diese auch vertreten und umgesetzt.

In einem Unternehmen der Textilbranche mit ca. 4.000 Mitarbeitern wurden 1981 die ersten Qualitätszirkel eingeführt mit dem Ziel, die Qualität der Arbeit zu verbessern. Die Mitarbeiter wurden damit verstärkt in den betrieblichen Entscheidungsproze ß einbezogen, um so dem Grundbedürfnis nach sinnvoller, qualifizierter und eigenständiger Arbeit zu entsprechen und das soziale System der Firma optimal zu gestalten. Die Qualitätszirkel zeigten nach Aussage des Vorstandes große Erfolge hinsichtlich der Verbesserung der technischen und sozialen Qualität sowie auch der Verfahrensqualität.

Eine weitere hervorzuhebende Ausprägung der Gruppenarbeit auf Produktionsebene ist die Gruppe, die oftmals als „Kleinbetrieb im Großunternehmen" bezeichnet wird.

In obengenanntem Unternehmen sind die für die spezifischen Probleme eingesetzten Qualitätszirkel zu permanenten Zirkeln geworden, die heutzutage vor allem das neue System der Gruppenarbeit auf Produktionsebene unterstützen sollen. Seit Herbst 1991 werden in der Firma sogenannte „Autonome Arbeitsbereiche" (ABB) nach Funktionsbereichen zusammengesetzt, die ca. 80 Mitarbeiter umfassen. Diese wiederum gliedern sich in „teilautonome Arbeitsgruppen" (TAG) von ca. 8–10 Mitarbeitern. Ziel hierbei ist es, Verantwortung an die Mitarbeiter zu delegieren, Eigenverantwortung und damit letztendlich Spaß an der Arbeit zu fördern. Die Gruppen entwickeln eine hohe Eigendynamik, die Funktion der Vorarbeiter fällt nach und nach weg. Der Meister ist nun Personalchef, Verkaufsleiter, Verkäufer, Buchhalter. Die kleinen überschaubaren Strukturen ohne straffe Hierarchien sollen möglichst wenig mit Papier und Vorschriften arbeiten. Diese Form der Gruppenarbeit soll einen Arbeitsbereich formen und steuern, für alle Prozesse, die Abläufe, das Produkt, die Qualität und die Arbeitsbedingungen in der Gruppe verantwortlich sein.

1.6 Die Werkerselbstprüfung – der erste Schritt zur Eigenverantwortung

Für die bedingungslose Qualitätsoffensive stehen im Beispielunternehmen zwei Buchstaben: QZ – Qualität und Zertifikat. Das Zertifikat nach DIN/EN/ISO 9001 soll den Kunden das Vertrauen in die firmenspezifischen Leistungen geben. Und die Qualität steht synonym für die betriebsinterne Überzeugung, dass nur zufriedene und engagierte Mitarbeiter, die stolz auf ihre eigene Leistung sind, das Vertrauen der Kunden in Qualität erzeugen und rechtfertigen können. Der Mitarbeiter ist es, der durch sein Qualitätsbewusstsein in all seinen Tätigkeiten den Unternehmenserfolg sichert. Die Werkerselbstprüfung war der erste Schritt, dieses Qualitätsbewusstsein im Unternehmen zu schaffen.

1.6.1 Vorstellung des Unternehmens und der Rahmenbedingungen

Die Firma in Süddeutschland ist ein 90 Jahre altes Unternehmen der gummi- und kunststoffverarbeitenden Zulieferindustrie. Die Kunden, meist Großunternehmen, kommen aus allen Branchen, schwerpunktmäßig jedoch aus der Automobilbranche. Das Produktspektrum des Beispielunternehmens umfasst Baugruppen und Zweikomponententeile aus Gummi bzw. Silikon und Kunststoff, reine Gummi- und Kunststoffteile, sowie Schaumstoff-Stanzteile. Die Teile werden zu schwingungsabsorbierenden oder abdichtenden Systemen verbaut.

Die Qualitätssicherungsaktivitäten der vergangenen Jahre werden seit 1994 systematisch in ein Qualitätsmanagementsystem nach DIN EN ISO 9001 überführt, mit dem Ziel, alle 250 Mitarbeiter zu mehr Eigenverantwortung und Selbständigkeit zu führen, um schlussendlich 250 Mitarbeiter im „Qualitätswesen" beschäftigt zu haben.

Den Ausschlag zu dieser Umstellung gab neben dem massiven Kosten- und Qualitätsdruck der Großunternehmen insbesondere die Einsicht, dass nur ein „gelebtes" Qualitätsmanagementsystem den erwünschten Nutzen erbringt. Die eindeutige Orientierung auf die Beschäftigten, fand in der Qualitätspolitik ihre Fixierung, ohne dass dabei bereits konkrete Vorstellungen einer Umsetzungsstrategie vorlagen.

Ein Ansatz, um die Forderungen der Qualitätspolitik mit Leben zu füllen, war die Reduzierung der separaten Kontrolle durch das Qualitätswesen und damit eine Abkehr von dem Taylorschen Prinzip der Arbeitsteilung, d. h. eine schrittweise Umstellung von der Laufprüfung zur Selbstprüfung. Dieser Ansatz barg zugleich die begründete Hoffnung, dass sich die Werkerselbstprüfung ganz natürlich und organisatorisch homogen in die bestehenden Arbeitsabläufe einfügen würde.

1.6.2 Die Werkerselbstprüfung

Die Werkerselbstprüfung vereint die Leistungserstellung und die Leistungsbewertung in Personalunion des Bearbeiters. Der Bearbeiter übernimmt somit die Verantwortung für seine Arbeit, mit der Möglichkeit bzw. der Pflicht, sich Gewissheit über die von ihm produzierte Qualität zu verschaffen. Eine Verantwortung, die ihm Selbstbestätigung sowie das Selbstverständnis gibt, eine „ganze Arbeit" zu verrichten. Das daraus folgende Interesse, den „eigenen" Prozess robust zu gestalten und somit gute Produkte zu produzieren, liegt nahe. Denn die „neue" Verantwortung führt zur Identifikation mit der eigenen Arbeit. Die Kopplung von Produktion und Prüfung ermöglicht zudem eine deutlich schnellere und flexiblere Reaktion auf Prozessstörungen. Die Zeitspanne vom Auftreten bis zum Erkennen und Abstellen des Fehlers ist bei der Werkerselbstprüfung, im Vergleich zur konventionellen Laufprüfung, kürzer und entsprechend niedrig ist die Zahl der fehlerhaft produzierten Teile. Das dadurch erreichte Produktniveau führt zu abnehmenden Ausschusskosten und einer Reduzierung der Nacharbeit und somit auch zu einer Minimierung von zeitlichen Engpässen.

1.6.3 Vorgehensweise bei der Einführung

Der Einführung der Werkerselbstprüfung stellte das Beispielunternehmen eine Planungsphase voran (**Bild 1.6-1**).

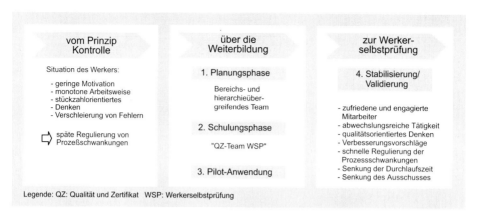

Bild 1.6-1 Die Schritte zur Werkerselbstprüfung

Der bisherige zeitliche Ablauf des gesamten Vorhabens stellt sich im Überblick folgendermaßen dar:

Juli '99: Erste Überlegungen zur Werkerselbstprüfung (Planungsphase)
Sept. '99: Hinzunahme einer externen Beratung (Schulungsphase)
Sept. '99: Erstes QZ-Team im Pilotbereich
Jan. '00: Zweites und drittes QZ-Team

Die Vorgehensweise gliederte sich wie folgt:

Die im Führungskreis beschlossene Einführung der Werkerselbstprüfung wurde ab Juli '99 von den Leitern der Abteilungen Fertigung, AV/Technik und dem Qualitätswesen vorbereitet. Das Ergebnis dieser Vorbereitungen war eine Art Pflichtenheft für die Auswahl eines Pilotbereichs. Folgende Merkmale führten zur Auswahl des Bereichs:

– Durchschnittliches Fehleraufkommen
– Geringe Motivation und durchschnittliche Qualifikation der Mitarbeiter
– Überschaubarkeit des Betrachtungsbereichs
– Schnelle erste Erfolge absehbar
– Großes Engagement des Teambetreuers

Das Team im Pilotbereich wurde bereichs- und hierarchieübergreifend zusammengestellt und gab sich den Namen „QZ-Team WSP". Die Mitarbeiter dieses ersten QZ-Teams hatten alle Erfahrungen im Pilotbereich und kamen aus den Abteilungen des Qualitätswesens (Laufprüfer), der Fertigung (Fertigungsplaner, Werker, Maschineneinsteller) und der Arbeitsvorbereitung.

Aufgabe dieses „QZ-Teams WSP" war die Konzipierung der Werkerselbstprüfung für den Pilotbereich. Gemäß der Devise: „Betroffene zu Beteiligten machen", entwickelten die Teammitglieder von Beginn an ihr „eigenes Konzept" für „ihren Bereich". Diese Planungsphase umfasste fünf Treffen zu je einer Stunde und zahllose Gespräche während und nach der Arbeitszeit. Während dieser Arbeitsphase wurden die vorhandenen Abläufe und Prüfunterlagen analysiert. Mittels Metaplantechnik wurden die zu beachtenden Randbedingungen und Aufgaben erfasst und mittels paarweisem Vergleich priorisiert. Mit diesen Erkenntnissen wurden die Prüfunterlagen und die Abläufe eigenverantwortlich den spezifischen Anforderungen der Werkerselbstprüfung angepasst und erforderliche Schulungen ermittelt und erteilt.

Vor der unternehmensweiten Einführung der Werkerselbstprüfung wurde das erarbeitete Konzept zunächst prototypisch eingeführt und getestet. Dabei konnten weitere Anregungen der Mitarbeiter aufgenommen werden und in das Konzept einfließen (z. B. Produkt- oder Prozessmerkmale an denen zu erkennen ist, ob es sich um ein „Gut-" oder „Schlechtteil" handelt). Die Einbindung der Mitarbeiter in diesen Optimierungsschritt hat entscheidend zur späteren Akzeptanz des Projektes beigetragen. Viele Mitarbeiter konnten dadurch ihre Ideen einbringen und später ihr „eigenes Konzept" wiederfinden. Voraussetzung dafür war die frühzeitige Information und Beteiligung der Mitarbeiter.

Nachdem im Pilotbereich eine deutliche Verringerung des Ausschusses und der auf diesen Bereich zurückzuführenden Reklamationen zu verzeichnen war, wurde eine Ausweitung der Werkerselbstprüfung auf zwei weitere Bereiche beschlossen.

Die Planungsphase für die neuen Bereiche begann zunächst mit einem Erfahrungsaustausch zwischen dem ersten QZ-Team und den Vertretern der zukünftigen Bereiche bzw. der zukünftigen QZ-Teams. Diese frühe Einbindung der beiden folgenden QZ-Teams ermöglichte eine frühzeitige, individuelle und systematische Schulungsbedarfsermittlung für die Teammitglieder.

Der geänderte Qualifikationsbedarf führte zur Neuorganisation der Schulungen und bedarfsgerechten Durchführung. Im neuen Schulungskonzept stand nun ein ausgeprägter theoretischer Teil in einem neu geschaffenen Schulungsraum und ein praktischer Teil vor Ort im Mittelpunkt. Der allgemeine theoretische Teil befasste sich mit dem Umgang mit Prüfmitteln und dem Führen von Auswertungsbögen. Das zweite QZ-Team wurde zusätzlich mit dem vorhanden CAQ-System vertraut gemacht. Im praktischen Teil wurde das theoretische Wissen am Arbeitsplatz selbst angewandt und optimiert. Ergebnis dieser Optimierung waren zwei, wie sich noch zeigen sollte, elementare Verbesserungen. Die erste betraf den Auswertebogen. Um die teilweise vorhandene Unsicherheiten der ausländischen Mitarbeiter zu verringern, wurde der schon durch das erste QZ-Team stark vereinfachte Prüfplan nochmals überarbeitet und mit einfachen Symbolen ausgestattet. Damit wurde sichergestellt, dass alle Mitarbeiter den Prüfplan problemlos führen können. Entsprechend wurde auch das Audit zur Werkerselbstprüfung aufgebaut (**Bild 1.6-2**).

Die zweite Verbesserung betraf die Führung durch das CAQ-Programm, insbesondere durch den Prüfplan. Im rechnergestützten Prüfplan wurde ein Feld eingerichtet, in das der Mitarbeiter persönliche Notizen einfügen kann. Diese Notizen zur Arbeitsausführung dienen dem Mitarbeiter als seine persönliche Gedankenstütze. Mit der Eingabe seines Namens generiert ihm das CAQ-System automatisch „seinen" Prüfauftrag.

Da dieses Konzept gleichermaßen die Produktqualität und die Akzeptanz der rechnergestützten Prüfdatenerfassung erhöhte, konnte der Umfang der Werkerselbstprüfung in diesem Bereich schneller als erwartet ausgedehnt werden. Voraussetzung für diese Ausweitung war die „Verwandtschaft" der Teile zueinander. Es handelte sich bei allen Teilen um Zweikomponententeile aus einem Thermoplast und einem Elastomer.

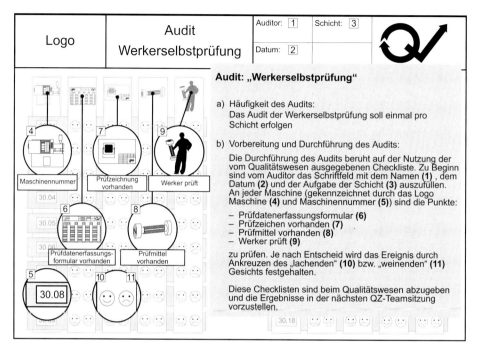

Bild 1.6-2 Ablauf des Audits zur Werkerselbstprüfung

1.6.4 Bewertung

Für die Bewertung der eingeführten Werkerselbstprüfung wurden Kennzahlen ermittelt, die Aufschluss über die Wirkung und die nötigen Qualitätslenkungsmaßnahmen geben sollten. Als Basis dieser Auswertung dienten Mitarbeiterbefragungen, Reklamationsstatistiken, die effektive Produktivität und die qualitätsbezogenen Kosten. Darüber hinaus wurden regelmäßige Produktaudits durchgeführt. Die Auditzyklen waren dabei in der Einführungsphase eines QZ-Teams höher als in der „Stabilisierungsphase". Die Produktaudits dienten der Aufdeckung von Fehlern, die in der Werkerselbstprüfung nicht entdeckt wurden. Weiter sollte damit, insbesondere in der Einführungsphase, die Qualität der Produkte nach außen sichergestellt werden. Alle zusätzlich zur Werkerselbstprüfung entdeckten Fehler, wurden vom Auditor schriftlich in Erfassungsblättern dokumentiert.

Das Ergebnis dieser Auswertungen sind Häufigkeitsdarstellungen (Balken- und Tortendiagramme). Mit diesen ist es möglich, sich einen Überblick über Prüfmerkmale zu verschaffen, die zur Entdeckung von Fehlern in der Werkerselbstprüfung oder erst im Produktaudit geführt haben. Letztgenannte Fehler lassen sich auf Prüfmerkmale zurückführen, die vom Werker fehlerhaft oder gar nicht geprüft wurden. Darüber hinaus decken sie Fehlermöglichkeiten auf, die in der Prüfplanung nicht berücksichtigt wurden. Zusätzlich ist die Anzahl der Fehler festgehalten, die im Produktaudit entdeckt wurden, jedoch nicht zur Prüfung in der Werkerselbstprüfung vorgesehen waren. Der Vergleich entdeckter Fehler in der Werkerselbstprüfung mit den zusätzlich im Produkt-

1.6 Die Werkerselbstprüfung – der erste Schritt zur Eigenverantwortung

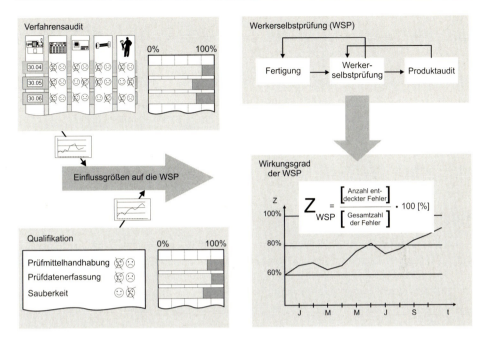

Bild 1.6-3   Wirkungsgrad der Werkerselbstprüfung

audit entdeckten Fehlern, ermöglicht die Bestimmung des „Wirkungsgrades" der Werkerselbstprüfung (**Bild 1.6-3**).

Der Wirkungsgrad wurde dabei definiert als Quotient aus der Anzahl der in der WSP entdeckter Fehler zu der Summe der in der Werkerselbstprüfung und im nachfolgenden Produktaudit entdeckten Fehler (= Gesamtfehlerzahl). Der so ermittelte Wirkungsgrad stellt eine Kennzahl zur Bewertung der Effizienz der Werkerselbstprüfung dar. Die Regelkarte zeigt die längerfristige Entwicklung. Die Darstellung des Wirkungsgrades kann maschinenbezogen zur Information und Bewertung des zugehörigen QZ-Teams oder für einen ganzen Bereich erfolgen.

Dieses Ergebnis dient auch als „feed back" für die QZ-Teams und stellt die Basis für Verbesserungen und die Schulungsbedarfsermittlung dar. Es zeigte sich, dass nach jedem Produktaudit und nach jeder Schulung der Wirkungsgrad eines QZ-Teams besser wurde. Deshalb gehören heute regelmäßige Nachschulungen der Mitarbeiter zur Tagesordnung. Die Dauer der Schulungen im fortgeschrittenen Stadium beträgt dabei meist nur 15 Minuten und erfolgt mindestens zweimal pro Monat.

1.6.5 Ergebnisse

Die Umstellung von der Laufprüfung auf die Werkerselbstprüfung erforderte erhebliche Investitionen in Schulungen und in neu gestaltete Unterlagen. Die durch diese Investitionen erzielten Verbesserungen zeigten sich zuerst in den monetär nicht direkt erfassbaren Faktoren. Als Indikatoren können die Reduzierung der Reklamationen, die gestiegene Anzahl der Verbesserungsvorschläge, die Verringerung der Fehlzeiten und das veränderte Betriebsklima (vom Nebeneinander über das Miteinander zum Füreinander) angeführt werden. Da sich zudem der Ausschuss in diesen Bereichen deutlich reduzierte, amortisierten sich die Aufwendungen binnen acht Monaten.

Die wesentlichen Erfolgsfaktoren bei der Einführung der Werkerselbstprüfung waren bei der Firma sicher die frühzeitige Information der betroffenen Mitarbeiter, die umfangreiche Schulung und Planung und nicht zuletzt die externe Unterstützung.

Da das Konzept der Werkerselbstprüfung von den Mitarbeitern durch das Einbringen der eigenen Ideen als ihre Beteiligung am Unternehmensalltag verstanden wurde, sind im Beispielunternehmen bis Ende des Jahres 2000 sieben weitere QZ-Teams geplant, die im übrigen auch von der Belegschaft gefordert werden.

1.6.6 Fazit

Der Schritt zur Werkerselbstprüfung setzt voraus, dass die bisher Verantwortlichen bis hin zur Unternehmensleitung das Misstrauen gegenüber den Leistungen der Mitarbeiter und der Prozesse abbauen. Das Misstrauen in die Leistungen kann nur dann in Vertrauen gewandelt werden, wenn eine kontinuierliche Förderung der Mitarbeiter und eine Verbesserung der Prozesse durchgeführt wird. Diese Erkenntnis in die Tat umzusetzen und konsequent zu verfolgen, ist die größte Herausforderung bei der beschriebenen Umstellung von der Laufprüfung (Kontrolle) auf die eigenverantwortliche Werkerselbstprüfung.

1.7 Lernerfolgsfragen

1.3.1 Welche Schritte beinhaltet eine systematische Problemlösung, die als Kernbestandteil des KVP-Prozesses angesehen werden kann?

1.3.2 Wie könnte der inhaltliche Ablauf eines Workshops in der Intensivphase gestaltet werden?

1.3.3 Wie kann man möglichst alle Mitarbeiter beim KVP in den Prozess einbinden, und welche Möglichkeiten gibt es, damit die erzeugten Impulse nach der Intensivphase nicht verpuffen und die Qualitätsverbesserung konsequent verfolgt wird?

1.4.1 Warum wird im vorliegenden Beitrag die Bildungsbedarfsanalyse als das Instrument der Personalentwicklung betrachtet?

1.4.2 Was ist bei der Durchführung einer Bildungsbedarfsanalyse zu beachten?

1.4.3 Erstellen Sie eine Trainingsmatrix für den Telefonisten in der Reklamationsabteilung eines produzierenden Unternehmens. Eine seiner hauptsächlichen Aufgaben ist es, Reklamationen von Kunden entgegenzunehmen und an die entsprechenden Abteilungen weiterzuleiten.

1.5.1 Inwiefern ist Gruppenarbeit als eine Möglichkeit der Qualifizierung von Mitarbeitern anzusehen?

1.5.2 Welche Ängste und Hindernisse könnten durch die Einführung von Gruppenarbeit hervorgerufen werden?

1.6.1 Was wird im vorliegenden Beitrag unter „Werkerselbstprüfung" verstanden?
1.6.2 Welches sind die Vorteile der Werkerselbstprüfung?
1.6.3 Mittels welcher Phasen kann die Werkerselbstprüfung eingeführt werden? Welches sind die Aufgaben der jeweiligen Einführungsphasen?
1.6.4 Anhand welcher zwei Verfahren kann die eingeführte Werkerselbstprüfung bewertet werden?

1.8 Antworten

1.3.1 siehe Bild 1.3-6

1.3.2 Aus einem als Pilotbereich abgegrenzten Fertigungsbereich wird ein Kernteam von Mitarbeitern, die mittelbar und unmittelbar am Prozess beteiligt sind, zu einem mehrtägigen Workshop eingeladen. Kurzen Input-Referaten zu Problemlösungstechniken folgt die gemeinsame Suche nach Verbesserungspotenzialen im Arbeitsfeld. Im Rahmen eines Brainstormings werden dazu alle Arbeitsschritte eines Prozesses aufgelistet und bezüglich ihrer Wertschöpfung eingeschätzt. Für die nicht-wertschöpfenden Tätigkeiten werden in einem weiteren Schritt Verbesserungsmöglichkeiten entwickelt. Dabei befragt das Arbeitsteam auch die Mitarbeiter vor Ort, um möglichst viele (auch kleine Verbesserungsvorschläge) zu entwickeln. Es werden Datenblätter für die analysierten Prozesse ausgefüllt und Arbeitsplatzskizzen angefertigt. Ein Themenspeicher sichert zum einen, dass keine Verbesserungsidee verloren geht, fördert zum anderen aber auch die Priorisierung der einzelnen Vorschläge und visualisiert schließlich bei entsprechender „Pflege" direkt im Fertigungsbereich den aktuellen Stand der Abarbeitung. Bereits während des Workshops beginnen die Mitarbeiter, die gemeinsam entwickelten Verbesserungsvorschläge soweit wie möglich zu realisieren. Nach dem Workshop werden die noch nicht realisierten Verbesserungsvorschläge entsprechend dem Themenspeicher und ihrer Priorität abgearbeitet und die Ergebnisse wiederum visualisiert.

1.3.3 Die Installation einer Infowand im Fertigungsbereich ermöglicht jedem Mitarbeiter, sich über Qualitätsstandards, Qualitätsziele, relevante Prozesse und Ergebniskennzahlen und Qualitätsziele zu informieren. Der außerdem aufgestellte Themenspeicher bietet jederzeit die Möglichkeit, Ideen, die während der täglichen Arbeit entstehen, schnell einzutragen und somit als Diskussionsgrundlage für das nächste KVP-Gruppengespräche zu formulieren.

Diese Formen der Visualisierung ermöglichen in dem permanenten Verbesserungsprozess das jeweilige Verbesserungsniveau einzufrieren und für jeden verbindlich zu machen. Es entsteht weiterhin dadurch eine transparente Situation, in der der Anstoß zur weiteren Verbesserung möglich ist.

KVP und die damit verbundenen langfristige Veränderung von Denk- und Verhaltensweisen ist jedoch bei allem Methodeneinsatz zum Scheitern verurteilt, wenn nicht die Führungskräfte ihrer Verantwortung nachkommen und Rahmenbedingungen schaffen, in denen die schrittweise Verbesserung möglich ist.

1.4.1 Eine gezielte und eine methodisch fundierte Erhebung des Bildungsbedarfs der Mitarbeiter verhindert Weiterbildung nach dem „Gießkannenprinzip": Nur wenn entsprechend der Stellenbeschreibung die förderungswürdigen Fähigkeiten des Mitarbeiters im Gespräch zwischen dem Mitarbeiter und seinem Vorgesetzter identifiziert werden, können diese gezielt im Rahmen einer Qualifizierungsmaßnahme optimiert werden.

1.4.2 In dem dreiphasigen Prozess geht es im ersten Schritt um die Festlegung des Sollzustandes der arbeitsplatzspezifischen Mitarbeiterqualifikation sowie um die Erhebung des Ist-Zustands derselben. Im zweiten Schritt deckt der Abgleich von Soll- und Ist-Qualifikationen die QM-spezifischen Qualifikationsdefizite auf. Die Aufstellung von Lernzielen im dritten Schritt erfolgt entsprechend dieser erhobenen Defizite.

1.4.3

Trainingsmatrix				
Name des Mitarbeiters:			Datum des Mitarbeitergesprächs:	
Aufgaben-beschreibung:	Telefonische Annahme von Reklamationen und Weiterleitung der Reklamation an die entsprechense Abteilung			
Gesprächs-ergebnis:	Notwendige arbeitsplatzspezifische Fähigkeiten und Kenntnisse		erforderliche Weiterbildung	Teilnahme empfohlen:
	kundenorientierte Gesprächstechnik	−	Telefon-Training	in den nächsten 3 Monaten
	Informationsbündelung für die Weiterleitung	+		
	gute Kenntnis der Produktpalette	+		
	Fähigkeit zur Stressbewältigung	O	Autogenes Training	im nächsten Jahr
	...			

+ gute Kenntnisse und Fähigkeiten in dem geforderten Bereich
O verbesserungsfähige Kenntnisse und Fähigkeiten in dem geforderten Bereich
− ungenügende Kenntnisse und Fähigkeiten in dem geforderten Bereich

Bild 1.8-1 Trainingsmatrix

1.5.1 Die Fähigkeit, in Gruppen zu arbeiten – ob es nun Q-Zirkel sind oder Gruppenarbeit auf Produktionsebene – erfordert in erster Linie ein hohes Maß an sozialer und methodischer Kompetenz: Kommunikations- und Kooperationsbereitschaft, Problemlösungsfähigkeit, Verantwortungsbereitschaft ...! Durch eine Arbeit in Gruppen werden diese Fähigkeiten geschult. Darüber hinaus verlangt die Gruppenarbeit auf Produktionsebene mehr Fachwissen (Kenntnisse der Tätigkeiten anderer Gruppenmitglieder z. B.). Nicht mehr nur hochspezifiziertes Wissen zur Fertigung einiger weniger Einzelteile eines Gesamtproduktes ist verlangt, sondern ein Verständnis der vor- und nachgelagerten Produktionsschnitte.

1.5.2 Mitarbeiter in Führungspositionen fürchten oftmals den Verlust ihrer bislang einflussreichen Stellung, da viel Verantwortung an die Gruppenmitglieder übergeben wird. Gleichzeitig können sich Gruppenmitglieder überfordert fühlen durch das Mehr an Verantwortung, das sie übernehmen sollen. Für Mitarbeiter, die jahrelang als Einzelkämpfer gearbeitet haben, bedeutet die Zusammenarbeit in Gruppen oft eine Einschränkung: Nicht mehr alleine entscheiden können, sondern Konsens finden, Rücksicht nehmen, schwächere Mitarbeiter in einer Gruppe mittragen etc.!

Ängste treten oftmals auch in den oberen Führungsebenen auf. Dort wird befürchtet, dass einzelne Gruppen sich soweit verselbständigen könnten, dass die Führung überflüssig wird. Auch kommt häufig zur Sprache, dass eine Gruppe sehr viel stärker ist als ein einzelner Mitarbeiter und von daher viel eher Forderungen durchsetzen oder sich Anweisungen widersetzen kann.

1.6.1 Die Werkerselbstprüfung vereint die Leistungserstellung und die Leistungsbewertung in Personalunion. Dabei wird die Verantwortung für die Qualität der Erzeugnisse dem Werker übertragen.

1.6.2 Der Werker kann sich Gewissheit über die von ihm produzierte Qualität verschaffen – Die Identifikation des Werkers mit seiner Arbeit ist aus dem Selbstverständnis eine „eigene und ganze Arbeit" zu verrichten sehr hoch – Qualitätsorientiertes Denken – in den Köpfen der Mitarbeiter – Die Kopplung von Produktion und Prüfung ermöglicht eine schnelle und flexible Reaktion auf Prozessstörungen

1.6.3 – Planungsphase (Bildung eines abteilungs- und hierarchieübergreifenden Teams, Auswahl eines Pilotbereichs)
– Schulungsphase (theoretische Schulung → Umgang mit Prüfmitteln, Prüfformularen, dem CAQ-System etc., praktische Schulung vor Ort)
– Pilotphase
– Stabilisierungsphase (Erfahrungen aus dem Pilotbereich für weiter Schulung und Planung nutzen, Ausweitung der Werkerselbstprüfung auf Bereiche und Werke)

1.6.4 Zum einen durch die Ermittlung von Kennzahlen (Mitarbeiterbefragung, Reklamationsstatistik, qualitätsbezogene Kosten), zum anderen durch Produktaudits und die Darstellung des Wirkungsgrads der Werkerselbstprüfung (vgl. Bild 1.6-3).

KAPITEL 2

Qualitätsmanagementsysteme

Gliederung

2.1 Prozessorientiertes Qualitätsmanagement 37
    2.1.1 Grundlagen 37
    2.1.2 Praxisbeispiel zur Absicherung von Geschäftsprozessen 41
2.2 Der Control Plan – Systematische Qualitätsplanung in der
    Automobilindustrie 46
    2.2.1 Einführung und Theorie 46
    2.2.2 Praxisbeispiel 50
    2.2.3 Übungsaufgabe 56
2.3 Das Produktaudit 58
    2.3.1 Voraussetzungen für ein Produktaudit 59
    2.3.2 Ablauf des Produktaudits 60
    2.3.3 Durchführung des Produktaudits 61
    2.3.4 Bewertung 62
    2.3.5 Fallbeispiel 65
2.4 Zertifizierung 68
    2.4.1 Auswahl der Zertifizierungsgesellschaften 69
    2.4.2 Vorgehensweise 69
2.5 Die QM-Dokumentation 72
    2.5.1 Einleitung 72
    2.5.2 Strukturierung der QM-Dokumentation 72
    2.5.3 Praxisbeispiel zur Erstellung von QM-Dokumenten 73
2.6 Übungsaufgabe zur Erstellung einer Verfahrensanweisung 81
    2.6.1 Anforderungen an die Beschaffung 81
    2.6.2 Lieferantenaudit 81
    2.6.3 Musterverfahrensanweisung „Lieferantenaudit" 85
2.7 Das elektronische QM-Handbuch 90
    2.7.1 Die QM-Dokumentation als Qualitätsregelkreis 90
    2.7.2 Die Problematik der QM-Dokumentation 92

2.7.3 Resultierende Forderungen an ein Konzept zur rechnerunterstützten
QM-Dokumentation 95
2.7.4 Planung und Umsetzung einer rechnerunterstützten
QM-Dokumentation 97
2.7.5 Nutzen 101
2.7.6 Lernerfolgsfragen 102
2.7.7 Antworten 103
Literatur 103

2.1 Prozessorientiertes Qualitätsmanagement

2.1.1 Grundlagen

Die Entwicklungsgeschichte von Unternehmen ist geprägt durch die tayloristische Arbeitsteilung und den damit verbundenen Aufbau von Abteilungen mit der Ausrichtung auf einzelnen Tätigkeiten im Wertschöpfungsprozess. Die Forderung nach Flexibilität, kundenindividuellen Produkten und kurzer Durchlaufzeit führt in der hocharbeitsteiligen Struktur zu einem großen Bedarf an Bindegliedern zwischen den fragmentierten Arbeitsschritten und Hierarchien sowie Elementen der Steuerung, Kommunikation, Logistik, Kontrolle und Verwaltung. Es ist daher notwendig, das Abteilungsdenken zu verlassen und zu einem ganzheitlichen, funktionsübergreifenden Denken und Handeln in Geschäftsprozessen überzugehen. Qualität wird in diesem Zusammenhang definiert als die optimale Erfüllung von Forderungen in einem Geflecht von internen und externen Kunden-Lieferanten-Beziehungen. Instrumente eines prozessorientierten Qualitätsmanagements erlauben eine systematische qualitative Absicherung und Verbesserung der Geschäftsprozesse [pre].

Die Leistungserstellung in einem Unternehmen kann als Prozess betrachtet werden. Somit ist der Prozess die ablauforganisatorische Zusammenfassung von Elementaraufgaben. Kennzeichnend für Prozesse ist, dass sie sich häufig nicht nur auf eine Stelle oder Abteilung beschränken, sondern abteilungs- und stellenübergreifend vollzogen werden. Häufig wird hierbei von einer Prozesskette gesprochen. Das Beschreibungsziel der prozessorientierten Betrachtung ist der Ablauf, die zeitliche Aufeinanderfolge, die Vernetzung von Abläufen, der Bezug zum Objekt, und das Ziel bzw. das Ergebnis des Prozesses.

Von der Funktionssicht zur Prozesssicht

Verfolgt man einen Kundenauftrag durch ein Unternehmen, so muss dieser Auftrag bei heute vorherrschender Unternehmensorganisation viele Abteilungs- und Bereichsgrenzen überwinden. An jeder Schnittstelle tritt ein Kompetenz- und Verantwortungswechsel ein, und an jeder Schnittstelle gehen immer wieder Informationen verloren. Der Mitarbeiter kennt noch den nächsten vor- bzw. nachgelagerten Schritt, doch die Verantwortlichen und Ansprechpartner in weiter entfernten Gliedern der Prozesskette sind meist nicht oder nur unzureichend bekannt. Dabei werden in allen „vorgelagerten Bereichen" Festlegungen getroffen und Fakten geschaffen, die Eingangsinformationen für die nachfolgenden Bereiche darstellen oder zumindest deren Tätigkeiten beeinflussen. Die Prozesskette ist daher durch Rückfragen, Fehler und Nacharbeit gekennzeichnet. Nicht entdeckte Fehler summieren sich in der weiteren Kette auf und führen zu erhöhten Fehler- und Fehlerfolgekosten.

In **Bild 2.1-1** ist der Verlauf des Prozesses „Kundenauftragsabwicklung" durch die einzelnen Unternehmensbereiche dargestellt. Die einzelnen Stationen der Bearbeitung wurden durch einen „Faden" verbunden. Von der Funktionssicht zur Prozesssicht gelangt man durch die Streckung des „Fadens" der Kundenauftragsabwicklung und der Betrachtung der aufeinander abfolgenden Prozessschritte, losgelöst von ihren funktionalen Zuordnungen. Aus den funktionsorientierten Teilaufgaben (1-11) wird dann eine prozessorientierte Kette von Teilprozessen (TP1-TP7). Bildet man mit einer Matrix die

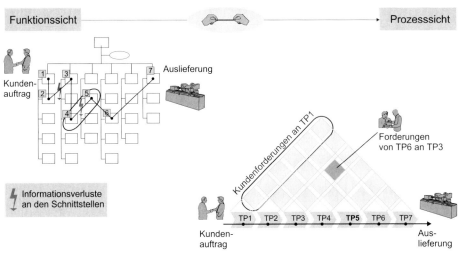

Bild 2.1-1   Von der Funktionssicht zur Prozesssicht

Abhängigkeiten zwischen den einzelnen Teilprozessen ab, so entsteht ein „Dach" über den Prozessen. Dieses „Dach" stellt die Kommunikationsschnittstellen zwischen allen am Wertschöpfungsprozess beteiligten Prozessteilnehmern dar. Eine solche Sichtweise erlaubt damit die systematische Aufnahme der Kunden-Lieferantenbeziehungen zwischen allen Teilprozessen.

Ausgehend von den Unternehmenszielen gilt es die erfolgskritischen Geschäftsprozesse zu identifizieren und systematisch zu befähigen, ihren individuellen Zielbeitrag zu erbringen. Im Sinne eines geschlossenen Regelkreises müssen diese Prozesse ständig überprüft und im Hinblick auf ihre Zielerreichung bewertet werden. Die messbare Bewertung stellt die notwendige Voraussetzung für jede Form der Verbesserung dar.

Das Werkzeug Prozess-Struktur-Matrix (PSM)

Bildet man alle Kommunikationsschnittstellen eines Wertschöpfungsprozesses ab, so entsteht eine Dreiecksmatrix, die alle in der Prozesskette existierenden Kunden-Lieferanten-Beziehungen beinhaltet, die „Prozess-Struktur-Matrix" (PSM). Betrachtet man die Prozesskette in Bild 2.1-1, so bildet das Dach oberhalb der Kette sämtliche Kunden-Lieferanten-Beziehungen zwischen allen Teilprozessen ab. Von der Prozesssicht zur Prozess-Struktur-Matrix gelangt man, bildlich gesprochen, durch die „Drehung" der Prozesssicht um 45 Grad im Uhrzeigersinn. Nun erscheint die Prozesskette in der Diagonalen, die einzelnen Teilprozesse werden durch die versetzten Pfeile dargestellt (Diagonale von oben links nach unten rechts) (**Bild 2.1-2**). Die Pyramide über der Prozesssicht ist jetzt zu einer Matrix geworden, in der die Schnittstellen der internen Kunden-Lieferantenbeziehungen in Form von Kästen abgebildet sind, welche interne Forderungen an die vorgelagerten Bereiche enthalten. Beispielsweise bildet der im Bild 2.1-2 markierte Kasten die Schnittstelle zwischen den Prozesspartnern „Montage" und „Ent-

2.1 Prozessorientiertes Qualitätsmanagement

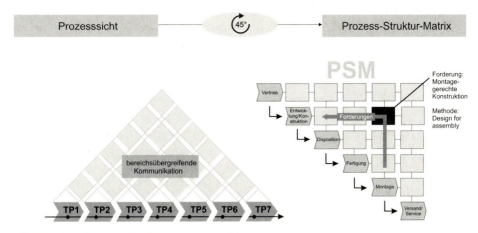

Bild 2.1-2 Ableitung der Prozess-Struktur-Matrix

wicklung/Konstruktion". Er enthält die Forderungen an die Entwicklung des Produktes bezüglich den Vorgängen und Bedürfnissen in der Montage. Eine Forderung kann dabei die „Montagegerechte Konstruktion" des Produktes sein, um den Aufwand für den Teilprozess „Montage" möglichst gering zu halten.

Absicherung von Prozessen mit der PSM

Die prozessorientierte Absicherung von Geschäftsprozessen mit der Prozess-Struktur-Matrix (PSM) lässt sich in fünf Phasen gliedern (**Bild 2.1-3**).

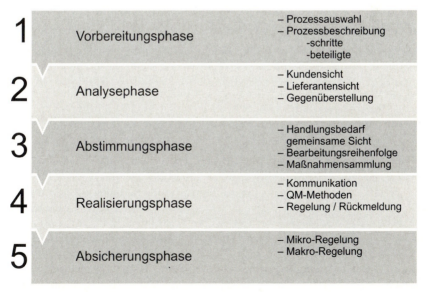

Bild 2.1-3 Absichern von Prozessen

Vorbereitungsphase:
Zunächst werden die einzelnen Teilprozesse definiert, d. h. es wird eine Kette der einzelnen oder zusammenhängenden Tätigkeiten gebildet. Der hierbei erforderliche Detaillierungsgrad hängt von der gewünschten Tiefe ab, mit der der Prozess betrachtet werden soll. Prinzipiell ist hierbei ein Top-Down-Vorgehen zu empfehlen, das die Bildung von „Unter-PSM" für jeden einzelnen Prozessschritt ermöglicht. Den aufgenommenen Teilprozessen werden dann die verantwortlichen und die durchführenden Mitarbeiter, die sogenannten „Teilprozesseigner", zugeordnet [pfe2].

Analysephase:
In der Analysephase werden die Schnittstellen zwischen den Teilprozessen analysiert. Die Teilprozesseigner artikulieren ihre Forderungen an die ihnen vorgelagerten Teilprozesse gemäß der Prozess-Struktur-Matrix in moderierten Interviews sowohl aus der Lieferantensicht als auch aus der Kundensicht. Ziel ist es, möglichst detailliert die (Informations-) Forderungen des internen Kunden und den akuten Handlungsbedarf zu erfassen. Neben den Forderungen des Kunden werden in der Analysephase auch die Leistungen des (Informations-) Lieferanten erfasst. Sowohl die Forderungen wie auch die Leistungen werden mit Hilfe einer Bewertungssystematik entsprechend ihrer Bedeutung und ihrer Qualität eingeschätzt.

Abstimmungsphase:
Die in der PSM aufgenommenen Forderungen und Leistungen werden in der Abstimmungsphase miteinander verglichen. Der bei unterschiedlichen Bewertungen der beiden Teilprozesseigner ermittelte Handlungsbedarf wird bewertet, priorisiert und es werden Maßnahmen zur Kommunikations-/Leistungsverbesserung festgelegt. Diese Verbesserungsmaßnahmen, sei es die Einführung von präventiven Qualitätsmanagementmethoden oder „nur" der Einsatz einer Checkliste, werden von den Mitarbeitern in der Prozesskette selbständig definiert. So entstehen gelebte und schnittstellenspezifische Methoden und Werkzeuge, mit denen die Erfüllung der Kundenforderungen und damit eine Effizienzsteigerung des Prozesses sichergestellt werden kann.

Realisierungsphase:
In der Realisierungsphase werden die entwickelten spezifischen QM-Methoden und -Werkzeuge in der Prozesskette implementiert und Vereinbarungen zu den Forderungen (Liefervereinbarungen) zwischen den Prozessbeteiligten getroffen. Weiterhin wird zwischen den Teilprozesseignern ein direktes Bewertungs- und Regelverfahren aufgestellt, das Abweichungen von der festgelegten Qualität frühzeitig erkennt und bei Überschreiten einer bestimmten Grenze Regelmechanismen zur Abweichungsbehebung anstößt. Prinzipiell kommen hier, je nach Bedeutung der Schnittstelle und Komplexität der Kunden-Lieferanten-Beziehungen, qualitative und quantitative Verfahren zum Einsatz.

Absicherungsphase:
Die Absicherungsphase schließt den Regelkreis des prozessorientierten Qualitätsmanagements, denn in ihr erfolgt die Überprüfung der Wirksamkeit der Kunden-Lieferanten-Beziehungen. „Nur was gemessen werden kann, kann auch verbessert werden"[kle]. Eine Detailregelung überprüft in Form eines Audits, ob durch das prozessorientierte Qualitätsmanagement und die geschlossenen Liefervereinbarungen eine Qualitätsverbesserung innerhalb der Prozesskette eingetreten ist. Das Audit prüft somit die Wirksamkeit der Liefervereinbarungen, indem die Qualität der gelieferten Leistung mit der

in der Liefervereinbarung festgeschriebenen Qualität verglichen wird. Mit Hilfe der Globalregelung kann überprüft werden, ob der Gesamtprozess an sich noch wertschöpfend ist. Dies geschieht mit Hilfe von Reviews, die die Ausrichtung des Prozesses an den Management- und Unternehmensforderungen sowie an externen Kundenforderungen spiegeln.

2.1.2 Praxisbeispiel zur Absicherung von Geschäftsprozessen

Im Folgenden soll die Vorgehensweise des prozessorientierten Qualitätsmanagements an einem Beispiel verdeutlicht werden.

Die Erfolgsstrategie eines Unternehmens des deutschen Maschinenbaus beruht auf der strikten Verwendung von Wiederholteilen und -komponenten nach dem Baukastenprinzip. Durch die Nutzung und kontinuierliche Optimierung erprobter Bauteile und Baugruppen können kurze Reaktionszeiten und ein hohes Qualitätsniveau gewährleistet werden. Um dieses Qualitätsniveau auch in den Abläufen des Unternehmens zu festigen, hat das Unternehmen ein Qualitätsmanagementsystem nach den Forderungen der DIN EN ISO 9001 eingeführt und zertifizieren lassen. In den regelmäßig stattfindenden Management-Reviews wurde jedoch erkannt, dass die Elemente des Qualitätsmanagementsystems zwar die qualitätsrelevanten Aspekte innerhalb einzelner Abteilungen fördern, eine bereichsübergreifende, an den Geschäftsprozessen orientierte Absicherung der erbrachten Leistungen jedoch nur unzureichend unterstützen. Es wurde daher beschlossen, das vorhandene Qualitätsmanagementsystem so weiterzuentwickeln, dass es sich an den Geschäftsprozessen des Unternehmens orientiert. So soll eine „reibungsfreie" Wertschöpfung sichergestellt werden.

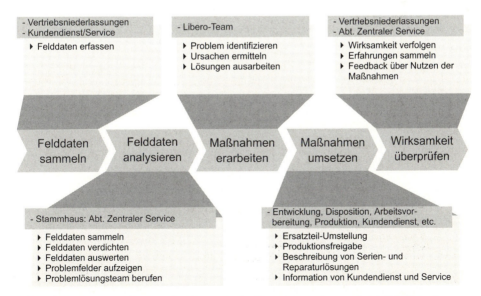

Bild 2.1-4 Prozessbeteiligte der Prozesskette „Produktoptimierung durch Felddaten"

Das Fallbeispiel beschreibt das Durchlaufen der fünf Phasen zum Absichern des Geschäftsprozesses „Produktoptimierung durch Felddaten" mit der PSM.

Vorbereitungsphase:

In der Vorbereitungsphase erfolgt die Beschreibung des zu untersuchenden Prozesses und die Gliederung dieses Prozesses in einzelne Teilprozessschritte. Schließlich erfolgt zu jedem Teilprozessschritt die Zuordnung der für diesen Schritt verantwortlichen Prozessbeteiligten. Für den gesamten Prozess wird ein Prozessverantwortlicher benannt. Im **Bild 2.1-4** sind die Prozessbeteiligten der Prozesskette „Produktoptimierung durch Felddaten" aufgeführt, in der Rückmeldungen und Ausfälle im Feld ausgewertet und in Produkt- und Prozessverbesserungen überführt werden. Bei der Betrachtung des Prozesses „Produktoptimierung durch Felddaten" zeigte sich, dass fünf Teilprozesse die entscheidenden Beiträge zur Zielerreichung liefern. Diese Teilprozesse wurden in einer Prozesskette abgebildet, wobei jedem Teilprozess entsprechende Prozessbeteiligte zugeordnet sind. Weiterhin sind die charakteristischen Haupttätigkeiten jedes Teilprozesses aufgeführt. Die Prozesskette „Produktoptimierung durch Felddaten" wird nun in die Form der Prozess-Struktur-Matrix gebracht, indem die Prozessschritte so angeordnet werden, dass sich eine Dreiecksmatrix rechts oberhalb der Schritte aufspannen lässt (**Bild 2.1-5**).

Analysephase: Ermittlung der Kunden-Lieferanten-Beziehungen

Das Ziel des prozessorientierten Qualitätsmanagementsystems ist es, die bereichsübergreifende Zusammenarbeit zwischen den einzelnen Teilprozessen abzusichern. Als Voraussetzung werden hierfür zunächst die Leistungen der einzelnen Teilprozesse aufgenommen. Diese Erfassung erfolgt in Form von systematischen Befragungen, in denen ausgewählte Mitarbeiter der betroffenen Teilprozesse sowohl als Kunde als auch als

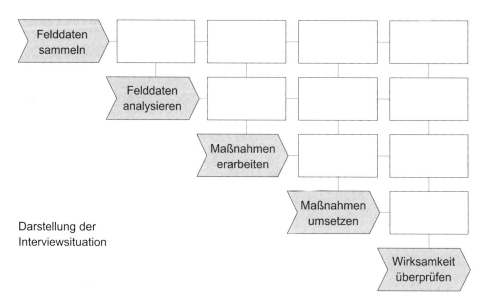

Bild 2.1-5 PSM zur Prozesskette „Produktoptimierung durch Felddaten"

2.1 Prozessorientiertes Qualitätsmanagement

Interview des Kunden

Befragung eines Prozessbeteiligten über seine Erwartungen an vorgelagerte Lieferanten

erhaltene Leistungen
- Art
- Bedeutung
- Qualität
- Kenngrößen/Methoden
- Art der Rückmeldung

Leistungserwartungen

Bild 2.1-6 Aufnahme der Kundenforderungen

Lieferant interviewt werden. Dabei beginnt man mit dem letzten Prozessschritt und geht dann rückwärts die Prozesskette entlang bis zu dem ersten Prozessschritt.

Aufgenommen werden zunächst die erhaltenen Leistungen und deren Erfüllungsgüte sowie vorhandene Leistungserwartungen, also Leistungen die von dem Kunden gefordert, aber vom Lieferanten nicht erfüllt werden (**Bild 2.1-6**).

Ebenso werden die Prozessbeteiligten nach ihren Leistungen befragt, die sie an nachgelagerte Kunden liefern. Hier werden die erbrachten Leistungen aufgenommen, und es wird festgehalten, für welchen Kunden diese Leistungen erstellt werden, wie die eigene Einschätzung der geleisteten Leistungen ist und ob es einen Regelungsmechanismus zur Sicherstellung der Qualität dieser Leistungen gibt (**Bild 2.1-7**).

Interview des Lieferanten

Befragung eines Prozessbeteiligten nach seinen Leistungen an nachgelagerte Kunden

erbrachte Leistungen
- Kunde
- Einschätzung
    Bedeutung
    Qualität
- Regelung
    Methoden

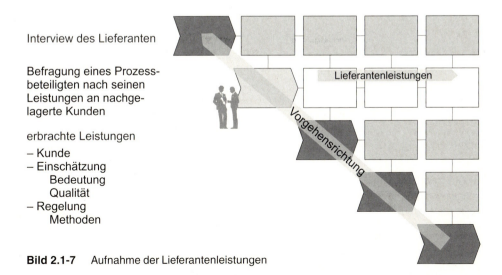

Bild 2.1-7 Aufnahme der Lieferantenleistungen

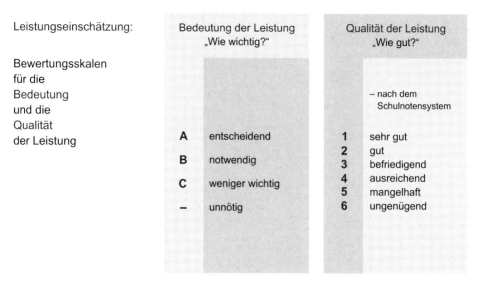

Bild 2.1-8 Bewertungsskalen für Bedeutung und Qualität von Prozessleistungen

In beiden Befragungen, sowohl als Kunde als auch als Lieferant einer Leistung, muss diese Leistung in Bedeutung und Qualität eingeschätzt und bewertet werden. Die Bedeutung einer Leistung wird umschrieben mit: „wie wichtig ist diese Leistung für mich?". Hier hat sich ein Vierklassensystem bewährt: A = entscheidend, B = notwendig, C = weniger wichtig und – = unnötig.

Weiterhin muss die Qualität der Leistung bewertet werden, also „wie gut wird die Leistung erstellt?". Hier hat sich eine Bewertung nach dem Schulnotensystem als sinnvoll erwiesen: 1 = sehr gut, 2 = gut, 3 = befriedigend, 4 = ausreichend, 5 = mangelhaft, 6 = ungenügend (**Bild 2.1-8**).

Abstimmungsphase: Ermittlung von Handlungsbedarf

In der Abstimmungsphase werden die ermittelten Leistungen aus der Analysephase von den jeweiligen Prozessbeteiligten gemeinsam bewertet. Hierzu werden zunächst Leistungen aus Kundensicht zu Leistungen aus Lieferantensicht zugeordnet und die Bewertung für Bedeutung und Qualität dieser Leistungen gegenübergestellt. Aus den unterschiedlichen Sichtweisen der Prozessbeteiligten lässt sich der Handlungsbedarf ermitteln. Ziel der Abstimmungsphase ist es, Problembereiche zu ermitteln und vorrangige Maßnahmen zur Erfüllung der Kundenforderungen zu definieren. Die vereinbarten Leistungen werden abschließend in Leistungsvereinbarungen dokumentiert.

Bild 2.1-9 zeigt eine Möglichkeit zur Visualisierung der unterschiedlichen Einschätzungen von Kunden und Lieferanten einer Leistung. In dem Portfolio können Lieferantensicht und Kundensicht einander gegenübergestellt werden. Hier zeigten sich der Abstimmungsbedarf zwischen Kunde und Lieferant bei unterschiedlichen Sichtweisen und es ergeben sich aus der Betrachtung der Kundensicht Handlungsansätze zur Verbesserung der Leistungserfüllung beziehungsweise der Reduzierung von Blindleistung.

2.1 Prozessorientiertes Qualitätsmanagement

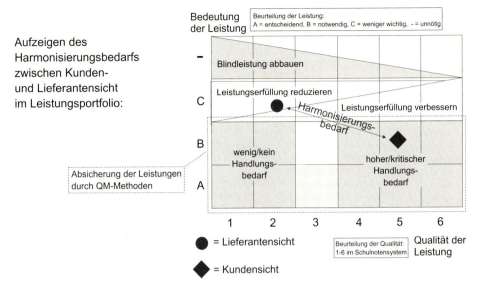

Bild 2.1-9 Leistungsportfolio zur Gegenüberstellung von Kunden- und Lieferantensicht

Realisierungsphase: Methodenentwicklung und -implementierung

Durch die Entwicklung geeigneter Methoden und Verfahren werden in der Realisierungsphase, die zuvor getroffenen Leistungsvereinbarungen sichergestellt. Gemeinsam mit den Mitarbeitern der betroffenen Kunden-/Lieferantenbeziehung werden Maßnahmen und ggf. QM-Methoden erarbeitet und vereinbart, die die Erfüllung der vereinbarten Leistung sowie bei Abweichungen von der vereinbarten Leistung, die Korrekturmaßnahmen gewährleisten. Je nach Komplexität und Bedeutung, der Anzahl der Beteiligten und der Schwierigkeit der Konsensfindung ergeben sich unterschiedliche Dimensionen eines umzusetzenden Maßnahmenkataloges. Im einfachsten Falle ist dies eine bilaterale Leistungsvereinbarung zwischen beiden Prozessbeteiligten. Kommen mehrere Beteiligte zusammen oder treten Schwierigkeiten bei der Konsensfindung auf, so kann ein moderierter Realisierungsworkshop angesetzt werden. Wird eine hohe Umsetzungstiefe mit methodischer Absicherung und Regelkriterien bei Nichterfüllung der Leistungsvereinbarung gefordert, kann ein Projekt definiert werden, indem die notwendigen QM-Methoden entwickelt werden.

Absicherungsphase

Die Absicherungsphase gewährleistet die Wirksamkeit und permanente Zielausrichtung des prozessorientierten Qualitätsmanagementansatzes. Dies geschieht durch einen doppelten Regelmechanismus, bestehend aus einer „Mikro-Regelung", die die Funktionsfähigkeit des Systems überprüft (Verifizierung), und einer „Makro-Regelung", die die Kundenorientierung und die Aktualität der Rahmenbedingungen sicherstellt (Validierung). Instrumentarien der Absicherungsphase sind das Audit (Verifizierung: „Wird es richtig gemacht?") und das Review (Validierung: „Wird das Richtige gemacht?") (**Bild 2.1-10**).

Die Absicherungsphase gewährleistet die Wirksamkeit und die Zielausrichtung des prozessorientierten Qualitätsmanagements

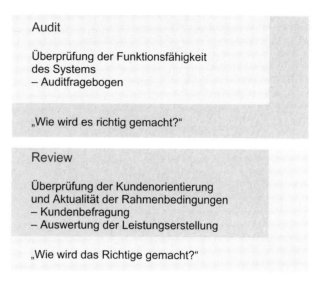

Bild 2.1-10   Überprüfungsmethoden für die Absicherungsphase

2.2 Der Control Plan – Systematische Qualitätsplanung in der Automobilindustrie

QS 9000 ist einer der zentralen Standards im Automobilbereich, in dem Forderungen an QM-Systeme von Lieferanten formuliert werden [qs9]. Eine wichtige Ergänzung zu dieser Schrift ist der Leitfaden APQP, der Hilfestellung bei der Realisierung von Produkt- und Prozessentwicklungsprojekten gibt [apq]. APQP beschreibt den Qualitätsplanungsprozess aus Sicht US-amerikanischer Automobilhersteller.

APQP betont u. a. zwei wichtige QM-Werkzeuge, die heutzutage als Handwerkszeug aller Konstrukteure und Fertigungsplaner im Bereich des Automobilbaus bezeichnet werden können – die *FMEA* und den *Control Plan*. Die Anwendung dieser Werkzeuge ist als Forderung der QS 9000 zu verstehen. In der im Folgenden vorgestellten bzw. in leicht modifizierten Formen sind beide Werkzeuge auch vor dem Hintergrund anderer Forderungskataloge wie VDA 6.1 oder ISO/TS 16 949 verbindlich.

2.2.1 Einführung und Theorie

„Qualität ist die Eignung der Gesamtheit von Merkmalen einer Einheit, festgelegte und vorausgesetzte Erfordernisse zu erfüllen [di1]". Diese Definition des Qualitätsbegriffs beinhaltet die entscheidenden Aspekte, die es in einem durchgängigen und wirksamen Qualitätsplanungsprozess zu berücksichtigen gilt (**Bild 2.2-1**). Es geht darum, Merkmale von Produkten oder Prozessen zu spezifizieren und mit Messgrößen und Akzeptanzgrenzen für diese Größen (Toleranzen) zu definieren. Dies ist für all die Merkmale vollständig zu leisten, welche den Einsatzzweck des Produkts oder des Prozesses beein-

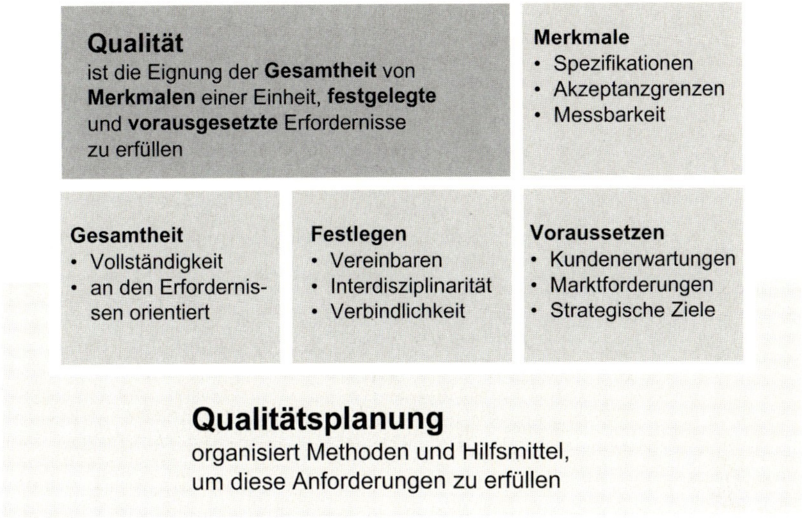

2.2 Der Control Plan – Systematische Qualitätsplanung in der Automobilindustrie

Qualität
ist die Eignung der **Gesamtheit** von **Merkmalen** einer Einheit, **festgelegte** und **vorausgesetzte** Erfordernisse zu erfüllen

Merkmale
- Spezifikationen
- Akzeptanzgrenzen
- Messbarkeit

Gesamtheit
- Vollständigkeit
- an den Erfordernissen orientiert

Festlegen
- Vereinbaren
- Interdisziplinarität
- Verbindlichkeit

Voraussetzen
- Kundenerwartungen
- Marktforderungen
- Strategische Ziele

Qualitätsplanung
organisiert Methoden und Hilfsmittel, um diese Anforderungen zu erfüllen

Bild 2.2-1 Aufgaben der Qualitätsplanung

flussen. Bei Merkmalen, welche die externe und interne Kundenzufriedenheit entscheidend beeinträchtigen, z. B. Sicherheits-, Funktions- oder Komfortmängel, spricht man in diesem Zusammenhang von *besonderen Merkmalen*. Ein praktisches Qualitätsmanagement beherrscht die Kunst, den Kunden anhand der entscheidenden Merkmale zu begeistern.

Basiseingaben für den Qualitätsplanungsprozess sind Merkmale, die der Kunde voraussetzt, die er klar formulieren kann, die sich aus allgemeinen Marktforderungen ergeben oder die der eigenen Unternehmensstrategie folgen. Ergänzt werden diese durch Begeisterungsmerkmale, welche den Kunden überraschen. In einem hochwertigen Qualitätsplanungsprozess wird die Summe dieser Merkmale unter Einbeziehung aller prozessbeteiligten Mitarbeiter, des Kunden und der relevanten Lieferanten eindeutig und verbindlich vereinbart.

Eine Kernaufgabe des Qualitätsplanungsprozesses ist folglich die transparente und abgestimmte Festlegung von Produkt- und Prozessmerkmalen, welche die Kundenzufriedenheit essentiell beeinflussen. APQP sieht zu diesem Zweck Iterationsschleifen vor, in denen wiederholt entlang der Produktentstehungsphasen Merkmale spezifiziert, hinsichtlich der Kundenforderungen bewertet und mit dem Ziel der Planung qualitätssichernder Maßnahmen dokumentiert werden (**Bild 2.2-2**).

Spezifizierte Merkmale entstehen vor allem während der Entwicklung und Konstruktion und während der Prozess- bzw. Fertigungsplanung. Die Spezifikationen liegen dann z. B. in Form von Zeichnungen, Stücklisten oder Prozessablaufplänen (Process Flow Charts) vor. Grundsätzlich sind alle diese dokumentierten Entwicklungsstände an den internen und externen Kundenforderungen zu spiegeln. Eine präventive Qualitätsbewertung ist durchzuführen. Das geeignete Mittel an dieser Stelle ist die FMEA (Abschnitt 6.12). Mit Hilfe der Design-FMEA werden die Ergebnisse der Produktgestaltung

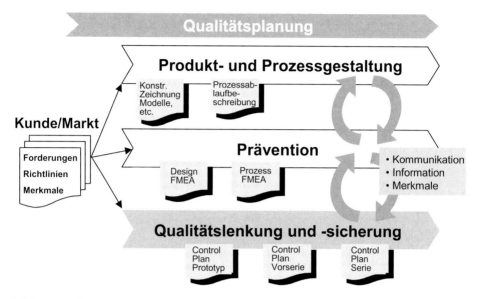

Bild 2.2-2 Systematik der Vereinbarung von Merkmalen

und mit Hilfe der Prozess-FMEA die Ergebnisse der Produktionsprozessgestaltung bewertet. Es resultieren Merkmale, die erhöhten Risiken sowohl in der Nutzung durch den Endkunden, als auch während der Herstellung unterliegen. Diese sind entweder zu ändern, oder es sind qualitätssichernde Maßnahmen zu definieren, welche die zu erwartenden Risiken begrenzen. Control Plans dienen zur Planung von Qualitätssicherungsmaßnahmen in allen Phasen des Qualitätsplanungsprozesses von der Prototypenphase, über die Vorserienphase bis zur Serie.

Control Plans unterstützen die Herstellung von Qualitätsprodukten entsprechend den Forderungen der Kunden. Sie liefern einen strukturierten Zugang für das Design, die Auswahl und die Einführung erforderlicher Qualitätssicherungsmaßnahmen und beinhalten eine schriftliche Zusammenfassung des für die Minimierung der Prozessstreuung benutzten Systems. Control Plans dienen damit auch zur rechtzeitigen Planung von Prüfmitteln und -systemen, Prüfvorgängen, erforderlichen Analyseverfahren (z. B. SPC, Fehlererfassung, Prüfmittelfähigkeitsuntersuchung) und Reaktionsmaßnahmen zur Eingrenzung und schnellen Behebung von Fehlern.

Der Control Plan gliedert sich in fünf wichtige Abschnitte (**Bild 2.2-3**):

– Prozessbeschreibung – Hier wird als Gerüst des Control Plans der Ablauf einer Produkterstellung dokumentiert. Dies kann beispielsweise die Fertigung eines Prototypen, der Ablauf eines Produktionstests (Trial Run) oder eine Folge von Montageoperationen im Serieneinsatz sein. Die Informationen für diesen Abschnitt sind den Prozessablaufplänen der Prototypen- bzw. Produktionsplanung zu entnehmen.

– Merkmalbeschreibung – Es werden alle Produkt- und Prozessmerkmale dokumentiert, für die Qualitätssicherungsmaßnahmen geplant werden müssen. Solche Merkmale resultieren aus vorgelagerten Design- und Prozess-FMEAs. Wichtig ist die Kenn-

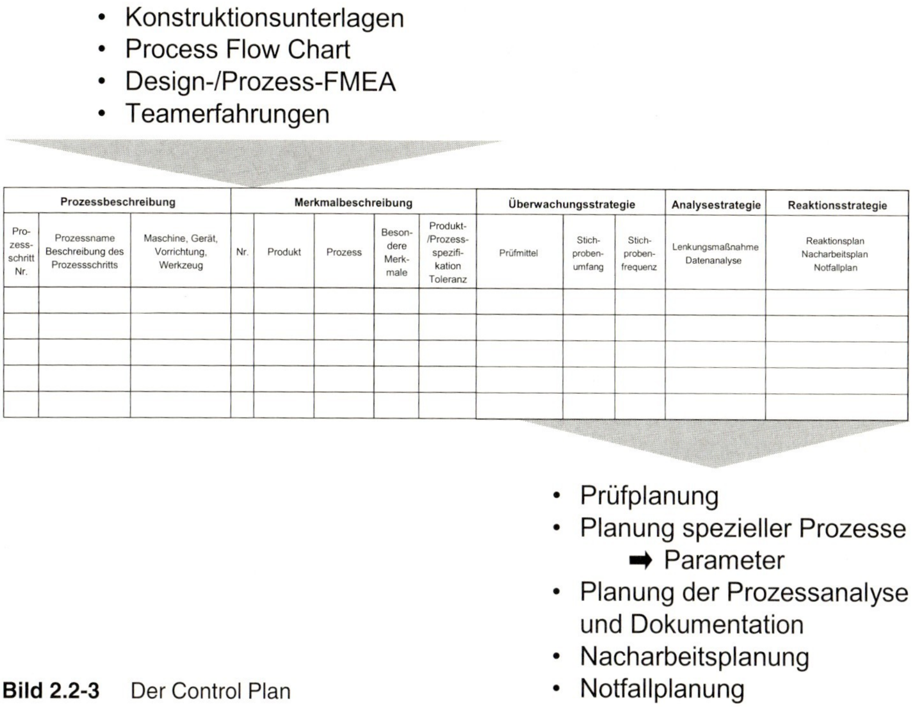

2.2 Der Control Plan – Systematische Qualitätsplanung in der Automobilindustrie

- Konstruktionsunterlagen
- Process Flow Chart
- Design-/Prozess-FMEA
- Teamerfahrungen

Prozessbeschreibung			Merkmalbeschreibung				Überwachungsstrategie			Analysestrategie	Reaktionsstrategie
Prozessschritt Nr.	Prozessname Beschreibung des Prozessschritts	Maschine, Gerät, Vorrichtung, Werkzeug	Nr.	Produkt	Prozess	Besondere Merkmale	Produkt- /Prozessspezifikation Toleranz	Prüfmittel	Stichprobenumfang	Stichprobenfrequenz	Lenkungsmaßnahme Datenanalyse	Reaktionsplan Nacharbeitsplan Notfallplan

- Prüfplanung
- Planung spezieller Prozesse
  ➡ Parameter
- Planung der Prozessanalyse und Dokumentation
- Nacharbeitsplanung
- Notfallplanung

Bild 2.2-3   Der Control Plan

zeichnung der besonderen Merkmale, für die erhöhte Forderungen an die Qualitätssicherung bestehen (z. B. 100 %-Prüfungen, hohe Prozessfähigkeitsindices, kontinuierliche Prozessüberwachung, etc.).

- Überwachungsstrategie – An dieser Stelle beginnt die Dokumentation der mit Hilfe des Control Plans planbaren Ergebnisse. Die Überwachungsstrategie entspricht weitgehend der klassischen Prüfplanung. Es werden Prüfmittel und Umfang der Prüfungen (Stichprobenumfang und -frequenz) festgelegt. Diese Festlegungen beziehen sich auf Messmittel und Lehren zur Überwachung von Produktmerkmalen und auf Prüfmittel zur Überwachung von Prozessmerkmalen, beispielsweise für Parameter spezieller Prozesse (z. B. Schweißen, Gießen, Sintern, etc.).
- Analysestrategie – Es wird definiert, in welcher Weise die Ergebnisse der Prüfungen aufgezeichnet werden, um eine Prozessanalyse zu ermöglichen. Es sind rechtzeitig Medien und die Art der Dokumentation zu bestimmen, welche im späteren Serieneinsatz eine praktische Aufzeichnung von Prüfdaten ermöglichen. Dies kann mit Hilfe von Qualitätsregelkarten oder rechnergestützter Prüfdatenerfassung, aber z. B. auch mittels Ausschuss- und Nacharbeitserfassungskarten realisiert werden.
- Reaktionsstrategie – Im letzten Abschnitt werden vorausschauend Maßnahmen geplant, die im Falle des Auftretens von Fehlern unmittelbar angestoßen werden können. Dabei können Maßnahmen vorgesehen werden, welche die Nacharbeit bzw. Reparatur fehlerhafter Teile beinhalten und welche die negativen Auswirkungen des Fehlers auf den Kunden verhindern. Ein weiterer Aspekt der Reaktionsstrategie ist

die Notfallplanung, bei der Maßnahmen festgelegt werden, die eine Aufrechterhaltung der Produktion bei unvorhergesehenen Störungen ermöglichen (z. B. Ersatzteilbevorratung, Alternativlieferanten, etc.).

Zusätzlich zu den beschriebenen Abschnitten enthält der Control Plan der QS 9000 einen Kopf mit organisatorischen Daten.

Neben der aufgezeigten Bedeutung von FMEA und Control Plan für die präventive Qualitätsplanung hat die Praxis gezeigt, dass sich die systematische Planung, Vereinbarung und Absicherung von Merkmalen an Produkten und Prozessen auch bei der Lösung von Produktionsproblemen bewährt. Das folgende Praxisbeispiel zeigt, wie in der Fertigung von Automobilkomponenten aktuelle Kundenreklamationen u. a. mit Hilfe der vorgestellten Werkzeuge bearbeitet und dauerhaft beseitigt werden.

2.2.2 Praxisbeispiel

Das Komponentenwerk der WorldCar AG fertigt verschiedene Bauteile und Komponenten für den Einsatz in allen PKW-Modellen des Konzerns. Das Spektrum reicht von Kurbel- und Nockenwellen, über Lenksysteme bis hin zu ganzen Motoren. Im Bereich der Lenksäulenproduktion kommt es wiederholt zu Problemen bei der Fertigung eines Flanschs, der die Lenkspindel mit dem Lenkgetriebe verbindet (**Bild 2.2-4**). Im Dreischichtbetrieb werden täglich 1.000 dieser Flansche produziert. Es gibt weitere Varianten dieses Flanschs, so dass die Drehmaschine wiederholt umgerüstet werden muss.

Zustand nach dem Drehen

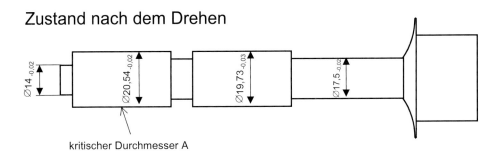

Zustand nach dem Walzen

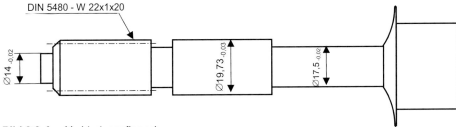

Bild 2.2-4   Verbindungsflansch

Ein externer Lieferant stellt die Flanschrohlinge im Wareneingangsbereich Just-in-Time bereit. Die vom Transport oft verschmutzten Teile werden in einer Waschanlage bei 75 °C ± 3 °C gewaschen. Dieser Waschparameter hat sich seit Einsatzbeginn der Anlage bewährt und soll unbedingt eingehalten werden. Ein Thermoelement überwacht die tatsächliche Temperatur kontinuierlich. An der sehr modernen Waschanlage besteht die Möglichkeit, Temperaturkurven automatisch aufzuzeichnen. Verlässt die Kurve den Toleranzbereich, stoppt der Anlagenbediener den Prozess, prüft die gewaschenen Teile von Hand und verständigt unmittelbar den Instandhaltungsbereich. Der gesamte Prozessablauf zur Herstellung des Flanschs liegt als Process Flow Chart vor und stellt sich folgendermaßen dar (**Bild 2.2-5**):

Bild 2.2-5 Ablauf Flanschfertigung

Für die Problembeschreibung werden zunächst wichtige Produktionskennzahlen zusammengetragen und analysiert. Es werden Prüfdaten, Aufzeichnungen zu Kundenreklamationen sowie Ausschuss- und Nacharbeitslisten herangezogen. Nach dieser Analyse stellt sich das Problem folgendermaßen dar:

– Die Kostenstelle Kaltwalzen reklamiert seit mehreren Monaten bis zu zehnmal wöchentlich, dass der gedrehte Durchmesser A fehlerhaft ist. Dabei treten sowohl zu geringe als auch zu große Durchmesser auf. Bei der Analyse der Ausschuss- und Nacharbeitslisten sowie der Prüfdaten der Kostenstelle Drehen fällt dieser Fehler jedoch nie auf.

– Das Endmontagewerk der WorldCar AG reklamiert seit einem vergleichbaren Zeitraum in unregelmäßigen Abständen fehlerhafte Verzahnungen. Dies führt immer zu Schwierigkeiten bei der Montage und kann in Extremfällen zu einer Fehlfunktion der Lenkung und damit zu einem Sicherheitsrisiko für den Fahrer führen. Mehrfach kommt es wegen Materialanhäufungen zu Stillständen der Walzanlage.

Neben der wiederholten Einleitung von Sperr- und Sortieraktionen bei Auftreten dieser Reklamationen beschließen die Produktionsverantwortlichen, die auftretenden Probleme systematisch zu ergründen und die bestehenden Qualitätssicherungsmaßnahmen anzupassen.

Zu diesem Zweck werden Werkzeuge der QS 9000 genutzt und in einer sequenziellen Vorgehensweise zur Überarbeitung und zur Dokumentation der resultierenden Qualitätssicherungsmaßnahmen eingesetzt (**Bild 2.2-6**). Ausgehend von der bestehenden Prozessbeschreibung wird, wie bereits beschrieben, mit Hilfe von Produktionskennzahlen eine Problemidentifizierung vorgenommen. Auf diese Weise werden die für das Problem kritischen Prozessschritte identifiziert – in diesem Fall die Prozessschritte Drehen und Kaltwalzen.

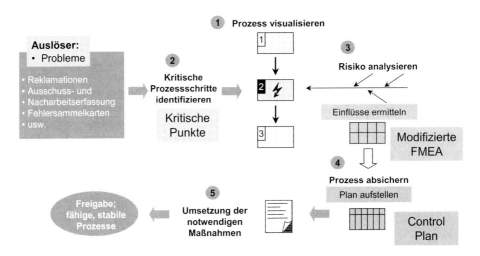

Bild 2.2-6   Systemtische Vorgehensweise zur Anpassung der Qualitätsplanung

Mit genauer Kenntnis des Problems und der Eingrenzung relevanter Prozessschritte wird im Folgenden ein interdisziplinäres Team aus erfahrenen Mitarbeitern gebildet, welche eine ausführliche Ursachenanalyse durchführen. Dem Team gehört ein Konstrukteur, ein Fertigungsplaner, die zuständigen Produktionsmeister, die Maschinenführer sowie ein Mitarbeiter der Instandhaltung und der Qualitätssicherung an. Diese Ursachenanalyse kann beispielsweise durch die Ishikawa-Methode systematisch unterstützt werden. Das Team erarbeitet folgende potenziellen Ursachen:

Beim Drehen
– fehlerhafte Maschineneinstellung der Drehmaschine
– nicht maßhaltige Rohteile
– erhöhter Werkzeugverschleiß des Drehmeißels

Beim Walzen
– fehlerhafte Maschineneinstellung der Walzanlage
– falscher Werkstoff des Rohteils
– fehlerhaft gedrehter Flansch

Ein Basiswerkzeug der QS 9000 ist die FMEA. Aus diesem Grund entscheidet sich das Team, erforderliche Entdeckungsmaßnahmen im Schema der Prozess-FMEA zu erarbeiten und mit Hilfe der FMEA-Bewertungssystematik zu priorisieren. Zu dem hier geschilderten Zweck wird die Prozess-FMEA damit in modifizierter Form verwendet (**Bild 2.2-7**). Die vollständige Anwendung dieser Methode ist Abschnitt 10.12 zu entnehmen.

Das Team legt folgende Maßnahmen zur Qualitätssicherung fest. Es werden Verantwortlichkeiten und Termine für die Umsetzung vereinbart:

– Beim Drehen wird der problematische Durchmesser A als besonderes Merkmal festgelegt, da er zu Problemen in einem Folgeprozess führt (interner Kunde Walzen) und Ursache für ein Sicherheitsrisiko beim Endkunden sein kann.

2.2 Der Control Plan – Systematische Qualitätsplanung in der Automobilindustrie

Modifizierte Prozess-FMEA Struktur: Fertigungsprobleme Flansch			Team: Konstruktion, Fertigungsplanung Qualitätssicherung, Instandhaltung Meister, Maschinenführer				Erstellt: 05.04.00		Änderung 19.04.00	
Funktion	Fehlerart		Fehlerfolge	B	Fehlerursache		A	Maßnahme	E	RPZ
Systemelement: Flansch										
Drehen	Durchmesser A zu gering		zu geringe Zahnhöhe	10	fehlerhafte Maschinen-einstellung Drehen		6	Einrichtprüfung im Messraum	2	120
					Rohteil nicht maßhaltig		5	WE-Prüfung	2	100
	Durchmesser A zu groß		Material-häufung beim Walzen	2	fehlerhafte Maschinen-einstellung Drehen		6	Einrichtprüfung im Messraum	2	24
					erhöhter Werkzeug-verschleiß		8	Einführung SPC-Überwachung	2	32
Verzahnung Walzen	zu geringe Zahnhöhe		Fehlfunktion Lenkung	10	Durchmesser A zu gering		5	100%-Prüfung bis Maßnahmen am Flansch wirksam	1	50
					fehlerhafte Maschinen-einstellung Walzen		6	Einrichtprüfung im Messraum	2	120
	Werkzeug-verschleiß und Maschinen-stillstand			2	Durchmesser A zu groß		8	100%-Prüfung bis Maßnahmen am Flansch wirksam	1	16
					fehlerhafte Maschinen-einstellung Walzen		6	Einrichtprüfung im Messraum	2	24
					Zugfestigkeit des Rohteils zu gering		5	WE-Prüfung Werkstoff	2	20

Bild 2.2-7 Auszug einer modifizierten Prozess-FMEA

- Beim Walzen wird die Verzahnungsgeometrie als besonderes Merkmal festgelegt, da sie unmittelbar Ursache für ein Sicherheitsrisiko beim Kunden ist.
- Nach dem Umrüsten der Drehmaschine werden die ersten drei Teile in den Messraum der Qualitätssicherung gegeben. Mit einem Koordinatenmessgerät wird der kritische Durchmesser A gemessen. Sind alle drei Messbefunde im Toleranzbereich, wird der Prozess freigegeben. Als Beleg wird der Kostenstelle ein Messprotokoll ausgehändigt. Zeigen die Messungen fehlerhafte Teile, werden diese gekennzeichnet, die Drehmaschine wird neu eingestellt und es werden dann weitere 3 Teile in den Messraum gegeben. Um den periodischen Werkzeugverschleiß rechtzeitig zu erkennen, wird der kritische Durchmesser A statistisch überwacht. Nach 50 Teilen wird eine 5er Stichprobe mit einer Bügelmessschraube gemessen. Der Maschinenbediener führt die Messergebnisse von Hand auf einer $\tilde{x}$/R-Regelkarte. Bei entsprechender Eingriffsgrenzenverletzung wird ein Werkzeugwechsel vorgenommen.

– Nach dem Umrüsten der Walzanlage werden die ersten fünf Teile in den Messraum der Qualitätssicherung gegeben. Mit einem Koordinatenmessgerät wird die Verzahnungsgeometrie gemessen, und ein Messprotokoll wird erstellt. Zeigen die Messungen fehlerhafte Teile, werden diese gekennzeichnet, die Walzanlage wird neu eingestellt und es werden dann weitere 5 Teile in den Messraum gegeben. Sind alle fünf Messbefunde im Toleranzbereich, wird der Prozess freigegeben. Im Folgenden wird an jedem Teil die Verzahnungsgeometrie mit Verzahnungslehrringen geprüft. Es wird eine Fehlersammelkarte geführt. Treten drei Fehler in Folge auf, wird der Prozess gestoppt und die Maschine neu eingestellt.

– Die Qualitätssicherung führt wieder Wareneingangsprüfungen in Form von Stichproben durch. Bei jedem neuen Behälter wird an drei Teilen geprüft, ob die Rohlinge den vereinbarten Durchmesser von 22 mm + 0,5 mm einhalten und ob das Material eine Zugfestigkeit von 700 N/mm^2 ± 10 N/mm^2 aufweist. Für die Bestimmung des Durchmessers kann ein digitaler Messschieber verwendet werden. Die Zugfestigkeitsbestimmung erfolgt im Labor der Qualitätssicherungsabteilung. Die Befunde dieser Prüfung werden in einer Wareneingangsliste mit Angabe der Messwerte, des Datums und des Prüfers dokumentiert. Kommt es zu Beanstandungen werden alle Rohlinge im Wareneingangsbereich gesperrt. Nur Mitarbeiter der Qualitätssicherung dürfen die Rohlinge wieder freigeben. Um Engpässe zu vermeiden, wird eine Tagesmenge mit freigegebenen Rohlingen eingelagert.

– Mit dem Einsetzen der skizzierten Maßnahmen besteht im Team noch Unsicherheit bez. deren Wirksamkeit. Aus diesem Grund wird mit dem Mitarbeiter der Qualitätssicherung vereinbart, dass vorerst noch jeden Tag zwei fertige Flansche einem Produktaudit unterzogen werden, wobei die Verzahnungsgeometrie mit einem Koordinatenmessgerät geprüft wird. Zeigen sich im Auditbericht fehlerhafte Verzahnungen, ist dies ein Indiz dafür, dass die Summe der ergriffenen Qualitätssicherungsmaßnahmen immer noch nicht wirksam ist. Deshalb muss eine sofortige Benachrichtigung des Endmontagewerks erfolgen und auf die Gefahr potenziell fehlerhafter Teile hingewiesen werden. Alle im Umlauf befindlichen Flansche werden gesperrt und nach der Durchführung umfassender Korrekturmaßnahmen darf erst der Fertigungsleiter des Komponentenwerks die Produktion wieder freigeben.

Alle hier ausführlich beschriebenen Maßnahmen sind als Vorgaben für die betroffenen Mitarbeiter der Produktion in übersichtlicher Weise darzustellen. Darüber hinaus muss das Komponentenwerk in seiner Rolle als Lieferant jederzeit in der Lage sein, seinem Kunden darzulegen, wie die Qualität der Lieferteile gewährleistet wird. Zu diesem Zweck wurde im Rahmen der QS 9000 der Control Plan definiert, der alle zuvor beschriebenen Qualitätssicherungsmaßnahmen zusammenfasst (**Bild 2.2-8**).

(Sie sollten den folgenden Control Plan noch nicht nachvollziehen, wenn Sie die danach folgende Übungsaufgabe lösen möchten.)

Im Control Plan wurden alle festgelegten Merkmale mit im Team vereinbarten Maßnahmen geplant und dokumentiert. Der Control Plan bildet damit die aktuell gültige Qualitätssicherungsstrategie ab. Selbstverständlich werden parallel Vorbeugungsmaßnahmen ergriffen, die auf eine Prozessverbesserung des Drehens und Walzens abzielen. Sind solche Maßnahmen wirksam, so kann dies dazu führen, dass aktuell geplante Prüfungen und Überwachungen in höheren Frequenzen ausgeführt werden und ggf. sogar wieder

2.2 Der Control Plan – Systematische Qualitätsplanung in der Automobilindustrie

☐ Prototyp	☐ Vorserie	■ Serie	Kontaktperson / Telefon Hr. Müller		Datum der Erstfreigabe 12.11.1999	Änderungsdatum 05.12.1999
Control Plan Nr.						
Teilnummer / letzte Änderung 117 056 21			Kernteam KO, FP, QS, IH, MB, MS		Datum der Freigabe durch die Entwicklung des Kunden 06.10.1999	
Teilname / Beschreibung Flansch			Lieferant / Standort WC 003, Ac		Freigabe / Datum Müller, 02.02.2000	Datum der Freigabe durch den Qualitätsbereich des Kunden 28.10.1999
Lieferant / Standort World Car AG, Werk			Lieferantenschlüssel WC 003		Datum für weitere Freigabe	Datum für weitere Freigabe

Prozessbeschreibung			Merkmalbeschreibung				Überwachungsstrategie			Analysestrategie	Reaktionsstrategie
Prozess- schritt Nr.	Prozessname Beschreibung des Prozessschritts	Maschine, Gerät, Vorrichtung, Werkzeug	Nr.	Produkt	Prozess	Besondere Merkmale	Produkt- /Prozess- spezifikation Toleranz	Prüfmittel	Stich- proben- umfang	Stich- proben- frequenz		
10	Bereitstellung der Rohteile	WE-Platz an der Waschanlage	10.1	Durchmesser			22 + 0,5 mm	Messschieber PM 025986	3	pro Behälter	WE-Liste	alle Rohlinge sperren, Freigabe durch QS
			10.2	Zugfestigkeit			700 +/- 5 N/mm2	Maschine Zugversuch PM 594523	3	pro Behälter	WE-Liste	alle Rohlinge sperren, 1 Tagesmenge bevorraten
20	Waschen der Rohteile	Waschanlage Dürr CF 023	20.1		Wasch- temperatur		75 +/- 3 °C	Thermoelement PPM 2368	–	kontinu- ierlich	Temperatur-Kurve Waschanlage	Prozess stoppen, Sichtkontrolle der gewaschenen Teile, IH verständigen
30	Drehen	Drehmaschine Traub TM 11	30.1	Durchmesser		x	20,54 -0,02 mm	Bügelmess- schraube PM 038584	5	50	Median/ Spannweiten- Regelkarte	Prozess stoppen, Werkzeugwechsel durch MB
			30.2	Durchmesser		x	20,54 -0,02 mm	KMG, Messraum PM 023	3	nach dem Rüsten	Messprotokoll	fehlerhafte Teile kennzeichnen, Prozess neu einrichten, 3 Teile in Messraum
40	Verzahnung Walzen	Walzanlage Freund F 03/12	40.1	Verzahn- ungs- geometrie		x	DIN 5480 W22x1x20	Verzahnungs- lehrringe gut/schlecht	1	1	Fehlersammelkarte	bei 3 Fehlern in Folge Prozess stoppen und neu einrichten, Freigabe durch MS
			40.2	Verzahn- ungs- geometrie		x	DIN 5480 W22x1x20	KMG, Messraum PM 023	5	nach dem Rüsten	Messprotokoll	fehlerhafte Teile kennzeichnen, Prozess neu einrichten, 5 Teile in Messraum
41	Produktaudit	Auditraum QS	41.1	Verzahn- ungs- geometrie		x	DIN 5480 W22x1x20	KMG, Auditraum PM 019	2	pro Tag	Auditbericht	Benachrichtigung End- montagewerk, alle Flansche sperren, Freigabe durch Fertigungsleitung des Werks
50	Teilebereitstellung Endmontage	Versandbereich										

Bild 2.2-8   Beispiel eines Serien Control Plans

wegfallen. Der Control Plan ist in diesen Fällen zu aktualisieren. Er ist ein lebendes Planungsdokument.

2.2.3 Übungsaufgabe

- Bearbeiten Sie das nachfolgende Control Plan-Formular (**Bild 2.2-9**) mit Hilfe der Angaben im Praxisbeispiel (Abschnitt 2.2.2). Benutzen Sie das Beispiel eines Serien Control Plans abschließend zum Vergleich (Bild 2.2-8).
- Beantworten Sie folgende Fragen.
  1. Welchen Zweck verfolgt der Control Plan?
  2. In welchen Phasen des Produktentwicklungsprozesses sind Control Plans vorgesehen?
  3. Wo liegt der Mehrwert des Control Plans gegenüber einem klassischen Prüfplan?
  4. Wo werden die Angaben der Serien Control Plan-Abschnitte *Prozess- und Merkmalbeschreibung* generiert?
  5. Welche Bedeutung haben *besondere Merkmale*?

zu 1:
Der Control Plan dokumentiert alle Qualitätssicherungsmaßnahmen für die ausführenden Mitarbeiter. Er gibt einen stets aktualisierten Überblick der Qualitätssicherungsstrategie für den Kunden.

zu 2:
Prototypen-, Vorserien- und Serienphase

zu 3:
Neben der Planung von Prüfmerkmalen, Prüfmitteln, Prüfumfängen und -frequenzen werden im Control Plan auch die erforderlichen Analysemethoden und Reaktionsmaßnahmen geplant.

zu 4:
Die Angaben im Abschnitt Prozessbeschreibung stammen aus Flow Charts der Produktionsplanung. Diese waren bereits Input für die Prozess FMEA.

Die Angaben im Abschnitt Merkmalbeschreibung stammen aus Spezifikationen der Produktentwicklung (Lastenheft, Zeichnungen, etc.). In der Design-FMEA und Prozess-FMEA wurden alle Merkmale hinsichtlich ihrer Qualitätsrelevanz bewertet. Kritische Merkmale gelten als Eingabe für den Control Plan.

zu 5:
Als besondere Merkmale werden solche bezeichnet, die von erhöhter, bewusster oder unbewusster Bedeutung für den Kunden sein können. Folgende Arten von besonderen Merkmalen können unterschieden werden:
- *sicherheitsrelevantes Merkmal* – potenzielle Ursache für ein Sicherheitsrisiko des Endkunden

2.2 Der Control Plan – Systematische Qualitätsplanung in der Automobilindustrie

☐ Prototyp	☐ Vorserie	■ Serie	Kontaktperson / Telefon		Datum der Erstfreigabe	Änderungsdatum
Control Plan Nr.			Hr. Müller		12.11.1999	05.12.1999
Teilnummer / letzte Änderung			Kernteam		Datum der Freigabe durch die Entwicklung des Kunden	
117 056 21			KO, FP, QS, IH, MB, MS		06.10.1999	
Teilname / Beschreibung			Lieferant / Standort		Datum der Freigabe durch den Qualitätsbereich des Kunden	
Flansch			WC 003, Ac		28.10.1999	
Lieferant / Standort		Lieferantenschlüssel	Datum für weitere Freigabe	Freigabe / Datum	Datum für weitere Freigabe	
World Car AG, Werk		WC 003		Müller, 02.02.2000		

Prozessbeschreibung				Merkmalbeschreibung				Überwachungsstrategie			Analysestrategie	Reaktionsstrategie
Pro-zess-schritt Nr.	Prozessname Beschreibung des Prozessschritts	Maschine, Gerät, Vorrichtung, Werkzeug	Nr.	Produkt	Prozess	Beson-dere Merk-male	Produkt- /Prozess-spezifi-kation Toleranz	Prüfmittel	Stich-proben-umfang	Stich-proben-frequenz	Lenkungsmaßnahme Datenanalyse	Reaktionsplan Nacharbeitsplan Notfallplan

Bild 2.2-9 Control Plan-Formblatt

- funktionsrelevantes Merkmal – potenzielle Ursache dafür, dass das Endprodukt nicht oder fehlerhaft funktioniert
- vom Kunden explizit gefordertes Merkmal – spezifiziertes Merkmal, das für den externen Kunden von erhöhter Bedeutung ist
- prozessrelevantes Merkmal – Merkmal, das einen hohen Einfluss auf den reibungslosen Ablauf von Folgeprozessen hat. Bei speziellen Prozessen sind dies auch Parameter, die für die Prozesssteuerung entscheidend sind.

2.3 Das Produktaudit

Es lassen sich drei wesentliche Auditarten unterscheiden: das Systemaudit, das Verfahrensaudit und das Produktaudit (**Bild 2.3-1**). Wie der Name schon andeutet, bezieht sich der Schwerpunkt der Betrachtungen beim Produktaudit auf das fertiggestellte und geprüfte Produkt. Zielsetzung ist es, aus Sicht des Abnehmers anhand der gefertigten Produkte zu überprüfen, ob Qualitätsmerkmale, wie beispielsweise die den Zeichnungen entnommenen Spezifikationen u. ä., erfüllt werden. Mit dem Produktaudit soll festgestellt werden, ob und wo Fehler am fertigen Produkt auftreten und, noch viel wichtiger und weitergehender als dies, wo ihre Ursachen liegen.

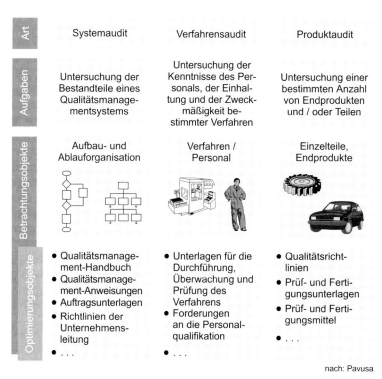

Bild 2.3-1 Qualitätsauditarten

2.3.1 Voraussetzungen für ein Produktaudit

Die Basis für ein effektives Qualitätsaudit stellt die geeignete Qualifikation der jeweiligen Mitarbeiter dar, die mit der Audit-Tätigkeit beauftragt werden. Neben dem uneingeschränkten Informationsrecht bezüglich aller qualitätsbezogenen Unternehmensvorgänge müssen vom Audit-Personal weitgehende fachliche und insbesondere menschliche Fähigkeiten gefordert werden. Dazu zählen:
- produkt- und qualitätsspezifische Kenntnisse
- Beherrschung der Prüftechnik
- Anwendung von Prüfspezifikationen
- Handhabung von Fehlerkatalogen
- Bewertung von Produkten
- Erstellung von Berichten
- gutes Einfühlungsvermögen
- Überblick und kritische Distanz zu betrieblichen Abläufen und Produkten
- Kontaktfähigkeit und Einfühlungsvermögen

Von besonderer Bedeutung für das Auditpersonal ist das psychologische Einfühlungsvermögen. Die Aufgabe der Auditoren liegt nicht so sehr darin, Fehler zu reklamieren, sondern vor allem darin, mit den beteiligten Mitarbeitern nach Fehlerursachen und, daraus abgeleitet, Verbesserungsmöglichkeiten zur Fehlervermeidung zu suchen. Dies setzt eine enge und gute Zusammenarbeit der Auditoren mit den beteiligten Mitarbeitern voraus. Kontrollen, bei denen der Auditor nur versucht, Fehler zu finden, ohne sich konstruktiv an deren Behebung zu beteiligen, führen häufig zu innerbetrieblichen Reibungen und wirken der ursprünglichen Intention, Verbesserungen im Unternehmen zu initiieren, entgegen.

Neben diesen personellen Grundvoraussetzungen existieren auch Forderungen an die Planung des Audits, damit eine erfolgreiche Durchführung sichergestellt werden kann. Notwendige Tätigkeiten vor der eigentlichen Durchführung des Produktaudits sind folgende Schritte:
- Erstellung eines Konzeptes zur Auditierung eines Produktes (Produktspektrums)
- Genehmigung dieses Konzeptes durch die Unternehmensleitung
- frühzeitige Information der betroffenen Unternehmensbereiche über die Ziele und die Inhalte sowie über die Vorgehensweise des Produktaudits
- Bekanntgabe des Audits als verbindliche Qualitätsmanagement-Maßnahme und Aufnahme in das Qualitätsmanagement-Handbuch
- gegebenenfalls Schulung und Weiterbildung des Audit-Personals
- Aufstellung eines Audit-Programms mit umfassender Terminplanung

Während einer Serienproduktion erfolgt die Entnahme der Produkte für ein Produktaudit entweder in regelmäßigen Abständen, z. B. täglich oder wöchentlich,
- nach dem Zufallsprinzip oder
- bei steigender Qualitätssicherheit mit sinkender Häufigkeit.

Zusätzlich zu diesen organisatorischen Aspekten müssen in der Planungsphase für ein Produktaudit häufig folgende Gesichtspunkte berücksichtigt werden:
- Anlass für das geplante Audit (Reklamation, periodische Prüfung, u. a.)
- Zeichnungsunterlagen für die betreffenden Produkte

- Änderungsstand der Dokumentationen
- zu beachtende Spezifikationen und Normen
- Daten der Hersteller bestimmter Produktteile
- Entnahmeort und Entnahmezeit
- Durchführungsanlass (z. B. zufällig, periodisch, …)
- Voraussetzungen für die mess- und prüftechnische Durchführung
- ein Erfassungsformular für die Fehlerfeststellung
- ein Klassifizierungs- und Bewertungssystem für die Beurteilung der Fehler
- ein Formblatt für die Darstellung der Ergebnisse
- ein Schema für die Berichterstattung

Das Produktaudit ist dem Verantwortungsbereich des Qualitätsleiters zuzuordnen, um die Unabhängigkeit von der Produktion zu wahren. Es ist organisatorisch von den übrigen Stellen, die üblicherweise für die Zwischen- und Endprüfung zuständig sind, zu trennen. Für den Fall von Beanstandungen ist es notwendig, dem Verantwortlichen für das Produktaudit die notwendigen Kompetenzen einzuräumen. Die Praxis zeigt, dass eine bloße Berichterstatterfunktion verhindert, dass das Produktaudit die notwendige Akzeptanz im Unternehmen findet. Folgende Kompetenzen sollten dem Audit-Verantwortlichen eingeräumt werden:

- Sperrung der Produktauslieferung
- Einleitung von Sofortmaßnahmen
- Einleitung von Korrekturmaßnahmen

2.3.2 Ablauf des Produktaudits

Klassifizierung und Gewichtung der Fehler

Ausgehend von den Unterlagen, die vom Pflichtenheft über die Konstruktionszeichnungen bis zu den gesetzlichen Vorschriften reichen, werden vom Audit-Personal alle Produktfehler, d. h. im Sinne des Produktaudits alle Merkmalwerte des Prüflings ermittelt, die den spezifizierten Forderungen nicht genügen. Hierzu werden in Form einer Stichprobe versandfertige Produkte untersucht, wobei die einzelne Prüfung jedoch sehr umfassend sein kann. Wesentliches Kennzeichen des Produktaudits ist die Betrachtung der Eigenschaftsmerkmale aus Sicht eines kritischen Kunden.

Dabei werden die jeweiligen Fehler anhand eines Fehlercodes klassifiziert und entsprechend ihrer möglichen Folgen derart gewichtet, dass z. B. personengefährdende Eigenschaften stärker in die Bewertung einfließen. **Bild 2.3-2** gibt hierzu einen möglichen Gewichtungsschlüssel wieder.

Unter einem „kritischen Fehler" wird ein Fehler verstanden, von dem anzunehmen oder bekannt ist, dass er voraussichtlich für Personen gefährliche oder unsichere Situationen schafft. „Hauptfehler" sind demgegenüber Fehler, die voraussichtlich zu einem Ausfall führen und die Brauchbarkeit für den vorgesehenen Verwendungszweck herabsetzen. Ein Beispiel hierfür wäre ein nicht funktionierender Scheibenwischer. Die dritte Gruppe von Fehlern sind „Nebenfehler". Hierunter versteht man Fehler, die voraussichtlich die Brauchbarkeit für den vorgegebenen Verwendungszweck nicht wesentlich herabsetzen, oder ein Abweichen von den geltenden Normen, das den Gebrauch oder den Betrieb des Produktes nur geringfügig beeinflusst. Beispiele hierfür sind Lackschäden am Getriebegehäuse oder Montagekratzer am Scheibenwischergestell.

2.3 Das Produktaudit

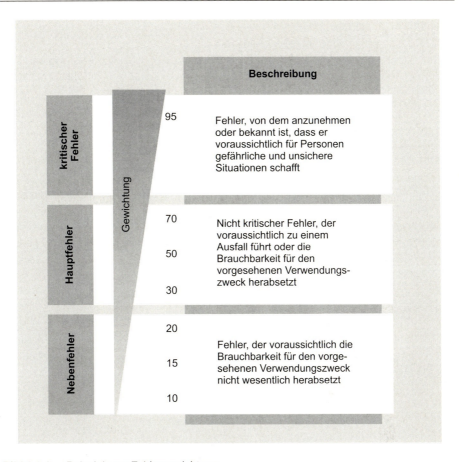

Bild 2.3-2 Beispiele zur Fehlergewichtung

2.3.3 Durchführung des Produktaudits

Aus den bisherigen Ausführungen wurde bereits deutlich, dass für die Durchführung eines Produktaudits keine allgemeingültige Handlungsanleitung angegeben werden kann. Daher existieren in den Unternehmen individuelle Vorgehensweisen bei der Durchführung von Produktaudits.

In der betrieblichen Praxis haben sich jedoch einige grundsätzliche Regeln als sinnvoll erwiesen:

– Die betroffenen Unternehmensbereiche sollten kurzfristig über die Entnahme von Produkten unterrichtet werden.

– Die Prüflinge sollten unerwartet und nach den Regeln der Stichprobenprüfung entnommen werden.

– Bei einem Audit aus aktuellem Anlass kann das Los, aus dem die Stichprobe entnommen worden ist, bis zum Abschluss des Audits festgehalten werden.

- In jedem Fall ist das Entnahmelos zur Vermeidung von Doppelaudits zu kennzeichnen.
- Das Audit kann sowohl am kompletten Produkt oder an einzelnen Komponenten durchgeführt werden. Dazu sind die Produkte gegebenenfalls zu zerlegen oder auch zu zerstören.
- Die eingesetzten Messmittel sollten ausschließlich für das Produktaudit verwendet werden.
- Beim Auffinden von kritischen Fehlern müssen unmittelbar Maßnahmen eingeleitet werden, damit keine Produkte mit derartigen Mängeln zur Verwendung kommen.
- Die jeweiligen Ergebnisse sollten unverzüglich in die Auditvordrucke, das sind in der Regel Formulare oder Checklisten, eingetragen werden, um Übertragungsfehler und Verzögerungen zu vermeiden.

Die Ergebnisse können in einem Dokumentationsblatt zusammengefasst werden (**Bild 2.3-3**). Das Entnahmelos umfasst dabei insgesamt vier Produkte, für die der Prüfer die festgestellten Produktmängel vermerkt hat. Im gleichen Formular wird aus den gewichteten Fehlerpunkten eine Qualitätskennzahl errechnet.

2.3.4 Bewertung

Nach Abschluss der Prüfungsschritte erfolgt die Bewertung der festgestellten Produkteigenschaften nach einem Merkmals- und Bewertungskatalog, indem jedes Merkmal in eine der drei Fehlerklassen (Bild 2.3-2) eingeordnet wird. In der betrieblichen Praxis ist die Art der jeweiligen Bewertung nicht nur bei den Unternehmen sehr verschieden, sie kann auch in Abhängigkeit von der Komplexität der Produkte festgelegt sein.

Einige Ansätze verwenden gewichtete Fehler auf negativer Basis, d. h., die Fehlerpunkte der Einzelmerkmale werden von einer vorzugebenden Basis (z. B. 150) subtrahiert, so dass ein Endergebnis von Null den denkbar schlechtesten Qualitätszustand darstellt.

Im Rahmen des folgenden Fallbeispiels erfolgt die Bewertung nach der Methode der gewichteten Fehler auf positiver Basis. Das bedeutet, dass die jeweils gewichteten Fehlerpunkte aufsummiert werden. Damit stellt das Ergebnis $\Sigma FG = 0$ den bestmöglichen Zustand dar.

Obwohl die Art der Bewertung keinerlei Aussage über die Qualität des Produktaudits hat, sollte für Vergleichszwecke möglichst nach dem gleichen Schema vorgegangen werden.

Berichterstattung

Für ein effizientes Berichtswesen hat sich die Verwendung von Formularen und Checklisten als zweckmäßig erwiesen. Durch die exakte Vorgabe der Abläufe wird eine übersichtliche und weitgehend vollständige Datenerfassung sowie eine vereinfachte Auswertung gewährleistet. Weitere Effektivitätssteigerungen sind über die EDV-gestützte Datenauswertung bis hin zur direkten Eingabe der Prüfungsdaten in ein rechnergestütztes Auditsystem erzielbar.

Neben der vollständigen Dokumentation und Klassifizierung der festgestellten Produktmängel hat der Auditbericht die Aufgabe, bereits eingeleitete Maßnahmen zu dokumen-

2.3 Das Produktaudit

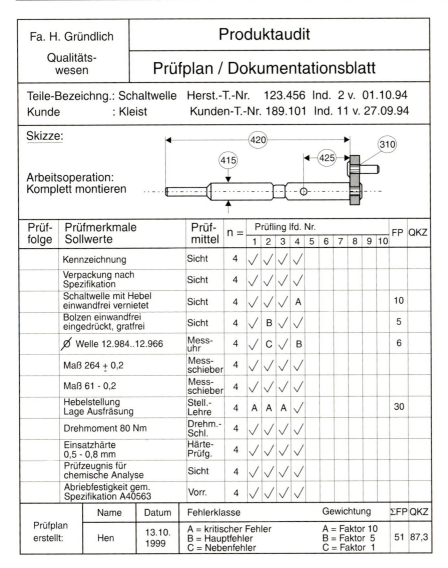

Bild 2.3-3 Beispiel für ein Ergebnisblatt

tieren sowie weiterreichende Konsequenzen zur Vermeidung weiterer Fehler vorzuschlagen.

Zu diesem Zweck können gegebenenfalls umfangreiche Soll-Ist-Vergleiche erforderlich sein, insbesondere dann, wenn bestimmte Fehler an der betrachteten Produktgruppe wiederholt auf Schwachstellen hinweisen. Je nach Qualitätsforderung und Schwere sowie Häufigkeit des Fehlers sind in diesen Fällen detaillierte Wiederholungsaudits notwendig. Wesentliche Aufgabe des Berichtes ist es, dass die Ergebnisse aus dem möglichst regelmäßig stattfindenden Audit eingehend mit den betreffenden Unternehmensbereichen diskutiert werden. Es reicht keinesfalls aus, die Schwachstellen aufzuzeigen, sondern es müssen Hinweise für Abhilfemaßnahmen gegeben und die Maßnahmen in ihrer Wirkung verfolgt werden.

Qualitätskennzahlen

Für eine vergleichende Beurteilung einzelner Audits und zur Erleichterung der kontinuierlichen Trendauswertung werden die teilweise unhandlich großen Ziffernfolgen, die sich aus den kumulierten Fehlergewichtungen ergeben, zu Qualitätskennzahlen (Q_Z) verdichtet. Diese berücksichtigen die aufgetretenen Fehler in Bezug auf deren Häufigkeit und deren Gewichtung entsprechend dem unternehmensspezifischen Gewichtungsschlüssel.

In diesem Sinne stellen Qualitätskennzahlen ein Überwachungs- und Steuerungselement dar, mit dem die gefertigten Erzeugnisse hinsichtlich der an sie gestellten Forderungen ähnlich dem Schulnotensystem bewertet werden können.

In Industrieunternehmen werden heute Qualitätskennzahlen nicht nur für die Produktvarianten, -typen und -familien ermittelt, sondern auch für

– Kostenstellen,
– Fertigungsstellen,
– Fertigungsschichten,
– Fertigungsstraßen,
– Fertigungsbereiche,
– Werke und
– Gesamtunternehmen.

Ein Vergleich von Qualitätskennzahlen für unterschiedliche Bereiche ist jedoch nur dann möglich, wenn die Berechnung nach dem gleichen Schema erfolgt ist.

Berechnung der Qualitätskennzahlen (Q_Z)

Von der Industrie werden Qualitätskennzahlen sowohl für den Vergleich als auch für die vereinfachte Trendbeobachtung eingesetzt. Falls Q_Z im Betrachtungszeitraum eine festgesetzte Grenze überschreitet, wird beispielsweise die Durchführung detaillierterer Audits veranlasst.

Problematisch kann dabei eine mögliche Fehlerkompensation in Folge eines ungünstig gewählten Auditablaufs sein, so dass eine eventuelle Verschlechterung an der Qualitätskennzahl nicht erkennbar ist. Zur Vermeidung derartiger Fälle wird daher die Häufigkeit der Fehler pro Einheit entweder als Absolutwert oder auf die Prüfmenge bezogen zusätzlich angegeben.

Wie bei der Bewertung der Produktmängel (vgl. Bild 2.3-2) kann auch für die Berechnung der Qualitätskennzahlen keine allgemeingültige Rechenvorschrift angegeben werden. Bei der Berechnung der gewichteten Fehlerpunkte je Fehlermerkmal wird üblicherweise folgende Gleichung angegeben:

FG = Gewichtungsfaktor × Fehlerzahl je Prüflos

Durch Aufsummieren aller gewichteten Fehlerpunkte erhält man hiermit die Gesamtfehlerpunkte für das untersuchte Auditobjekt. Für die anschließende Berechnung der Qualitätskennzahlen Q_Z werden in der Praxis sehr unterschiedliche Angaben gemacht.

2.3 Das Produktaudit

Beispielsweise verwendet ein Maschinenbauunternehmen zur Berechnung von Q_Z die nachstehende Formel:

$$Q_Z = 100 \cdot \left(1 - \frac{\sum_1^n FG}{F_a \cdot n}\right)$$

Die genannten Größen haben folgende Bedeutung:
FG = gewichteter Fehler je Merkmal
n = Anzahl der im Audit untersuchten Produkte
F_a = Gewichtungsfaktor für kritische Fehler

Ein anderes Beispiel ist die Formel eines Automobilherstellers, wie sie auch im Rahmen des folgenden Fallbeispiels verwendet wird. Hierin werden folgende Größen verwendet:

$$Q_Z = R \cdot 1/n \cdot \sum FG + 1$$

FG = gewichteter Fehler je Merkmal
n = Anzahl der im Audit geprüften Produkte
R = Reduktionsfaktor

Mit Hilfe des Reduktionsfaktors, der von der zentralen Qualitätssicherung vorgegeben und periodisch überprüft wird, werden die unternehmensspezifischen Gegebenheiten in der Form berücksichtigt, dass sich für eine beruhigte Fertigung mittlerer Qualität ein Wert von $Q_Z = 3$ ergibt.

2.3.5 Fallbeispiel

Einleitung

Das Automobilunternehmen U. Hukra produziert pro Jahr 300.000 Fahrzeuge einer bestimmten Baureihe. Aus dieser Menge werden in regelmäßigen Abständen 20 Fahrzeuge einem umfangreichen Produktaudit unterzogen. Bei der Durchführung werden gemäß vorgegebenen Checklisten einzelne Kfz-Baugruppen wie Karosserie, Elektrik, Aggregate, Fahrwerk usw. detailliert untersucht. In diesem Fallbeispiel wird das Audit der Baugruppe Fahrwerk bzw. insbesondere die Hinterachse der genannten Fahrzeugbaureihe vorgestellt.

Problemstellung

Die verwendete Hinterachse (**Bild 2.3-4**) besteht aus einem U-Rohr, in dem ein Torsionsstab verschweißt ist. Das Torsionsrohr wirkt als Stabilisator und verringert die Neigung des Fahrzeugs bei Kurvenfahrt. Die Achse wird über Längslenker in Gummi-Metalllagern an der Karosserie befestigt und über Federbeine abgestützt. Die seitliche Führung übernimmt eine Diagonalstrebe, die auf der einen Seite am Hinterachskörper und auf der anderen Seite am Aufbau angeschraubt ist.

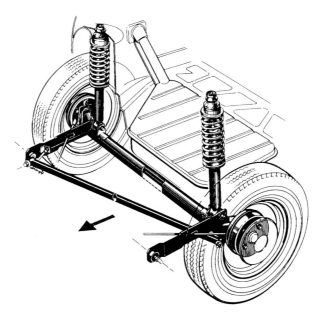

Bild 2.3-4 Hinterachse im eingebauten Zustand

Beschreibung der im Audit festgestellten Produktmängel

Bei dem Audit der Baugruppe „Hinterachse" wurden innerhalb des Audit-Loses von n = 20 Hinterachsen zunächst im eingebauten Zustand und anschließend nach vollständiger Demontage zahlreiche Fehler ermittelt.

Unter Bezugnahme auf die Explosionsdarstellung (**Bild 2.3-5**) ergaben sich u. a. folgende Fehler:

Fehler 1: Bei fünf Achsen war die Lackierung derart beschädigt, dass der Korrosionsschutz nicht mehr gewährleistet war.

Fehler 2: Die Diagonalstrebe der fünften Achse war unsauber lackiert (Laufnasen infolge zu hoher Lackierdicke).

Fehler 3: In einem Fall wurden Stoßdämpfer montiert, die nicht für den Fahrzeugtyp freigegeben waren.

Fehler 4: Bei zwei Achsen war der Torsionsstab unvollständig angeschweißt.

Fehler 5: An drei Achsen waren die Befestigungsschrauben nicht genügend festgezogen.

Fehler 6: Ein Stoßdämpfer war ohne selbstsichernde Mutter angebracht.

Fehler 7: In vier Hinterachsen waren Spiralfedern mit der Kennfarbe „violett" anstelle von „grün" angebaut (Anmerkung: Grün = gleiche Federeigenschaften, verschiedene Hersteller).

Fehler 8: Bei einer Hinterachse war die Teilenummer unsauber eingestanzt.

Fehler 9: In einem Fall wurden zwei Muttern von insgesamt drei bei der Montageabnahme nicht mit Farbklecks versehen.

2.3 Das Produktaudit

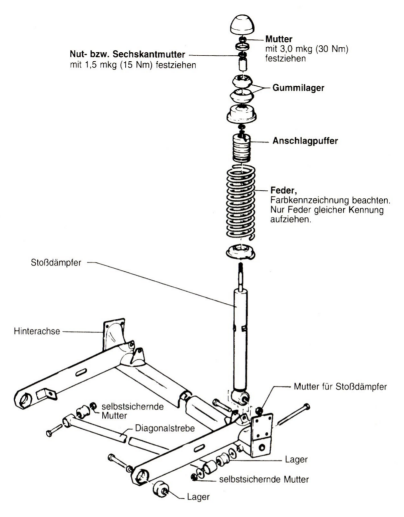

Bild 2.3-5   Explosionsdarstellung der Hinterachse

Die jeweils ermittelten Produktfehler werden entsprechend Bild 3.3-2 nach Schwere und Häufigkeit wie folgt berechnet:

- **F 1**:   FG = 70 x 5
- **F 2**:   FG = 15 x 1
- **F 3**:   FG = 95 x 1
- **F 4**:   FG = 95 x 2
- **F 5**:   FG = 95 x 3
- **F 6**:   FG = 95 x 1
- **F 7**:   FG = 15 x 4
- **F 8**:   FG = 15 x 1
- **F 9**:   FG = 15 x 1

AUDIT - CHECKLISTE								Auswertungsgruppe: 32													
								Blatt: 1 von 1													
			Fehlerart																		
Ortsschlüssel	"S" - Schlüssel	Hinterachse	fehlt	falsch	falsches Bauteil	lose	beschädigt	Risse	Lackschäden	Montage falsch	unter Toleranz	über Toleranz	schwergängig	klappert	gequetscht	verdreht	verspannt	verschmutzt	verölt	nicht in Ordnung	Sicherung fehlt	Summe
		Fehlerort	01	03	06	07	08	09	10	12	16	17	18	21	24	34	35	36	40	44	50	
8		Teile-Nummer																				
1		Gesamteindruck																				
9		Farbkennz. Endkontrolle																				
4	S	Schweißverbindungen																				
		Torsionsstab																				
3	S	Stoßdämpfer																				
6	S	Befestigg. Stoßdämpfer																				
7		Feder																				
		Federbein, Einbau																				
2		Diagonalstrebe																				
	S	Befestigg. Diagonalstrebe																				
		Achsträger																				
	S	Befestigg. am Aufbau																				
5	S	Drehmomente (Schrauben-)																				
		Gummi-Metallager																				
																					$\Sigma FG =$

Bild 2.3-6 Beispiel einer Checkliste für das Produktaudit Hinterachse

Durch Ergänzung der Checkliste (**Bild 2.3-6**) ergibt sich ein gewichteter Gesamtfehler von

$FG = 1120$

Durch Anwendung der folgenden Formel

$$Q_Z = R \cdot 1/n \cdot \sum FG + 1$$

und eines vorgegebenen Reduktionsfaktors $R = 0,06$
erhält man für das zugrunde liegende Audit die Qualitätskennzahl

$$Q_Z = 0,06 \cdot \frac{1}{20} \cdot 1120 + 1 = 4,36$$

2.4 Zertifizierung

Es ist heute deutlich abzusehen, dass durch enger werdende Märkte, zunehmend kritischer werdende Abnehmer sowie wachsende Ansprüche des Gesetzgebers Unternehmen mehr und mehr der Forderung ausgesetzt werden, nicht nur die Qualität der Produkte, sondern auch die Qualität der zur Produkterstellung notwendigen Prozesse sicherzustellen und nachzuweisen.

Vor diesem Hintergrund sowie der sich abzeichnenden weiteren Reduktion der Fertigungstiefe müssen Großabnehmer (z. B. die Automobilhersteller) von ihren Zulieferern zwangsläufig ein durchgängig implementiertes und überprüfbares QM-System fordern. Hieraus resultieren Nachweisforderungen, denen normalerweise auf zweierlei Weise entsprochen wird:

1. Es werden vom Abnehmer bei Zulieferern Audits durchgeführt.
2. Das QM-System des Zulieferers wird durch eine dritte, i. d. R. neutrale Stelle untersucht (zertifiziert).

Auf die Zertifizierung soll im Folgenden eingegangen werden, da sie im nationalen, aber auch internationalen Handel und Warenaustausch immer stärker nachgefragt und gefordert wird.

2.4.1 Auswahl der Zertifizierungsgesellschaften

Eine Zertifizierung ist ein Verfahren, nach dem eine dritte Stelle schriftlich bestätigt, dass ein Produkt, ein Prozess oder eine Dienstleistung mit festgelegten Anforderungen konform ist.

Zertifizierungen werden nur durch akkreditierte Zertifizierungsstellen durchgeführt. Diese sind Institutionen, die ihre formale Kompetenz, Neutralität, Unabhängigkeit und Integrität durch eine Akkreditierung aufweisen. Unter Akkreditierung wird die Prüfung der Prüfer verstanden, die mit ihr die Befugnis erlangen, Zertifikate zu erteilen.

In der Bundesrepublik Deutschland werden Akkreditierungen durch die Trägergemeinschaft für Akkreditierung GmbH (TGA) unter dem Dach des Deutschen Akkreditierungsrates (DAR) durchgeführt und mittels Urkunde mit Anhang über die zugelassenen Bereiche erteilt. Verschiedene Institutionen (z. B. die DQS, der TÜV und die DEKRA) führen inzwischen Zertifizierungen durch. Diese Gesellschaften stehen im Wettbewerb. Interessenten für ein Zertifikat sollten daher vergleichende Angebote verschiedener Zertifizierungsgesellschaften einholen und miteinander vergleichen. Bei der Auswahl der Zertifizierungsgesellschaft ist es wichtig, darauf zu achten, dass die Marktakzeptanz für das Zertifikat der Gesellschaft vorhanden ist.

2.4.2 Vorgehensweise

Das Vorgehen bei der Zertifizierung unterscheidet sich bei den Zertifizierungsgesellschaften nur wenig. Bei der Deutschen Gesellschaft zur Zertifizierung von Managementsystemen (DQS) laufen die Schritte zur Zertifizierung wie folgt ab (**Bild 2.4-1**):

Zunächst wird dem Unternehmen ein Vorabfragebogen zugesandt, durch den die DQS die notwendigen Basisinformationen des Unternehmens erhält. Aufgrund dieser Daten wird ein Angebot kalkuliert und erstellt. Nun erfolgt eine – in der Regel im Unternehmen stattfindende – Systemanalyse. Unter Berücksichtigung der Einschränkungen des Anwendungsbereichs wird hierbei das QM-System durch die Prüfung und Beurteilung der QM-System-Dokumentation analysiert. Nach einer Erläuterung der erkannten Schwachstellen kann schließlich der Zeitplan für das Zertifizierungsaudit erstellt und abgestimmt werden. Auf Wunsch des Unternehmens führt die DQS ein Voraudit durch,

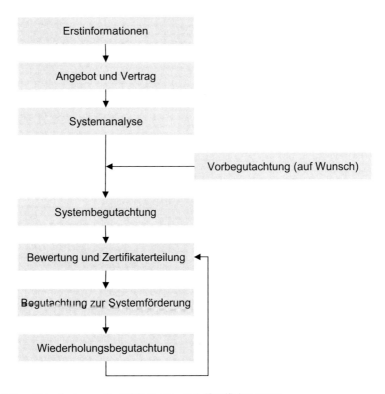

Bild 2.4-1 Ablaufschema für DQS-Audits und -Zertifizierungen

welches in Form eines schriftlichen Kurzberichtes Verbesserungspotenziale aufzeigt und dem Unternehmen so eine bessere Vorbereitung auf das Audit ermöglicht.

Jetzt erfolgt das eigentliche Zertifizierungsaudit. Anhand von detaillierten Fragen (**Bild 2.4-2**) überprüft das Auditteam die Wirksamkeit und Konformität des QM-Systems. Gegenstand dieser Prüfungen sind die einzelnen QM-Elemente, deren Erfüllungsgrad vor dem Hintergrund der firmenspezifischen Randbedingungen bewertet wird. Die Ergebnisse werden in einem Bericht zusammengefasst und mit dem Unternehmen besprochen. Bestandteil dieses Berichtes sind neben den festgestellten Schwachstellen die vom Unternehmen vorgesehenen Korrekturmaßnahmen.

Kommt der DQS-Zertifizierungsausschuss zu einer positiven Bewertung der Ergebnisse, d. h. wurden keine gravierenden Schwachstellen im QM-System ausgemacht bzw. wurden die geplanten Korrekturmaßnahmen erfolgreich durchgeführt, kann die Zertifizierung erfolgen. Das Zertifikat hat eine Gültigkeitsdauer von drei Jahren unter der Voraussetzung jährlicher Überwachungsaudits. Hierbei werden nur die wesentlichen Komponenten des QM-Systems geprüft und beurteilt sowie das Verbesserungspotenzial schwerpunktmäßig herausgearbeitet.

Die Erneuerung bedarf eines wiederholten Audits mit positivem Abschluss der Bewertung. Diese Re-Zertifizierung muss vor Ablauf von drei Jahren erfolgen und erfordert die erneute und umfassende Prüfung und Beurteilung des QM-Systems.

2.4 Zertfizierung

[DQS Logo] Nomenclatur 01 44 443	Audit-Protokoll	QM-Norm: 9001	Beschreibung des QM-Syst.		Anwendung des QM-Systems	
	QM-Element: Entwicklung	Ref: 4.4	Unterlag. z.B. QM-Handbuch (Abschn., u.ä.)	* Ergebnis	Bemerkungen z.B. Zeichnungen, Rundschreiben, Anweisungen, Arbeits- und Prüfplätze, Einrichtungen u. Hilfsmittel die der Prüfung zugrundelagen, Gesprächspartner	* Ergebnis
	Abschnitt: Vorgaben	Ref: 4.4.3				
	Interview-Fragen		n. zutreff.			

02		Werden die ausgewählten Forderungen hinsichtlich ihrer Angemessenheit geprüft?				
	01	Ist die Zuständigkeit für die Prüfung festgelegt und wird danach verfahren?				
	02	Finden zur Prüfung der Angemessenheit Gespräche zwischen Vertrieb und Entwicklung vor Beginn der Entwicklung statt?				
	03	Werden die Ergebnisse solcher Prüfungen dokumentiert?				
	04	Gibt es nach Abschluß der Prüfung eine formelle Freigabe für den Beginn der Entwicklung?				

* 1 = erfüllt   2 = teilweise erfüllt noch akzeptabel   3 = teilweise erfüllt nicht akzeptabel   4 = nicht erfüllt   Seite 27

Bild 2.4-2   Beispiel eines Auditbogens der DQS

2.5 Die QM-Dokumentation

2.5.1 Einleitung

Die meisten Abläufe in einem Unternehmen folgen trotz ihrer vielfältigen Ausprägungen in engen Schranken allgemeingültigen Regeln. Hieraus ergeben sich eingespielte Zuständigkeiten und Verantwortlichkeiten. Die überwiegende Anzahl der Vorgänge gehören zu den alltäglichen Aufgaben eines Industriebetriebes. Daher sind die zu berücksichtigenden Spielregeln den Betroffenen oft bekannt.

Auch die Grundlagen der zu treffenden Entscheidungen scheinen auf den ersten Blick klar und eindeutig. Probleme ergeben sich jedoch immer dann, wenn in Ausnahmesituationen personenbezogenes Wissen nicht zur Verfügung steht oder wenn sich eine individuelle, nicht nachvollziehbare Entscheidung als unvorteilhaft herausstellt.

Die Forderungen des Normensystems nach umfassender Regelung und Dokumentation von Abläufen, Zuständigkeiten und Verantwortlichkeiten ist daher nicht nur gerechtfertigt, sondern im Sinne aller Partner geradezu notwendig. Nur so lässt sich zuverlässig Qualität produzieren.

Mit Blick auf die gesetzlichen Bestimmungen unterstützt das Qualitätsmanagementsystem zusätzlich die Haftungsvermeidung. Eine detaillierte Dokumentation kann Entlastung im Streitfall schaffen.

Ein optimales Qualitätsmanagementsystem ist ebenso wie die gesamte Organisationsstruktur eines Unternehmens individuell zu gestalten. Es sollte auf die Produkte und Produktionsprozesse abgestimmt sein. Des Weiteren bestimmen besonders die Mitarbeiter unterschiedlicher Qualifikation nachhaltig die Abwicklungen und Prozessführungen. Auch beeinflussen die Auftragsstruktur und der Automatisierungsgrad die Ausgestaltung des Qualitätsmanagementsystems.

Demzufolge kann es kein universelles Qualitätsmanagementsystem geben. Es lassen sich jedoch Grundforderungen definieren, wie sie z. B. in der DIN EN ISO 9000 ff. festgelegt sind. Diese Forderungen sind unternehmensspezifisch zu ergänzen. Hieraus ergibt sich ein Sollprofil eines solchen Systems. Für eine übersichtliche und durchschaubare Zusammenstellung der Vorgabedaten ist zunächst eine sinnvolle Gliederung zu erarbeiten. Eine Orientierung an den Elementen der DIN EN ISO 9000 ff. hat sich in der Praxis als vorteilhaft erwiesen. Es erleichtert auch die Überprüfung des Qualitätsmanagementsystems bei der Zertifizierung.

2.5.2 Strukturierung der QM-Dokumentation

Die Einführung eines Qualitätsmanagementsystems (QM-Systems) ist nur dann sinnvoll, wenn dadurch durchschaubare und nachvollziehbare Abläufe im Unternehmen festgelegt und dokumentiert werden. Eine solche umfassende und vielschichtige Dokumentation erfordert wiederum eine sinnvolle Strukturierung, um den schnellen und einfachen Zugriff auf die jeweils benötigte Information zu ermöglichen. Wird dies erreicht, kann das QM-System für die eigenen Mitarbeiter eine wirksame Hilfe werden und bei einem Abnehmer Vertrauen in die eigene Qualitätsfähigkeit wecken.

Es ist empfehlenswert, die Dokumentation in einer hierarchischen Struktur anzulegen. Dazu ist ein QM-Handbuch (QMH) als übergeordnetes QM-Dokument zu erstellen, das die Qualitätspolitik, die Ziele und die Grundsätze des Total Quality Managements für die einzelnen QM-Elemente festlegt und erklärt. Diesem zentralen Dokument werden die sogenannten Qualitätsmanagement-Verfahrensanweisungen (QMV) untergeordnet. Sie regeln alle qualitätsrelevanten Abläufe und Tätigkeiten, etwa in der Beschaffung. Spezielle Tätigkeiten oder produktbezogene Maßnahmen werden schließlich detailliert in Arbeits- und Prüfanweisungen festgelegt und dokumentiert.

2.5.3 Praxisbeispiel zur Erstellung von QM-Dokumenten

Qualitätsmanagement ist eine Querschnittsaufgabe, die alle Bereiche und jeden Mitarbeiter eines Unternehmens betrifft. Diese Tatsache prägt auch in starkem Maße die Erstellung des QM-Handbuchs und der zugehörigen QM-Verfahrensanweisungen. Die Praxis hat zudem gezeigt, dass ohne die vorherige Einbeziehung der Mitarbeiter, durch die die in der QM-Dokumentation beschriebenen Regelungen zur Anwendung kommen sollen, wenig Akzeptanz erreicht wird. Gerade bei der Erstellung von Verfahrensanweisungen ist die Mitarbeit der Betroffenen unerlässlich.

In einem Unternehmen sollten aus Gründen der Übersichtlichkeit Verfahrensanweisungen eine einheitliche inhaltliche Gliederung und formale Gestaltung aufweisen. Deswegen ist es ratsam, zu Beginn der Erstellung der Verfahrensanweisungen Festlegungen zu deren Aufbau und Gliederung zu treffen. Hieraus wird i. d. R. die erste Verfahrensanweisung – die „Verfahrensanweisung zur Erstellung einer Verfahrensanweisung".

Da sich viele Unternehmen, gerade in der Anfangsphase, mit der Erstellung dieser Verfahrensanweisung schwer tun, soll im Folgenden ein Beispiel hierfür ausgeführt werden.

Die äußere Form der Verfahrensanweisungen sollte der des QM-Handbuchs entsprechen, d. h. die Kopf- bzw. Fußzeile sollte folgende Angaben beinhalten:
– den Titel der QM-Verfahrensanweisung
– den Firmennamen und das Firmenlogo
– die Nummer der Verfahrensanweisung
– das Erstellungsdatum
– den Änderungsstand
– die laufende Seitennummerierung und die Angabe der Gesamtseitenzahl der Verfahrensanweisung
– den Ersteller, den Prüfer und den Freigebenden mit Name, Unterschrift und Datum der Verfahrensanweisung

Die erste Seite einer Verfahrensanweisung sollte kurz ihre Gliederung wiedergeben, so dass Inhalte schnell aufgefunden werden können. In der Praxis haben sich die unten genannten Gliederungspunkte als geeignet erwiesen. Um notwendige Änderungen möglichst schnell in eine überarbeitete Verfahrensanweisung einfließen lassen zu können, sollte auf der ersten Seite die Aufforderung zur Rückmeldung bei erforderlichen Änderungen stehen. Für die Erstellung der „Verfahrensanweisung zur Erstellung einer Verfahrensanweisung" ist im Folgenden ein Mustertext angegeben (**Bild 2.5-1**).

QM-Verfahrensanweisung (QMV)

„Erstellung, Überprüfung und Freigabe von QM-Verfahrensanweisungen"

Gliederung

1 Zweck
2 Geltungsbereich
3 Zuständigkeiten
4 Beschreibung
5 Hinweise und Anmerkungen
    5.1 Mitgeltende Unterlagen
    5.2 Anmerkungen
    5.3 Begriffe
6 Dokumentation
7 Änderungsdienst
8 Verteiler
9 Anlagen

Erforderliche Änderungen bitte sofort dem Ersteller mitteilen!

Bild 2.5-1   Deckblatt der Verfahrensanweisung

Im ersten Gliederungspunkt einer Verfahrensanweisung sollte kurz ihr Zweck beschrieben werden, um dem Anwender einen entsprechenden Überblick zu geben (**Bild 2.5-2**).

---

1 Zweck

Mit dieser Anweisung werden durch die Unternehmensleitung die Zuständigkeiten für die Erstellung, Überprüfung, Freigabe und Pflege von QM-Verfahrensanweisungen (QMV) festgelegt, damit für alle Mitarbeiter Kompetenzen und die daraus entstehenden Aufgaben ersichtlich sind.

Bild 2.5-2   Beispiel für den ersten Abschnitt der Verfahrensanweisung

Im nächsten Abschnitt wird der Geltungsbereich der Verfahrensanweisung niedergelegt. Von Bedeutung ist dieser Hinweis vor allem in Unternehmen, die in verschiedene unabhängige Sparten oder in verschiedene Unternehmensteile aufgeteilt sind.

---

2 Geltungsbereich

Diese Richtlinie gilt für das ganze Unternehmen und ist für alle Mitarbeiter verbindlich.

Bild 2.5-3   Beispiel für den zweiten Abschnitt der Verfahrensanweisung

2.5 Die QM-Dokumentation

Der folgende Abschnitt beschäftigt sich mit den Verantwortlichkeiten und Zuständigkeiten. Diese können in vier Abstufungen festgelegt werden:
- die Zuordnung der Verantwortung für eine Arbeit
- die Mitwirkung im Sinne einer Mussfunktion
- die Zustimmung
- die Informationspflicht

Am Beispiel der „QMV zur Erstellung einer Verfahrensanweisung" soll dies im folgenden erläutert werden.

---

3 Zuständigkeiten

Die Unternehmensleitung legt fest, dass Abläufe, die für die Qualität und die Sicherheit unserer Produkte entscheidend sind, schriftlich in Form einer QMV festgelegt werden müssen. Für die Erstellung einer QMV ist die jeweilige Fachabteilung zuständig. Die Erstellung soll in enger Kooperation zwischen den einzelnen Fachabteilungen und dem Qualitätswesen erfolgen. In die Ausarbeitung der QMV sollen die Betroffenen einbezogen werden, damit die Akzeptanz der Regelungen sichergestellt wird.

Betrifft eine QMV mehrere Fachbereiche, so ist ein Konsens zwischen den beteiligten Bereichen sicherzustellen.

Die Geschäftsleitung legt im Zweifelsfall fest, welcher Bereich bei der Erstellung federführend ist.

Die Bereichsleiter entscheiden einvernehmlich mit dem Leiter des Qualitätswesens, ob und in welchem Umfang QMV anderen Bereichen zur Verfügung gestellt werden.

Die Bereichsleiter sind dafür verantwortlich, dass die betroffenen Mitarbeiter die jeweils aktuelle QMV erhalten und dass der Inhalt mit ihnen durchgesprochen wurde.

Bild 2.5-4 Beispiel für den dritten Abschnitt der Verfahrensanweisung

Der nächste Abschnitt stellt den Kern der Verfahrensanweisung dar. Hier werden die durchzuführenden Tätigkeiten genannt und beschrieben. Es sollte darauf geachtet werden, dass diese Beschreibung nicht zu umfangreich und zu schwer verständlich wird. Wenn möglich, sollten Bilder und Graphiken Verwendung finden. Sie sind leichter zu überblicken und steigern die Bereitschaft, sich mit den Inhalten auseinander zusetzen (**Bild 2.5-5**).

4 Beschreibung

In unseren QMV werden einzelne Abläufe einschließlich der Verantwortlichkeiten klar und deutlich beschrieben. Es wird festgelegt, was, wann, durch wen, wo und wie durchgeführt werden muss. Die QMV sind mit dem Textverarbeitungsprogramm WINWORD (Vers.: 97 und neuer) zu erstellen. Es sind die einheitlichen Kopf und Fußzeilen (Vorlagedatei: QMV_NEU.DOC) zu verwenden, die entsprechend anzupassen sind (Seitenzahlen, Datum, ...). Jede Verfahrensanweisung (QMV) erhält eine Nummer. Sie setzt sich aus dem Kurzzeichen der Abteilung und einer laufenden Nummer zusammen (z. B. QMV Nr. GL-001; GL = Geschäftsleitung)

Die Nummern werden vom Qualitätswesen vergeben. Das Qualitätswesen führt Listen der derzeit gültigen QMV.

Für die Gestaltung der Verfahrensanweisungen ist folgende Gliederung einzuhalten:

1 Zweck

2 Geltungsbereich

3 Zuständigkeiten

4 Beschreibung

5 Hinweise und Anmerkungen (nur bei Bedarf)
  5.1 Mitgeltende Unterlagen (nur bei Bedarf)
  5.2 Anmerkungen (nur bei Bedarf)
  5.3 Begriffe (nur bei Bedarf)

6 Dokumentation

7 Änderungsdienst

8 Verteiler

9 Anlagen (nur bei Bedarf)

Für die Erstellung der QMV ist der in der entsprechenden Graphik dargestellte Ablauf einzuhalten. Alle Verfahrensanweisungen unterliegen grundsätzlich der Dokumentationspflicht. Bei einer Änderung ist ein Exemplar der ersetzten Ausgabe noch mindestens 10 Jahre beim Ersteller der Verfahrensanweisung aufzubewahren, damit bei späteren Änderungen vorangehende Änderungen mit betrachtet werden können.

Verfahrensanweisungen müssen sich stets an die sich ändernden Gegebenheiten in unserem Unternehmen anpassen. Aus diesem Grund muss klar geregelt werden, wer für die Durchführung der Änderung verantwortlich ist. Diese Stelle wird in Gliederungspunkt 7 „Änderungsdienst" jeder QMV genannt.

Eine QMV muss immer als Ganzes ersetzt werden. Der Austausch etwa einer einzelnen Seite ist nicht zulässig. Um nachvollziehen zu können, wer eine QMV erhalten hat, führt der für die Erstellung und Änderung zuständige Mitarbeiter eine Liste der ausgegebenen Verfahrensanweisungen. Es ist sicherzustellen, dass nach einer Änderung der QMV alle alten Versionen unverzüglich gegen die neuen ausgetauscht werden.

Bild 2.5-5 Beispiel für den vierten Abschnitt der Verfahrensanweisung, Teil 1

2.5 Die QM-Dokumentation

Ablauf	Tätigkeit	Hilfsmittel	Verantw.
Festlegung des Ziels der QMV		– Auditergebnisse – Reklamations- oder Fehlerauswertung –	– Bereichs- oder Gruppenleiter
Abgrenzung des Teilprozesses (Teilaufgabe)	– Abgrenzung des Aufgabengebietes der QMV – ggf. Aufteilung in mehrere QMV		
Erläuterung und Diskussion der Ziele mit dem Betroffenen	– in Gruppengesprächen		– Bereichsleiter
Ziele	– Festschreiben der Ziele und Teilziele	– Textverarbeitung	
Diskussion und Ausarbeitung von Regeln und Vorschriften	– Diskussion – Konsensbildung (!)	– QMV-QM-001	– Bereichsleiter
Entwurf der QMV			
Erprobung der neuen Regeln	– ggf. Information und Schulung der Mitarbeiter		– Bereichsleiter
o.k. ? nein / ja			
Festlegung des Überprüfungstermins	– Zeitraum ca. 1 Jahr	– Erfahrungen	– Qualitätswesen
Freigabe	– durch Qualitätswesen – durch Bereichsleiter		
QMV	– Dokumentation der ausgegebenen QMV	– Liste der ausgegebenen QMV	– Q-Wesen Bereichsleiter
Ausgabe			
regelmäßiger Ablauf			

QMV = QM-Verfahrensanweisung

> *Bild I: Ablauf zur Erstellung einer Verfahrensanweisung*
>
> *QMV, die nicht dem Änderungsdienst unterliegen (z. B. wenn sie nur zur Information ausgegeben worden sind), sind vor der Ausgabe entsprechend zu kennzeichnen.*
>
> *Der Gruppenleiter, in dessen Bereich die Regelung fällt, hat die Verfahrensanweisung nach der Ersterstellung und nach einer Änderung zu prüfen.*
>
> *Der Leiter des Qualitätswesens hat die QMV zum Zeichen seines Einverständnisses zu unterzeichen.*
>
> *Die QMV darf erst nach der Freigabe durch den Bereichsleiter angewendet werden.*

Bild 2.5-6   Beispiel für den vierten Abschnitt der Verfahrensanweisung, Teil 2

In manchen Fällen sind weitergehende Erläuterungen notwendig, die nicht unmittelbar zur Beschreibung der Verfahren gehören. Beispiele sind hierfür mitgeltende und zu verwendende Unterlagen, Erläuterungen zu Begriffen u. ä. Sie werden in dem folgenden Abschnitt genannt und ggf. beschrieben.

> ### 5 Hinweise und Anmerkungen
>
> #### 5.1 Mitgeltende Unterlagen
>
> *Beispiele für mitgeltende Unterlagen sind z. B. Durchführungsverordnungen, Schutzgesetze, Vorschriften der Berufsgenossenschaft sowie des Lärm- und Umweltschutzes oder auch Formulare, in denen Prüfergebnisse dokumentiert werden.*
>
> #### 5.2 Anmerkungen
>
> *Die Verfahrensanweisungen dürfen an Personen außerhalb des Unternehmens nur mit Erlaubnis des jeweiligen Bereichsleiters bzw. der Geschäftsführung weitergegeben werden.*
>
> #### 5.3 Begriffe
>
> *Es ist wichtig, dass innerhalb eines Unternehmens die gleiche Sprache gesprochen wird. Daher sind wichtige und vor allem neue Begriffe einzuführen und zu erläutern.*

Bild 2.5-7   Beispiel für den fünften Abschnitt der Verfahrensanweisung

Im nächsten Abschnitt wird festgeschrieben, dass die Verfahrensanweisung als Dokument zu verwalten und zu archivieren ist:

> ### 6 Dokumentation
>
> *Diese QMV unterliegt der Dokumentationspflicht. Sie wird nach einer Änderung mindestens zehn Jahre aufgehoben. Über die Aussonderung entscheidet das Qualitätswesen.*

Bild 2.5-8   Beispiel für den sechsten Abschnitt der Verfahrensanweisung

Eine Verfahrensanweisung ist kein Dokument, das über einen langen Zeitraum unverändert bleiben muss. Vielmehr wird eine Verfahrensanweisung den sich permanent wandelnden Anforderungen angepasst. Um dies organisatorisch abzusichern, ist die Verantwortung hierfür festzulegen. Der verantwortliche Mitarbeiter innerhalb der genannten Abteilung hat die Aufgabe, erforderliche Änderungen einzuarbeiten, überarbeitete Ausgaben zu verteilen, veraltete Ausgaben einzuziehen oder für ihre Vernichtung zu sorgen und die ersetzten Versionen einer QMV gemäß Gliederungspunkt 6 zu archivieren.

---

7 Änderungsdienst

Die Verantwortung für den Änderungsdienst dieser QMV liegt beim Qualitätswesen.

Bild 2.5-9 Beispiel für den siebten Abschnitt der Verfahrensanweisung

In dem folgenden Abschnitt wird festgelegt, welchen Mitarbeitern bzw. welchen Bereichen die Verfahrensanweisung zur Verfügung gestellt wird. Das ist wichtig, um bei Neuausgaben die veralteten Dokumente vollständig zu ersetzen. Im Unternehmen führen veraltete Dokumente häufig zu wesentlichen Fehlern. Deswegen kommt diesem Abschnitt eine besondere Bedeutung zu.

---

8 Verteiler

Diese QMV ist jedem Bereichsleiter auszuhändigen. Sollten zusätzliche Exemplare erforderlich sein, so sind diese beim Qualitätswesen zu erhalten.

Bild 2.5-10 Beispiel für den achten Abschnitt der Verfahrensanweisung

In Verfahrensanweisungen wird häufig auf bestimmte Formulare oder Schemata hingewiesen. Sie werden häufig nicht als Graphik in die Verfahrensanweisungen selbst aufgenommen, sondern in Form eines Musters als Anlage beigefügt. Um dem Nutzer der Verfahrensanweisung die Möglichkeit zur Überprüfung der Vollständigkeit der Anlagen zu geben, werden die beigefügten Anlagen kurz genannt.

---

9 Anlagen

Anlage 1:   Übersicht über die wichtigsten Symbole der DIN 66 001 zur Erstellung von Ablaufplänen

Anlage 2:   Diskette mit den Dateien für die Gestaltung von Verfahrensanweisungen

---

Bild 2.5-11 Beispiel für den neunten Abschnitt der Verfahrensanweisung

Sinnbild	Benennung	Sinnbild	Benennung
▭	Verarbeitung, allgemein (einschließlich Ein-/Ausgabe)	⬠	Daten auf Karte (z.B. Lochkarte, Magnetkarte)
⏢	Manuelle Verarbeitung (einschließlich Ein-/Ausgabe)	◯	Daten auf Speicher mit **nur** sequentiellem Zugriff)
◇	Verzweigung	—	Verbindung: Verarbeitungsfolge Zugriffsmöglichkeit Zugriffsweg Über-/Unterordnug Zusammenfassung/ Unterteilung
⌂	Schleifbegrenzung Anfang		
⌂	Schleifbegrenzung Ende		
▱	Daten, allgemein	⬭	Grenzstelle (zur Umwelt) (z.B. Beginn oder Ende einer Folge, Herkunft oder Verbleib von Daten)
⌒	Maschinell zu verarbeitende Daten	○	Verbindungsstelle
▭	Daten auf Schriftstück (z.B. auf Belegen, Mikrofilm)	⊣	Bemerkung (Mit diesem Bild kann erläuternder Text jedem anderen Sinnbild dieser Norm zugeordnet werden.)

Bild 2.5-12 Übersicht über die wichtigsten Symbole der DIN 66 001 zur Erstellung von Ablaufplänen

2.6 Übungsaufgabe zur Erstellung einer Verfahrensanweisung

2.6.1 Anforderungen an die Beschaffung

Um einwandfreie Produkte in störungsfrei ablaufenden Prozessen herstellen zu können, müssen alle zugekauften Komponenten in fehlerfreiem Zustand bereitstehen. Neue Beschaffungs- und Fertigungsstrategien führen dazu, dass die Beurteilung der Zulieferer und der Zulieferteile zeitlich vorgelagert werden müssen, damit nicht erst mit Lieferung der Ware ex post eine Entscheidung als richtig oder falsch beurteilt werden kann. Nur noch solche Zulieferer kommen als Geschäftspartner in Frage, die nachweislich in der Lage sind, den eigenen Qualitätsanforderungen gerecht zu werden.

Diese Forderungen sind im wesentlichen auch in der DIN EN ISO 9000 ff. festgelegt. Sie verlangt u. a. ein nachvollziehbares qualitätsorientiertes Beurteilen von Lieferanten vor der Auftragsvergabe. Die Norm fordert hierzu nicht ein einziges starres Verfahren, sondern räumt Freiräume ein. Die Beurteilung und Auswahl von Lieferanten soll in Abhängigkeit vom Produkttyp und, wenn zweckmäßig, von früher nachgewiesenen Fähigkeiten und Leistungen erfolgen.

Eine der wichtigsten Methoden zur Beurteilung der Qualitätsfähigkeit von Lieferanten stellt die Lieferantenauditierung dar. Ihr Einsatz in der Praxis sollte deshalb durch eine detaillierte Anwendungsrichtlinie in Form einer verbindlichen Verfahrensanweisung geregelt und dokumentiert werden.

2.6.2 Lieferantenaudit

Sinn eines Lieferantenaudits ist es, die Wirksamkeit eines bei einem Zulieferer bestehenden Qualitätsmanagementsystems und seine Elemente objektiv und systematisch zu untersuchen. Bei den Bemühungen, potentielle Fehler eines Produktes möglichst früh zu erkennen und deren Ursachen abzustellen, stand lange eine innerbetriebliche Betrachtung im Vordergrund. Die Qualität der Roh-, Hilfs- und Betriebsstoffe sowie zugekaufter Bauteile und Komponenten spielte schon in der Vergangenheit eine wichtige Rolle, wurde aber erst im eigenen Einflussbereich berücksichtigt.

Die Weiterführung des Gedankens der frühestmöglichen Schadensbegrenzung führte folgerichtig zur qualitätsorientierten Beurteilung des Lieferanten selbst. Stand zunächst der Kontrollcharakter dieser Aktionen im Vordergrund, so ist es heute üblich, das partnerschaftliche Verhältnis zwischen Zulieferer und Abnehmer zu betonen. Gelingt dies, so ergeben sich für beide Beteiligten erfolgversprechende Möglichkeiten zum Austausch von produkt- und produktionsorientiertem Know-how.

Ein Lieferantenaudit erfordert umfangreiche, detaillierte Einblicke in die betrieblichen Abläufe des Zulieferers und ist nur mit dessen Zustimmung möglich und sinnvoll. Es ist entsprechend sorgfältig der allgemeinen Beschaffungspolitik anzupassen.

Wichtige Voraussetzung für den Ausbau einer fruchtbaren Zusammenarbeit ist die Planung der Informationspolitik zum Lieferanten. Hierbei ist von übergeordneter Bedeutung, dass dem Geschäftspartner die vertrauliche Behandlung von firmeninternen Gegebenheiten vermittelt werden kann. Nur so ist mit seiner Kooperationsbereitschaft zu rechnen. Zudem muss durchdacht werden, welche Informationen zum Audit der Lieferant überhaupt erhalten soll und in welcher Form dies vorzusehen ist.

Nachfolgend werden exemplarisch der Inhalt und der Aufbau einer Verfahrensanweisung zur Lieferantenauditierung vorgestellt. In ihr werden die internen und externen Aktivitäten zur Planung, Durchführung und Auswertung des Lieferantenaudits festgelegt. Ihr kommt eine zentrale Bedeutung zu, da sie die Wirksamkeit der Maßnahmen mitbestimmt. Sie ist – wie jede andere Anweisung auch – an die unternehmensspezifischen Randbedingungen anzupassen. Nur so lässt sich eine optimale Wirksamkeit und größter Nutzen erreichen.

1 Zweck

Die schriftliche Dokumentation des Verfahrensablaufs dient der einheitlichen Durchführung von Audits bei Lieferanten des Unternehmens. Sie dient den Auditoren als Grundlage für ihre Arbeit. Besondere Beachtung ist der für den Erfolg eines Lieferantenaudits unabdingbaren Zusammenarbeit zwischen Qualitätswesen und der Beschaffung zu schenken.

2 Geltungsbereich

Die Methode der Lieferantenauditierung unterstützt das qualitätsorientierte Beschaffen von Produkten und Dienstleistungen. Hieraus ergibt sich der Gültigkeitsbereich der Verfahrensanweisung in allen damit betrauten Bereichen des Unternehmens. Da die Abläufe des Lieferantenaudits über das eigene Unternehmen hinausgehen, ist eine Abstimmung mit dem Zulieferer über die Vorgehensweise erforderlich.

3 Zuständigkeiten

Für die Einrichtung des Lieferantenaudits als Beurteilungsmethode und für die Sicherstellung seiner Funktionsfähigkeit ist die Unternehmensleitung verantwortlich. Aufgrund der vielfältigen Schnittstellen sowohl unternehmensintern als auch -extern ist eine enge Zusammenarbeit der beteiligten Bereiche Voraussetzung für die Wirksamkeit der Maßnahme. Die Planung, Durchführung und Auswertung des Audits übernimmt zweckmäßig das Qualitätswesen. Es regelt die Auditierung neuer und bestehender Lieferanten. Nach der Durchführung eines Lieferantenaudits übernimmt es die Auswertung der Ergebnisse, es leitet die erforderlichen Korrekturmaßnahmen ein und verfolgt ihre Umsetzung beim Lieferanten. Darüber hinaus stellt das Qualitätswesen in Abhängigkeit von dem Zulieferer und dem zu beschaffenden Produkt das Audit-Team zusammen und sorgt für die umfassende Information der beteiligten Bereiche sowie der Geschäftsleitung. Aufgabe des für den Beschaffungsauftrag zuständigen Einkäufers ist es, den Kontakt zu dem Lieferanten herzustellen und diesen über die Ziele und das Ergebnis des Audits umfassend zu informieren. Ein Audit wird in den meisten Fällen im Team durchgeführt. In diesem Fall koordiniert der Auditleiter die Aufgaben der beteiligten Auditoren. Während der Auditierung dient er dem Lieferanten als zentraler Ansprechpartner.

4 Beschreibung

– Planung und Vorbereitung des Audits

  Damit ein Lieferantenaudit seine volle Wirksamkeit entfaltet, muss das zu auditierende Unternehmen und das Produkt entsprechend bei der Planung berücksichtigt werden. Hierzu muss ein qualifiziertes Audit-Team gebildet werden. Der zuständige Einkäufer stellt Informationen über den Zulieferer zusammen, wie z. B. Firmenschriften, Qualitätsmanagementhandbuch. Er sorgt auch für die frühzeitige Information des Lieferanten über Zeitpunkt und Umfang des Audits. Um der firmenspezifischen Situation gerecht zu werden, wird die Standardcheckliste angepasst und gegebenenfalls ergänzt. Berücksichtigt werden hierbei die Besonderheiten des Betriebes (Umsatz, Anzahl Mitarbeiter etc.), der Produkte und der Produktionsverfahren. Das Ergebnis dieses Schrittes stellt eine angepasste Fragenliste dar.

- Durchführung des Lieferantenaudits

Zu Beginn des Audits beim Lieferanten wird ein Einführungsgespräch durchgeführt. Es werden organisatorische Fragen geklärt und der Lieferant stellt sein Unternehmen vor. Die Untersuchung des Betriebs orientiert sich an der angepassten Checkliste. Die Fragen werden nicht nur anhand von Richtlinien und Dokumenten beantwortet sondern auch durch Stichproben und Mitarbeiterbefragungen. Eine sofortige Bewertung schließt sich an.

- Auswertung des Lieferantenaudits

Nach der Aufnahme des Ist-Zustands beim Zulieferer wird ein gemeinsames Abschlussgespräch durchgeführt. Die Einstufung bezüglich der Einzelfragen wird durchgesprochen und es wird dem Lieferanten Gelegenheit gegeben, Stellung zu nehmen. Ziel des Gesprächs ist es, zu einer übereinstimmenden Annahme des Auditergebnisses zu gelangen. Das gesamte Audit wird anschließend in einem Auditbericht dokumentiert, aus dem das Gesamtergebnis und die Bewertung bezogen auf die verschiedenen Fragenblöcke hervorgeht.

- Festlegung von Korrekturmaßnahmen

Damit das Audit zu einer Steigerung der Qualitätsfähigkeit des Zulieferers und somit auch der eigenen Qualitätsfähigkeit führt, müssen als Reaktion auf die festgestellten Schwachstellen entsprechende Verbesserungsmaßnahmen eingeleitet werden. Deren Festlegung erfolgt in enger Abstimmung mit dem Lieferanten. In einem Aktionsplan werden die Durchführung und Überwachung der Abhilfemaßnahmen mit Meilensteinen und Verantwortlichkeiten festgelegt.

- Durchführung der Korrekturmaßnahmen verfolgen

Die Durchführung der Korrekturmaßnahmen wird durch den Auditleiter anhand des einvernehmlich festgeschriebenen Aktionsplans verfolgt. Er steht weiterhin als Ansprechpartner für den Zulieferer zur Verfügung. Bei auftretenden Problemen sollten diese partnerschaftlich gelöst werden.

- Nachbereitung des Lieferantenaudits

In Abhängigkeit von dem Ergebnis des Audits ist der Termin des Folgeaudits festzulegen. Aufbauend auf den Erfahrungen wird die Fragenliste diskutiert und verbessert. Für die nachfolgenden Audits steht hierdurch eine optimierte Bewertungsgrundlage zur Verfügung.

- Informieren des Einkaufs über das Auditergebnis

Im Anschluss an die durchgeführten Korrekturmaßnahmen gelangt das Audit-Team zu einer endgültigen Bewertung des Lieferanten. Über dieses Ergebnis wird der Einkauf informiert. Bei einer akzeptablen Einstufung wird der Lieferant freigegeben und in der Liste der zugelassenen Lieferanten geführt. Hierüber wird der Zulieferer benachrichtigt.

5 Hinweise und Anmerkungen

Für die Durchführung von Lieferantenaudits empfiehlt es sich, die Ausführungen der DIN ISO 10 011 (Teile 1–3) zu beachten. Viele Gesichtspunkte der Norm können nützlich sein. Eine Verwendung der Empfehlungen muss immer unter ökonomischen Gesichtspunkten geprüft werden. Da ein Lieferantenaudit große Einblicke in das Unternehmen des Zulieferers einräumt, muss eine absolute Vertraulichkeit der Ergebnisse gewährleistet werden. Eine Erläuterung der mit dem Lieferantenaudit verbundenen Begriffe schafft bei neuen oder mit der Problematik nicht vertrauten Mitarbeitern ein größeres Verständnis für die Aufgaben und Ziele.

6 Dokumentation

Eine vorgeschriebene Aufbewahrungsfrist gibt es für Qualitätsdokumente nicht. Für Verfahrensanweisungen empfiehlt sich jedoch eine Aufbewahrungsfrist von 5 Jahren. Diese Regel sollte auch bei dieser Anweisung zur Lieferantenauditierung Anwendung finden. Um eine langfristige Auswertung der Auditergebnisse zu gewährleisten, sollten die ausgefüllten Auditfragebögen 10 Jahre aufbewahrt werden.

7 Änderungsdienst

Verfahrensanweisungen werden an einer zentralen Stelle verwaltet. Das Qualitätswesen als koordinierende Instanz der Erstellung der Anweisungen sollte diese Aufgabe übernehmen.

8 Verteiler

Der Verteiler für diese Verfahrensanweisungen umfasst alle mit der Auditierung direkt in Kontakt tretenden Unternehmensbereiche. Bei besonderem Bedarf sind weitere Bereiche aufzunehmen.

9 Anlagen

Die bei der Lieferantenauditierung als Grundlage dienende Standardcheckliste sollte als Anlage geführt werden.

Arbeitsaufgabe

Entwickeln Sie eine unternehmensspezifische Verfahrensanweisung zur Lieferantenauditierung. Verwenden Sie hierzu auch die Kapitel „Lieferantenaudit" (Abschnitt 8) und „Die QM-Dokumentation" (Abschnitt 2.5).

2.6.3 Musterverfahrensanweisung „Lieferantenaudit"

MUSTER GmbH	Verfahrensanweisung Beschaffung	
		Seite 1 von 5
	Lieferantenaudit	

Gliederung

1 Zweck

2 Geltungsbereich

3 Zuständigkeiten

4 Beschreibung

5 Hinweise und Anmerkungen

5.1 Mitgeltende Unterlagen

5.2 Anmerkungen

5.3 Begriffe

6 Dokumentation

7 Änderungsdienst

8 Verteiler

9 Anlagen

Erforderliche Änderungen bitte sofort dem Ersteller mitteilen!

	erstellt:	geprüft:	QM-Vermerk:	Freigabe:	Ausgabe 1
Unterschrift:					vom
Datum:					16.01.00

MUSTER GmbH	Verfahrensanweisung Beschaffung	
		Seite 2 von 5
	Lieferantenaudit	

1 Zweck

Mit dieser Verfahrensanweisung regelt die Unternehmensleitung Einzelheiten zur Planung, Durchführung und Auswertung von Lieferantenaudits.

Diese Verfahrensanweisung beschreibt insbesondere die Ablaufsystematik sowie das Zusammenwirken von Qualitätswesen und Beschaffung. Sie dient den Auditoren als Leitfaden bei der Organisation ihrer Arbeit.

2 Geltungsbereich

Diese Richtlinie gilt in allen Bereichen des Unternehmens, die mit der Beschaffung von Produkten und Dienstleistungen betraut sind. Die weitere Anwendung beim Zulieferer bedarf einer ausdrücklichen Vereinbarung.

3 Zuständigkeiten

Die wirksame Planung, Durchführung und Auswertung eines Audits erfordert eine effiziente Zusammenarbeit von Qualitätswesen, Auditoren und Mitarbeitern des Einkaufs.

Der Qualitätsleiter veranlasst die Auditierung eines Lieferanten, für den noch keine Freigabe durch das Qualitätswesen erfolgt ist. Er ist zuständig für die Auswahl und Einweisung der Auditoren. Er legt fest, welcher Lieferant wann auditiert wird.

Er ist verantwortlich für die Auswertung der Auditergebnisse, die Einleitung und Überwachung von Korrekturmaßnahmen und für die Information der Beschaffung und gegebenenfalls der Geschäftsführung.

Der zuständige Einkäufer stellt den Kontakt zum Lieferanten her und beobachtet den Eingang des Auditergebnisses.

Der Auditleiter koordiniert im Falle mehrerer Auditoren alle Aktionen des Teams und ist Ansprechpartner des Lieferanten während der Auditierung.

	erstellt:	geprüft:	QM-Vermerk:	Freigabe:	Ausgabe 1
Unterschrift:					vom
Datum:					16.01.00

Bitte nicht eigenständig vervielfältigen! Weitere Exemplare beim Qualitätswesen!

MUSTER GmbH	Verfahrensanweisung Beschaffung	
		Seite 3 von 5
	Lieferantenaudit	

4 Beschreibung

Ablauf	Tätigkeit	Hilfsmittel	verantw. Stelle
	– Bildung eines Auditteams		Leitung
	– Informationen über den Lieferanten (L.) besorgen		Qualitätswesen/ Einkauf
	– frühzeitige Information des L.		Qualitätswesen
	– Anpassen und Prüfen der Fragelisten	Fragelisten	Qualitätswesen
	– Aufnahme des Ist-Zustandes beim L.	Fragelisten	Qualitätswesen
	– Abschlussgespräch mit dem L.		Qualitätswesen
	– Erstellung des Auditberichts		Qualitätswesen
	– Einholen einer Stellungnahme des L.	Auswertungsbogen für Lieferantenaudit	Qualitätswesen
	– Ausarbeiten von Korrekturmaßnahmen mit dem L.		Qualitätswesen
	– Aufstellen eines Aktionsplans		Qualitätswesen
	– Festlegen von Verantwortlichkeiten		Qualitätswesen
	– Verfolgen, ob der vereinbarte Aktionsplan eingehalten wird	Aktionsplan	Qualitätswesen
	– Zeitpunkt des Folgeaudits festlegen	Aktionsplan	Qualitätswesen
	– Frageliste überarbeiten	Fragelisten	Qualitätswesen
	– Informieren des Einkaufs über das Auditergebnis		Qualitätswesen
	– bei akzeptabler Einstufung Eintragung in die Liste zugelassener L. veranlassen		Qualitätswesen

	erstellt:	geprüft:	QM-Vermerk:	Freigabe:	Ausgabe 1
Unterschrift:					vom
Datum:					16.01.00

Bitte nicht eigenständig vervielfältigen! Weitere Exemplare beim Qualitätswesen!

MUSTER GmbH	Verfahrensanweisung Beschaffung	Seite 4 von 5
	Lieferantenaudit	

5 Hinweise und Anmerkungen

5.1 Mitgeltende Unterlagen

Folgende Unterlagen dienen der Information der Auditoren und des Auditleiters:

DIN ISO 10 011 Leitfaden für das Audit von Qualitätssicherungssystemen

5.2 Anmerkungen

Alle Informationen aus der Auditierung unserer Lieferanten sind vertraulich zu behandeln und nur zu internen Zwecken zu verwenden. Eine Weitergabe an Dritte ist streng untersagt.

5.3 Begriffe

Lieferantenaudit: Systematische Überprüfung eines Lieferanten auf seine Qualitätsfähigkeit.

Auditor: Vom Qualitätsleiter beauftragter Mitarbeiter unseres Unternehmens, der befähigt ist, die Wirksamkeit qualitätssichernder Maßnahmen zu beurteilen.

Auditleiter: Verantwortlicher Leiter für die Planung, Durchführung und Auswertung des Audits.

6 Dokumentation

Diese Verfahrensanweisung unterliegt der Dokumentationspflicht. Sie wird nach einer Änderung mindestens 5 Jahre aufgehoben. Über die Aussonderung entscheidet das Qualitätswesen.

Ausgefüllte Auditbögen werden mindestens 10 Jahre archiviert.

	erstellt:	geprüft:	QM-Vermerk:	Freigabe:	Ausgabe 1
Unterschrift:					vom
Datum:					16.01.00

Bitte nicht eigenständig vervielfältigen! Weitere Exemplare beim Qualitätswesen!

MUSTER GmbH	Verfahrensanweisung Beschaffung	Seite 5 von 5
	Lieferantenaudit	

7 Änderungsdienst

Der Änderungsdienst für diese Verfahrensanweisung obliegt dem Leiter des Qualitätswesens.

8 Verteiler

1 x Unternehmensleitung
1 x Qualitätsleiter/-beauftragter
1 x Beschaffungsleiter

Bei Bedarf sind weitere Exemplare beim Qualitätswesen (Herrn Müller) anzufordern.

9 Anlagen

Formulare Lieferantenaudit *(s. Übung Lieferantenaudit)*

	erstellt:	geprüft:	QM-Vermerk:	Freigabe:	Ausgabe 1
Unterschrift:					vom
Datum:					16.01.00

Bitte nicht eigenständig vervielfältigen! Weitere Exemplare beim Qualitätswesen!

2.7 Das elektronische QM-Handbuch

Die Rahmenbedingungen des nationalen und internationalen Marktes haben sich für deutsche Unternehmen in den letzten Jahren wesentlich geändert. Gründe hierfür liegen nicht zuletzt im Übergang zum EU-Binnenmarkt sowie im Vorgehen der Konkurrenz aus Fernost und Amerika [wes]. Um im verschärften Wettbewerb konkurrenzfähig zu bleiben, ist eine verstärkte Sicherstellung der Erfüllung der Kundenforderungen durch die Unternehmen notwendig. Die Erfüllung der Kundenwünsche tritt als Qualitätskriterium in den Vordergrund.

Langfristig kann die Sicherstellung der Erfüllung der Kundenforderungen nur durch ein organisiertes System realisiert werden [a93]. Solche Systeme werden als Qualitätsmanagementsysteme bezeichnet. Die oben angesprochenen marktpolitischen Faktoren sowie die Forderungen der Kunden zur Darlegung der QM-Systeme führen derzeit zu einem wahren Zertifizierungsboom. So kann die Einführung und Pflege von Qualitätsmanagementsystemen, die auf die Forderungen der DIN EN ISO 9000 zugeschnitten sind, zur Zeit zumindest bei größeren Unternehmen als Stand der Technik angesehen werden [gei].

Durch Hau-Ruck-Aktionen versuchen die Unternehmen nur allzu oft ihr QM-System zur Zertifizierungsreife zu drängen. Der erreichte Stand wird in Form eines QM-Handbuches und durch Verfahrensanweisungen beschrieben. Änderungen dieser Dokumente, die dadurch notwendig werden, dass das QM-System angepasst werden muss, bedeuten Aufwand, vor dem die Verantwortlichen gern die Augen verschließen. Qualitätsmanagementsysteme, die gewissen vorgegebenen Forderungen entsprechen, sichern somit zwar den erreichten Status quo, doch hemmen sie gleichzeitig den für ein dynamisches System notwendigen Verbesserungsprozess [but]. Das führt zwangsläufig zum Exitus eines lebenden QM-Systems.

Die Notwendigkeit der Anpassung und Stabilisierung des QM-Systems erfordert in gleichem Maße flexible und anpassungsfähige Dokumentationsformen. Nicht zuletzt die QM-Dokumentation mit der Vielzahl von Verfahrens- und Arbeitsanweisungen hemmt durch den enormen Änderungsaufwand bei notwendigen Anpassungen den erforderlichen Verbesserungsprozess. Dieser Aufwand führt vielfach dazu, dass die Aktualität der Dokumentation mit der Schnelligkeit notwendiger Anpassungen der betrieblichen Abläufe nicht Schritt halten kann, so dass die Dokumentation vielfach überholt ist. Als Reaktion erfolgt eine zunehmende Entfremdung und eine Nichtbeachtung der durch die Dokumentation festgehaltenen Abläufe. Hier sind flexible Werkzeuge zu schaffen, die nicht die Anpassungs- und Stabilisierungsbemühungen behindern, sondern diese vielmehr unterstützen [reh]. Für eine schnelle Umsetzung notwendiger Änderungen in betrieblichen Abläufen und zur Gewährleistung der Aktualität ist die Konzeption einer elektronischen Dokumentation des QM-Systems erfolgversprechend.

2.7.1 Die QM-Dokumentation als Qualitätsregelkreis

Der Lebenszyklus der QM-Dokumentation ist von verschiedenen Einflussgrößen abhängig. Diese können zumeist unter dem Oberbegriff interner und externer Kundenforderungen zusammengefasst werden. Um die notwendige Transparenz und Systematik zu erreichen, bietet sich die Übertragung des Regelkreisgedankens auf den Lebens-

2.7 Das elektronische QM-Handbuch

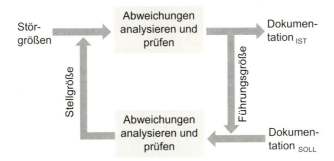

Bild 2.7-1 Qualitätsregelkreis „QM-Dokumentation"

zyklus der QM-Dokumentation an. Das Regelkreismodell der klassischen Regelungstechnik und die begriffliche Übertragung auf das Qualitätsmanagement wird auf den Qualitätsregelkreis „QM-Dokumentation" angewandt (**Bild 2.7-1**).

Die einzelnen Elemente dieses Regelkreises stellen sich wie folgt dar:

Regelstrecke: Die Regelstrecke ist ein Prozess, dessen Ausgangsgröße geregelt wird. Die Erstellung und Pflege der QM-Dokumentation ist der zentrale Prozess, der die „Qualität" der QM-Dokumentation sicherzustellen hat.

Regelgröße: Die Regelgröße entspricht im Modellansatz des Qualitätsmanagements der Qualität. In der Übertragung auf den Qualitätsregelkreis „QM-Dokumentation" entspricht sie der „Dokumentation", also der Form und des Inhalts des QM-Handbuchs, der QM-Verfahrens- und -Arbeitsanweisungen. In Anlehnung an die DIN 55 350 [din] ist hier die „Beschaffenheit der QM-Dokumentation bezüglich ihrer Eignung, festgelegte Erfordernisse zu erfüllen", wie beispielsweise die Aktualität oder Verständlichkeit dieser Dokumente, zu verstehen.

Störgröße: Jede Größe, die auf die Regelstrecke wirkt, mit Ausnahme der Stellgröße, ist eine Störgröße. Störgrößen werden durch die ungeplante und veränderte Einwirkung auf die Regelstrecke hervorgerufen. In dem Regelkreis „QM-Dokumentation" treten hierbei insbesondere zwei Aspekt in den Vordergrund:

– Die Dokumentation des QM-Systems ist ein formales Abbild der existierenden Abläufe und Verfahren. Jeder Mitarbeiter des Unternehmens hat jedoch eine eigene Vorstellung bedingt durch den subjektiv wahrgenommenen Ausschnitt der Realität. Das eigene mentale Modell deckt sich dabei nur bedingt mit der formalen Beschreibung des QM-Systems. Jedoch erlaubt erst der Einsatz das Erkennen und Korrigieren von Abweichungen und Unzulänglichkeiten des Modells in Bezug auf die abzubildende Realität. Diese Abweichungen wirken als Störgröße auf die Regelstrecken, da Prozesse anders ausgeführt werden, als sie dokumentiert sind.

– Zwischen der Definition, der Institutionalisierung und der Dokumentation eines Prozesses liegt in der Regel eine mehr oder weniger große Zeitspanne. Die Dokumentation hinkt also den realen Prozessen hinterher. Hierdurch besteht ein erhöhtes Fehlerpotenzial. Die Neuerungen sind nicht dokumentiert, es kann noch nicht nach ihnen gehandelt werden.

Sollgröße: Die Sollgröße der Regelungstechnik entspricht den Qualitätsforderungen an die „QM-Dokumentation", also der genauen und aktuellen Abbildung von Prozessen. Die kontinuierliche Verbesserung von Prozessen erfordert ständige Anpassungen und Veränderungen. Da die Abbildung der Prozesse, deren Aktivitäten, Entscheidungen und Kundenforderungen direkt in die QM-Dokumentation einfließen (= Dokumentation$_{SOLL}$), muss die Dokumentation den Veränderungen ebenfalls dynamisch und parallel folgen. Sie wirkt zusammen mit der Regelgröße (= Dokumentation$_{IST}$) auf den Regler. Die „Differenz" von der Ist- zu der Soll-Dokumentation ist das wesentliche Maß für die Güte der Regelgröße. Hier ist es entscheidend, dass die Differenz zwischen Ist- und Soll-Dokumentation durch die Nutzer zurückgemeldet werden.

Regler: Der Regler ist eine Tätigkeit, die Regel- und Sollgröße miteinander vergleicht und aus der Differenz die Stellgröße (QM-Maßnahme) ermittelt. Hierzu müssen die Abweichungen auf eine geeignete Art erfasst, geprüft und analysiert werden. Die Zuordnung einer Abweichung zu einem bestimmten Bereich der QM-Dokumentation nimmt hierbei einen besonderen Stellenwert ein. Bereits im Rahmen der Erstellung gilt es, mögliche Abweichungen oder Unzulänglichkeiten der QM-Dokumentation zu erkennen. Durch eine kritische Betrachtung können somit bereits frühzeitig Defizite festgestellt und beseitigt werden. Ein geeignetes Instrumentarium stellt hier die Fehlermöglichkeits- und -einflussanalyse (FMEA) für Geschäftsprozesse dar.

Stellgröße: Die Stellgröße bezeichnet QM-Maßnahmen, die notwendig sind, um die „QM-Dokumentation" entsprechend den Veränderungen und Abweichungen nachzuführen. Von diesem Modell ausgehend, ergeben sich mehrere Aspekte, die durch verschiedene Methoden und Verfahren unterstützt werden können. Die „Problematiken" und die „Forderungen" an eine solche Unterstützung werden in dem folgenden Kapitel eingehend betrachtet.

2.7.2 Die Problematik der QM-Dokumentation

Das Qualitätsmanagement-Handbuch (QM-Handbuch) ist das zentrale Dokument eines Qualitätsmanagement-Systems nach der DIN EN ISO 9000. Es muss zusammen mit den QM-Verfahrens- und -Arbeitsanweisungen die qualitätsbezogenen Verantwortlichkeiten und Abläufe sowie die Anwendungen qualitätssichernder Methoden und Verfahren des Unternehmens strukturiert, umfassend und verständlich beschreiben (**Bild 2.7-2**). Es bildet die Bezugsgrundlage für die Aktivitäten aller Mitarbeiter eines Unternehmens.

Jedes Unternehmen kann seine eigenen Dokumente zur QM-Nachweisführung gestalten, so dass sie den speziellen Gegebenheiten des Unternehmens gerecht werden. Einige allgemeingültige Eigenschaften gelten jedoch für alle qualitätsrelevanten Dokumente. Sie werden im folgenden vorgestellt.

Der Lebenszyklus der QM-Dokumente lässt sich in vier Phasen gliedern, die den Regelkreisgedanken widerspiegeln. Probleme im Zusammenhang mit der QM-Dokumentation können diesen Phasen zugeordnet werden (**Bild 2.7-3**).

Erstellung

Die Dokumente werden in der Regel durch die Fachabteilungen und nicht durch eine Zentralabteilung angefertigt. Die Dokumente werden von Personen in verschiedenen Abteilungen erstellt, überarbeitet und genutzt. Die Nutzung der Dokumente erfolgt mit-

2.7 Das elektronische QM-Handbuch

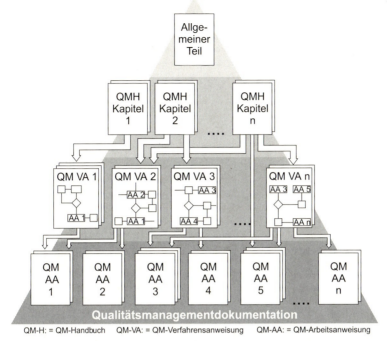

Bild 2.7-2 Aufbau der QM-Dokumentation

Bild 2.7-3 Lebenszyklus der QM-Dokumentation

unter auch durch Personen außerhalb des Unternehmens. Hieraus ergibt sich die Forderung nach einer einheitlichen Gestaltung der Dokumente in Bezug auf das Layout. Die Gewährleistung eines einheitlichen Layouts stellt in der Regel ein nicht unerhebliches Problem dar. So werden die erstellten Dokumente vor ihrer Freigabe häufig zentral überarbeitet.

Die Erstellung und Verwaltung von Querverweisen zwischen verschiedenen Dokumenten ist eine zeitaufwendige Angelegenheit. Bei der Überarbeitung von Dokumenten ist die Gewährleitung der Korrektheit dieser Verweise ein schwieriges Unterfangen.

Die Berücksichtigung und Angabe mitgeltender Unterlagen ist darüber hinaus eine wichtige Forderung der DIN EN ISO 9000. Die Dokumentation und Aktualisierung der Verweise auf diese Unterlagen ist eine sehr zeitaufwendige und fehlerträchtige Tätigkeit.

Verteilung

Die Zugänglichkeit der Dokumente ist für alle Mitarbeiter eines Unternehmens die entscheidende Voraussetzung für ein funktionsfähiges QM-System. Gleichzeitig müssen die Dokumente vor unbefugtem Zugriff und unerlaubter Veränderung geschützt werden. Hierbei muss sichergestellt werden, dass stets nur die aktuellen und gültigen Versionen der Dokumente verwendet werden.

Die aufwendige Verwaltung des Verteilersystems und der Umfang der Dokumente bewirken, dass geänderte Anweisungen und Abläufe nur sehr inflexibel im Untenehmen verteilt und bekanntgemacht werden.

Nutzung

Die Dokumente erreichen schnell eine hohe Komplexität, wenn neben Texten auch Schaubilder, Grafiken, Bilder und Tabellen integriert werden, die untereinander eine hohe Verflechtung aufweisen. Durch den mehrstufigen Aufbau der QM-Dokumentation existieren nichtlineare Zusammenhänge zwischen den Elementen des Handbuches sowie den QM-Verfahrens- und -Arbeitsanweisungen (ein Buch, welches Seite für Seite gelesen wird, ist linear). Ein QM-Element kann durch mehrere Verfahrensanweisungen beschrieben sein, die ihrerseits wiederum durch Arbeitsanweisungen detailliert werden. Verfahrensanweisungen können sich über mehrere Elemente hinweg erstrecken. Arbeitsanweisungen werden in der Regel von mehreren Elementen und Verfahrensanweisungen herangezogen. Aber auch umgekehrt, kann eine Verfahrensanweisung auf verschiedenen Arbeitsanweisungen verweisen. Die beschriebenen Elemente des QM-Systems sollten daher eindeutige Verweise beinhalten, die die Transparenz der Dokumentation erhöhen. Das Aufzeigen dieser Zusammenhänge ist wesentlicher Bestandteil bei der Darlegung des QM-Systems.

Der Aufbau führt zu Problemen in der täglichen Praxis. In der Nutzungsphase werden zusammenfassend folgende hemmende Faktoren identifiziert:

– Der Mitarbeiter findet sich in der Vielfalt der Dokumente nicht zurecht, die „Navigation" in dem Dokument ist nicht anwendergerecht.
– Relevante Informationen wie z. B. Verfahrens- und/oder Arbeitsanweisungen sind nur schwer auffindbar. Dadurch besteht die Gefahr, dass wichtige Informationen übersehen werden.

- Neuen Mitarbeitern wird aus diesen Gründen die Einarbeitungsphase unnötig erschwert.
- Geänderte Anweisungen und Abläufe können nur sehr inflexibel im Unternehmen verteilt und bekanntgemacht werden.
- Die Zusammenhänge zwischen den einzelnen Verfahrens- und/oder Arbeitsanweisungen können nicht transparent dargestellt werden. Durch die Zuordnung verschiedener Ablaufelemente zu unterschiedlichen Verfahrensanweisungen entstehen Schnittstellen, deren Ursache nicht zuletzt in der Dokumentationsform begründet liegt.

Änderung

Die Dokumente müssen „leben". Das heißt, sie werden überarbeitet, um Veränderungen, beispielsweise der Prozessabläufe, wiederzugeben. Hier ist es entscheidend, dass eine Anpassung der Dokumentation an die veränderten Gegebenheiten schnellstmöglich vollzogen wird. Gleichzeitig wird seitens der Norm gefordert, dass, wann immer ein Dokument überarbeitet wird, alle Änderungen deutlich gekennzeichnet werden, sowie dass sich nur die aktuelle Version des jeweiligen Dokuments im Umlauf befindet.

Der hohe zeitliche Verzug der Feststellung von Abweichungen sowie deren Berücksichtigung bei einer Überarbeitung der Dokumentation bewirkt eine ständige Nichtaktualität, die sich durch die Diskrepanz zwischen dokumentierten und implementierten Abläufen auswirkt. Hierdurch verliert die QM-Dokumentation an Wirksamkeit im betrieblichen Alltag und führt zur Ablehnung durch die Mitarbeiter.

Die unzureichende Nutzung der Dokumentation führt zu einer erschwerten Feststellung von Abweichungen. Selbst wenn Abweichungen erkannt wurden, ist es nahezu unmöglich, sie konkreten Stellen in der Dokumentation zuzuordnen. Dies hat zur Folge, dass die QM-Dokumentation ein nicht lebendes, wenig genutztes Instrumentarium darstellt, das zwar im Unternehmen physikalisch vorhanden ist, jedoch nicht den ursprünglichen Zweck erfüllt. Das Potenzial des QM-Handbuches als Informationsquelle für die tägliche Arbeit wird nicht oder nicht ausreichend genutzt.

2.7.3 Resultierende Forderungen an ein Konzept zur rechnerunterstützten QM-Dokumentation

Die DIN EN ISO 9000 stellt nur eine allgemeine Beschreibung der Eigenschaften der Dokumentation des QM-Systems zur Verfügung. Aus den oben beschriebenen Eigenschaften der QM-Dokumente können Forderungen an ein Konzept zur Unterstützung der QM-Dokumentation abgeleitet werden. Ein solches System wird wirkungsvoll durch DV-Technologie unterstützt (**Bild 2.7-4**):

- Die Erstellung und Pflege der Dokumente erfolgt dezentral. Um ein übereinstimmendes Layout zu erreichen, müssen standardisierte, anwenderspezifische Dokumentationsbausteine vorgegeben werden.
- Um den Zeitaufwand der Erstellung und Pflege zu reduzieren, ist eine automatische Verwaltung von Querverweisen zwischen einzelnen Kapiteln und zu anderen QM-Dokumenten erforderlich. Die Möglichkeit, die Verbindungen (Hyperlinks) elektronisch zu verwalten, führt zu einer deutlichen Aufwandsminimierung.

Allgemeine Forderungen
- geringer Pflegeaufwand
- leichte Änderbarkeit
- geringer Aufwand für Versionenverwaltung
- Zugriffs- und Änderungsberechtigung
- leichtes und flexibles Auffinden von Informationen
- schneller Zugriff auf mitgeltende Unterlagen
- verwalten mehrerer Dokumente
-

Forderungen an die Software
- einfache Einarbeitung der Mitarbeiter
- Integration von Standardsoftware
- an die Rechnerlandschaft des Unternehmens anpaßbar
- netzwerkfähig
- Zugriff auf Datenbank
-

Forderungen an die Funktionalität
- Lesezeichen zur Erstellung von Gliederungen
- Volltextrecherche
- Haftnotizen, um Abweichungen zu dokumentieren
- Bearbeitung von Seiten z.B.: Ersetzen ganzer Seiten
- Zoomfunktion
- vor- und zurückblättern
- erstellen von Hypertextverbindungen
- verschiedene Zugangsberechtigungen
-

QM-H: = QM-Handbuch
QM-VA: = QM-Verfahrensanweisung
QM-AA: = QM-Arbeitsanweisung

Bild 2.7-4 Forderungen an ein System

- Das Auffinden gesuchter Information muss flexibel und effizient erfolgen. Zusammenhängende Themen innerhalb eines Dokumentes oder über mehrere Dokumente hinweg müssen transparent dargestellt werden können, um den Wirkungsgrad der Nutzung zu erhöhen.
- Die normenseitige Forderung, Änderungen der Dokumente nachvollziehbar zu gestalten, bringt bei einer manuellen Kennzeichnung der Änderungen hohe Arbeitsintensität und erhebliche Fehlerpotenziale mit sich. Ein automatischer Dokumentenvergleich ist erforderlich, um die Kennzeichnung der Unterschiede zwischen zwei Versionen eines Dokuments zu ermöglichen.
- QM-Dokumente sollen sofort allen Personen, die sie benötigen, zugänglich gemacht werden. Dabei muss sichergestellt werden, dass die aktuell gültige Version ersichtlich ist und sich keine veraltete Version im Umlauf befindet. Die Lenkung der Doku-

mente ist bei einer Papierdokumentation nur aufwendig und schwierig zu gestalten. Das DV-gestützte System ist hier gefordert, autorisierten Mitarbeitern den Zugang zu den Dokumenten von jedem Ort unter Wahrung definierter Zugriffsrechte zu gewährleisten. Die Erlaubnis, Änderungen in den Dokumenten vorzunehmen, wird dabei nicht eingeräumt. Allerdings sollte die Möglichkeit bestehen, Änderungsvorschläge direkt am jeweiligen Dokument anbringen zu können.

2.7.4 Planung und Umsetzung einer rechnerunterstützten QM-Dokumentation

Der Umfang und die Komplexität einerseits sowie das große Angebot kommerzieller Software andererseits haben dazu geführt, dass heute QM-Handbücher mit dem Computer erstellt werden. Im Zeitalter der Rechnerunterstützung bieten sich jedoch weitaus umfangreichere Möglichkeiten hinsichtlich der Erstellung, Pflege und Nutzung von QM-Handbüchern. Es werden Möglichkeiten eröffnet, die durch eine reine Papierversion gar nicht denkbar sind. Eine Rechnerunterstützung bei der Erstellung und Verteilung sowie der Nutzung und Änderung der QM-Dokumentation zielt dabei auf drei Bereiche:

– Reduzierung des Erstellungs- und Verwaltungsaufwandes
– Aktualität der Dokumentation
– Verständlichkeit und Anwenderfreundlichkeit

Ein einheitliches Dateiformat (z. B. HTML, PDF) reduziert den Erstellungs- und Verwaltungsaufwand. Dieses Prinzip unterstützt ein schnelles und einfaches Austauschen zu aktualisierender Dokumente, indem das ersetzende Dokument in dem einheitlichen Dateiformat erzeugt wird und an der Stelle des zu ersetzenden Dokuments eingebunden wird. Gleichzeitig wird hierdurch sichergestellt, dass bewährte Applikationen zum Einsatz kommen können, die ihre Informationen über eine einheitliche Schnittstelle an das elektronische QM-Handbuch weitergeben (**Bild 2.7-5**).

Die Aktualität der Dokumentation wird erreicht, indem die herkömmliche Verteilung der QM-Dokumentation ersetzt wird, durch zu erteilende Zugriffsrechte auf zentral archivierte Dokument-Dateien, die durch den für die QM-Dokumentation Verantwortlichen gepflegt werden. Nach der Aktualisierung eines Dokuments steht somit sofort die neue Version an allen Arbeitsplätzen zur Verfügung, entsprechend den definierten Zugriffsrechten, die dem klassischen Verteiler des QM-Handbuches und der QM-Verfahrens- und -Arbeitsanweisungen entspricht.

Die gezielte Rechnerunterstützung verbessert zusätzlich die Verständlichkeit und Anwenderfreundlichkeit der Dokumentation. Wie bereits erwähnt, bestehen zwischen QM-Handbuch sowie QM-Verfahrens- und -Arbeitsanweisungen nichtlineare Zusammenhänge. Bücher oder ähnliche Dokumentationsformen sind allerdings nur bedingt geeignet, (komplexe) Verknüpfungen zu dokumentieren. Verweise stellen die einzige Möglichkeit dar, diese Beziehungen abbilden zu können. Über Hyperlinks hingegen besteht hier die Möglichkeit des schnellen Zugriffs auf z. B. mitgeltende Unterlagen. Hierdurch wird die Transparenz und das zügige Verständnis eines Themenbereiches in seiner Gesamtheit gefördert (**Bild 2.7-6**).

Das Auffinden von relevanten Textstellen in der Dokumentation kann über ein geeignetes Inhaltsverzeichnis und detaillierte Indizes erreicht werden. Eine Recherche-Funk-

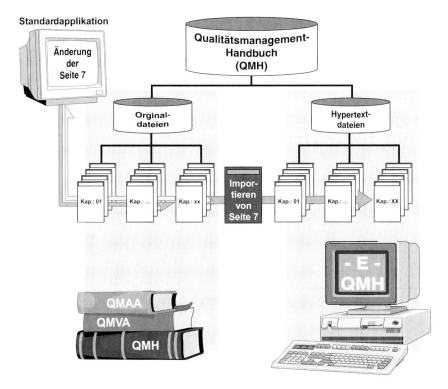

QM-H: = QM-Handbuch   QM-VA: = QM-Verfahrensanweisung   QM-AA: = QM-Arbeitsanweisung

Bild 2.7-5   Nutzung und Änderung der QM-Dokumentation

tion, die in der gesamten Dokumentation (einschließlich der Bilder) nach zu findenden Textelementen sucht, ist jedoch wesentlich flexibler. Sie führt schneller zu akzeptablen Ergebnissen, da die gesamte QM-Dokumentation in die Suche mit einbezogen werden kann. Die Güte des Ergebnisses ist nicht von dem Mitarbeiter abhängig, der den Index anlegt und pflegt, sondern nur von der geschickten Formulierung der Frage. Des Weiteren können auch Recherchen angestoßen werden, wie z. B. eine Kombination von verschiedenen zu suchenden Zeichenketten, die in einem Index nicht berücksichtigt werden können.

Der Anwender hat also zwei Navigationsmöglichkeiten in Dokumenten. Neben der Verfolgung der definierten Hypertext-Verbindungen – die den roten Faden bilden – können flexibel Dokumente durch die Volltext-Recherche aufgefunden werden (Bild 2.7-6).

Einen weiteren wesentlichen Vorteil einer DV-basierten Dokumentation des QM-Systems stellt die Möglichkeit dar, unverzüglich Rückmeldungen bzgl. Abweichungen dem Verantwortlichen zurückzumelden. Hierzu wird dem Nutzer der Dokumentation die Möglichkeit geboten, Bemerkungen direkt in der DV-Dokumentation zu platzieren. Das Hinterlegen solcher Bemerkungen entspricht dem Anbringen von Haftnotizen beispielsweise in einem Buch. Der entscheidende Unterschied besteht allerdings darin, dass der

2.7 Das elektronische QM-Handbuch

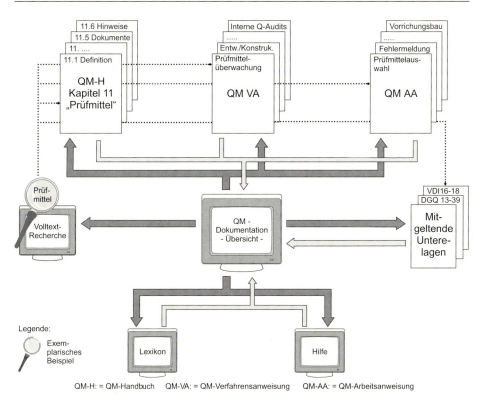

Bild 2.7-6 Navigationsmöglichkeiten in der QM-Dokumentation

System-Administrator aufgrund der zentralen Führung der Dokumentations-Datei die Möglichkeit besitzt, diese DV-Haftnotizen einsehen zu können. So können Verbesserungs- oder Korrekturvorschläge am eigenen Arbeitsplatz in die Dokumentation eingebracht werden, die dann unmittelbar dem Verantwortlichen für die System-Dokumentation bekannt werden. Hierdurch wird aus der reinen Dokumentation des QM-Systems, wie sie die Papierform eines QM-Handbuchs darstellt, ein Kommunikationswerkzeug zwischen Ersteller und Nutzer der Dokumentation. Verbesserungs- und Korrekturmaßnahmen werden durch diese Möglichkeiten wesentlich unterstützt.

Das realisierte System basiert auf Hypertext- und Hypermedia-Systemen sowie Programmsystemen zur Ablaufdarstellung (z. B. in Form von Flow-Charts). Eine solche Dokumentationsform erlaubt eine schnelle Anpassung und somit auch die notwendige Flexibilität, der Abläufe. Des Weiteren kann durch die Visualisierung komplexer Zusammenhänge eine erhöhte Informationsvermittlung erreicht werden.

Der Einstieg findet über die Abschnitte des (elektronischen) Handbuches statt. Von hier aus kann in die einzelnen Kapitel des Handbuches, der mitgeltenden Verfahrens- und Arbeitsanweisungen verzweigt werden. Die Funktion „Verständnisfragen" ermöglicht es dem Anwender, sein Wissen in dem jeweiligen Kapitel zu testen und so eine Rückmeldung über seine möglichen Defizite zu erhalten (**Bild 2.7-7**).

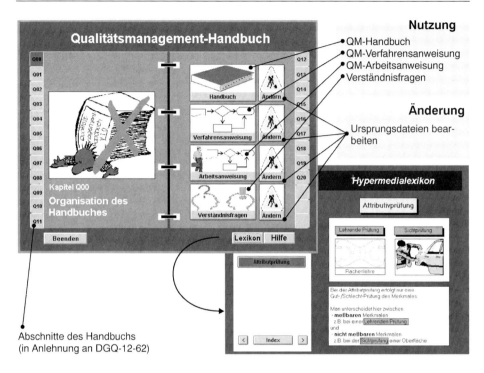

Bild 2.7-7 Hauptbildschirm des elektronischen QM-Handbuchs

Jeder dieser vier Bereiche (QM-Handbuch, QM-Verfahrensanweisungen, QM-Arbeitsanweisungen, Verständnisfragen) muss auch durch berechtigte Mitarbeiter bearbeitet und modifiziert werden können. Ausgehend von dem Änderungsbutton werden die jeweiligen Applikationen mit dem entsprechenden Dokument gesteuert.

Die Hilfe gibt über die Möglichkeiten und Funktionen des Programms Auskunft. Das Lexikon ermöglicht Zugriff auf Begriffe aus dem Umfeld der QM-Dokumentation und erläutert den Begriff durch Text und multimediale Elemente (Fotos, Grafiken, Video, Ton).

Weitere zentrale Bestandteile dieses „elektronischen" QM-Handbuchs sind neben Hypertextverbindungen, die Nutzung von sogenannten „Haftnotizen" sowie die Volltextsuche. Gerade das Anbringen von Anmerkungen unterstützt die Erstellungsphase, da durch diese „Haftnotizen" wichtige Informationen an den QM-Handbuch-Verantwortlichen übermittelt werden können. In der Nutzungsphase kann das Potenzial des QM-Handbuches als Informationsquelle und als „lebendes" (d. h. sich ständig weiterentwickelndes) Dokument genutzt und transparent dargestellt werden.

Von jedem Abschnitt und jedem Dokument kann eine Volltext-Recherche gestartet werden. Hierbei kann es sich um eine einfache Abfrage („Prüfmittel") oder auch um beliebig komplexe Abfragen handeln (**Bild 2.7-8**). Die Fundstellen werden in einer Liste verwaltet. Von dieser werden die einzelnen Dokumente angesteuert. Die Ergebnisse sind

2.7 Das elektronische QM-Handbuch

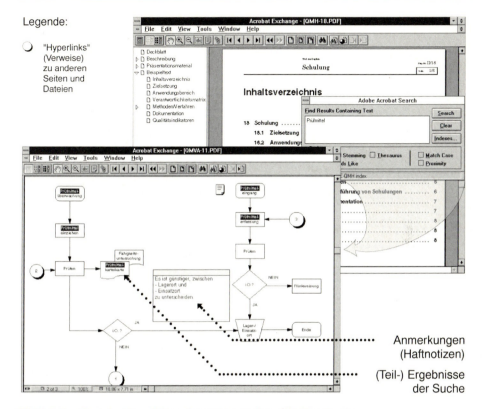

Bild 2.7-8 Basisfunktionalitäten des elektronischen QM-Handbuchs

jeweils markiert, so dass in Texten oder Bildern die gefundenen Stellen schnell identifiziert werden können.

2.7.5 Nutzen

Das System des elektronischen QM-Handbuchs ist ein Instrumentarium, das sowohl die Nutzungsphase als auch die Phase der Erstellung und Änderung der QM-Dokumentation flexibel unterstützt. Der Nutzen dieser elektronischen Variante zeichnet sich, im Vergleich zur „konventionellen", rein papiergestützten QM-Dokumentation, insbesondere durch die folgenden Faktoren aus:
– Reduzierung des Erstellungs-, Änderungs- und Verwaltungsaufwandes
– Erhöhung der Aktualität der Dokumentation
– Verständlichkeit und Anwenderfreundlichkeit

Der gesamte Lebenszyklus der QM-Dokumentation wird durch den DV-Einsatz gezielt und umfassend unterstützt. Hierdurch wird für den Anwender der komplexe Aufbau und Inhalt der Dokumentation transparent. Er sieht sich einer aktuellen, „lebenden" QM-Dokumentation gegenüber, die für ihn eine reale Unterstützung in seiner täglichen Arbeit bedeutet (**Bild 2.7-9**).

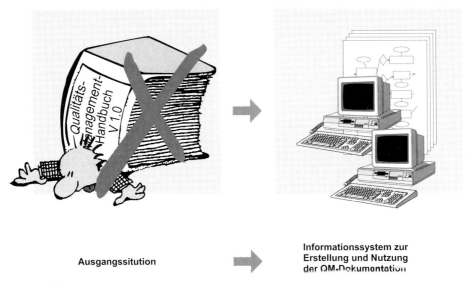

| Ausgangssitution | → | Informationssystem zur Erstellung und Nutzung der QM-Dokumentation |

Bild 2.7-9   Nutzen des elektronischen QM-Handbuches

Durch die Möglichkeit jedes Mitarbeiters, Abweichungen unmittelbar in dem elektronischen Handbuch zu dokumentieren, wird der zeitliche Verzug der Feststellung von Abweichungen sowie deren Berücksichtigung bei der Überarbeitung der Dokumentation minimiert.

2.7.6 Lernerfolgsfragen

2.1   Bitte zeigen Sie das Modell eines allgemeinen Qualitätsregelkreises auf, indem Sie die Bezeichnungen der klassischen Regelungstechnik auf das Qualitätsmanagement anwenden.

2.2   Der Gedanke des Regelkreises kann auch auf den Lebenszyklus der QM-Dokumentation angewandt werden. Bitte zeigen Sie das Modell – in Analogie zu Frage 2.1 – dieses Regelkreises auf.

2.3   Jede Größe, die auf die Regelstrecke wirkt, mit Ausnahme der Stellgröße, ist eine Störgröße. Störgrößen werden durch die ungeplante und veränderte Einwirkung auf die Regelstrecke hervorgerufen. In dem Regelkreis „QM-Dokumentation" treten hierbei insbesondere zwei Aspekte in den Vordergrund. Bitte beschreiben Sie diese Aspekte.

2.4   Der Lebenszyklus der QM-Dokumente lässt sich in mehrere Phasen gliedern. Diese spiegeln den oben angesprochenen Regelkreisgedanken wider. Probleme im Zusammenhang mit der QM-Dokumentation können diesen Phasen zugeordnet werden. Bitte zeigen Sie die verschiedenen Phasen auf und charakterisieren Sie diese kurz.

2.5   Die DIN EN ISO 9000 stellt nur eine allgemeine Beschreibung der Eigenschaften der Dokumentation des QM-Systems zur Verfügung. Aus den beschriebenen Eigenschaften der QM-Dokumente können Forderungen an ein Konzept zur Unterstützung der QM-Dokumentation abgeleitet werden. Nennen Sie bitte – unter der Randbedingung der DV-Unterstützung – stichpunktartig Forderungen.

2.7.7 Antworten

2.1 siehe: Buchkapitel Teil A: Abschnitt 3.3

2.2 siehe: Kapitel 2.7.1 „Die QM-Dokumentation als Qualitätsregelkreis"

2.3 siehe: Kapitel 2.7.1 „Die QM-Dokumentation als Qualitätsregelkreis"

2.4 Der Lebenszyklus der QM-Dokumente lässt sich in vier Phasen gliedern. Probleme im Zusammenhang mit der QM-Dokumentation können diesen Phasen zugeordnet werden (Bild 2.7-3).

Diese Phasen sind (siehe Kapitel 2.7.2):
– Erstellung
– Verteilung
– Nutzung
– Änderung

2.5 siehe Kapitel 2.7.3 „Resultierende Forderungen an ein Konzept zur rechnerunterstützten QM-Dokumentation"

Literatur

[a93] **Pfeifer, T.; Eversheim, W.; König, M.; Weck, M.:** *Wettbewerbsfaktor Produktionstechnik – Aachener Perspektiven.* Aachener Werkzeugmaschinen Kolloquium '93. Düsseldorf: VDI Verlag, 1993

[but] **Butterbrodt, D.; Malorny, C.; Michael, H.; Schwarz, W.; Tammler, U.:** *Qualitätsmanagementsysteme – branchenübergreifend eingeführt?* Qualität und Zuverlässigkeit, QZ 38 (1993) 4. München, Wien: Carl Hanser Verlag, 1993

[din] **N. N.:** *DIN 55 350 (Teil 11) Begriffe der Qualitätssicherung und Statistik.* Grundbegriffe der Qualitätssicherung. Berlin: Beuth Verlag, 1987

[gei] **Geiß, H.:** *DIN ISO 9000 in die Praxis umsetzen. Qualität und Zuverlässigkeit,* QZ 39 (1994) 1. München, Wien: Carl Hanser Verlag, 1994

[reh] **Rehmsmeier, F.; Koch, S.; Kahl, C.:** *Hilfe aus dem Internet,* Qualität und Zuverlässigkeit, QZ 45 (2000) 10. München, Wien: Carl Hanser Verlag, 2000

[wes] **Westkämper, E.; Westerbusch, R.:** *Sinn und Zweck des Zertifizierens von Qualitätsmanagementsystemen.* Qualität und Zuverlässigkeit, QZ 38 (1993) 4. München, Wien: Carl Hanser Verlag, 1993

KAPITEL 3

Qualitätsmanagement und Information: Verbesserungsmanagement – Aus Fehlern lernen

Gliederung

3.1 Einleitung 106

3.2 Forderungen an ein Verbesserungsmanagement-System 108

3.3 Komponenten eines Verbessungsmanagement-Systems 111

3.4 Einführung eines Verbesserungsmanagement-Systems 115

3.5 Lernerfolgsfragen 116

Literatur 116

3.1 Einleitung

Die Rahmenbedingungen des nationalen und internationalen Marktes haben sich für deutsche Unternehmen in den letzten Jahren wesentlich geändert. Gründe hierfür liegen nicht zuletzt im Übergang zum EG-Binnenmarkt sowie im Vorgehen der Konkurrenz aus Fernost und Amerika [wes]. Um im verschärften Wettbewerb konkurrenzfähig zu bleiben, ist eine Zufriedenstellung der Kunden notwendig. Nur zufriedene Kunden kaufen wieder ein Produkt bei dem entsprechenden Unternehmen; unzufriedene Kunden teilen ihre Unzufriedenheit anderen potenziellen Kunden mit und werden zukünftig die Produkte des Herstellers meiden.

Trotz aller Anstrengungen und dem Einsatz präventiver QM-Methoden wie der QFD, der FMEA u. a. sind Fehler an Produkten nicht hundertprozentig auszuschließen. Um zukünftig auftretende Fehler zu verhindern, ist es notwendig, die Fehler zu erfassen und deren Ursachen zu analysieren. Gegen diese Ursachen müssen geeignete Maßnahmen eingeleitet werden, deren Wirksamkeit regelmäßig überprüft werden muss. Dieses Fehlerwissen muss strukturiert, systematisch aufbewahrt und ständig erweitert werden, um bei zukünftigen Fehlern darauf zurückgreifen und Regelkreise (**Bild 3.1-1**) schließen zu können, also ein wirkungsvolles Verbesserungsmanagement sicherstellen zu können.

Unter Verbesserungsmanagement versteht man die Sicherstellung einer einfachen und schnellen Fehlererfassung, die zur Bereitstellung der notwendigen Informationen zur Behebung des Fehlers zur richtigen Zeit am richtigen Ort und die Bereitstellung des Fehlerwissens für zukünftige Aktivitäten mit dem Ziel, aus diesen Fehlern zu lernen und sie zukünftig zu vermeiden (**Bild 3.1-2**).

Fehlerdaten können in unterschiedlichen Bereichen im Unternehmen anfallen. Typische Bereiche sind Zwischen- und Endkontrollen oder Reklamationen. In beiden Fällen muss eine schnelle und störungsfreie Bearbeitung der Fehlerfälle sichergestellt werden, dies

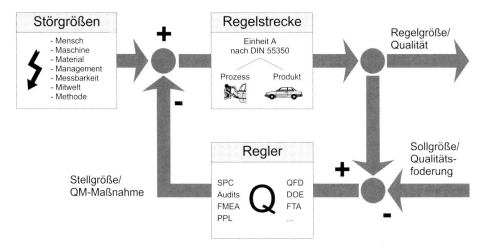

Bild 3.1-1   Qualitätsmanagementregelkreise

3.1 Einleitung

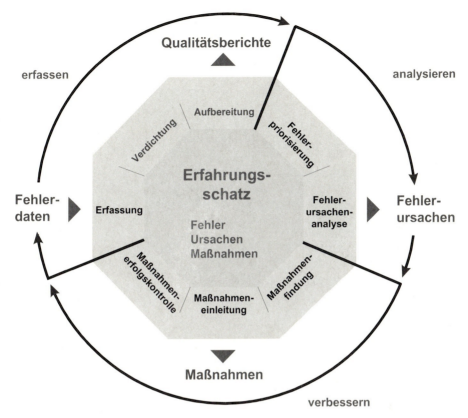

Bild 3.1-2 Verbesserungsmanagement-Kreis

gilt besonders bei Reklamationen. Der Kunde erwartet i. d. R. eine schnelle Bearbeitung seiner Reklamation und teilweise Informationen über die Ursachen der Fehler und über die eingeleiteten Maßnahmen. Dies ist besonders im Automobilbau der Fall, der Kunde erwartet häufig innerhalb von 48 Stunden eine Rückmeldung.

Ein effektives Verbesserungsmanagement verlangt den Aufbau einer Qualitätsdatenbasis, in der die Informationen über Fehler, deren Ursachen und eingeleitete Maßnahmen, also der daraus resultierende Erfahrungsschatz, abgelegt sind.

Im Folgenden wird dargestellt, wie ein effektives Verbesserungsmanagement im Unternehmen aufgebaut werden kann. Die vorgestellten Empfehlungen sind Ergebnis eines Projektes, in dem 10 Unternehmen aus unterschiedlichen Branchen teilgenommen haben. Diese Unternehmen haben gemeinsam ein branchenübergreifendes Lastenheft für ein Verbesserungsmanagement-System erarbeitet.

3.2 Forderungen an ein Verbesserungsmanagement-System

Wie Untersuchungen zeigen, sind etwa 60 % der auftretenden Fehler Wiederholfehler [pfe1], also Fehler, die in der Vergangenheit in der gleichen oder ähnlichen Weise schon einmal aufgetreten sind. Ein effektives Verbesserungsmanagement-System muss das Wissen über diese Fehler, also über die Ursachen, die zu den Fehlern geführt haben, und über die Vermeidungsmaßnahmen, die eingeleitet worden sind, und deren Erfolge schnell und problemorientiert zur Verfügung stellen.

Ein Verbesserungsmanagement-System muss hierfür einen Erfahrungsschatz, in dem das Fehlerwissen abgelegt wird, zur Verfügung stellen. In diesen Erfahrungsschatz müssen alle auftretenden Fehler, deren Ursachen und die eingeleiteten Maßnahmen abgelegt werden. Da dieses Wissen an unterschiedlichen Stellen im Unternehmen generiert wird, muss eine zentrale Qualitätsdatenbasis erstellt werden, in der das Wissen abgelegt werden kann. Auf diese Datenbasis müssen alle Bereiche, die das Fehlerwissen benötigen zugreifen können (**Bild 3.2-1**). Als Nutzer der Daten kommen z. B. die Entwicklung, Produktion und Reklamation in Frage [pfe2]:

– Für die Entwicklung ist es wichtig, Informationen über früher aufgetretene Fehler, deren Ursachen und Maßnahmen zu erhalten, um bei einer Neu- oder Weiterentwicklung diese von vornherein zu vermeiden.

– In der Produktion ist es nützlich zu wissen, ob ein Fehler bereits in der Vergangenheit aufgetreten ist und welche Maßnahmen sich ggf. als wirksam erwiesen haben.

– Für die Reklamation sind Informationen über den Status der Reklamationsbearbeitung oder gefundene Ursachen und eingeleitete Maßnahmen wichtig, um diese dem Kunden beispielsweise in Form eines 8D-Reportes (Fehler-Ursachen-Maßnahmen-Bericht) zu übermitteln.

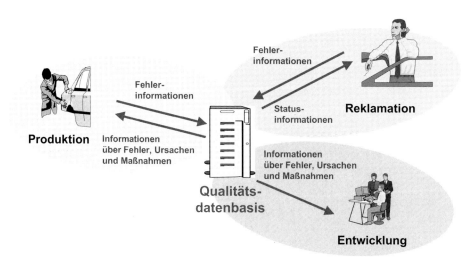

Bild 3.2-1 Zentrale Qualitätsdatenbasis

Das Fundament des Erfahrungsschatzes sind die Fehler. Ein Verbesserungsmanagement-System muss es ermöglichen, diese Fehler schnell und einfach zu erfassen. Die erfassten Daten müssen selbstverständlich eine Analyse zulassen. Dies ist aber nur bei einer eindeutigen Sprachregelung möglich. Mehrere unterschiedliche Bezeichnungen für einen Fehler verhindern eine einwandfreie Datenauswertung. Eine Möglichkeit, zu verhindern, dass ein Fehler von unterschiedlichen Mitarbeitern unterschiedlich bezeichnet wird, ist der Aufbau eines Fehlerkataloges. In einem solchen Fehlerkatalog sind alle Fehler, die auftreten können, bezeichnet. Sollte ein Fehler auftreten, muss der Mitarbeiter eine Fehlerbezeichnung aus dem Katalog entnehmen. Es kann natürlich auch vorkommen, dass ein neuer Fehler, der noch nicht im Katalog enthalten ist, auftritt. Für diesen Fall muss eine Prozedur entwickelt werden, z. B. über Änderungsrechte, die es ermöglicht, dass der neue Fehler im Katalog eingefügt und gleichzeitig verhindert, dass der Katalog unkontrolliert erweitert wird.

Wie bereits erwähnt muss ein Verbesserungsmanagement-System sicherstellen, dass das Fehlerwissen zur richtigen Zeit am richtigen Ort zur Verfügung gestellt wird. Die Fehlererfassung, -ursachenanalyse und Maßnahmenfindung werden häufig von unterschiedlichen Personen bzw. Teams durchgeführt. Die einzelnen Aktivitäten bauen i. d. R. aufeinander auf, d. h. zur Maßnahmenfindung sind z. B. alle in den vorherigen Schritten generierten Daten wie Fehlerbeschreibung, Ursache u. ä. notwendig. Es muss von einem Verbesserungsmanagement-System sichergestellt werden, dass all diese Informationen zur Verfügung gestellt werden und die Teams informiert werden, wenn die vorherigen Schritte beendet worden sind, um eine geringe Durchlaufzeit zu gewährleisten. Hierzu bietet sich der Einsatz eines Workflowmanagement-Systems an, welches automatisch die Informationen an die entsprechenden Stellen weiterleitet und ein Termin-Monitoring erlaubt.

Ein Lernen aus Fehlern ist nur möglich, wenn man den Erfolg der eingeleiteten Maßnahmen kennt, denn nur so weiß man, was mit welchem Erfolg in der Vergangenheit bereits gegen einen Fehler unternommen wurde. Hierfür muss ein Verbessungsmanagement-System eine Maßnahmenerfolgskontrolle ermöglichen. Beim Einsatz eines EDV-Systems sollte dies eine Maßnahmenerfolgskontrolle automatisch ermöglichen. Dies kann z. B. mittels Sensoren geschehen, die ständig die Qualitätsdatenbasis überwachen und das Auftreten von Fehler, gegen die bereits Maßnahmen eingeleitet worden sind, kennzeichnen. Die Auftretenshäufigkeit der Fehler nach dem Einleiten der Maßnahme verglichen mit der Häufigkeit vor Einleitung der Maßnahme ist dann ein Maß für den Erfolg einer Maßnahme.

Die beschriebene verteilte Systemarchitektur mit einer zentralen Qualitätsdatenbasis und mehreren Nutzern legt eine Client-/Server-Architektur nahe. Doch eine herkömmliche Client-/Server-Architektur, bei der auf jedem Arbeitsplatzrechner Softwareapplikationen installiert werden, ist sehr wartungs- und damit kostenintensiv. Abhilfe bietet hier die Internet-Technologie. Hierbei kommunizieren die Nutzer mit einem zentralen Server via TCP/IP. Sie laden jeweils immer die benötigte Software temporär auf ihren Rechner. Die einzige Software, die auf den Arbeitsplatzrechnern installiert werden muss, ist ein herkömmlicher Internet-Browser. Durch eine auf der Internettechnologie basierende Architektur können die Wartungskosten erheblich reduziert werden. Updates werden nur auf dem zentralen Webserver installiert, die Nutzer laden immer die aktuellste Software auf ihre Rechner. Eine Verteilung der Software und Installation auf den einzel-

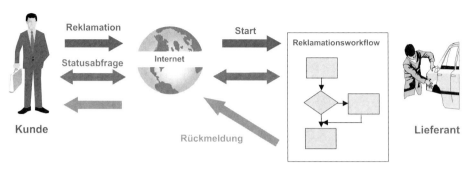

Bild 3.2-2   Direkte Kommunikation über Internet

nen Arbeitsplatzrechnern ist nicht notwendig. Bei der Wahl des Webservers sollte darauf geachtet werden, dass er eine Datenreplikation ermöglicht. Dadurch ist es möglich mit mehreren verteilten Servern zu arbeiten, z. B. an unterschiedlichen Standorten, auf denen die gleichen Daten liegen. Dies kann durch einen automatischen Datenabgleich, z. B. über das firmeneigene Intranet, ermöglicht werden. Den unterschiedlichen Standorten steht also das gleiche Wissen zur Verfügung. Die Verwendung von mehreren verteilten Servern erhöht die Performance des System, da die Belastung der Datenleitungen und der einzelnen Server reduziert wird. Die Verwendung der Internet-Technologie ermöglicht auch eine direkte und schnelle Kommunikation zwischen Kunde und Lieferant. Hierdurch ist es denkbar, dass der Kunde Reklamationen direkt im Internet eingibt und dadurch den entsprechenden Ablauf beim Lieferanten in Gang setzt. Eine Rückmeldung kann der Kunde dann ebenfalls über das Internet erhalten. Dadurch können die Bearbeitungszeiten für Reklamationen erheblich reduziert werden (**Bild 3.2-2**).

Eine weitere Forderung an ein Verbesserungsmanagement-System ist eine Verknüpfung mit der Fehlermöglichkeits- und -einflussanalyse (FMEA). Im Verbesserungsmanagement fallen Daten an zu Fehlern, die geschehen sind und entweder in der Produktion oder erst beim Kunden entdeckt worden sind und in Form von Reklamationen an das Unternehmen gemeldet werden. Bei der FMEA werden in frühen Phasen der Produktentwicklung mögliche Fehler, die auftreten können, ermittelt. Es existieren also zwei Wissensbasen, die abgeglichen werden müssen. Zum einen ist es wichtig, beim Auftreten eines Fehlerfalles zu wissen, welche Maßnahmen in der FMEA stehen, um den Fehler zu vermeiden, damit das „Rad nicht noch einmal neu erfunden wird". Zum anderen können im Verbesserungsmanagement Fehler auftreten, die in der FMEA nicht bedacht worden sind, oder deren angenommene Auftretenswahrscheinlichkeit nicht mit der Realität übereinstimmt. In diesen Fällen müssen die FMEA-Daten angeglichen werden, damit bei einer Neu- oder Weiterentwicklung auf verbesserte und realitätsnahe Daten zurückgegriffen werden kann (**Bild 3.2-3**).

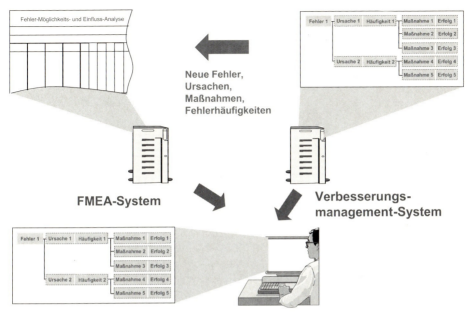

Bild 3.2-3 Verknüpfung FMEA/Verbesserungsmanagement

3.3 Komponenten eines Verbessungsmanagement-Systems

Aus den dargestellten Forderungen ergeben sich drei zentrale Komponenten, die ein Verbesserungsmanagement-System haben sollte:
- Erfahrungsschatz
- Fehlerkatalog
- Workflowmanagement-System

Erfahrungsschatz

Zentrales Element eines Verbesserungsmanagement-Systems ist der Erfahrungsschatz, in welchem das Wissen über Fehler, -ursachen und Maßnahmen hinterlegt wird. Er soll so aufgebaut sein, dass das Wissen schnell und problemorientiert abrufbar ist. Hierfür empfiehlt sich ein Aufbau, wie er in **Bild 3.3-1** dargestellt ist. Ein solcher Aufbau ermöglicht eine schnelle und einfache Unterstützung der Problemfindung beim Auftreten eines Fehlers. Der Bearbeiter erhält sofort die Information, welche Ursachen in der Vergangenheit zum Fehler geführt haben. Die Informationen erhält er priorisiert nach deren Häufigkeiten. Des Weiteren bekommt er Informationen darüber, welche Maßnahmen bereits mit welchem Erfolg gegen die einzelnen Ursachen eingeleitet worden sind. Dadurch, dass die Zuordnung der Maßnahmen zu den Ursachen und nicht zu den Fehlern erfolgt, ist auch eine Information über eingeleitete Maßnahmen möglich, wenn die ent-

3 Qualitätsmanagement und Information: Verbesserungsmanagement

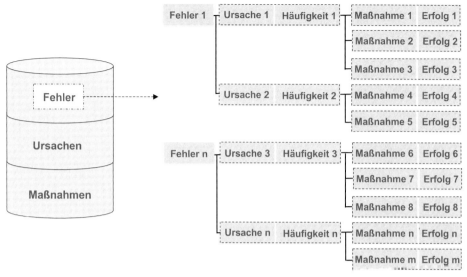

Bild 3.3-1 Aufbau eines Erfahrungsschatzes

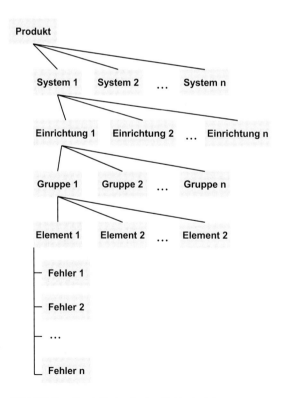

Bild 3.3-2 Bauteilorientierter Fehlerkatalog

3.3 Komponenten eines Verbesserungsmanagement-Systems

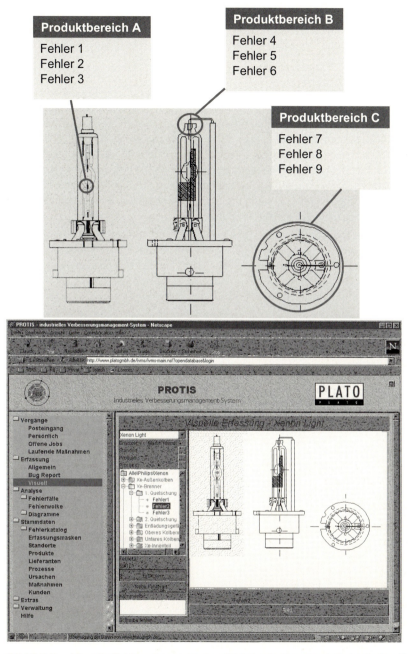

Bild 3.3-3 Visuelle Fehlererfassung unterstützt durch einen bauteilorientierten Fehlerkatalog

sprechenden Ursachen zu anderen oder neuen Fehlern führen. Mit einer Maßnahme wird nicht ein Fehler, sondern eine Fehlerursache bekämpft. Die dargestellte Struktur ermöglicht auch eine Verbindung zur FMEA, da die FMEA ähnlich aufgebaut ist.

Fehlerkatalog

Das zweite wichtige Element ist ein Fehlerkatalog. Er soll sicherstellen, dass gleiche Fehler nicht von unterschiedlichen Personen unterschiedlich benannt werden und somit die datentechnische Auswertung der aufgenommen Fehlerinformationen erleichtern. Ein Fehlerkatalog soll so aufgebaut sein, dass die entsprechenden Fehler schnell und einfach von den Nutzern gefunden werden können. Hierfür bietet sich ein bauteilorientierter Katalog an (**Bild 3.3-2**). Durch die Verwendung eines in dieser Form aufgebauten Fehlerkatalogs ist es möglich, die Summe der möglichen Fehler durch Auswahl des Bauteils, an dem der Fehler aufgetreten ist, zu reduzieren. Je besser man den Fehlerort eingrenzen kann, desto kleiner wird die Menge der möglichen Fehler.

Durch Einsatz eines EDV-Systems welches eine visuelle Fehlererfassung ermöglicht, kann die Fehlererfassung weiter vereinfacht und damit beschleunigt werden. Der Anwender kann in diesem Fall anhand eines Produktbildes das betreffende Bauteil auswählen und erhält nach einem Mausklick eine Auswahl der möglichen Fehler. In **Bild 3.3-3** ist dies am Beispiel der Software PROTIS der PLATO AG, Lübeck dargestellt.

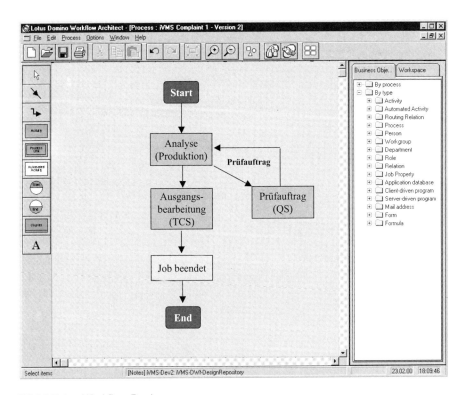

Bild 3.3-4 Workflow-Designer

Workflowmanagement-System

Das dritte wichtige Element ist ein Workflowmanagement-System. Ein Workflowmanagement-System ist ein System für eine automatisierte Ablaufsteuerung. Es sorgt dafür, dass die an dem Prozess beteiligten Personen informiert werden, wenn der vorhergehende Schritt abgeschlossen wurde. Ein Workflowmanagement-System muss den Mitarbeitern alle für ihre Arbeitsschritte notwendigen Informationen automatisch zu Verfügung stellen. Des Weiteren muss ein Monitoring ermöglichen, den jeweiligen Stand des Prozesses zu ermitteln und bei Terminüberschreitungen zu warnen. Die teilweise komplizierten Prozessabläufe müssen schnell und einfach in das System integriert werden können. Hierfür bietet sich ein grafisches Eingabetool an, wie es in **Bild 3.3-4** am Beispiel des in der PROTIS-Software verwendeten Lotus Workflow-Designers dargestellt ist.

3.4 Einführung eines Verbesserungsmanagement-Systems

Vor Einführung eines Verbesserungsmanagement-Systems ist es notwendig, die zugrundeliegenden Prozesse aufzunehmen und zu optimieren. Hierzu gehören z. B. alle Prozesse aus dem Bereich des Reklamationsmanagements und die Informationsflüsse zwischen den beteiligten Bereichen. Dies sollte in bereichsübergreifenden Teams erfolgen. Wichtig ist hierbei, dass sichergestellt wird, dass allen Beteiligten alle für sie wichtigen Informationen zur richtigen Zeit zur Verfügung gestellt werden. Als wirkungsvolles Hilfsmittel hat sich hier die Prozess-Struktur-Matrix (PSM), die in Kapitel 2 beschrieben wird, erwiesen.

Eine Arbeit in bereichsübergreifenden Teams empfiehlt sich auch beim Aufbau eines Fehlerkataloges. Der Fehlerkatalog muss so gestaltet sein, dass jeder, der mit ihm arbeitet, also sowohl im Bereich der Fehlererfassung als auch bei der Fehleranalyse, die Bedeutung der verwendeten Begriffe versteht. Dies lässt sich am besten dadurch gewährleisten, dass die Fehlerbezeichnungen von einem Team, in dem aus allen Bereichen Mitglieder vertreten sind, festgelegt wird.

Bei der eigentlichen Systemeinführung sollten alle beteiligten Mitarbeiter von Beginn an eingebunden werden. Sie sollten die Möglichkeit haben, Ihre Vorstellungen bei der Gestaltung der Softwaremasken und der Festlegung des Funktionsumfangs miteinzubringen. Der Fortschritt der Arbeiten sollte in regelmäßigen Teamsitzungen vorgestellt und diskutiert werden. Die Mitarbeiter sollten schon zu einem sehr frühen Zeitpunkt die Möglichkeit haben, das System zu testen. Eine frühe Einbindung der Mitarbeiter erhöht die spätere Akzeptanz des Systems.

3.5 Lernerfolgsfragen

1. Welche Forderungen müssen an ein Verbesserungsmanagement-System gestellt werden?
2. Wo kann eine Rechnerunterstützung sinnvoll sein?
3. Wie kann ein Fehlerkatalog strukturiert werden?
4. Welche Nutzer der Fehlerdaten kommen in Frage?
5. Was muss bei der Einführung eines Verbesserungsmanagement-Systems berücksichtigt werden?

Literatur

[pfe1] **Pfeifer, T.; Klonaris, P.; Lesmeister, F.:** *Produktivität erhöhen – Verbesserungsmanagement als effektives KVP-Werkzeug.* In: Werkstatttechnik 90 (1998) Nr. 5, S. 208–210

[pfe2] **Pfeifer, T.; Lesmeister, F.:** *PROTIS – Aus Fehlern lernen, Systematisch Fehlerwissen generieren und nutzen.* In: Planung + Produktion 48 (2000) Nr. 5, S. 7–11

KAPITEL 4

Qualität und Wirtschaftlichkeit

Gliederung

4.1 Einleitung 118

4.2 Die Ausgangssituation 118

4.3 Erfassungs- und Verrechnungsabläufe 119

4.4 Fehlerschlüssel 121

4.5 Datenauswertung 123

4.6 Ableitung von Verbesserungsmaßnahmen 127

4.7 Übungsaufgabe 127

4.8 Lösung 131

4.1 Einleitung

Das Qualitätsmanagement verursacht, wie jede andere Aktivität im Unternehmen, Kosten, führt aber andererseits auch zu Kostensenkungen. Eine wirtschaftliche Lenkung des Qualitätsmanagements setzt daher eine Untersuchung von qualitätsbezogenen Kosten voraus. Es existieren mehrere unterschiedliche Verfahren zur Berechnung der qualitätsbezogenen Kosten. Hier soll am Beispiel eines mittelständischen Unternehmens dargestellt werden, wie Fehlerkosten erfasst und analysiert werden können.

Das dargestellte mittelständische Unternehmen aus dem Bereich des Werkzeugmaschinenbaus beschäftigt 400 Mitarbeiter und hat einen durchschnittlichen Jahresumsatz von ca. 100 Mio. DM. Es produziert CNC-gesteuerte Maschinen im Bereich der Schleiftechnik und vertreibt diese Produkte an Unternehmen der Fahrzeug- und Fahrzeugzulieferindustrie sowie des allgemeinen Maschinenbaus.

Das Unternehmen zeichnet sich vor allem durch seine technischen Beratungsleistungen und durch die Verwirklichung neuer Konzepte aus. In diesem Sinne ist es Partner seiner Kunden, die hohe Anforderungen an Qualität und Leistungsfähigkeit der Unternehmen stellen. Hieraus leitet sich der hohe Stellenwert des Qualitätsmanagements bzw. der Qualitätslenkung in der Unternehmenspolitik ab. Da in der mechanischen Fertigung in Klein- und Einzelserien und in der Montage in reiner Einzelfertigung produziert wird, können z. B. Nacharbeitskosten bei reiner Einzelfertigung von Sondermaschinen aufgrund von Fehlern und Ungenauigkeiten extrem hoch und existenzbedrohend sein, wenn es nicht gelingt, aus Fehlern zu lernen und die Wiederholung dieser Fehler zu vermeiden.

Aus diesem Grunde wurde vor einiger Zeit damit begonnen, ein Fehlererfassungssystem einzuführen, dessen Informationen in eine systematische Fehlerkostenermittlung und vor allem in eine detaillierte Fehlerursachenanalyse einfließen. Die verantwortlichen Fachabteilungen sind gehalten, in Eigeninitiative und -verantwortung Maßnahmen zu ergreifen, erkannte Fehlerquellen auszumerzen und organisatorische Vorkehrungen zu treffen oder Hilfsmittel zu schaffen, um Wiederholungen der erkannten Fehler zu vermeiden. Die benutzten Erfassungsverfahren, die Auswerteverfahren des Controllings und die Organisationsregeln zur Umsetzung qualitätsverbessernder Maßnahmen wurden in internen Arbeitskreisen des Unternehmens selbst entwickelt, dokumentiert und umgesetzt.

4.2 Die Ausgangssituation

Auf vorhandene und zumindest teilweise nutzbare Ansätze, die Fehlerkosten zu erfassen, zu verrechnen und auszuwerten, konnte zurückgegriffen werden. Einen Problembereich stellte dagegen die Datenerfassung dar, welche manuell erfolgte, obwohl die während des Produktionsprozesses anfallenden Daten laufend erfasst, weiterverarbeitet und für eine entsprechende Disposition und Steuerung verwendet wurden. Da jedoch bei der Erfassung der Betriebsdaten in maschineller Form fehlerspezifische Daten nicht ausreichend gekennzeichnet und damit nicht für eine Erfassung und Verrechnung genutzt wurden, wurden lediglich Teilelemente der Fehlerkosten einer kontinuierlichen Erfassung und Auswertung unterzogen.

Die verwendeten Fehlerschlüssel zur Identifizierung der Fehler und Störungen erschwerten durch einen uneinheitlichen Aufbau und durch die Verwendung verschiedener Merkmale auf unterschiedlichen Schlüsselebenen eine eindeutige Beschreibung der Fehler. Insbesondere aufgrund der Vermischungen zwischen Fehlerart, -ort und -ursache in den im Einsatz befindlichen Fehlerschlüsseln war eine Neustrukturierung erforderlich.

Der Versuch, durch die Anzahl der Stellen innerhalb des Fehlercodes möglichst alle nur denkbar auftretenden Fehler abzubilden, führte zu vier- oder mehrstelligen Fehlerschlüsseln, die die Handhabbarkeit erheblich erschweren, wenn nicht sogar unmöglich machten. Hierbei ergab sich insbesondere neben den zahlreichen Beschreibungsmöglichkeiten eines Fehlers innerhalb des Fehlerkataloges das Problem der Inhomogenität der verwendeten Fehlerschlüssel untereinander. Weiterhin wurden für Fehler und Störungen mit unterschiedlicher Ausprägung die gleichen Merkmale aus dem Schlüssel verwandt.

Ein Grund für die unzureichende Strukturierung bez. der zu beschreibenden Fehler lag darin, dass die Fehlerschlüssel – historisch entstanden aus Fehleraufschrieben und -listen – nicht mehr den aktuellen betrieblichen Gegebenheiten angepasst worden waren oder aufgrund der bereits verwendeten Codierung eine Anpassung an die geänderten betrieblichen Verhältnisse nur mit hohem Aufwand realisierbar schien.

Fehlende standardisierte Berichtsformen und Auswertestrategien führten weiterhin zu einem Vertrauensverlust in die ausgewiesenen Berichte, der oft aufgrund von redundanten Aufschreibungen mit unterschiedlichen Werten, fehlenden Listen, eindeutig falschen Eintragungen und Eingabefehlern noch verstärkt wurde. Erschwerend kam hinzu, dass auf Basis der existierenden Verfahren zur Fehleraufschreibung nur etwa 10 bis 20 % der Fehler und Störungen tatsächlich erfasst wurden.

4.3 Erfassungs- und Verrechnungsabläufe

Um Fehlerkosten hinreichend genau zu erfassen und zu verrechnen, wurden die aus bewertungstechnischer Sicht denkbaren Fehlersituationen klassifiziert. Dazu wurden im wesentlichen drei Produktionsabläufe festgelegt, bei denen hauptsächlich folgende Fehlerkosten auftraten (**Bild 4.3-1**):

– Fehlerbehaftete Produktion ohne Weiterverwendung,
– Fehlerbehaftete Produktion mit zusätzlichen Arbeitsgängen und
– Ablaufbedingte Störungen.

Andere fehlerbedingte Produktionsabläufe lassen sich als Mischformen bzw. Kombinationen der drei Abläufe darstellen.

Unabhängig von der Form der Erfassung der Betriebsdaten war es notwendig, alle fehlerbeschreibenden Daten in einem einheitlichen Erfassungsformular festzuhalten. Innerhalb eines BDE-Systems wurde zur Vereinfachung und schnelleren Bearbeitung ein Erfassungsformular für Fehler und Störungen als Maske generiert. Für die manuelle Betriebsdatenerfassung wurde ein standardisiertes Formular erstellt, mit dem über anzukreuzende oder codierte Felderschlüssel die aufgetretenen Fehler dokumentiert wurden. Hierbei wurden die Inhalte des Erfassungsformulars bzw. die notwendigen Angaben auf das Wesentliche beschränkt, um die Mitarbeiter mit der Erfassung der Fehler nicht unnötig zu belasten (**Bild 4.3-2**).

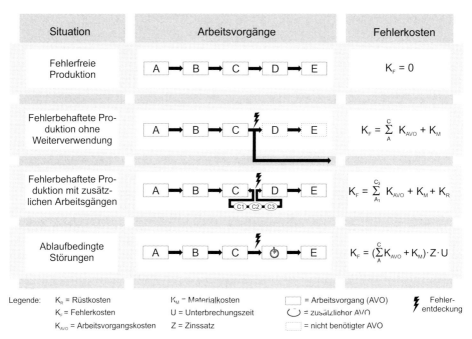

Bild 4.3-1   Möglichkeiten zur Bewertung fehlerbehafteter Produktionsabläufe

LOGO	Fehlerkosten (intern)		Datum:
Auftragsnr.	Artikel-Nr./ -Bezeichnung	Anzahl Teile	falls erforderlich bei Reklamation Lieferscheinnummer:
Fehler	Fehlerbeschreibung:		
Fehlerklasse			
Fehlerursache	Ursachenbeschreibung:		
Ursachenklasse			
Fehlerentdeckung:	Arbeitsgang:		
Fehlerverursachung:	Arbeitsgang:	Kostenstelle:	
Fehlerkostenart	Nacharbeit	Fehleranalyse	Fehlerfolgeprüfung
	Ausschuss	Wiederholungsprüfung	
	Sortierprüfungen		
Zusatztätigkeit:	Dauer / min:	**Stundensatz / Lohnart:**	
Unternehmensspezifika			

Bild 4.3-2   Beispiel für ein Erfassungsformular fehlerrelevanter Daten

Viele Daten, die zur Spezifizierung der Fehlerkosten genutzt werden konnten, waren in unterschiedlichen DV-Systemen vorhanden. So enthielten z. B. Produktionsplanungs- und -steuerungssysteme die für die Nacharbeitskosten erforderlichen Maschinenstundensätze. Sollten nun diese Daten für die Ermittlung der jeweiligen Fehlerkostenarten genutzt werden, mussten notwendigerweise die Quellen der einzelnen Eingangsdaten festgelegt werden.

Nach Definition der fehlerspezifischen Daten und Abstimmung der Erfassungsformulare wurden in ausgewählten Unternehmensbereichen Probeläufe durchgeführt. Dazu wurden die betroffenen Mitarbeiter über die neuen Abläufe informiert. Auf der Basis der dabei gewonnenen Ergebnisse konnten geringfügige Modifikationen an den Abläufen und Erfassungsformularen vorgenommen werden.

Eine zuverlässige Aussage über Fehlerschwerpunkte konnte aufgrund der Komplexität und der Vielzahl der Daten ohne DV-Einsatz nicht getroffen werden. Deshalb war es notwendig, alle aus den Erfassungsformularen gewonnenen sowie korrespondierenden (externen) Daten in einer Fehlerdatei abzulegen. Jeder Datensatz innerhalb der Fehlerdatei beinhaltet die notwendigen Informationen über ein Fehlerereignis. Die Fehlerdatei bildet damit die Grundlagen für spätere Auswertungen und folgende Maßnahmenableitungen.

4.4 Fehlerschlüssel

Für spätere Auswertungen war es aufgrund der Häufigkeit sowie der unterschiedlichen Ausprägung der Fehler unbedingt erforderlich, die möglichen Fehler in Form eines Schlüssels zu klassifizieren. Zur Vorbereitung der systematischen Auswertung wurden daher parallel zu der Entwicklung der Erfassungs- und Verrechnungsalgorithmen auf der Grundlage der Untersuchungsergebnisse Schlüssel zur Codierung der Fehler erarbeitet. Ziel hierbei war eine eindeutige, umfassende und einheitliche Beschreibung aufgetretener Fehler und Störungen.

Bei der Erstellung bzw. Überarbeitung erwies sich eine enge Zusammenarbeit mit den Mitarbeitern, die diesen Schlüssel später verwenden sollten, als sehr fruchtbar und notwendig, da die Qualifikationen der späteren Nutzer eine größere Berücksichtigung fanden, und insbesondere Akzeptanzschwierigkeiten schon im Vorfeld vermieden werden konnten. Weiterhin wurde darauf geachtet, dass der Schlüssel mittelfristig um weitere Merkmale ergänzt werden kann, ohne den vorgegebenen Rahmen des Fehlerschlüssels zu sprengen.

Beim Aufbau des Fehlerschlüssels wurde systematisch vorgegangen. Das Ergebnis des ersten Arbeitsschrittes war die Zieldefinition und die Grobauswahl der Gliederungsstruktur. Innerhalb des zweiten Arbeitsschrittes wurden homogene Fehlergruppen gebildet und eine erste Zuordnung der Fehlermerkmale zu den Gruppen vorgenommen. Durch die detaillierte Definition der Fehlermerkmale sowie die Verwendung von Referenzdaten konnten im letzten Arbeitsschritt erste Tests durchgeführt und mögliche Änderungen vorgenommen werden.

Der entwickelte Fehlerschlüssel stellt einen kombinierten Fehlerursachen- und -artenschlüssel dar und ist mehrstufig aufgebaut (**Bild 4.4-1**). Auf der obersten Position – in

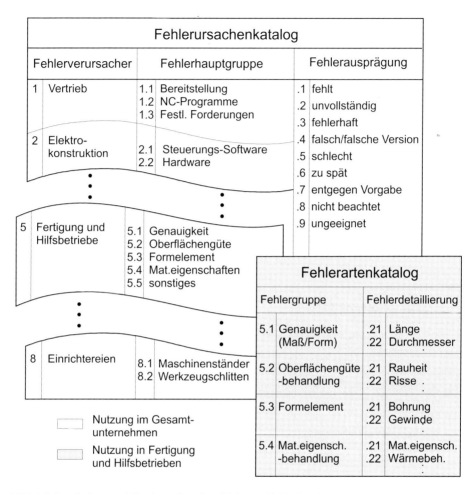

Bild 4.4-1 Aufbau und Struktur eines kombinierten Fehlerkataloges

diesem Fall der ersten Stelle des Schlüssels – wird der Phasenbezug bezüglich der Auftragsabwicklung abgebildet. Die Kombination dieses Phasenbezuges (z. B. Vertrieb, Beschaffung, mech. Fertigung, etc.) mit der Fehlerhauptgruppe bzw. der Fehlerursache kann sowohl zur Beschreibung des Bereichs der Fehlererkennung als auch zur Identifizierung des verursachenden Bereichs genutzt werden.

Die Möglichkeit, die Fehlerart und/oder -ursache gemeinsam in einem Schlüssel zu beschreiben, wird durch die beiden ersten Positionen innerhalb des Schlüssels sichergestellt, die eine identische Merkmalanordnung aufweisen. So ist die Angabe des am Bauteil bzw. Produkt aufgetretenen Fehlers über den Fehlerartenkatalog möglich. Des weiteren kann die zunächst identifizierte Ursache für den Fehler über den Fehlerursachenkatalog abgebildet werden, auch wenn die Verantwortung in einem anderen Bereich liegt.

Eine eindeutige Identifizierung der jeweiligen Fehlerursache ist mit diesen Angaben jedoch nicht möglich. Sie stellt lediglich die Eingrenzung der wichtigsten Fehlerursachenbereiche sicher, die durch entsprechende Auswertungen und nähere Analysen vor Ort bestätigt werden müssen.

4.5 Datenauswertung

Das Ziel innerhalb der Auswertung war es, Möglichkeiten und Ansätze zur Initiierung von Verbesserungsmöglichkeiten aufzuzeigen. Daher mussten systematische und zielgerichtete Auswertestrategien und Schwachstellenanalysen abgeleitet werden. Als Grundlage dienten die Daten, die aus der Verrechnung der angefallenen Fehler und Störungen sowie der Codierung innerhalb des gewählten Fehlerschlüssels generiert wurden. Die Entwicklung geeigneter Auswertestrategien und der Aufbau eines sinnvollen Kennzahlensystems waren nun wesentliche Arbeitsschritte, um Aufschluss über vorhandene Kostenstrukturen bezogen auf Fehlerentstehungsarten zu erhalten.

Für die systematische Auswertungen der Fehler und die Bildung von Kennzahlen sind im Wesentlichen die zwei Bewertungsgrößen Zeit (Verlängerung der Durchlaufzeit) und Kosten von Interesse. Innerhalb der zwei Bewertungsdimensionen ermöglichen zudem verschiedene Betrachtungsebenen (fehler-, auftrags- oder objektbezogen) eine differenzierte Darstellung und damit eine weitere Bestimmung der Auswertungsrichtung.

Wie vorher bereits angedeutet, war aufgrund der umfangreichen Datenmengen und der geforderten Vielzahl der Auswerteformen die Umsetzung nur mit einem geeigneten Rechnereinsatz zu realisieren. Daher wurden monatlich die zu jeweils einer Fehlermeldung gehörenden Daten in einer Fehlerdatei zu Datensätzen zusammengefasst. Für die Umsetzung der Ergebnisse wurde zunächst ein eigens entwickeltes Programmtool auf der Basis des im Unternehmen verfügbaren Tabellenkalkulationsprogramms MS-EXCEL erarbeitet, das die Daten der Fehlerdatei über festgelegte Verrechnungsalgorithmen zu Fehlerkennzahlen verdichtet.

Neben dem gültigen Zeitraum der Betrachtung musste die Auswertungsorientierung vorher festgelegt werden. Abhängig von der Art der abzuleitenden Verbesserungsmaßnahmen, prüfend oder präventiv, konnte beispielsweise die Richtung durch Angabe des „Fehlerentstehungsortes" oder der „Fehlerursache" vorgegeben werden. Für die Festlegung wirkungsvoller Prüfstrategien war es erforderlich, die Fehler bezogen auf den Entdeckungsort und den Verursacher innerhalb des Gesamtprozesses anzugeben.

Die eigentlichen Kostenschwerpunkte konnten so über die Angabe der Bezüge (*Zeitbetrachtung*, *Schwellenwertbetrachtung* und *Häufigkeitsbetrachtung*) durch die folgenden Analysestrategien ermittelt werden (**Bild 4.5-1**):

In der Zeitreihenbetrachtung werden die Fehlerkostenanteile bezogen auf vordefinierte Bezüge über eine bestimmte Zeitperiode dargestellt. Ziel der Schwellwertbetrachtung ist es, den Nutzer auf Überschreitung gegebener, kritischer Grenzwerte hinzuweisen. Die Häufigkeitsbetrachtung stellt den Fehlerkosten die Anzahl der aufgetretenen Fehler gegenüber, um daraus geeignete Verbesserungsmaßnahmen ableiten zu können.

Das verwendete Kennzahlensystem baut auf unterschiedlichen Betrachtungsebenen und Bezügen auf. Die Spitzenkennzahl (Gesamtfehlerkosten) lässt sich durch die Bezüge in

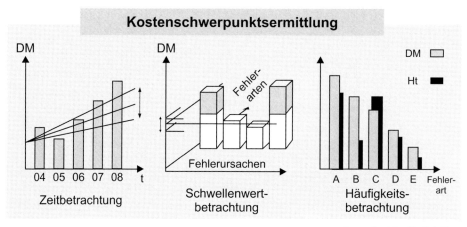

Bild 4.5-1   Strategien zur Ermittlung von Kostenschwerpunkten

weitere Ebenen sachlogisch unterteilen. Ausgehend von dieser Ebene lassen sich über Rechenalgorithmen Einzelkennzahlen bilden, bei denen die Kennzahlen auf der ersten Ebene durch die Verwendung mehrerer Bezüge und Betrachtungsebenen miteinander in Beziehung gesetzt werden.

Der Fehlerkostenbericht ist wie folgt strukturiert (**Bild 4.5-2**):

Innerhalb des ersten Teils wird eine grobe Gesamtübersicht gegeben, die durch Einzelanalysen für unterschiedliche Fehlerausprägungen und/oder für verschiedene Bereiche im zweiten Teil detailliert wird. Mit Hilfe dieser Einzelanalysen lassen sich Schwachpunkte beispielsweise an Produktgruppen, Produktionsanlagen oder auch ablauforganisatorische Mängel feststellen. Extremausfälle oder Besonderheiten werden nur im Bedarfsfall im dritten Teil erstellt.

Neben den Kennzahlen leisten im Fehlerkostenbericht grafische Darstellungen einen erheblichen Beitrag zur Effizienz von Qualitätsregelkreisen, da sie in kurzer und prägnanter Form Trends und Schwerpunkte anschaulich darstellen. In Abhängigkeit von den gewählten Auswertestrategien können die Fehlerkennzahlen mit Daten aus anderen Systemen gekoppelt und für die Erkennung systematischer Fehler sowie zur Erfolgskontrolle genutzt werden. Die aus den unterschiedlichen Bereichen gemeldeten Fehler und Störungen werden entsprechend den festgelegten Fehlerschlüsseln bereichsbezogen sowohl numerisch als auch grafisch dargestellt (**Bild 4.5-3**). Den Bewertungsmaßstab bilden in diesem Fall die durch die Fehler angefallenen Nacharbeitsstunden/-kosten.

Die vorgestellten Auswertungen werden insbesondere in Bezug auf die Unterscheidungsmöglichkeit zwischen Verursacher und Entdecker für die Beurteilung der bewerteten Fehler herangezogen und dienen damit der Ableitung und Initiierung von Verbesserungsmaßnahmen.

4.5 Datenauswertung

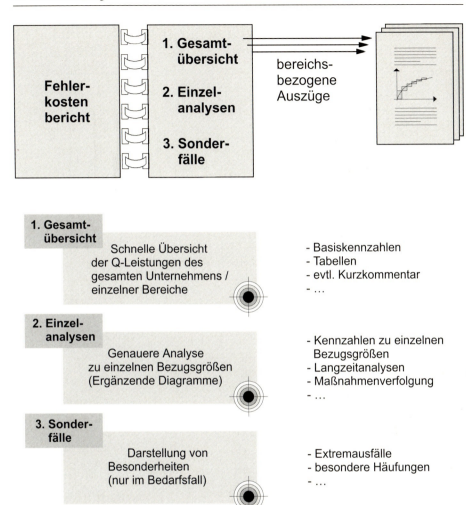

Bild 4.5-2 Strukturvorschlag für einen Fehlerkostenbericht

	Priorisierte Nacharbeitsgründe in Stunden		FEBRUAR		
			2000		
Lfd Nr.	priorisierte Nacharbeitsgründe	DEZEMBER	JANUAR	FEBRUAR	Ges: Geleistete Nacharbeitsstd.
1	505 Fehler Software Aggregate			79	
2	500 Stromlaufplan fehlerhaft			73,8	
3	202 Elektrisches Bauteil fehlerhaft			47,4	625,20
4	000 Bohrung, Bohrbild, Gewinde fehlerhaft/Fehlt			44,7	
5	008 Beschl.-, Härte-, Brünierfehler, Verschm., Korr.			44,5	
1	500 Stromlaufplan fehlerhaft		61,85		
2	202 Elektrisches Bauteil fehlerhaft		57,2		
3	400 Fehler Blechabschützung		42		486,40
4	900 Leitung falsch verlegt		36,4		
5	999 sonstiger Fehler Elektromontage		33		
1	000 Bohrung, Bohrbild, Gewinde fehlerhaft/fehlt	0			
2	000 Bohrung, Bohrbild, Gewinde fehlerhaft/fehlt	0			
3	000 Bohrung, Bohrbild, Gewinde fehlerhaft/fehlt	0			0,00
4	000 Bohrung, Bohrbild, Gewinde fehlerhaft/fehlt	0			
5	000 Bohrung, Bohrbild, Gewinde fehlerhaft/fehlt	0			
	Summe priorisierte Nacharbeitsstunden	0	230,45	289,4	
	Prozentualer Anteil an ges. geleisteten NA-Stunden	0	47,29%	46,29%	

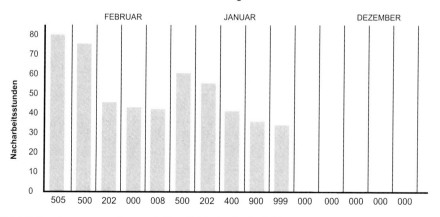

Bild 4.5-3   Auszug aus dem erstellten Fehlerkostenbericht

4.6 Ableitung von Verbesserungsmaßnahmen

Auf Basis der erfolgten Datenauswertung und Schwachstellenanalyse können abschließend Maßnahmen abgeleitet werden. Diese Maßnahmenableitung bildet das eigentliche Ziel des Fehlerkostencontrollings und setzt alle beschriebenen Schritte voraus.

Zur Maßnahmenableitung wird ein Team gebildet, in dem sich die Mitarbeiter aus den unterschiedlichen beteiligten Abteilungen zusammensetzen. Die anhand des Qualitätsberichts grob identifizierten Schwachstellen werden nun unter Zuhilfenahme des gesamten Fachwissens untersucht, bis die Ursache des Problems eindeutig beschrieben werden kann.

Hierauf aufbauend werden wiederum in einem Team geeignete unterschiedliche Maßnahmen zur Ursachenbekämpfung spezifiziert. Dabei wird der Aspekt, inwieweit die eingeleiteten Maßnahmen unter Berücksichtigung firmenspezifischer Rahmenbedingungen umsetzbar sind, genauer untersucht.

4.7 Übungsaufgabe

Bei einem mittelständischen Unternehmen Mc-Mittel werden Zulieferteile für die Automobil-Industrie produziert. Seit einigen Monaten hat man sich entschlossen, die intern angefallenen Fehler und Störungen zu erfassen und zu verrechnen.

Bei der Auswahl der zu erfassenden Fehlleistungsaufwände sind bereits in der Planungsphase Gesichtspunkte wie Beeinflussbarkeit der Fehlerkostenelemente, Bedeutung unter Steuerungs- und Lenkungsgesichtspunkten sowie der Anteil an den Gesamtherstellungskosten, dem Umsatz und dem Gewinn besonders zu berücksichtigen.

Die eigentliche Erfassung der Fehler/Störungen erfolgt bei Mc-Mittel über die Angabe von fehler-/störungsbedingten Daten auf bereits bestehenden Arbeits- bzw. Begleitpapieren. Für eine hinreichend genaue Bewertung des Fehlleistungsaufwands sollen innerhalb der Verrechnung nicht nur die direkten Kosten für die aufgetretenen Fehler/Störungen ermittelt werden, sondern auch die Gemeinkosten. Innerhalb der klassischen Kostenrechnungssysteme werden jedoch die Gemeinkosten, die aufgrund der Verschiebung der Kostenstrukturen erheblich angestiegen sind, im Vergleich zu den Einzelkosten nur unzureichend berücksichtigt.

Um eine exaktere Bewertung der Gemeinkosten vorzunehmen, werden besonders das Ressourcen-Modell und die Prozesskostenrechnung (Activity Based Costing) eingesetzt.

Die nun folgende tabellarische Auflistung (**Bild 4.7-1**) gibt Auskunft über die intern aufgetretenen Fehler/Störungen mit den zugehörigen Kosten aus dem Monat März 1995.

Ordnen Sie die einzelnen Fehlerursachen aus der Tabelle den Fehlerursachengruppen sinnvoll zu [durch Eintrag des zugehörigen Kürzels (PE; MA; IO; BM) in **Bild 4.7-1** in die Spalte 5 (Ursachen-Grp)] und ermitteln Sie für die Fehlerursachengruppen den im Monat März 1995 angefallenen Fehlleistungsaufwand.

Fehlerursachengruppen:
- PE = Personalbezogener Fehler
- MA = Materialbezogener Fehler

lfd.Nr.	Auftr.-Nr.	Fehlerart	Fehlerursache	Ursachen-Grp.	Kosten [DM]
1	4711	Geometrie	Werkzeugvoreinstellung		450,-
2	4713	Maß	Bedienfehler		1200,-
3	4711	Hydraulik	Änderungsdienst		200,-
4	4717	Form	Messmittel ungenau		1450,-
5	4714	Maß	Stückliste ungenau		750,-
6	4715	Form	Arbeitsanweisung nicht beachtet		700,-
7	4712	Maß	Arbeitsplan falsch		600,-
8	4720	Maß	Bedienfehler		500,-
9	4729	Hydraulik	Richtlinien nicht beachtet		1800,-
10	4719	Form	Zeichnung unvollständig		750,-
11	4716	Elektrik	Menschliches Versagen		1800,-
12	4722	Geometrie	Transportmittel		1300,-
13	4711	Hydraulik	Riss / Lunker		850,-
14	4718	Elektrik	Zeichnung unvollständig		300,-

Bild 4.7-1 Aufgetretene Fehler und Störungen im Monat März

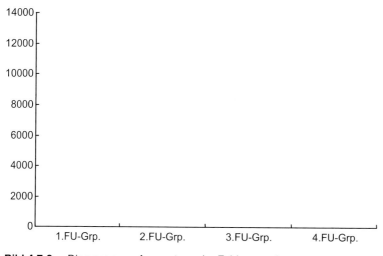

Bild 4.7-2 Diagramm zur Auswertung der Fehlerursachengruppen

4.7 Übungsaufgabe

- IO = Informations-/Organisationsseitiger Fehler
- BM = Betriebsmittelseitiger Fehler

Fehlleistungsaufwand:

Stellen Sie mit Hilfe der Pareto-Analyse die bedeutendsten Fehlerursachengruppen für den Monat März 1995 in dem Diagramm mit Bezeichnung der jeweiligen Fehlerursachengruppe dar (**Bild 4.7-2**).

Folgende Daten bezogen auf die gesamten externen Fehlerkosten sind Ihnen für die letzten beiden Quartale bekannt (**Bild 4.7-3**):

	Okt. 94	Nov. 94	Dez. 94	Jan. 95	Feb. 95	Mär. 95
ext. Fehlerkosten	12900,-	11800,-	10500,-	11200,-	11600,-	8600,-

Bild 4.7-3 Externe Fehlerkosten der letzten beiden Quartale

Weiterhin haben Sie aus diesem Zeitraum auf folgende Daten Zugriff (**Bild 4.7-4**):

	Okt. 94	Nov. 94	Dez. 94	Jan. 95	Feb. 95	Mär. 95
hergestellte Produkte	400	380	360	420	400	450
Lagerbestand	–58	–10	+15	+80	+40	+120
im Feld befindliche Produkte	567	415	336	327	310	230
in Garantie befindliche Produkte	358	262	210	200	193	139

Bild 4.7-4 Übersicht möglicher Bezugsbasen zur Kennzahlenbildung

Übertragen Sie die externen Fehlerkosten aus dem Zeitraum Oktober '95 – März '95 als Absolut- und Relativzahlen in das Diagramm (**Bild 4.7-5**) mit einer eindeutigen Achsenbezeichnung. Wählen Sie dazu aus **Bild 4.7-4** einen sinnvollen Bezugsparameter und begründen Sie Ihre Antwort.

Bild 4.7-5 Diagramm zur Auswertung der externen Fehlerkosten

lfd.Nr.	Auftrags-Nr.	Fehlerart	Fehlerursache	Ursachen-Grp	Kosten [DM]
1	4711	Geometrie	Werkzeugvoreinstellung	BM	450,-
2	4713	Maß	Bedienfehler	PE	1200,-
3	4711	Hydraulik	Änderungsdienst	IO	200,-
4	4717	Form	Messmittel ungenau	BM	1450,-
5	4714	Maß	Stückliste ungenau	IO	750,-
6	4715	Form	Arbeitsanweisung nicht beachtet	PE	700,-
7	4712	Maß	Arbeitsplan falsch	IO	600,-
8	4720	Maß	Bedienfehler	PE	500,-
9	4729	Hydraulik	Richtlinien nicht beachtet	PE	1800,-
10	4719	Form	Zeichnung unvollständig	IO	750,-
11	4716	Elektrik	Menschliches Versagen	PE	1800,-
12	4722	Geometrie	Transportmittel	BM	1300,-
13	4711	Hydraulik	Riss / Lunker	MA	850,-
14	4718	Elektrik	Zeichnung unvollständig	IO	300,-

Bild 4.8-1 Zuordnung der Fehler und Störungen zu Ursachengruppen

4.8 Lösung

Fehlleistungsaufwand FLA:

PE: 1200 DM + 700 DM + 500 DM + 1800 DM + 1800 DM = 6000 DM
MA: = 850 DM
IO: 200 DM + 750 DM + 600 DM + 750 DM + 300 DM = 2600 DM
BM: 450 DM + 1450 DM + 1300 DM = 3200 DM

Begründung für die Wahl der Bezugsgröße:

Die Bezugsgröße „In Garantie befindliche Produkte" ist insbesondere bei den externen Fehlerkosten die richtige, da nur diese Anzahl der Produkte ausfallen und gleichzeitig bei einem Ausfall durch entsprechende Gewährleistungsansprüche bzw. Reklamationen dem Unternehmen Mc-Mittel durch die Bearbeitung der Reklamationen Kosten entstehen.

Bei der Wahl der Bezugsgröße „Im Feld befindliche Produkte" sollten die externen Fehlerkosten nach Kulanzansprüchen unterschieden werden.

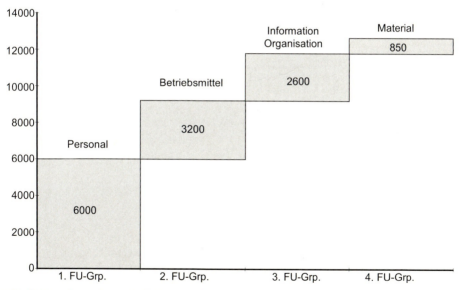

Bild 4.8-2 Auswertung der Fehlerursachengruppen

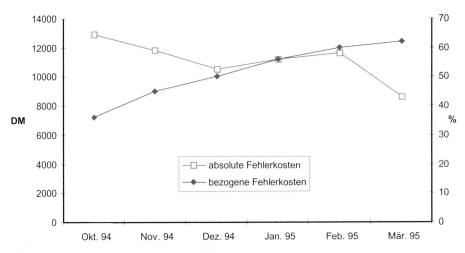

Bild 4.8-3 Auswertung der externen Fehlerkosten

KAPITEL 5

Qualitätsmanagement in den frühen Phasen

Gliederung

5.1 Quality Function Deployment (QFD) 135
    5.1.1 Die Methode des Quality Function Deployment 135
    5.1.2 Praxisbeispiel: Einstufiges Getriebe 136
    5.1.3 Übungsaufgabe: Dosenöffner 151
    5.1.4 Musterlösung zur Übungsaufgabe 157

5.2 TRIZ in der Produktentwicklung 162
    5.2.1 Einführung und Theorie 162
    5.2.2 Praxisbeispiel 163

5.3 Fehlerbaumanalyse 166
    5.3.1 Aufgaben der Fehlerbaumanalyse 166
    5.3.2 Arbeitsablauf einer Fehlerbaumanalyse 168
    5.3.3 Die Systemanalyse 168
    5.3.4 Definition des unerwünschten Ereignisses 172
    5.3.5 Wahl der Zuverlässigkeitskenngrößen 172
    5.3.6 Bestimmen der Ausfallkennwerte der Komponenten 173
    5.3.7 Erstellen des Fehlerbaums 175
    5.3.8 Auswertung eines Fehlerbaums 178
    5.3.9 Qualitative Analyse 181
    5.3.10 Quantitative Analyse 181
    5.3.11 Exkurs: Rechnen mit Ausfallwahrscheinlichkeiten 182
    5.3.12 Vorgehen zur Berechnung eines Fehlerbaums 182
    5.3.13 Maßnahmen 186
    5.3.14 Weitere Rechenverfahren für Fehlerbäume 187

5.4 Statistische Versuchsmethodik 189
    5.4.1 Einstellung eines Druckgussprozesses 190
    5.4.2 Optimierung der Flugeigenschaften eines Papierhubschraubers 194
    5.4.3 Formel- und Tabellensammlung 199
    5.4.4 Lösung 201

5.5 Fehler-Möglichkeits- und Einfluss-Analyse 208
    5.5.1 Die Geschäftsprozess-FMEA 208
    5.5.2 Fehler-Möglichkeits- und Einfluss-Analyse in der Konstruktion 211
    5.5.3 Fehlermöglichkeits- und Einflussanalyse in der Prozessplanung
         (System-FMEA Prozess) 230
Literatur 242

5.1 Quality Function Deployment (QFD)

Das Quality Function Deployment (QFD) ist eine Methode zur systematischen Planung der Qualität eines Zielproduktes ausgehend von kunden- und marktseitigen Qualitätsforderungen. Darüber hinaus werden Forderungen an die zur Herstellung des Zielproduktes notwendigen Produktionsprozesse und Qualitätssicherungsmaßnahmen abgeleitet. Die Maxime des QFD lautet, dass bei qualitätsrelevanten Entscheidungen der Stimme des Kunden stets Vorrang einzuräumen ist.

Die ursprünglich in Japan entwickelte Methode wurde in den 80er Jahren durch mehrere Joint Ventures von Amerikanern und Japanern in der US-amerikanischen Automobilindustrie eingeführt. Wie in den USA wird die QFD-Methode auch in Europa zunehmend im Rahmen der Qualitätsplanung eingesetzt.

Wegen des umfassenden Ansatzes ist die Mitwirkung der verschiedenen betroffenen Unternehmensbereiche im Rahmen von Arbeitsgruppen eine unabdingbare Voraussetzung für den erfolgreichen Einsatz des Quality Function Deployment. Dies gilt in besonderem Maße für die bereichsübergreifende Forderungsumsetzung. Nur durch Kooperation traditionell separierter Arbeitsbereiche lässt sich die notwendige Akzeptanz gegenüber den Planungsergebnissen erzielen.

Zentrale Bedingung des Quality Function Deployment ist eine konsequente Kundenorientierung des Gesamtunternehmens und seiner Teilbereiche. Darüber hinaus müssen in ausreichendem Umfang Informationen über die Qualitätsforderungen der Kunden verfügbar sein.

Nach einer kurzen Übersicht über die Methode wird die Anwendung des Quality Function Deployment anhand des Praxisbeispiels „Industriegetriebe " vorgestellt. Dabei liegt der Schwerpunkt auf der ersten Phase des Quality Funktion Deployment, welche die strukturierte Erfassung von kunden- und marktseitigen Qualitätsforderungen und deren Umsetzung in allgemeine prüf- oder messbare Konstruktionsforderungen umfasst. Ein einfaches Übungsbeispiel schließt das Kapitel ab.

5.1.1 Die Methode des Quality Function Deployment

Bis heute existiert keine umfassende und einheitliche Definition der Methode des Quality Function Deployment. So liegt insbesondere keine entsprechende Norm der bekannten Organisationen vor. Es gibt vielmehr unterschiedliche methodische Varianten und Entwicklungstendenzen. Die gegenwärtig vorherrschende Anwendungspraxis in den USA und Europa orientiert sich an der durch das Institut der Amerikanischen Zulieferindustrie (American Supplier Institute, ASI) formalisierten Vorgehensweise.

Die QFD-Methode nach ASI gliedert sich in die folgenden vier Phasen [asi].

PHASE I: „Produktplanung":
Erfassung kunden- und marktseitiger Qualitätsforderungen (Kundenforderungen) und Ableitung lösungsneutraler Qualitätsforderungen an die Konstruktion (Konstruktionsforderungen).

PHASE II: „Teileplanung":

Ausgehend von den Qualitätsforderungen an die Konstruktion werden Konstruktionskonzepte sowie Qualitätsforderungen an Teilsysteme und Bauteile (Teileforderungen) abgeleitet.

PHASE III: „Prozessplanung":

Hier werden ausgehend von den Qualitätsforderungen an die Teile Produktionskonzepte und -prozesse ausgewählt sowie die Prozessparameter festgelegt.

PHASE IV: „Produktionsplanung":

Abschließend werden ausgehend von den Produktionsprozessen Qualitätssicherungsmaßnahmen abgeleitet und die Parameter der Maßnahmen festgelegt.

Zentrales Element der QFD-Methode ist die Erstellung von Planungstafeln zur Darstellung der Zusammenhänge zwischen den Qualitätsplanungsinformationen der verschiedenen Arbeitsbereiche. Dies sind im einzelnen die „Produktplanungstafel" („Haus der Qualität"), die „Teileplanungstafel", die „Prozessplanungstafel" und die „Produktionsplanungstafel".

Das Quality Function Deployment weist eine hohe Verflechtung mit bereichsspezifischen Arbeitstechniken auf. So werden in der ersten, zweiten, dritten und vierten Phase schwerpunktmäßig Techniken aus den Bereichen Marketing, Konstruktionstechnik, Produktionsplanung bzw. Qualitätsmanagement integriert.

Im folgenden werden häufig die Begriffe Merkmal, Sollwert und Forderung verwendet. In der QFD-Methode steht der Begriff Merkmal für eine variable Stellgröße und ist damit ein freier Parameter. Ein Beispiel für ein Merkmal ist die maximale Leistung eines Antriebs. Eine Forderung ist demgegenüber ein Merkmal zusammen mit einem quantitativen oder qualitativen Sollwert, z. B. maximale Antriebsleistung von 50 kW.

Zur Unterstützung der QFD-Methode sind zur Informationsverwaltung und Dokumentation eine Reihe geeigneter Werkzeuge bereitzustellen. Als papierbasierte Hilfsmittel werden Karteikarten, selbstklebende Zettel sowie Stell- und Pinwände verwendet. Als computergestützte Hilfsmittel sind PC-Softwarepakete für die Erstellung von QFD-Tafeln erhältlich, die das Editieren und Plotten ermöglichen und bestimmte Funktionen zur Analyse von QFD-Matrizen bereitstellen [qua].

5.1.2 Praxisbeispiel: Einstufiges Getriebe

In dem hier vorgestellten Praxisbeispiel wird die Anwendung der QFD-Methode anhand der Entwicklung eines einstufigen, nicht schaltbaren Industriegetriebes erläutert. Kunden für Getriebe dieses Typs sind z. B. die Hersteller textil- und papierverarbeitender Maschinen.

Produktplanung:
Ermittlung strukturierter und gewichteter Qualitätsforderungen der Kunden und des Marktes

I. Erfassung kunden- und marktseitiger Qualitätsforderungen

Die Qualitätsforderungen der Kunden und des Marktes bilden die zentralen Eingangsinformationen des QFD-Prozesses. Die Erfassung von Qualitätsanforderungen erfolgt beispielsweise durch gezielte Kundenbefragungen, durch Messebeobachtungen sowie durch die Analyse von Reklamationen oder Informationen von Servicemitarbeitern.

Im vorliegenden Beispiel werden die Ergebnisse von Befragungen langjähriger Kunden genutzt. Darüber hinaus fließen die Ergebnisse von Umfragen auf einer Fachmesse und vorliegende Informationen über Reklamationen und Garantiekosten mit ein. Bild 5.1-1a zeigt Beispiele für erfasste Kundenforderungen.

So formuliert der Kunde z. B. „läuft ruhig", „kein Umkehrspiel", „läuft gleichmäßig" etc. als Qualitätsforderungen an das Industriegetriebe.

Sind die kunden- und marktseitigen Qualitätsforderungen erfasst, werden sie schrittweise gruppiert und in eine hierarchische Forderungsstruktur überführt. Ein geeignetes Hilfsmittel stellt hier das sog. Affinitätsdiagramm dar, ein Werkzeug der „Seven New Tools for Management and Planning" zur Strukturierung einer großen Menge ungeordneter Informationen (Bild 5.1-1b) [pfe].

Die vorliegenden Kundenforderungen werden dabei zunächst in Gruppen angeordnet. Papiergestützt kann dies z. B. dergestalt erfolgen, dass die einzelnen Forderungen auf separate Karteikarten oder selbstklebende Zettel geschrieben werden und dann durch die Mitglieder der Arbeitsgruppe nebeneinander gelegt bzw. geklebt werden.

Dieser Prozess erfolgt intuitiv und beruht auf assoziativen Verknüpfungen, die durch die einzelnen Gruppenmitglieder erkannt werden. Diskussionen sollten in dieser Phase daher möglichst unterbleiben [kin].

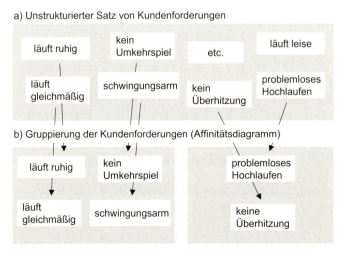

Bild 5.1-1 Gruppierung von Kundenforderungen an ein Industriegetriebe

b) Gruppierte Kundenforderungen

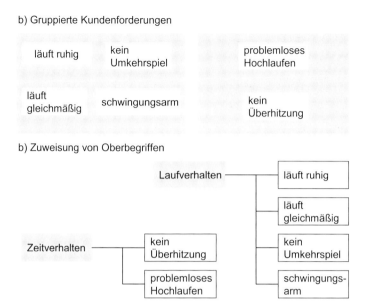

b) Zuweisung von Oberbegriffen

Bild 5.1-2 Zuweisung von Oberbegriffen zu gruppierten Kundenforderungen an ein Industriegetriebe

II. Strukturierung der kunden- und marktseitigen Qualitätsforderungen

Bild 5.1-1b zeigt gruppierte Kundenforderungen an das Industriegetriebe. So werden z. B. die Forderungen „läuft ruhig", „läuft gleichmäßig", „kein Umkehrspiel" und „schwingungsarm" miteinander assoziiert.

Zur Unterscheidung der Anforderungsgruppen werden den einzelnen Gruppen Oberbegriffe zugeordnet. Diese sollten möglicht getreu den Informationsgehalt der einzelnen Anforderungen begrifflich zusammenfassen (**Bild 5.1-2**).

Die Formulierung der Oberbegriffe erfolgt durch die Arbeitsgruppe konstruktiv in Form von Vorschlägen und Diskussionen. Im vorliegenden Beispiel wird z. B. der Forderungsgruppe bestehend aus „läuft ruhig", „läuft gleichmäßig", „kein Umkehrspiel" und „schwingungsarm" der Oberbegriff „Laufverhalten" zugeordnet. Die ermittelten Oberbegriffe werden wiederum mit Hilfe des Affinitätsdiagramms gruppiert, und es werden diesen Gruppen ebenfalls Oberbegriffe zugeordnet. Dieser Vorgang kann mehrfach wiederholt werden, bis sich Oberbegriffe ergeben, die nicht mehr sinnvoll zusammengefasst werden können. Diese werden als primäre Forderungen bezeichnet.

Insgesamt ergibt sich so eine Forderungsstruktur, die vielfach drei Stufen aufweist (**Bild 5.1-3**).

Bei einer dreistufigen Forderungsstruktur spricht man von primären, sekundären und tertiären Qualitätsforderungen. Die unmittelbar durch den Kunden ausgedrückten Forderungen entsprechen dann den tertiären Forderungen.

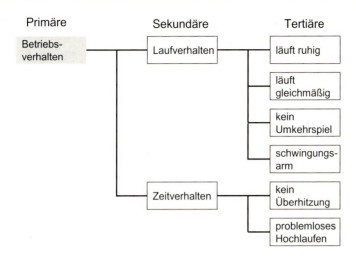

Bild 5.1-3   Dreistufige Forderungsstruktur der Kundenforderungen an ein Industriegetriebe

III. Gewichtung der kunden- und marktseitigen Qualitätsanforderungen

Nach der Erfassung wird der gesamte Satz von Kundenforderungen einer Anzahl repräsentativer Kunden zur Ermittlung der relativen Wichtigkeiten der einzelnen Forderungen vorgelegt. Die relativen Wichtigkeiten stellen eine zentrale Eingangsinformation dar, da diese die Grundlage für die Vergabe von Prioritäten über den gesamten Prozess des Quality Function Deployment bilden.

Im vorliegenden Beispiel wird zur Ermittlung der relativen Wichtigkeiten das Verfahren des paarweisen Vergleichs angewendet [hei]. Dabei werden die befragten Kunden darum gebeten, die einzelnen Anforderungen jeweils mit allen anderen Anforderungen zu vergleichen. Dazu wird eine Matrix ausgefüllt, deren Zeilen und Spalten durch die einzelnen Forderungen aufgespannt werden **(Bild 5.1-4)**.

Die Ergebnisse des paarweisen Vergleichs werden in Form von Zahlenwerten in die jeweiligen Matrixfelder eingetragen. Dabei werden den Aussagen „weniger wichtig", „gleich wichtig" und „wichtiger" z. B. die Zahlenwerte 1, 2 bzw. 3 zugeordnet. Durch Summation der Zahlenwerte über die einzelnen Spalten ergeben sich dann die Gewichtungen der einzelnen Anforderungen (Bild 5.1-4).

Das Ausfüllen der Matrix kann sich zunächst auf das Ausfüllen des Bereiches oberhalb (oder unterhalb) der Hauptdiagonalen beschränken, da jeweils zwei Vergleichszahlen, die spiegelbildlich zur Hauptdiagonalen liegen, in der Summe 4 ergeben. Gibt der Kunde z. B. an, dass für ihn die Forderung „läuft leise" weniger wichtig ist als die Forderung „kein Umkehrspiel", er also in das entsprechende Feld eine 1 einträgt, folgt daraus, dass die Forderung „kein Umkehrspiel" für ihn wichtiger ist die Forderung „läuft leise" (Bild 5.1-4).

Über die Ermittlung des Wichtungsprofils hinaus wird in der Regel ein Vergleich mit Mitbewerbern durchgeführt. Dies hilft, Schwachstellen zu erkennen und die Schwerpunkte bei der Qualitätszielplanung richtig zu verteilen [pfe]. Im Rahmen der Ausfüh-

Vergleiche...

Legende:
ist wichtiger: 3
ist gleich wichtig: 2
ist weniger wichtig: 1

Mit...	läuft gleichmäßig	läuft ruhig	kein Umkehrspiel	schwingungsarm	läuft leise	problemloses Hochlaufen	keine Überhitzung	etc.
läuft gleichmäßig		2	3	2	2	1	3	
läuft ruhig	2		3	2	2	1	3	
kein Umkehrspiel	1	1		1	1	1	3	
schwingungsarm	2	2	3		1	1	3	
läuft leise	2	2	3	3		3	3	
problemloses Hochlaufen	3	3	3	3	1		3	
kein Überhitzen	1	1	1	1	1	1		
Σ	11 +...	11 +...	16 +...	12 +...	8 +...	8 +...	18 +...	

Bild 5.1-4 Paarweiser Vergleich von Kundenforderungen an ein Industriegetriebe

rungen zu diesem Praxisbeispiel musste auf die Beschreibung dieses Schrittes aus Platzgründen verzichtet werden.

Produktplanung:
Ableitung gewichteter Qualitätsforderungen an die Konstruktion

I. Ableitung von Qualitätsmerkmalen

Nach der Ermittlung strukturierter und gewichteter Kundenforderungen werden diese in lösungsneutrale Qualitätsmerkmale der Konstruktion übersetzt (Bild 5.1-5).

In der entsprechenden Arbeitsgruppe werden dazu Konstruktionsmerkmale eines Industriegetriebes, die sich aus den Kundenforderungen ergeben, durch Brainstorming ermittelt. Dies geschieht unter der Randbedingung, dass es sich um prüf- oder messbare Konstruktionsmerkmale handelt.

Bild 5.1-5 zeigt Beispiele für abgeleitete Konstruktionsmerkmale. So wird z. B. zur Kundenforderung „läuft leise" das Konstruktionsmerkmal „Geräuschemission" ermittelt.

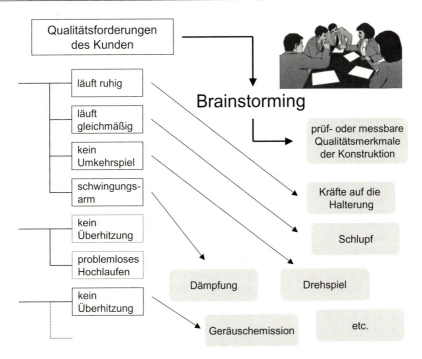

Bild 5.1-5 Ableitung von Qualitätsmerkmalen der Konstruktion für ein Industriegetriebe

Nach Abschluss des Brainstormings werden diejenigen Merkmale, die ein bestimmtes konstruktionstechnisches Konzept implizieren, aussortiert. Dieser Schritt ist insbesondere bei Neukonstruktionen zur Sicherstellung einer unvoreingenommenen Produktentwicklung wichtig.

II. Strukturierung der Qualitätsmerkmale der Konstruktion

Nach der Ermittlung einer Liste von Konstruktionsmerkmalen werden diese analog zu den kunden- und marktseitigen Qualitätsanforderungen in eine hierarchische Anforderungsstruktur transformiert. **Bild 5.1-6** zeigt einen Ausschnitt aus der ermittelten zweistufigen Anforderungsstruktur.

III. Optimierungsrichtungen und Dachmatrix

Anschließend werden die Optimierungsrichtungen der Konstruktionsmerkmale bestimmt (**Bild 5.1-7**). Die zwei Orientierungswerte „maximieren" bzw. „minimieren" werden durch Pfeile symbolisiert. Falls keine Optimierungsrichtung angegeben werden kann, wird ein Kreis für „nominal" eingetragen. Beim vorliegenden Praxisbeispiel sind z. B. das Drehspiel, die Eigenschwingungen und die thermische Belastung zu minimieren. Demgegenüber ist die Dämpfung zu maximieren.

Nach der Ermittlung von prüf- oder messbaren Konstruktionsmerkmalen werden die Beziehungen dieser Merkmale untereinander ermittelt. Als methodisches Hilfsmittel dient dazu eine spezielle Dreiecksmatrix, in der jedem Paar von Elementen, die in Form

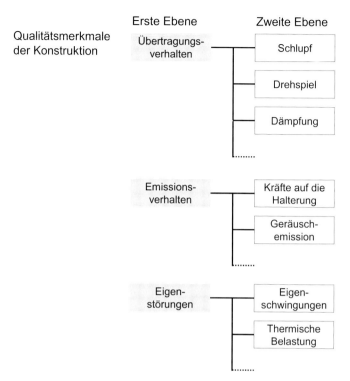

Bild 5.1-6 Strukturierte Qualitätsmerkmale der Konstruktion für ein Industriegetriebe

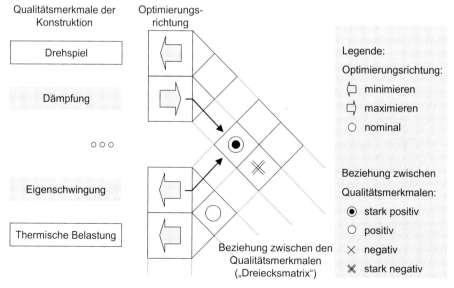

Bild 5.1-7 Optimierungsrichtungen und Dreiecksmatrix für die Konstruktionsmerkmale eines Industriegetriebes

einer Liste angeordnet sind, genau ein Feld zugeordnet ist (Bild 5.1-7). Die Felder der Dreiecksmatrix werden je nach Zusammenhang zwischen dem betrachteten Paar von Konstruktionsmerkmalen mit einem entsprechenden Symbol versehen. Nach ASI stehen die Symbole Doppelkreis, Kreis, Kreuz und Doppelkreuz für eine stark positive, positive, negative bzw. stark negative Korrelation. Liegt keine Korrelation vor, bleibt das Feld leer. Eine positive Korrelation liegt vor, wenn die Optimierung des einen Merkmals eine Verbesserung des anderen Merkmals bewirkt.

Bei der Bestimmung der Beziehungen zwischen den Konstruktionsmerkmalen sind die jeweiligen Optimierungsrichtungen zu beachten. Bei dem Industriegetriebe ist z. B. die Dämpfung zu maximieren. Demgegenüber sind die Eigenschwingungen zu minimieren. Daraus ergibt sich eine stark positive Wechselwirkung zwischen diesen beiden Merkmalen, da eine starke Dämpfung im allgemeinen die Eigenschwingungen eines Getriebes reduziert. Es wird demnach das Symbol für „stark positiv" in das entsprechende Feld der Dreiecksmatrix eingetragen (Bild 5.1–7). Wäre die Dämpfung hingegen zu minimieren, wäre die Beziehung „stark negativ".

Die in der Dreiecksmatrix dargestellten Abhängigkeiten der Konstruktionsmerkmale untereinander dienen der Aufdeckung von Zielkonflikten. Ein Zielkonflikt zwischen zwei Merkmalen ist dann gegeben, wenn die Optimierung des einen Merkmals die Optimierung des anderen einschränkt, wenn also eine negative Wechselbeziehung besteht.

Treten Zielkonflikte auf, müssen bei der späteren Festlegung der Sollwerte Kompromisse gefunden werden. Oftmals werden bei erkannten Zielkonflikten spezielle Teams eingesetzt, deren Aufgabe darin besteht, eine optimale Lösung zu finden.

IV. Beziehungsmatrix

Zwischen den Kundenforderungen und den Qualitätsmerkmalen der Konstruktion besteht ein komplexes Netzwerk von Beziehungen. Durch paarweise Betrachtung der Konstruktionsmerkmale einerseits und der Kundenforderungen andererseits wird jeweils ermittelt, in welchem Maße das Konstruktionsmerkmal mit der Kundenforderung in Beziehung steht (**Bild 5.1-8**).

Zur Darstellung des Beziehungsgeflechts wird eine Matrix erstellt. In dieser Beziehungsmatrix ist jedem Paar aus Konstruktionsmerkmal und Kundenforderung genau ein Feld zugeordnet (Bild 5.1-8). Diese Felder werden je nach Korrelationsstärke mit einem entsprechenden Symbol versehen. Nach ASI stehen die Symbole Doppelkreis, Kreis bzw. Dreieck für starke, mittlere bzw. schwache Korrelation. Liegt keine Korrelation vor, bleibt das Feld leer. Nach der Ermittlung sämtlicher Korrelationen wird in einer Analysephase untersucht, ob leere Zeilen oder Spalten existieren. Leere Zeilen bzw. Spalten deuten darauf hin, dass Konstruktionsmerkmale fehlen bzw. dass Konstruktionsmerkmale existieren, die für die Erfüllung der gestellten Kundenforderungen irrelevant sind.

V. Berechnung des resultierenden Gewichts der Qualitätsmerkmale der Konstruktion

Die Auswertung der Beziehungsmatrix ermöglicht die Ermittlung resultierender Gewichtungen der einzelnen Konstruktionsmerkmale. Den in der Beziehungsmatrix mit „stark", „mittel" und „schwach" symbolisierten Beziehungen werden die Zahlen 9, 3 bzw. 1 zugeordnet. Für jede Spalte werden die entsprechenden Zahlenwerte (9, 3 oder 1)

		Qualitätsmerkmal der Konstruktion							
Legende: stark: ⦿ 9 mittel: ○ 3 schwach: △ 1		Schlupf	Drehspiel	Dämpfung	Kräfte auf Halterung	Geräuschemission	Eigenschwingungen	Thermische Belastung	etc.
Kunden- und marktseitige Qualitätsanforderungen									
läuft gleichmäßig		⦿	⦿		⦿	△	○		
läuft ruhig		○	○	○			⦿		
kein Umkehrspiel		⦿	⦿						
schwingungsarm		○		⦿	⦿	○	⦿	○	
läuft leise			○	⦿		⦿	△		
problemloses Hochlaufen		⦿	△			⦿		○	
kein Überhitzen		○		⦿				⦿	
etc.									

Beispiel: Zwischen der Kundenforderung „schwingungsarm" und dem Konstruktionsmerkmal „Dämpfung" besteht eine starke (⦿) Beziehung.

Bild 5.1-8 Beziehungsmatrix zur Produktplanung (Produktplanungsmatrix) eines Industriegetriebes

mit den Gewichtungen der zugeordneten Kundenforderungen multipliziert und die einzelnen Resultate addiert. Das Ergebnis ist das Gewicht des jeweiligen Konstruktionsmerkmals (**Bild 5.1-9**).

VI. Festlegung von Sollwerten

Schließlich werden den Konstruktionsmerkmalen Sollwerte zugewiesen. So wird z. B. dem Merkmal „Geräuschemission" ein Sollwert in Dezibel [dB] zugeordnet. Bei der Festlegung der Sollwerte ist die Gewichtung und gegebenenfalls die Verknüpfung zu zentralen kunden- und marktseitigen Qualitätsanforderungen zu berücksichtigen. Darüber hinaus sind vorhandene Zielkonflikte zu lösen. Aus Platzgründen wird auf die Beschreibung der Ermittlung sowie auf die Angabe der jeweiligen Daten verzichtet.

VII. Das Haus der Qualität

Die oben beschriebenen Arbeitsschritte und -ergebnisse der ersten Phase des Quality Function Deployment werden üblicherweise in einer umfassenden Planungstafel, dem sogenannten „Haus der Qualität " (engl.: House of Quality), durchgeführt bzw. dokumentiert (**Bild 5.1-10**). Die Bezeichnung „Haus der Qualität" ist auf die im oberen Teil der Tafel angeordnete Dreiecksmatrix, die daher auch „Dachmatrix" genannt wird, zurückzuführen.

Das hier vorgestellte „Haus der Qualität" enthält nur die Ergebnisse der oben durchgeführten Arbeitsschritte. Es kann darüber hinaus um weitere Elemente („Räume"), z. B. für Konkurrenzvergleiche, erweitert werden [pfe].

5.1 Quality Function Deployment (QFD)

		Qualitätsmerkmal der Konstruktion								
Legende: stark: ● 9 mittel: ○ 3 schwach: △ 1										
Kunden- und marktseitige Qualitätsforderungen	Gewichtung durch Kunden	Schlupf	Drehspiel	Dämpfung	Kräfte auf Halterung	Geräuschemission	Eigenschwingungen	Thermische Belastung	etc.	
läuft gleichmäßig	11 + ...	●	●		●	△	○			**Berechnen des Gewichts der Konstruktionsmerkmale:**
läuft ruhig	11 + ...	○	○	○			●			Beispiel: Dämpfung
kein Umkehrspiel	16 + ...	●	●							3 x (11 + ...)
schwingungsarm	12 + ...	○	○	●	●	○	●	○		+ 9 x (12 + ...)
läuft leise	8 + ...		○	●		●	△			+ 9 x (8 + ...)
problemloses Hochlaufen	8 + ...	●	△			●		○		+ 9 x (18 + ...)
kein Überhitzen	18 + ...	○		●				●		+ ....
etc.										
Resultierende Gewichtung der Qualitätsmerkmale der Konstruktion		438 + ...	344 + ...	375 + ...	207 + ...	191 + ...	248 + ...	222 + ...		Σ 375 + ...

Bild 5.1–9 Berechnung des resultierenden Gewichts der Konstruktionsmerkmale eines Industriegetriebes

Teileplanung:
Ableitung gewichteter Qualitätsforderungen an die Teilsysteme

Der allgemeinen Produktplanung folgt die konstruktionstechnische Konzeptfindung und Detaillierung. Sie besteht in der Umsetzung der globalen Qualitätsanforderungen an die Konstruktion in konstruktive Lösungen und darüber hinaus in spezifische Qualitätsanforderungen an die Teilsysteme bis hinunter auf Teileebene.

Der Konstruktionsprozess kennt zwei Sichtweisen auf ein Produkt, die Funktionssicht und die Gestaltsicht. Er ist definiert als die Ableitung der Gestaltstruktur eines Produkts aus einer vorgegebenen Funktionsstruktur [vdi]. Für den so verstandenen Konstruktionsprozess existieren gemäß den gängigen Konstruktionssystematiken verschiedene Ansätze.

Bei der klassischen Vorgehensweise erfolgt eine umfassende Funktionssynthese bis hin zu den Basisfunktionen (Grundoperationsstrukturen). Diesem Schritt schließt sich die Zuordnung von Effektträgern und Prinziplösungen an (Morphologischer Kasten). Der Funktionssynthese folgt die qualitative und quantitative Gestaltsynthese [kol]. Alternative Ansätze propagieren die simultane Verfeinerung der Funktions- und Gestaltstruktur [suh].

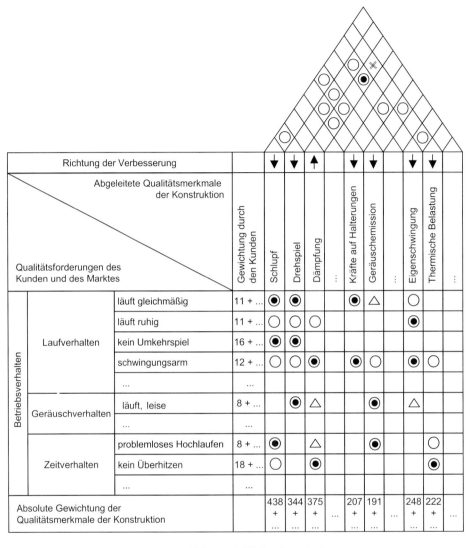

Bild 5.1-10 Das Haus der Qualität (Produktplanungstafel) für ein Industriegetriebe

I. Funktionalität

Ein komplex strukturiertes, technisches System weist eine Vielzahl von Funktionen und funktionalen Einheiten (Funktionsgruppen, funktionellen Einrichtungen, funktionellen Systemen) auf [din]. Die Zusammenhänge zwischen den Funktionen können in der Regel in Form von Funktionsbäumen dargestellt werden.

In diesem Arbeitsschritt wird daher der Funktionsbaum konstruiert. Dabei wird insbesondere der Umfang an Funktionen festgelegt, die dem Kunden gegenüber unmittelbar in Erscheinung treten. Diese Funktionen liegen im Gesamtfunktionsbaum in der Nähe der Wurzel.

Die Qualitätsforderungen des Kunden beinhalten im allgemeinen bereits Forderungen bezüglich der externen Funktionalität des Zielprodukts und der Charakteristika der einzelnen Funktionen. Diese Anforderungen sind bei der Konstruktion des Funktionsbaums zu berücksichtigen.

II. Konstruktionstechnische Konzeptfindung

Der Funktionsdetaillierung folgt das Auffinden und die Selektion von Realisierungskonzepten. Die Auswahl von Lösungskonzepten erfolgt auf der Basis von Konstruktionsmerkmalen, Kosten, Zuverlässigkeit etc. Das in der QFD-Methode nach ASI vorgesehene Verfahren ist die Konzeptauswahl nach Pugh, bei der in Frage kommende Konzepte unter ausgewählten Gesichtspunkten einander gegenübergestellt werden [asi]. Bei der Konzeptauswahl für das einstufige, nicht-schaltbare Getriebe wurde das bewährte Konzept mit Kegel und Stirnradstufe ausgewählt **(Bild 5.1-11)**:

III. Ableitung von Qualitätsanforderungen an die Teilsysteme

Nach der Auswahl von Konstruktionskonzepten werden die Qualitätsmerkmale der Teilsysteme bzw. Teile abgeleitet. Das vorliegende Getriebe besteht aus den Teilsystemen Antriebswelle, Zwischenwelle, Abtriebswelle und Gehäuse. Das Teilsystem Zwischenwelle lässt sich in die Teile Welle, Kegelrad, Lagerungen und Stirnrad aufgliedern. Um

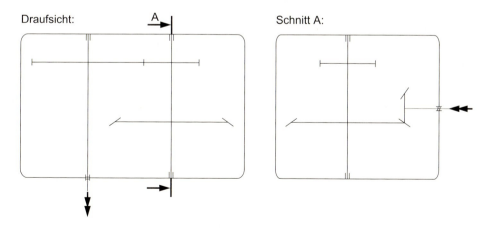

Bild 5.1-11 Getriebekonzept

die Vollständigkeit der Einfluss nehmenden Komponenten zu gewährleisten, wird der Schmierstoff hinzugenommen.

Aus Platzgründen kann hier nur auf einige ausgewählte Teilsysteme und deren Qualitätsmerkmale eingegangen werden. Beispiele für Qualitätsmerkmale von Zahnrädern bzw. von Schmiermitteln sind Verzahnungsqualität und Teilungsfehler bzw. die Viskositäts-Temperaturabhängigkeit und die Alterungsbeständigkeit.

IV. Beziehungsmatrix und Gewichtungen der Qualitätsmerkmale der Teile

Analog zu den Beziehungen zwischen Kundenforderungen und Konstruktionsforderungen bestehen komplexe Zusammenhänge zwischen den Anforderungen an die Konstruktion und den Qualitätsmerkmalen der Teilsysteme und Teile.

Im vorliegenden Fall werden dazu die Teilemerkmale in die Teileplanungsmatrix eingetragen und den Konstruktionsanforderungen zur Korrelation gegenübergestellt (**Bild 5.1-12**). So wird z. B. eine starke Korrelation zwischen dem Teilungsfehler des Stirnrades als Teilemerkmal und der Geräuschemission als Konstruktionsmerkmal festgestellt. Der Vorgang der Erstellung der Beziehungsmatrix und der Ableitung von Ge-

Qualitätsmerkmale der Konstruktion / Abgeleitete Qualitätsmerkmale der Teilsysteme/Teile		Stirnrad				Kegelrad			Schmiermittel			
		Verzahnungsqualität	Teilungsfehler	Schrägverzahnung	...	Durchmessertoleranz	Teilungsfehler	...	Viskosität	Hitzebeständigkeit	Alterungsbeständigkeit	...
Übertragungs-verhalten	Schlupf											
	Drehspiel	●	●	△			●					
	Dämpfung								●			
	...											
Emissions-verhalten	Kräfte auf Halterungen											
	Geräuschemission	●	●				●			○		
	...											
Eigenstörung	Eigenschwingungen	●	●	●			●					
	Thermische Belastung	○	○	○					●	○	○	
	...											

Matrix		Werte
stark	●	9
mittelstark	○	3
schwach	△	1

Bild 5.1-12 Teileplanungsmatrix für ein Industriegetriebe

wichtungen für die Teilemerkmale vollzieht sich analog der in Abschnitt 5.3.2 beschriebenen Vorgehensweise.

Anschließend wird in einem Analyseschritt die Matrix ausgewertet. Leere Zeilen stehen für eine nicht erfüllte Konstruktionsforderung, leere Spalten für zu hinterfragende Teilemerkmale.

V. Festlegung von Sollwerten

Im letzten Schritt der Teileplanung werden den Teilemerkmalen Sollwerte zugeordnet. Dies erfolgt in Analogie zu der Zuordnung von Sollwerten zu den allgemeinen Konstruktionsmerkmalen.

Prozessplanung:
Ableitung gewichteter Prozesse und kritischer Prozessparameter

Das Ergebnis der Teileplanung sind die Produktdokumentation in Form von Entwürfen, Zeichnungen und Stücklisten sowie die Qualitätsforderungen an die Teile und Teilsysteme. Im Rahmen der Prozessplanung sind zunächst die Prozesse und Prozessfolgen zu konzipieren bzw. auszuwählen. Anschließend sind die wesentlichen Prozessparameter zu bestimmen und mit den Qualitätsforderungen der Teile und Teilsysteme in Beziehung zu setzen und zu gewichten. Darüber hinaus sind die Prozessfähigkeiten der ausgewählten Prozesse zu bewerten. Nach einer gegebenenfalls notwendigen Optimierung sind abschließend die Sollwerte kritischer Prozessmerkmale festzulegen.

I. Konzeptfindung und Prozessauswahl im Bereich der Produktion

Für die kritischen Teile und die an diese gestellten Qualitätsforderungen sind geeignete Produktionsprozesse zu konzipieren, die für die Produktion der betreffenden Teile bzw. Teilsysteme geeignet sind. Dabei sind neue Technologien und Fertigungsfolgen in Betracht zu ziehen.

Analog zu der Konzeptauswahl im Konstruktionsbereich ist auch hier eine Selektion zwischen alternativen Konzepten notwendig. Diese erfolgt bei der vom ASI vorgeschlagenen Vorgehensweise unter den Gesichtspunkten Prozessfähigkeit und Kosten [asi].

II. Flussdiagramm und kritische Prozessparameter

Liegen die Produktionsprozesse und Prozessfolgen fest, werden sie in Form eines Flussdiagramms organisiert, das die Beziehungen zwischen eingehendem Material, den Teilefertigungsprozessen und den Montageprozessen systematisch darstellt [asi].

Im Anschluss werden zu jedem Produktionsprozess die wesentlichen Prozessparameter ermittelt. Dies sind diejenigen Stellgrößen der Prozesse, die Einfluss auf die Qualitätsaforderungen der Teile bzw. Teilsysteme haben.

III. Beziehungsmatrix und Ermittlung kritischer Prozessparameter

Die Produktionsprozesse und wesentlichen Prozessparameter werden mit den Teilen bzw. Teilsystemen und den jeweiligen Qualitätsanforderungen in Beziehung gesetzt. Dies erfolgt in der entsprechenden Beziehungsmatrix („Prozessplanungsmatrix„) **(Bild 5.1-13)**. Die Erstellung der Prozessplanungsmatrix und die Findung der kritischen Pro-

Bild 5.1-13 Prozessplanungsmatrix für ein Industriegetriebe

zessparameter erfolgt in gleicher Weise wie die entsprechenden Arbeitsschritte zur Gewichtung in den Bereichen Produkt- und Teileplanung.

IV. Bewertung der Prozessfähigkeit und Prozessoptimierung

In Ergänzung zur Ermittlung kritischer Prozessparameter werden basierend auf Erfahrungswerten die Prozessfähigkeiten der betrachteten Prozesse beurteilt. Grundlage für die Bewertung der Prozessfähigkeiten sind die kritischen Qualitätsforderungen an die Teile bzw. Teilsysteme.

Sind die Prozessfähigkeiten unzureichend, sind die Prozesse zu optimieren. Bewährte Hilfsmittel bei der Prozessoptimierung sind z. B. die Statistische Versuchsmethodik (SVM).

V. Festlegung der Sollwerte

Für jeden Produktionsprozess werden abschließend die Sollwerte für die kritischen Prozessparameter festgelegt.

Produktionsplanung: Ableitung von Qualitätssicherungsmaßnahmen

In der letzten QFD-Phase werden ausgehend von kritischen Prozessen und Prozessparametern Maßnahmen zur Absicherung der Prozesse sowie Qualitätskontrollmaßnahmen abgeleitet.

5.1 Quality Function Deployment (QFD)

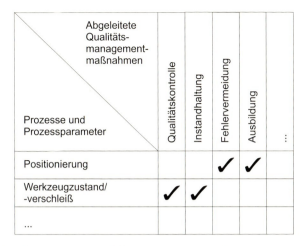

Bild 5.1-14 Produktionsplanungsmatrix für ein Industriegetriebe

I. Detaillierte Prozessbewertung

Zunächst wird über die Bewertung der Prozessfähigkeiten hinaus eine detaillierte Einschätzung der Prozesse unter Gesichtspunkten wie Schwierigkeit, Frequenz, Schwere und Erkennbarkeit von auftretenden Problemen vorgenommen [asi]. Dies kann zu einer Verschiebung von Prioritäten führen. Auf diesen Schritt wird im vorliegenden Beispiel nicht näher eingegangen.

II. Ableitung eines Maßnahmenkatalogs

Aus den kritischen Prozessen und Prozessparametern wird ein Maßnahmenkatalog abgeleitet. Im vorliegenden Beispiel werden z. B. Qualitätskontrolle, Instandhaltung, Fehlervermeidung und Ausbildung in den Katalog aufgenommen.

III. Beziehungsmatrix

Nach der Ableitung des Maßnahmenkatalogs wird für die einzelnen Prozesse und Prozessparameter entschieden, welche Maßnahmen notwendig sind. Dies geschieht in der Regel durch Abhaken (**Bild 5.1-14**).

IV. Detaillierung der Maßnahmen

Im Anschluss an die Entscheidung, welche Maßnahmen für welche Prozesse notwendig sind, werden diese in Form von Qualitätskontrollplänen, Trainingsplänen, Instandhaltungsanweisungen etc. detailliert. Existieren bereits dokumentierte Maßnahmen oder zusätzliche Informationen, kann auf diese in Form von Verweisen Bezug genommen werden.

5.1.3 Übungsaufgabe: Dosenöffner

Die nachfolgende, einfache Aufgabe dient der Einübung der im Zusammenhang mit dem Praxisbeispiel erläuterten Methodik. Als Planungsobjekt wurde hierzu ein Dosen-

Bild 5.1-15 Strukturierung von Kundenforderungen an einen Dosenöffner

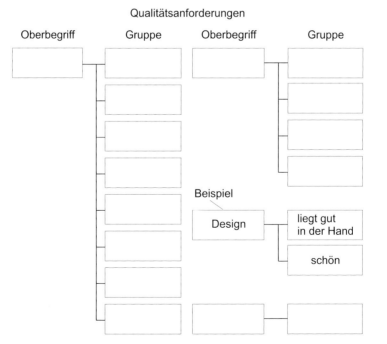

Bild 5.1-16 Zuordnung von Oberbegriffen zu gruppierten Kundenforderungen an einen Dosenöffner

5.1 Quality Function Deployment (QFD)

öffner ausgewählt. Dies erfolgte in dem Bemühen um Einfachheit und Übersichtlichkeit. Um den Umfang zu begrenzen, beschränkt sich die Übungsaufgabe auf die erste Phase des Quality Function Deployment.

Als Eingangsinformation sei ein Satz von Kundenforderungen vorgegeben (**Bild 5.1-15**).

Strukturierung und Gewichtung der Qualitätsforderungen der Kunden und des Marktes

Ausgehend von dem vorgegebenen Satz von Kundenforderungen soll in diesem Aufgabenteil eine Forderungsstruktur abgeleitet werden. Darüber hinaus sind die Qualitätsforderungen des Kunden mit Gewichtungen zu versehen.

a) Strukturierung der Qualitätsforderungen

Vervollständigen Sie für den gegebenen Satz von Kundenforderungen das Affinitätsdiagramm, indem Sie diese gemäß erkannter assoziativer Beziehungen zu Gruppen zusammenfassen (Bild 5.1-15).

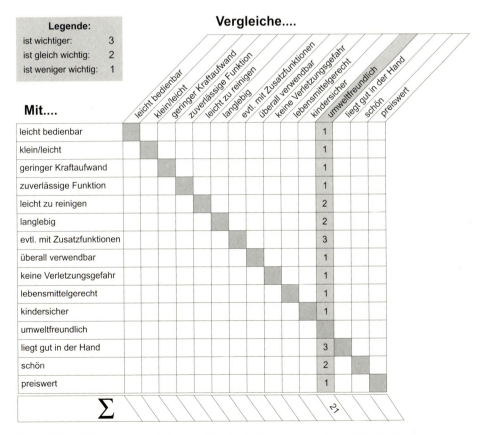

Bild 5.1-17 Paarweiser Vergleich von Kundenforderungen an einen Dosenöffner

Ordnen Sie anschließend den Gruppen Oberbegriffe zu. Da es sich hier um ein einfaches Produkt handelt, ist lediglich eine zweistufige Forderungsstruktur zu erarbeiten (**Bild 5.1-16**).

b) Gewichtung der Qualitätsforderungen

Zu den Qualitätsanforderungen sind relative Gewichtungen zu ermitteln. Dies soll mit der Methode des Paarweisen Vergleiches erfolgen (**Bild 5.1-17**). Die Zuordnung von Gewichtungen wird bei QFD-Projekten eigentlich durch repräsentative Kunden durchgeführt. Im Rahmen dieses Übungsbeispiels ist dieser Arbeitsschritt anstelle dessen von Ihnen durchzuführen. Zur Verringerung Ihres Arbeitsaufwandes sollten Sie beachten, dass Vergleichszahlen, die spiegelbildlich zur markierten Hauptdiagonalen liegen, in der Summe 4 (vgl. Bild 5.1-4) ergeben.

Produktplanung:
Ableitung gewichteter Qualitätsmerkmale der Konstruktion

a) Ermittlung von Konstruktionsmerkmalen durch Brainstorming

Ausgehend von den gewichteten Kundenforderungen sind lösungsneutrale Qualitätsmerkmale der Konstruktion abzuleiten. Dies sollte in Form eines Brainstormings geschehen. Dazu sind alle intuitiv mit den Kundenforderungen in Zusammenhang gesehenen Konstruktionsmerkmale ohne besondere Ordnung niederzuschreiben (**Bild 5.1-18**).

Qualitätsanforderungen der Kunden		prüf- oder meßbare Qualitätsmerkmale der Konstruktion

Brainstorming

leicht bedienbar	—— Beispiel ——	► Ansetzkraft
klein/leicht		
geringer Kraftaufwand	—— Beispiel ——	► Schnittkraft
zuverlässige Funktion		
leicht zu reinigen		
langlebig		
evtl. mit Zusatzfunktionen		
überall verwendbar		
keine Verletzungsgefahr		
lebensmittelgerecht		
kindersicher		
umweltfreundlich		
liegt gut in der Hand		
schön		
preiswert		

Bild 5.1-18 Ermittlung von Qualitätsmerkmalen der Konstruktion für einen Dosenöffner

5.1 Quality Function Deployment (QFD)

Zu beachten ist dabei, dass es sich um prüf- oder messbare Konstruktionsforderungen handeln muss. Um den Rahmen dieser Übung nicht zu sprengen, sollten Sie nicht mehr als 13 Konstruktionsmerkmale ermitteln. Beispiele wären die Ansetzkraft, die Schnittkraft etc. Aufgrund der Einfachheit des Beispiels kann auf eine Strukturierung der Konstruktionsmerkmale verzichtet werden.

b) Festlegen der Optimierungsrichtungen

Im nächsten Schritt werden die jeweiligen Optimierungsrichtungen der Konstruktionsmerkmale festgelegt **(Bild 5.1-19)**. Übertragen Sie hierzu zunächst die ermittelten Konstruktionsmerkmale in die Liste in Bild 5.1–19. Kennzeichnen Sie die zwei Optimierungsrichtungen „maximieren" und „minimieren" durch entsprechende Pfeile. Falls keine Optimierungsrichtung angegeben werden kann, tragen Sie einen Kreis für „nominal" ein. Ein Beispiel für eine Optimierungsrichtung ist z. B. „minimieren" bei der Ansetzkraft.

c) Untersuchung der Beziehungen zwischen den Konstruktionsmerkmalen (Dachmatrix)

Füllen Sie zur Ermittlung von Zielkonflikten die „Dachmatrix" aus (Bild 5.1–19). Jedem Paar von Konstruktionsmerkmalen ist in der Dreiecksmatrix genau ein Feld zugeordnet. Bei der Bestimmung der wechselseitigen Beeinflussung sind die jeweiligen Optimierungsrichtungen zu beachten. Ein Zielkonflikt ergibt sich, wenn die Optimierung des einen Merkmales die Optimierung des anderen einschränkt, d. h. wenn eine negative Wechselbeziehung besteht.

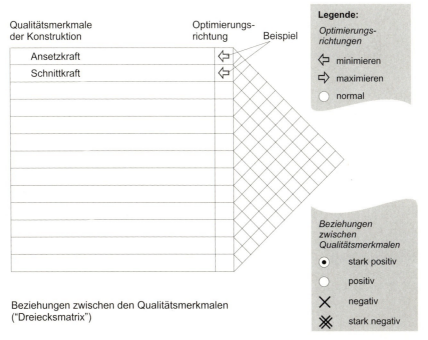

Bild 5.1-19 Optimierungsrichtungen und Dachmatrix für die Konstruktionsmerkmale eines Dosenöffners

d) Untersuchung der Beziehungen zwischen den Konstruktionsmerkmalen und den Kundenforderungen (Produktplanungsmatrix)

Ermitteln Sie die Wechselbeziehungen zwischen Kundenforderungen einerseits und Konstruktionsmerkmalen andererseits. Tragen sie hierzu zunächst die ermittelten Konstruktionsmerkmale in den oberen Teil des **Bildes 5.1-20** ein. Füllen Sie anschließend die Beziehungsmatrix zur Produktplanung aus (Bild 5.1-20). Tragen Sie bei erkannten Wechselbeziehungen die Symbole Doppelkreis, Kreis und Dreieck zur Kennzeichnung der Beziehungsstärken stark, mittel bzw. schwach in die entsprechenden Felder ein.

e) Bestimmung der Gewichtungen der Konstruktionsmerkmale

Nach der Ermittlung der Beziehungen zwischen den Kundenforderungen und den Konstruktionsmerkmalen sind die Gewichtungen der Qualitätsmerkmale der Konstruktion zu berechnen. Übertragen Sie hierzu zunächst die Gewichtungen der Kundenforderungen in die entsprechenden Felder in Bild 5.1-20.

Berechnen Sie anschließend spaltenweise die resultierenden Gewichtungen der Konstruktionsmerkmale. Dazu sind für die einzelnen Beziehungen die Faktoren 9, 3 und 1, die den Beziehungsstärken stark, mittel bzw. schwach entsprechen, mit den Gewichtungen zugeordneter Kundenforderungen zu multiplizieren. Die Teilresultate sind anschließend spaltenweise zu addieren.

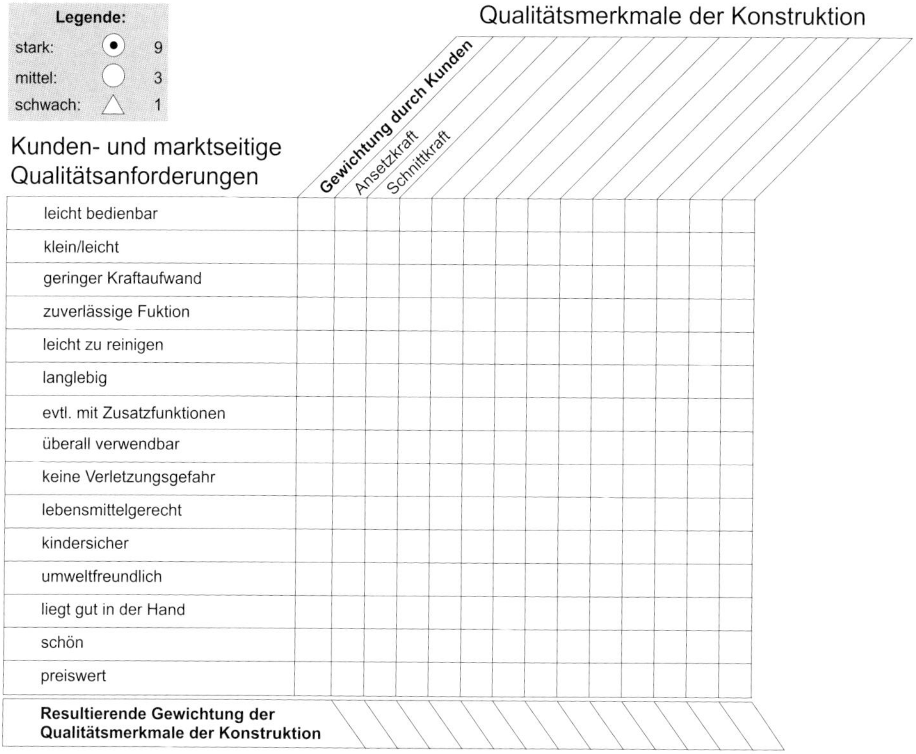

Bild 5.1-20 Beziehungsmatrix zur Produktplanung eines Dosenöffners

5.1.4 Musterlösung zur Übungsaufgabe

Unstrukturierter Satz von Kundenanforderungen

Gruppieren Sie die Kundenforderungen (Affinitätsdiagramm)

Bild 5.1-21
Strukturierung von Kundenforderungen an einen Dosenöffner (Musterlösung)

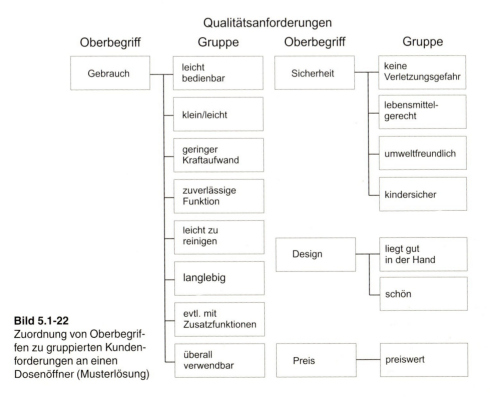

Bild 5.1-22
Zuordnung von Oberbegriffen zu gruppierten Kundenforderungen an einen Dosenöffner (Musterlösung)

5 Qualitätsmanagement in den frühen Phasen

Legende:
- ist wichtiger: 3
- ist gleich wichtig: 2
- ist weniger wichtig: 1

Vergleiche....

Mit....	leicht bedienbar	klein/leicht	geringer Kraftaufwand	zuverlässige Funktion	leicht zu reinigen	langlebig	evtl. mit Zusatzfunktionen	überall verwendbar	keine Verletzungsgefahr	lebensmittelgerecht	kindersicher	umweltfreundlich	liegt gut in der Hand	schön	preiswert
leicht bedienbar		2	2	2	1	2	1	1	3	3	3	1	1	1	2
klein/leicht	2		2	3	1	3	1	1	3	3	3	1	2	1	2
geringer Kraftaufwand	2	2		2	2	2	1	1	3	3	3	1	1	1	1
zuverlässige Funktion	2	1	2		1	2	1	1	3	3	3	1	1	1	1
leicht zu reinigen	3	3	2	3		3	1	2	3	3	3	2	1	1	3
langlebig	2	1	2	2	1		1	1	3	3	3	2	1	1	2
evtl. mit Zusatzfunktionen	3	3	3	3	3	3		2	3	3	3	3	2	3	3
überall verwendbar	3	3	3	3	2	3	2		3	3	3	1	3	1	3
keine Verletzungsgefahr	1	1	1	1	1	1	1	1		2	2	1	1	1	1
lebensmittelgerecht	1	1	1	1	1	1	1	1	2		2	1	1	1	1
kindersicher	1	1	1	1	1	1	1	1	2	2		1	1	1	2
umweltfreundlich	3	3	3	3	2	2	1	3	3	3	3		1	2	3
liegt gut in der Hand	3	2	3	3	3	3	2	1	3	3	3	3		3	3
schön	3	3	3	3	3	3	1	3	3	3	3	2	1		3
preiswert	2	2	3	3	1	2	1	1	3	3	2	1	1	1	
Σ	31	28	31	33	23	31	16	20	40	40	39	21	18	19	30

Bild 5.1-23 Paarweiser Vergleich von Kundenforderungen an einen Dosenöffner (Musterlösung)

| Qualitätsanforderungen der Kunden | prüf- oder meßbare Qualitätsmerkmale der Konstruktion |

Brainstorming

Qualitätsanforderungen der Kunden	Qualitätsmerkmale der Konstruktion
leicht bedienbar	Ansetzkraft
klein/leicht	Bedienungsanleitung
geringer Kraftaufwand	Schnittkraft
zuverlässige Funktion	manuell zu bedienen
leicht zu reinigen	Lebensdauer
langlebig	Rollierschnitt
evtl. mit Zusatzfunktionen	Kombination An-/Formschnitt
überall verwendbar	Schneidenabdeckung
keine Verletzungsgefahr	Stahlschneide
lebensmittelgerecht	Abrutschsicherung/Rillen
kindersicher	Zeit zum öffnen
umweltfreundlich	mehrfarbig
liegt gut in der Hand	Kunststoffgriff
schön	
preiswert	

Bild 5.1-24 Ermittlung von Qualitätsmerkmalen der Konstruktion für einen Dosenöffner (Musterlösung)

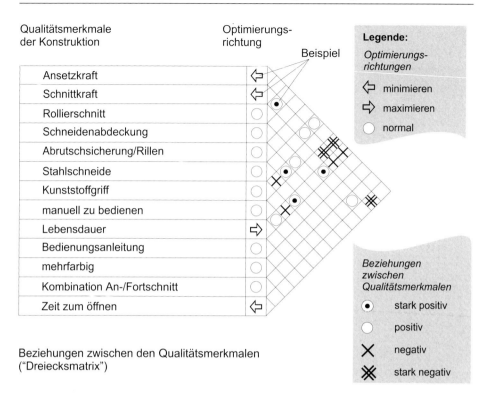

Bild 5.1-25 Optimierungsrichtungen und Dachmatrix für die Konstruktionsmerkmale eines Dosenöffners (Musterlösung)

5.1 Quality Function Deployment (QFD)

Legende:
- stark: ● 9
- mittel: ○ 3
- schwach: △ 1

Qualitätsmerkmale der Konstruktion

Kunden- und marktseitige Qualitätsanforderungen

Qualitätsanforderung	Gewichtung durch Kunden	Ansetzkraft	Schnittkraft	Rollierschnitt	Schneidenabdeckung	Abrutschsicherung/Rillen	Stahlschneide	Kunststoffgriff	manuell zu bedienen	Lebensdauer	Bedienungsanleitung	mehrfarbig	Kombination An-/Fortschnitt	Zeit zum öffnen
leicht bedienbar	31	○							●			●	●	●
klein/leicht	28	△	△		△		○	○						
geringer Kraftaufwand	31	●	●	●			●							
zuverlässige Funktion	33			●		○		△	○					
leicht zu reinigen	23			○	△	○								
langlebig	31	△	△	△			●	○		●				
evtl. mit Zusatzfunktionen	14					○								
überall verwendbar	19							●						
keine Verletzungsgefahr	38	○	○		●	○		○	△	○				
lebensmittelgerecht	38				○	●								
kindersicher	38				●						○			
umweltfreundlich	21						△	○						
liegt gut in der Hand	19			○		●								
schön	19				△	●						●		
preiswert	27	○	△		△	○	○	△	△	○				
Resultierende Gewichtung der Qualitätsmerkmale der Konstruktion		452	452	781	827	194	547	1188	711	506	420	366	279	279

Bild 5.1-26 Beziehungsmatrix zur Produktplanung eines Dosenöffners

5.2 TRIZ in der Produktentwicklung

5.2.1 Einführung und Theorie

Gute Ideen als erster zu haben, ist eine entscheidende Voraussetzung für den Erfolg. Dies gilt für den einzelnen Entwickler ebenso, wie für das gesamte Unternehmen. Dabei stellt sich die Frage, warum manche Menschen hoch kreativ oder erfinderisch sind und manche gar nicht. Wäre es nicht ein entscheidender Vorsprung, wenn man gezielt und systematisch auf pfiffige Ideen kommen könnte? TRIZ ist eine Methode, mit deren Hilfe Erfinden systematisch durchgeführt werden kann. Im Gegensatz zu üblichen Lösungsverfahren wie „Trial-and-Error" oder „Brainstorming" nutzt TRIZ empirische Grundgesetze der technologischen Evolution und hält viele Werkzeuge für eine systematische Problemlösung bereit. Dadurch wird gezieltes Innovationsmanagement wirkungsvoll unterstützt. Die Methode besteht aus mehreren Komponenten, von denen einige an einem Praxisbeispiel vorgestellt werden sollen. Eine detailliertere Darstellung der TRIZ-Methode und ihrer Werkzeuge kann der weiterführenden Literatur entnommen werden [al1, al2, ter, gim].

TRIZ stellt insbesondere bei Softwareunterstützung eine Methode dar, die den Erfindungs- bzw. Entwicklungsprozess systematisiert, die Gedanken des Entwicklers in geordnete Bahnen lenkt und entscheidende Denkanstöße geben kann. Dabei spielt die Nutzung einer bereichsübergreifenden Wissensbasis eine entscheidende Rolle. TRIZ führt zu einer Vielzahl von zielführenden Ideen. Somit muss nicht der erstbeste Lösungsansatz realisiert werden. Dabei ist ein Einsatz von Software möglich, welche die Ergebnisse einer Recherche von mehr als 2,5 Millionen Patenten auf Knopfdruck zur Verfügung stellt.

Die Darstellung des folgenden Praxisbeispiels folgt dem schrittweisen Vorgehen zur Lösung eines Entwicklungsproblems, wie sie in **Bild 5.2-1** dargestellt ist. Sie gliedert sich in die drei Schritte „Analyse der Problemsituation", „Definition und Priorisierung von Teilproblemen" sowie „Synthese und Analyse von Lösungen". Für jeden dieser Schritte stellt TRIZ ein oder mehrere Werkzeuge bereit.

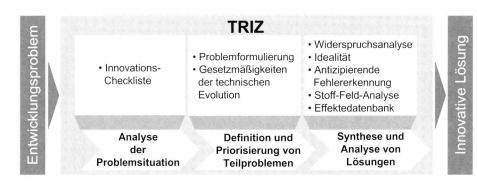

Bild 5.2-1   Schrittweises Vorgehen zur Lösung eines Entwicklungsproblems

5.2.2 Praxisbeispiel

Aufgabenstellung

Ein Unternehmen der pharmazeutischen Industrie stellt Analysegeräte her, die zur Bestimmung von Blutwerten (z. B. Schilddrüse, Cholesterin) benutzt werden. Bei der Produktentwicklung wurde ein neues Verfahren eingeführt, dass sehr sensible Analysen ermöglicht. Um dieses Verfahren einzusetzen, wurde ein neues Analysegerät entwickelt.

In dem Gerät werden Probenbehälter, die Blutproben von Patienten und biochemische Reagenzien enthalten, im geschlossenen Zustand erwärmt. Mit einer Pipettiereinrichtung werden dann Proben entnommen und einer Analysen-Einrichtung zugeführt, in der z. B. die Cholesterinwerte bestimmt werden.

Während der Entwicklung des Gerätes trat ein Problem auf. Beim Öffnen der Proben im Gerät kam es zur Bildung von Aerosolen und damit zu einer Kontamination der Nachbarproben. Da hierdurch Fehldiagnosen möglich werden, wurde nach Lösungen gesucht.

Vorgehensweise

1. Analyse der Problemsituation mit Hilfe der Innovationscheckliste:

Die Innovationscheckliste (IC), oder innovative situation questionaire ist eine strukturierte Vorgehensweise. Durch die Beantwortung einer Art Fragebogen führt sie zu einer systematischen und umfassenden Analyse der Ist-Situation. Dabei werden häufig bereits Ideen für die Lösung des Problems gefunden. Wichtig ist es, das Problem auf einer abstrakten Ebene zu sehen und Fachbegriffe zu vermeiden. Im vorliegenden Beispiel traten die folgenden Erkenntnisse auf:

a) PNF (Primär nützliche Funktion des Systems)

Bestimmung des Anteils bestimmter Substanzen in einer Flüssigkeit.

b) Systemstruktur
- Wasserbad zur Erwärmung
- Heizung
- Gerätebehälter
- Probe
- Glasbehälter für Probe
- Deckel
- Pipettiereinrichtung
- ...

c) Arbeitsweise des Systems
- Erwärmung der Flüssigkeit, welche den Stoff enthält, in einem geschlossenen Behältnis
- Entnahme eines Teils der Flüssigkeit
- Verschließen der Probe
- Aufgabe der entnommenen Flüssigkeit in die Analysekammer
- ...

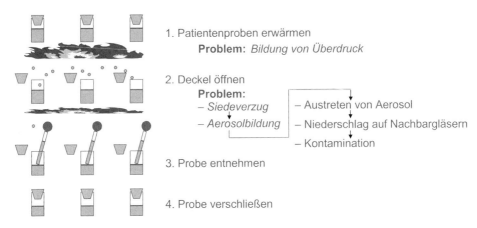

Bild 5.2-2 Prinzipieller Ablauf des Prozesses

d) Verfügbare Ressourcen

Bei der Anwendung von TRIZ stellen Ressourcen eine wichtige Quelle dar. Hierunter versteht man die Aufzählung aller Stoffe und Felder, die vorhanden sind und theoretisch genutzt werden können.
- Temperaturfeld
- Licht
- Elektrizität
- Luft
- ...

e) Problemsituation: PSF (Primär schädliche Funktion)

Die Erwärmung der Probe führt zur Bildung von Aerosolen. Diese verdampfen bei geöffnetem Probenbehälter und schlagen auf Nachbarproben nieder.

f) Historie des Problems

Beim Bau des Prototypen trat das Problem nicht auf, da nur mit einer Probe gearbeitet wurde.

g) Grenzen der Systemveränderung

Der Einsatz von nur einer Probe geht zu Lasten des Durchsatzes und ist aus wirtschaftlichen Gründen nicht erstrebenswert. Daher soll das Konzept, mehrere Proben auf einmal zu bearbeiten, nicht angetastet werden.

h) Spontane Ideen
- Trennwand
- Absaugung
- ...

5.2 TRIZ in der Produktentwicklung

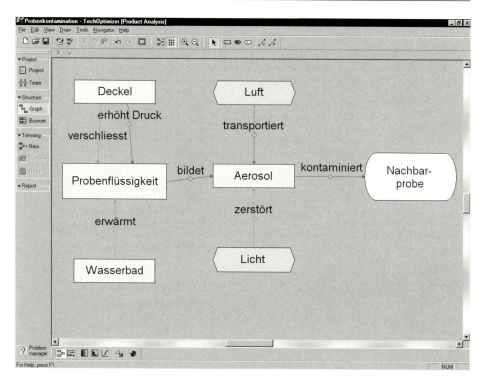

Bild 5.2-3 Ursachen-Wirkungs-Diagramm (Tech Optimizer)

2. Definition und Priorisierung von Teilproblemen:

Vereinfacht lässt sich der Zusammenhang wie in **Bild 5.2-3** dargestellt abbilden.

Aus der Analyse dieser Graphik lassen sich nun Teilprobleme ableiten und Lösungsansätze entwickeln.

– Druckerhöhung in Probenflüssigkeit (abbauen/vermeiden)
– Siedeverzug (vermeiden)
– Transport des Aerosols (vermeiden)
– Niederschlag des Aerosols auf der Nachbarprobe (vermeiden)

3. Synthese und Analyse von Lösungen:

Für jedes Teilproblem wird hinterfragt, wie es vermieden werden könnte, um so Ansatzpunkte zur Lösung zu finden.

Hierzu wurde die Software Tech Optimizer der Firma Invention Machine eingesetzt. Die in **Bild 5.2-4** durchgeführte Stoff-Feld-Analyse gibt den Vorschlag aus den 76 Standardlösungen, einen Stoff zwischen Aerosol und Probe einzuführen. Die Überlegung im Team führte dazu, eine Substanz zu suchen, die das Aerosol von den Proben wegbewegt.

Eine Recherche im Effektlexikon ergab den Effekt der Photophorese **(Bild 5.2-5)**. Der Effekt beschreibt, dass Partikel mit Licht bewegt werden können. Die Diskussion über die Art des möglichen Lichtes (kurzwellig, langwellig,...) führte zu der Idee, dass man

166   5 Qualitätsmanagement in den frühen Phasen

Bild 5.2-4   Stoff-Feld-Analyse (Tech Optimizer)

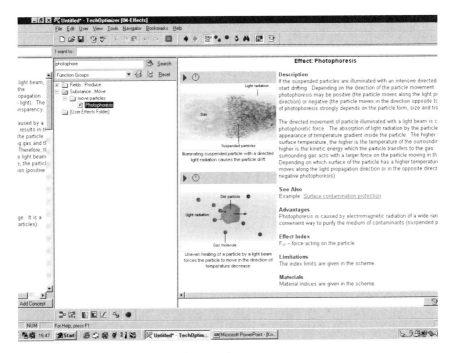

Bild 5.2-5   Effekt Lexikon (Tech Optimizer)

mit Licht eines bestimmten Spektrums die Aerosol Partikel sogar ganz zerstören könnte. Dies ist mit UV Licht möglich.

Ergebnis:
Durch die Umsetzung dieser Idee konnte der Durchsatz im Gerät verdreifacht werden, wobei die Kostensteigerung lediglich 10 % betrug.

5.3 Fehlerbaumanalyse

In diesem Kapitel sollen Verfahren, mit denen eine Fehlerbaumanalyse (abgekürzt FTA, aus dem Englischen Fault Tree Analysis) [din] durchgeführt werden kann, vorgestellt werden. Dabei durchzuführende Arbeitsschritte werden an einem Beispiel aus der Automobilentwicklung demonstriert.

5.3.1 Aufgaben der Fehlerbaumanalyse

Mit Hilfe einer Fehlerbaumanalyse können verschiedene Aufgaben des Qualitätsmanagements bearbeitet werden [pfe]. Dazu gehören die nachfolgend aufgeführten Punkte:
- In einem bestehenden Systemkonzept können mit Hilfe einer Fehlerbaumanalyse Schwachstellen aufgedeckt werden.
- Der Zusammenhang von Ausfallmechanismen, bei denen der Ausfall einer Teilkomponente ein Gesamtsystem funktionsunfähig macht, kann aufgezeigt werden.
- Die Fehlerbaumanalyse bietet bei exakter Durchführung objektive Beurteilungskriterien für Systemkonzepte. Quantitative Aussagen über die Auswirkung von Teilkomponenten eines Systems sind möglich.
- Ein sinnvoll angeordneter Fehlerbaum ist dabei auch eine übersichtliche Dokumentation über die Ausfallmechanismen eines Systems.

Die Analyse erfolgt ausgehend von einem sogenannten unerwünschten Ereignis (auch Top-Event[1]). Für dieses Ereignis wird die Fehlerbaumanalyse durchgeführt. Einflüsse von außen, Ausfälle von Teilkomponenten oder Fehler bei der Bedienung eines Systems werden logisch und statistisch auf einen Ausfall des Gesamtsystems hingeführt. Als Ergebnis der Fehlerbaumanalyse wird die Ausfallwahrscheinlichkeit des Gesamtsystems und die Kombination von Umwelteinflüssen und Komponentenausfällen angegeben, die in besonders starkem Maße für einen Ausfall des Gesamtsystems verantwortlich sein können.

Die vorgestellten Arbeitsschritte werden an einem Beispiel durchgeführt. Dabei wird ein Hydropneumatisches Regelungssystem (HPRS) für ein Kraftfahrzeug untersucht.

---

[1] engl.: Oberes Ereignis

5.3.2 Arbeitsablauf einer Fehlerbaumanalyse

Um einen Fehlerbaum aufzustellen und diesen anschließend einer Analyse zu unterziehen, müssen zunächst Informationen über das zu betrachtende System gesammelt werden. Zu diesen Informationen gehören:

– Dokumente, die die Funktionsweise des korrekt arbeitenden Systems beschreiben.
– Informationen über die einzelnen Komponenten des Systems, also die Aufgaben der Komponente, ihre Abhängigkeit von der Funktion anderer Komponenten und die Auswirkungen der Funktion der Komponente auf Funktionen des Gesamtsystems oder von Teilsystemen. Dabei sollen auch Auswirkungen auf Teilsysteme bekannt sein, die nicht zur betrachteten Komponente gehören und über äußere Einflüsse aufeinander einwirken.
– Um die Funktionsweise des Systems richtig einordnen zu können, müssen die Umwelt– oder sonstigen Umgebungsbedingungen bekannt sein, unter denen das System eingesetzt wird.
– Da die Fehlerbaumanalyse mit Hilfe der Stochastik[1] quantitative Aussagen liefert, müssen stochastische Informationen über die Einzelkomponenten eines Systems verfügbar sein. Je nach durchgeführter Fehleranalyse können dies zeitunabhängige oder zeitabhängige Ausfallwahrscheinlichkeiten oder auch durchschnittliche Lebensdauerwerte sein.

Wenn diese Informationen verfügbar sind, kann die Fehlerbaumanalyse komplett durchgeführt werden. Die Durchführung ist in abgegrenzte Teilschritte unterteilt.

Für das Beispiel des Hydropneumatischen Regelungssystems (HPRS) werden diese Informationen im folgenden Text nach und nach aufgeführt.

5.3.3 Die Systemanalyse

Mit der Systemanalyse wird die Wirkungs- und Funktionsweise des Systems dargestellt. Dabei sind neben den systeminternen Vorgängen auch die Schnittstellen des Systems mit der Umwelt und die Reaktion des Systems auf äußere Einflüsse aufzustellen. Diese Informationen werden Schaltplänen, Konstruktionsunterlagen und anderen Dokumenten entnommen. Beispielsweise ist ein Funktionsblockdiagramm ein guter Ausgangspunkt für eine Systemanalyse. Diese Systemanalyse muss in die Umgebung eingepasst werden, denn ein System kann mittels der Fehlerbaumanalyse nur analysiert werden, wenn die Umgebungsbedingungen in die Analyse mit einfließen. Zu den Umgebungsbedingungen gehören Umwelteinflüsse oder auch die Anschlüsse des Systems an Versorgungsleitungen.

Ein wichtiger Punkt vor dem Aufstellen und Auswerten des Fehlerbaums ist das Zusammenstellen der Abhängigkeiten der Komponenten in einem System. Das Verhalten der Einzelkomponenten muss in den Zusammenhang mit dem Verhalten anderer Komponenten gestellt werden. Dieses stückweise Zusammenwirken der Komponenten wird später die einzelnen Blätter, Zweige und Äste des Fehlerbaums bilden.

---

[1] Wahrscheinlichkeitsrechnung, Statistik

5.3 Fehlerbaumanalyse

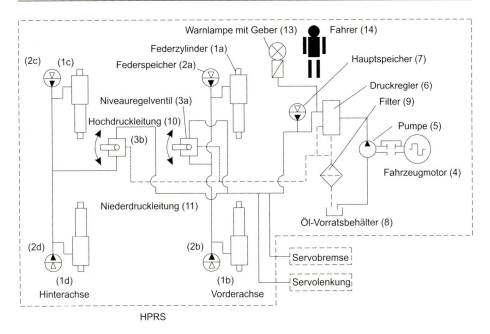

Bild 5.3-1 Blockschaltbild der Komponenten eines Hydro-Pneumatischen Regelungssystems (HPRS)

*Die Aufgaben des betrachteten HPRS liegen in der Servounterstützung von Bremse und Lenkung sowie in der Niveauregelung des Fahrzeuges. Die Funktionsweise des Systems wird an einem Blockschaltbild (vgl. **Bild 5.3-1**) dargestellt. Dabei ist der Fahrer des Kraftfahrzeugs ebenfalls als „Komponente" im System eingebunden.*

Es ist zu beachten, dass diese Aufgaben auch unter den Umgebungseinflüssen „schlechte Wegstrecke", „extreme Außentemperaturen" und „schlechte Witterung" erfüllt werden müssen.

Die komplette Funktionsbeschreibung lautet im Reintext:

„Der Fahrzeugmotor (4) treibt eine Hochdruckpumpe (5) an, welche das Hydrauliköl aus einem Vorratsbehälter (8) über einen Filter (9) ansaugt und das Hydrauliksystem mit Öl versorgt. Der Druckregler (6) regelt den Betriebsdruck im System zwischen maximal 160 bar und minimal 140 bar. Mit dem Betriebsdruck sind die aus Federspeicher (2a–2d) und Federzylinder (1a–1d) zusammengesetzten Federelemente, die Servobremse und die Servolenkung zu versorgen. Der Hauptspeicher (7) ist auf den notwendigen Druck ausgelegt. Ein gasförmiges Medium (Stickstoff) wird unter Druck gehalten und stellt somit eine Druckreserve dar. Die Federelemente sind das Federungs-Dämpfungssystem des Fahrzeugs und stellen in Verbindung mit den Niveauregelventilen (3a–3b) die Standhöhe des Fahrzeugs unabhängig von der Belastung ein. Zur Überwachung des Betriebsdrucks ist in der Armaturentafel eine Warnlampe (13) eingebaut, die über einen Taktgeber betätigt wird. Sinkt der Betriebsdruck unter den Minimalwert ab, so zeigt die Warnlampe dem Fahrer (14) durch Blinken den unzulässigen Druckabfall an. Der Fah-

	Stoffsammlung Funktionsanalyse		Seite von	
Typ/Modell: 2000 / 007	**Sach-Nr.:** 110 / 0815 **Änd.-zst.:** 05/00/X	**Verantw.:** M. Schmitz **Firma:**	**Abt.:** Entw. **Datum:** 14.04.2000	
System-Nr./Element: HPRS	**Sach-Nr.:** **Änd.-zst.:**	**Verantw.:** **Firma:**	**Abt.:** **Datum:**	

Nächsthöhere Baustufe: Kraftfahrzeug

Funktionsbereich: Niveauregulierung

Hauptfunktionen der Betrachtungseinheit:

1.	Druck aufbauen
2.	Niveauregulierung versorgen
3.	(...)
(...)	

Teilfunktion:

1.1	Pumpe antreiben
1.2	Hydrauliköl ansaugen
1.3	Hydrauliköl mit Druck versorgen
1.4	Betriebsdruck regeln
2.1	Federspeicher mit Druck beaufschlagen
2.2	Federzylinder regulieren
2.3	Hydrauliköl zurückführen
3.1	(...)

Bild 5.3-2 Ausschnitt eines Funktionsanalyseblattes

5.3 Fehlerbaumanalyse

<table>
<tr><td colspan="2"></td><td colspan="3">Funktionsanalyse</td><td colspan="2"></td></tr>
<tr><td colspan="2"></td><td colspan="2"></td><td colspan="3">Seite von</td></tr>
<tr><td colspan="2">**Typ/Modell:**
2000 / 007</td><td colspan="2">**Sach-Nr.:** 110 / 0815
Änd.-zst.: 05/00/X</td><td>**Verantw.:** M. Schmitz
Firma:</td><td colspan="2">**Abt.:** Entw.
Datum: 14.04.2000</td></tr>
<tr><td colspan="2">**System-Nr./Element:**
HPRS</td><td colspan="2">**Sach-Nr.:**
Änd.-zst.:</td><td>**Verantw.:**
Firma:</td><td colspan="2">**Abt.:**
Datum:</td></tr>
<tr><td colspan="7">**Nächsthöhere Baustufe:** Kraftfahrzeug</td></tr>
<tr><td colspan="7">**Funktionsbereich:** Niveauregulierung</td></tr>
<tr><td colspan="7">**Hauptfunktionen der Betrachtungseinheit:**</td></tr>
<tr><td>1.</td><td colspan="6">Druck aufbauen</td></tr>
<tr><td colspan="7"></td></tr>
<tr><td colspan="2"></td><td colspan="2">**Teilfunktion**</td><td>**Funktionselemente**</td><td colspan="2">**Schnittstelle / Bemerkung**</td></tr>
<tr><td colspan="2">1.1</td><td colspan="2">Pumpe antreiben</td><td>Fahrzeugmotor</td><td colspan="2"></td></tr>
<tr><td colspan="2"></td><td colspan="2"></td><td>Pumpe</td><td colspan="2"></td></tr>
<tr><td colspan="2">1.2</td><td colspan="2">Hydraulik ansaugen</td><td>Öl-Vorratsbehälter</td><td colspan="2"></td></tr>
<tr><td colspan="2">1.3</td><td colspan="2">Hydrauliksystem mit Druck versorgen</td><td>Pumpe</td><td colspan="2"></td></tr>
<tr><td colspan="2"></td><td colspan="2"></td><td>Druckregler</td><td colspan="2"></td></tr>
<tr><td colspan="2"></td><td colspan="2"></td><td>Hauptspeicher</td><td colspan="2"></td></tr>
<tr><td colspan="2"></td><td colspan="2"></td><td>Leitung</td><td colspan="2">Hoch-/Niederdruck</td></tr>
<tr><td colspan="2"></td><td colspan="2"></td><td>Niveauregelventile</td><td colspan="2">Vorder-/Hinterachse</td></tr>
<tr><td colspan="2"></td><td colspan="2"></td><td>Federspeicher</td><td colspan="2">Vorder-/Hinterachse re/li</td></tr>
<tr><td colspan="2"></td><td colspan="2"></td><td>Federzylinder</td><td colspan="2">Vorder-/Hinterachse re/li</td></tr>
<tr><td colspan="2">1.4</td><td colspan="2">Betriebsdruck regeln</td><td>Druckregler</td><td colspan="2"></td></tr>
<tr><td colspan="2"></td><td colspan="2"></td><td></td><td colspan="2"></td></tr>
<tr><td colspan="2">(...)</td><td colspan="2"></td><td></td><td colspan="2"></td></tr>
</table>

Bild 5.3-3 Zwischenergebnisse einer Funktionsanalyse

rer ist gehalten, bei Blinken der Warnlampe sofort anzuhalten, das Fahrzeug ist dann in Kürze manövrierunfähig."

Um aus diesen Informationen einen Fehlerbaum aufzustellen, werden schrittweise Formblätter ausgefüllt, die dem Ersteller eines Fehlerbaums helfen, sich selbst ein klares Bild über die Funktion sowohl des Gesamtsystems als auch eines Teilsystems oder einer Komponente zu machen.

Bild 5.3-2 *zeigt einige Ausschnitte von Einträgen, die auf solchen Funktionsanalyse-Blättern auftauchen können.*

In vollständigen Funktionsanalyseblättern ist aufgelistet, welche Aufgaben zu erfüllen sind. Danach werden einzelne Funktionen aus dieser Tabelle weiterentwickelt.

Dabei entstehen Zwischenergebnisse der in **Bild 5.3-3** *dargestellten Form.*

5.3.4 Definition des unerwünschten Ereignisses

Zu einem existierenden oder in Planung befindlichen System können verschiedenste Fehlerbaumanalysen durchgeführt werden. Diese unterscheiden sich wesentlich in der Definition des unerwünschten Ereignisses, für das der Fehlerbaum aufgestellt wird. Dieses unerwünschte Ereignis muss für ein System nicht immer der Totalausfall sein. In einer Produktionsanlage ist das unerwünschte Ereignis in den meisten Fällen der Stillstand der Anlage, also der vollständige Funktionsausfall. Bei Anlagen, die nicht zwingend ständig laufen müssen, könnte das unerwünschte Ereignis auch nur derjenige Ausfall sein, der einen qualifizierten Wartungstechniker benötigt. In einer Produktionsanlage kann die Produktion von Ausschuss als unerwünschtes Ereignis erklärt werden.

Bei der Definition des unerwünschten Ereignisses können zwei verschiedene Ansätze auslösend sein:

– Um einen eingetretenen Ausfall eines Systems zu untersuchen, wird der *korrektive Ansatz* gewählt, d. h. es werden Modifikationen des Systems angeregt, damit das eingetretene, unerwünschte Ereignis sich möglichst nicht wiederholen kann.
– In der Planungsphase wird der *präventive Ansatz* gewählt, d. h. das System soll möglichst gar nicht erst ausfallen. Korrekturen im Systemaufbau sind möglich.

Grundsätzlich wird das unerwünschte Ereignis oft unter sicherheitsrelevanten Aspekten ausgewählt.

Ohne das HPRS ist die Bremse und Lenkung des Fahrzeugs sehr viel schwerer zu betätigen, die Niveauregelung fällt aus. Die Zuverlässigkeit und Funktionstüchtigkeit beeinflusst damit direkt die Sicherheit von Kraftfahrzeug und Insassen. Das unerwünschte Ereignis für dieses System ist daher folgendermaßen formuliert: „Manövrierunfähigkeit des Fahrzeuges durch den Ausfall des HPRS". Als Ergebnis der Systembewertung soll eine Aussage getroffen werden, ob das System sicher und im Straßenverkehr einsetzbar ist oder ob zu große Unsicherheiten bestehen. Aufgrund der sicherheitsrelevanten Aufgaben des HPRS wird eine präventive Fehlerbaumanalyse durchgeführt.

5.3.5 Wahl der Zuverlässigkeitskenngrößen

Das Ergebnis einer Fehlerbaumanalyse sind Zuverlässigkeitskenngrößen des Gesamtsystems. Da verschiedene Zuverlässigkeitskenngrößen existieren, ist zunächst zu entscheiden, welche Zuverlässigkeitskenngröße betrachtet werden soll. Möglich ist die

Auswahl „Ausfall zu einem beliebigen Zeitpunkt". Diese Kenngröße ist eine zeitlich unabhängige, stochastische Konstante, die nur eine grundlegende Aussage trifft. Aussagekräftiger werden diese Aussagen, wenn nicht der Ausfall zu einem beliebigen, sondern der Ausfall bis zu einem konkreten Zeitpunkt untersucht wird. Die Ausfallwahrscheinlichkeiten sind dabei abhängig von der Einsatzzeit einzusetzen und zu erhalten. Grundlage für diese Werte können beispielsweise die Ausfallraten der Komponenten sein. Die Ausfallwahrscheinlichkeiten können neben der Zeit auch abhängig von Stückzahlen oder Laufleistungen angegeben werden.

Der Betrieb des HPRS unter den geforderten Einsatzbedingungen soll für 1.200 Stunden gewährleistet sein. Dabei ist zu beachten, dass die später angegebenen Kenngrößen für den Fall gelten, dass nach jeweils 10.000 km das Hydrauliköl gewechselt wird sowie die Dichtheit und Regelung überprüft werden. Zusätzlich muss der Fahrer bei Blinken der Warnlampe das Fahrzeug sofort anhalten. Wenn diese Vorgaben nicht eingehalten werden, ist mit einer Veränderung der Kenngrößen zu rechnen, die sich negativ auf das Ergebnis der Fehlerbaumanalyse auswirken.

5.3.6 Bestimmen der Ausfallkennwerte der Komponenten

Üblicherweise hat in jedem System der Ausfall jeder beliebigen Teilkomponente eine Auswirkung auf das Gesamtsystem und geht daher in die Fehlerbaumanalyse mit ein. Daher sind zu den einzelnen Komponenten aus Spezifikationen und Datenbüchern die Zuverlässigkeitskenngrößen zu entnehmen. Wenn die Abhängigkeiten der Ausfallwahrscheinlichkeiten von den Zuverlässigkeitskenngrößen und Randbedingungen nicht vor dem Aufstellen des Fehlerbaums berechnet werden, erhält man eine allgemeine Analyse, deren Ergebnisse genau die Abhängigkeiten von den Randwerten aufweisen. Diese Aussagen sind häufig großflächiger einzusetzen, erlauben aber dann keine einfache stochastische und damit auch numerisch durchführbare Fehlerbaumanalyse mehr.

Bei der Aufstellung der Kenngrößen sollte beachtet werden, dass eine Komponente mehrere Ausfallarten aufweisen kann. Wenn für die einzelnen Ausfallarten keine getrennten Kennwerte vorhanden sind, müssen sie einzeln mit der gesamten Ausfallwahrscheinlichkeit der Komponente abgeschätzt werden.

Die Wahl der Zuverlässigkeitskenngröße und das Zusammenstellen der Ausfallkennwerte der Teilkomponenten sind nur erforderlich, wenn eine quantitative Fehlerbaumanalyse erstellt werden soll. Wenn lediglich qualitative Aussagen gefordert werden, werden Kennwerte und stochastische Größen nicht benötigt.

Bei der Zusammenstellung der Ausfallarten und deren Kennwerte ist eine Aufteilung in drei Ausfallarten vorzunehmen, die als Primär-, Sekundär- und Kommandoausfall bezeichnet werden.

Die verschiedenen Ausfallvarianten einer Komponente können am Beispiel der Pumpe des HPRS erläutert werden. Wenn die Einsatzzeit der Pumpe in den Bereich der mittleren Lebensdauer gelangt, kann ein Ausfall eintreten, ohne dass andere Komponenten des Systems oder ein Bediener darauf einen Einfluss haben. Dies ist der Primärausfall der Pumpe. Ein Ausfall kann aber auch durch Umgebungsbedingungen oder andere Komponenten des Systems hervorgerufen werden. Wenn die Pumpe beispielsweise ohne Dämpfer auf einer schwingenden Unterlage im Fahrzeug montiert ist oder wenn die Umgebungstemperaturen nicht den Spezifikationen entsprechen, kann ein Sekundäraus-

	Ausfallartenanalyse		Seite von	
Typ/Modell: 2000 / 007	**Sach-Nr.:** 110 / 0815 **Änd.-zst.:** 05/00/X		**Verantw.:** M. Schmitz **Firma:**	**Abt.:** Entw. **Datum:** 14.04.2000
System-Nr./Element: HPRS	**Sach-Nr.: Änd.-zst.:**		**Verantw.: Firma:**	**Abt.: Datum:**
Hauptergebnis: Manövrierunfähigkeit des Fahrzeugs durch einen Ausfall des HPRS				
Funktionsbereich: Niveauregulierung	**Hauptfunktion:** 1. Druck aufbauen		**Teilfunktion:** 1.1 Hydrauliksystem mit Druck versorgen	
Funktionselemente	**Primärausfall**	**Sekundärausfall**		**Kommandousfall**
Hauptspeicher	Ausfall des Hauptspeichers			
Pumpe	Ausfall d. Pumpe			
Druckregler	Ausfall d. Druckreglers			
Leitung	Verlust v. Hydrauliköl			
	Bruch der Leitung			Leitung ungeschützt montiert
	Materialermüdung der Leitung	Steinschlag		Montageleitung nicht beachtet
	Korrosion der Leitung			
	Undichte Stellen im System			
	Dichtung zersetzt	System verunreinigt durch Metallabrieb		Motoröl einfüllen
				Wartung durch einen Laien
				Ölbehälter falsch gekennzeichnet
	vorzeitiger Verschleiß der Dichtung	vorzeitige Alterung		
		Kolbenstange korrodiert		
Niveauregelventil	(...)			

Bild 5.3-4 Ausschnitt aus der Ausfallartenanalyse zum HPRS

*fall eintreten. Der Ausfall wird durch andere Eigenschaften oder Komponenten des Systems hervorgerufen. Dabei muss die Komponente selbst nicht in jedem Fall ihre Funktionsfähigkeit verlieren. Wenn das Fahrzeug einen Motorschaden aufweist, wird die daran mechanisch gekoppelte Pumpe nicht einzusetzen sein, obwohl sie nicht selbst ausgefallen ist. Andererseits kann die Montage auf einer schwingenden Unterlage, für die die Pumpe nicht ausgelegt ist, zu einem verfrüht auftretenden Verschleißschaden führen.
Ein Kommandoausfall kann vorliegen, wenn ein Bediener oder ein Mitarbeiter des Serviceteams nicht mit dem System umgehen kann und falsche Einstellungen verwendet. Durch einen solchen Bedien- oder Wartungsfehler kann ebenfalls der Ausfall einer Komponente hervorgerufen werden. Dies wäre der Fall, wenn bei einer Wartung oder bei der Montage ein Regelventil falsch einstellt wird und so die Pumpe überlastet werden kann.*

Da die Funktionen der Komponenten und Teilsysteme nach der durchgeführten Funktionsanalyse bekannt sind, können für diese auch die Ausfallarten beschrieben werden. Diese Ausfallarten werden in Primär-, Sekundär- und Kommandoausfälle unterteilt. **Bild 5.3-4** zeigt einen Ausschnitt aus der kompletten Ausfallartenanalyse.

In diesem Bearbeitungsbeispiel sind nicht alle möglichen Fehlervarianten entwickelt. Für die Pumpe wird nur der Primärausfall als wahrscheinlich genug angesehen, so dass er in die weitere Bearbeitung mit eingeht. Die Druckleitung dagegen ist anfälliger gegen Umgebungseinflüsse oder Wartungsfehler, daher werden für sie auch mögliche Sekundär- oder Kommandoausfälle angegeben.

5.3.7 Erstellen des Fehlerbaums

Die oben gefundenen Funktionen, Komponenten und Abhängigkeiten sollten zur Aufstellung des Fehlerbaums in Listenform vorliegen. Die hier beschriebene Vorgehensweise ist allgemein anwendbar. Sie und insbesondere die verwendeten Symbole sind in DIN 25 424 „Fehlerbaumanalyse" [din] genormt, um ein einheitliches Bild von Fehlerbäumen zu gewährleisten. Die Anordnung wird rekursiv durchgeführt. Ausgangspunkt ist das definierte unerwünschte Ereignis, das in einen Knotenpunkt gesetzt wird und in der Darstellung durch ein Rechteck ohne einen Eingang zu zeichnen ist. Das Eintreten dieses Ereignisses, häufig der Ausfall eines Systems oder Teilsystems, wird zerlegt in Ausfälle von Teilkomponenten oder andere Teilereignisse. Dabei wird eine Verknüpfung zugeordnet, die Aussagen darüber macht, ob ein übergeordnetes Ereignis nur eintritt, wenn ein oder mehrere untergeordnete Ereignisse gleichzeitig eintreten (Und-Verknüpfung), oder ob dies bereits geschieht, wenn nur eines von mehreren möglichen untergeordneten Ereignissen eintritt (Oder-Verknüpfung). Jeder der abgeleiteten Ausfälle des Teilsystems oder das Eintreten von Unterereignissen dient dann als Ausgangspunkt für einen weiteren Schritt nach dieser Methode. Rekursiv wird so vorgegangen, bis die Teilausfälle der Einzelkomponenten oder andere Basisereignisse erreicht werden, die nicht weiter zerlegt werden können oder sollen. Die vorgestellten Elemente eines Fehlerbaums werden anhand des im Folgenden aufgestellten Fehlerbaums kommentiert (vgl. **Bild 5.3-5**).

Bei der Zerlegung eines möglichen Ereignisses im Fehlerbaum können je nach Ausfallart verschiedene Weiterentwicklungen möglich sein. Ein Primärausfall, der Funktionsausfall einer Teilkomponente selbst, ist üblicherweise nicht weiter zu zerlegen. Das Sym-

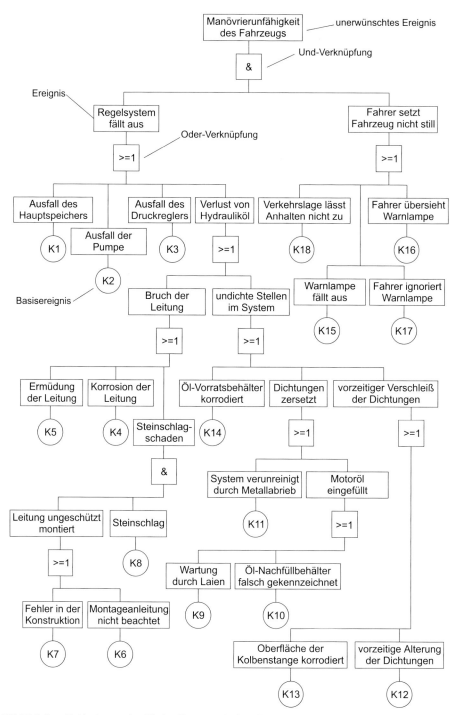

Bild 5.3-5 Fehlerbaum des Hydro-Pneumatischen Regelungssystems

bol für den Primärausfall, ein Kreis, hat damit definitionsgemäß keinen Eingang und nur einen Ausgang. Ein Sekundärausfall einer Teilkomponente kann entweder durch Ausfälle von in der Funktionshierarchie tiefer liegenden Komponenten hervorgerufen werden, oder auch durch unzulässige Umgebungsbedingungen, die die Funktion einer Komponente beeinträchtigen. Dementsprechend kann ein Sekundärausfall weiterentwickelt werden (Ausfall von anderen Komponenten) oder nicht (Umgebungsbedingungen sind durch das System nicht zu manipulieren). Ein Kommandoausfall kann als interner Sekundärausfall gedeutet und dann weiterentwickelt werden. Wenn andererseits ein ausschließlicher Bedienungsfehler vorliegt, endet die Entwicklung des Ereignisses.

Ist dagegen das Eintreten eines beliebigen Ereignisses nicht, wie oben beschrieben, durch den Ausfall einer einzelnen Komponente zu beschreiben, so wird dieses Ereignis weiterentwickelt. Je nach Aufbau des Teilsystems wird dieses über Oder- oder Und-Verknüpfungen in Ausfälle von Untersystemen oder Komponenten zerlegt. Die Oder-Verknüpfung ist dabei anzuwenden, wenn sämtliche Untersysteme für die Funktion eines Teilsystems nötig sind. Die Und-Verknüpfung wird bei der Weiterentwicklung eines Ereignisses angewendet, wenn das System Sicherungen oder Redundanzen aufweist, bei denen ein übergeordnetes System nur ausfällt, wenn mehrere Teilsysteme gleichzeitig ausfallen.

Die beschriebenen Schritte werden durchgeführt, bis der Baum nur noch in Basisereignissen endet. Ein solches Basisereignis ist der Primärausfall einer Einzelkomponente, ein externer Sekundärausfall, der nicht weiter entwickelt werden kann, da keine Komponente im System Einfluss auf die auslösende Umgebungsbedingung hat, oder ein Kommandoausfall, der ebenfalls nicht durch das Gesamtsystem beeinflusst werden kann. Bei jeder Zerlegung muss ein Primärausfall (interne Funktionsunfähigkeit der betroffenen Komponente) vorhanden sein, ein Sekundär- oder Kommandoausfall kann nicht allen Ereignissen zugeordnet werden.

Das unerwünschte Ereignis für den aufzustellenden Fehlerbaum lautet: „Manövrierunfähigkeit des Fahrzeuges durch den Ausfall des HPRS". Das erste untergeordnete Ereignis ist damit der Ausfall des HPRS selbst. Das unerwünschte Ereignis – die Manövrierunfähigkeit – tritt aber nur auf, wenn das Fahrzeug trotz des Ausfalls weiter betrieben wird, der Fahrer also nicht sofort anhält.

Demnach ist unter das unerwünschte Ereignis eine Und-Verknüpfung zu setzen. Die Eingänge dieser Und-Verknüpfung sind die Ereignisse „Manövrierunfähigkeit des Fahrzeugs" und „Fahrer setzt Fahrzeug nicht still". Der Primärausfall des Systems HPRS als Teilsystem des Fahrzeugs wird dann unabhängig von dem Ereignis „Fahrer setzt Fahrzeug nicht still", also einem Kommandofehler, weiterentwickelt. Der Ausfall des technischen Regelungssystems alleine wird als Panne des Fahrzeugs angenommen, die nicht als unerwünschtes Ereignis (Gefährdung der Insassen des Fahrzeugs) gewertet wird. **Bild 5.3-5** *zeigt den kompletten Fehlerbaum für das vorgestellte System, in dem die vorkommenden Komponenten noch einmal benannt sind. An diesem Beispiel sollen die verschiedenen Ausfallarten und ihre mögliche Weiterentwicklung nachfolgend erläutert werden.*

Der Ausfall von Einzelkomponenten, wie beispielsweise der Pumpe, wird nicht weiterentwickelt, er wird als Basisereignis angesehen. Der Bruch der Leitung dagegen kann auch durch einen Steinschlag ausgelöst werden. Der Sekundärausfall, dass Steinschlag die Leitung beschädigt, wird weiterentwickelt. Der zum Eintritt des unerwünschten Ereignisses immer erforderliche Kommandofehler, bei dem der Fahrer das Fahrzeug nicht anhält, wird ebenfalls weiterentwickelt. Möglichkeiten, die dieses Ereignis eintreten lassen, können andere Fehler im System sein. So wird der Fahrer das Fahrzeug nicht anhalten, wenn die Signallampe nicht leuchtet, weil sie einen Primärausfall aufweist. Ein nicht weiterzuentwickelnder Kommandoausfall liegt vor, wenn der Fahrer die Warnlampe ignoriert.

5.3.8 Auswertung eines Fehlerbaums

Wie das obige Beispiel zeigt, ist ein aufgestellter Fehlerbaum häufig unübersichtlich. Daher existieren Methoden, um einen Fehlerbaum weiter zu bearbeiten. Eine oft angewandte Methode ist das Auflösen eines Fehlerbaums in minimale Schnittmengen. Dies sind kleinstmögliche Kombinationen von Basisereignissen, die gemeinsam eintreten müssen, um das unerwünschte Ereignis auszulösen. Ein solchermaßen aufgelöster Fehlerbaum besteht aus dem unerwünschten Ereignis in der obersten Ebene und einer darunter liegenden Oder-Verknüpfung, deren Eingänge minimale Schnittmengen sind, die das Eintreten des unerwünschten Ereignisses hervorrufen. Jede dieser Schnittmengen entsteht durch eine Und-Verknüpfung von Basisereignissen. Die Eingänge einer solchen Schnittmenge bilden eine Ausfallkombination, die das Eintreten des unerwünschten Ereignisses hervorruft. Ein derart bearbeiteter Fehlerbaum wird als *Drei-Ebenen-Baum* bezeichnet.

Wenn man sich den Fehlerbaum des Beispiels betrachtet, kann man schnell einige minimale Ausfallkombinationen angeben. So führt ein gleichzeitiges Eintreten der beiden Primärausfälle von Pumpe (K2) und Warnlampe (K15) zum Eintreten des unerwünschten Ereignisses.

Nicht-minimale Schnitte werden, sobald sie auftreten, aus dem Baum entfernt. Ein nicht-minimaler Schnitt ist eine Menge von Ereignissen, die ein übergeordnetes Ereignis hervorruft, obwohl auch nur eine Teilmenge daraus das übergeordnete Ereignis hervorrufen kann. Nur diese Teilmenge bleibt bestehen. Diese Verfahren könnten grafisch durchgeführt werden, indem tatsächlich die einzelnen Modifikationen eines Fehlerbaums aufgezeichnet werden, bis der Baum eine geforderte Struktur mit Minimalschnitten aufweist. Dies ist in der Praxis nicht zu empfehlen. Ein tabellarisches Verfahren kann sehr viel besser angewendet werden. Bei diesem Verfahren wird in einer Tabelle mit dem Eintragen des unerwünschten Ereignisses begonnen. Die Tabelle wird erweitert, indem in einer folgenden Spalte jeweils die Ereigniskombinationen eingetragen werden, die dieses Ereignis eintreten lassen. Bei einer Oder-Verknüpfung entsteht damit eine größere Anzahl an Möglichkeiten, dass ein Ereignis eintreten kann, es werden neue Zeilen in die Tabelle eingefügt. Bei einer Und-Verknüpfung hingegen bleibt nur eine Möglichkeit des Eintritts eines Ereignisses erhalten, aber es sind in einer folgenden Spalte mehr Einzelereignisse nötig, um ein übergeordnetes Ereignis eintreten zu lassen. Eine Kombination von Ereignissen wird dargestellt, indem in einer Zeile mehrere Ereignisse aufgeführt sind.

Das folgende **Bild 5.3-6** zeigt einen einfachen Fehlerbaum mit den Basisereignissen K1 bis K4 und den übergeordneten Verknüpfungsergebnissen G1 und G2. Die zu diesem

5.3 Fehlerbaumanalyse

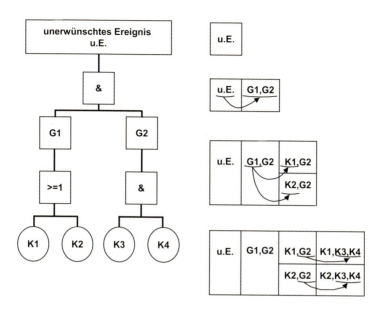

Bild 5.3-6 Das Bilden einer Tabelle mit minimalen Schnittmengen

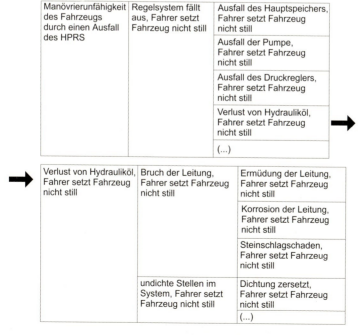

Bild 5.3-7 Die ersten Schritte beim Bilden der minimalen Schnittmengen

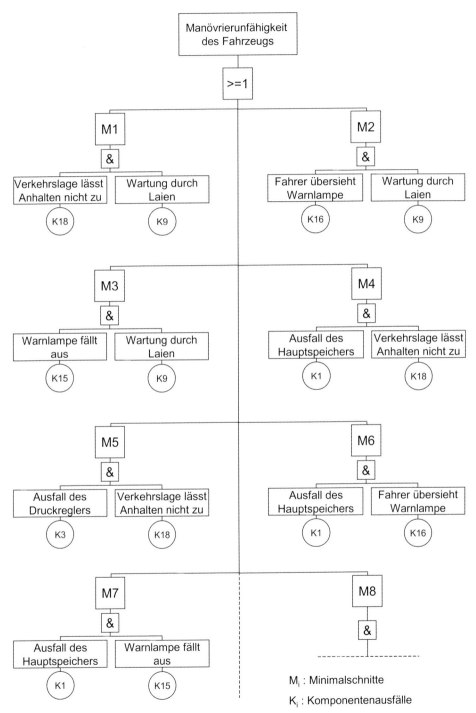

Bild 5.3-8 Ein Ausschnitt der Drei-Ebenen-Darstellung des Fehlerbaums zum HPRS

Fehlerbaum gehörende Tabelle von minimalen Schnittmengen wird in **Bild 5.3-7** schrittweise gebildet.

Die ersten Schritte dieses Verfahrens führen im Fehlerbaum des HPRS zu der oben stehenden Tabelle (Bild 5.3-7), die komplett zu umfangreich ist, als dass sie hier abgedruckt werden könnte: Zunächst wird das unerwünschte Ereignis eingetragen. Dieses tritt nur ein, wenn gleichzeitig die beiden darunter liegenden Ereignisse eintreten: es ist eine Und-Verknüpfung gegeben. Damit wird das Eintreten des unerwünschten Ereignisses durch das gleichzeitige Eintreten zweier anderer Ereignisse hervorgerufen. Danach folgt eine Reihe von Oder-Verknüpfungen, es gibt also verschiedene Varianten, bei denen diese Ereignisse eintreten können.

Wenn man den Fehlerbaum des Beispiels nach diesen Regeln weiterbearbeitet, entsteht ein Baum aus 51 Minimalschnitten. Ein Ausschnitt des Drei-Ebenen-Baums zu diesem System ist in **Bild 5.3-8** dargestellt.

5.3.9 Qualitative Analyse

Die Hauptaufgabe der qualitativen Analyse ist es, das funktionale Ausfallverhalten eines Systems als kausale Wirkungskette abzubilden. An dieser Kette soll möglichst einfach abzulesen sein, durch welche Ausfälle von Teilkomponenten die Funktion des Gesamtsystems so gestört wird, dass das unerwünschte Ereignis eintritt. Eine qualitative Analyse kann verschiedene Ergebnisse liefern. Die Fehlerbaumanalyse wird dabei hauptsächlich als Instrument zum Finden von Ausfallursachen eingesetzt.

Die Verbesserung eines Systems in der Planungsphase oder die Modifikation eines Systems, bei dem das unerwünschte Ereignis zu häufig eintritt, kann durch die Betrachtung der kritischen Minimalschnitte eingeleitet werden. In der Liste der Minimalschnitte sind Mengen, die aus wenigen oder auch sogar nur einem einzigen Basisereignis bestehen, zu erkennen. Diese Mengen werden in der Planungs- oder Konstruktionsabteilung genutzt, um sie zu vergrößern (beispielsweise durch den Einsatz von Redundanzen) oder das Eintreten einzelner Ereignisse unwahrscheinlicher zu machen (beispielsweise durch den Einsatz hochwertigerer Einzelkomponenten). In beiden Fällen wird die Eintrittswahrscheinlichkeit des unerwünschten Ereignisses verringert, das System somit sicherer gemacht.

5.3.10 Quantitative Analyse

Bei der quantitativen Analyse wird die Eintrittswahrscheinlichkeit aller Ereignisse bis hin zum unerwünschten Ereignis berechnet, um Aussagen darüber zu machen, ob ein System als „betriebssicher" eingestuft werden kann. Die im Weiteren vorgestellten Berechnungsverfahren können auch auf die Komponenten eines Fehlerbaums angewendet werden, der nicht in einen Drei-Ebenen-Baum umgewandelt wurde. Bei kompliziert verknüpften Systemen wird dazu allerdings ein genaues Wissen über die Rechenregeln der Stochastik benötigt. Da ein Drei-Ebenen-Baum mit einfacheren Regeln berechnet werden kann, wird von der Berechnung eines nicht aufgelösten Fehlerbaumes abgeraten.

Die quantitative Auswertung eines Fehlerbaums kann mit den im Folgenden beschriebenen Rechenverfahren von Hand vorgenommen werden. Allerdings ist dies bei größeren Systemen mit vielen Querverbindungen in der Funktionalität und damit auch in der Ereigniskette von Ausfällen nicht zu empfehlen. Eine rechnerunterstützte Analyse ist in diesem Fall, in dem viele gleichartige Rechenschritte ausgeführt werden müssen, günstiger.

Das quantitative Ergebnis einer Fehlerbaumanalyse ist die Eintrittswahrscheinlichkeit des unerwünschten Ereignisses. Diese kann, je nach Eingangswerten und stochastischen Verfahren, von Umgebungswerten oder vom Eintreten einzelner Basisereignisse abhängig sein. Wenn diese Abhängigkeiten in einzelnen Formeln zusammengefasst werden können, erhält man einen guten Überblick darüber, wie man durch das Ändern von Umgebungsbedingungen die Eintrittswahrscheinlichkeit des unerwünschten Ereignisses verringern kann.

Die nun vorgestellten Bearbeitungs- und Rechenverfahren sind größtenteils der DIN 25 424 entnommen. Beschrieben werden zunächst diejenigen Verfahren, die sich ohne Rechnerunterstützung durchführen lassen.

5.3.11 Exkurs: Rechnen mit Ausfallwahrscheinlichkeiten

Bei den Rechenverfahren ist die Kenngröße in den meisten Fällen G, die *Ausfallwahrscheinlichkeit* einer Betrachtungseinheit zu einem bestimmten Zeitpunkt oder über einen festgelegten Zeitraum. Eine Betrachtungseinheit kann dabei das unerwünschte Ereignis, ein Teilsystem oder eine Komponente sein. Aus den Eintrittshäufigkeiten der Basisereignisse sollen Ausfallhäufigkeiten übergeordneter Systeme bis zum unerwünschten Ereignis errechnet werden. Als andere Kenngröße wäre die *Zuverlässigkeit* R möglich. Diese gibt die Wahrscheinlichkeit an, dass eine Betrachtungseinheit über einem betrachteten Zeitraum einsatzfähig ist. Die beiden Kenngrößen addieren sich zu Eins.

Für die stochastische Verknüpfung von Eintrittswahrscheinlichkeiten gelten die in **Bild 5.3-9** aufgeführten Formeln.

Diese Rechenregeln sind nur gültig, wenn mit Eintrittswahrscheinlichkeiten für Ereignisse gerechnet wird. Wenn andere Kennwerte gegeben sind, müssen diese zunächst in Eintrittswahrscheinlichkeiten umgerechnet werden, bevor die oben genannten Formeln verwendet werden können. Im Beispiel wird noch die Umrechnung einer Ausfallrate beschrieben werden.

5.3.12 Vorgehen zur Berechnung eines Fehlerbaums

Die Berechnung erfolgt nach dem folgenden Schema:
- Zunächst werden die einzelnen Ereignisse mit mathematischen Ereignissen (Großbuchstaben) bezeichnet, da eine Textdarstellung der Ereignisse für die Berechnung und Auswertung kaum zu empfehlen ist. Diese Zuordnung muss eindeutig und nachvollziehbar sein. Wichtig ist es, sicherzustellen, dass gleiche Ereignisse, die an verschiedenen Stellen im Baum auftauchen, das gleiche Symbol erhalten. Komponentenausfälle oder andere Ereignisse können so mit X_i oder K_i bezeichnet werden.
- Danach werden auf einer Ebene die zugehörigen Ereignisse und Verknüpfungen durch ihre Eingänge ersetzt. Da die Lösung eine Eintrittswahrscheinlichkeit (Zahl) sein soll, wird eine Verknüpfung durch die auszurechnende Wahrscheinlichkeit der be-

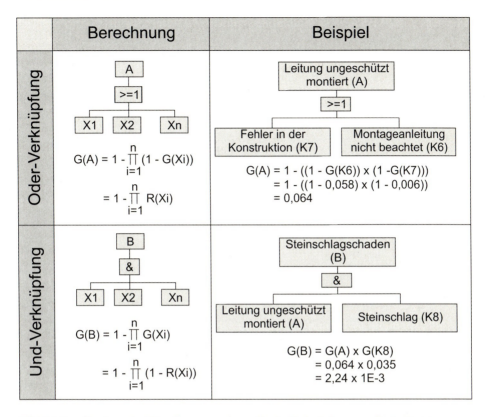

Bild 5.3-9 Der formelmäßige Zusammenhang für die Verknüpfung von Ereignissen

kannten Eingangsereignisse ausgedrückt. Um dies zu erreichen, muss entweder mit einer Einsetzmethode gearbeitet werden, oder der Baum muss von unten nach oben berechnet werden, damit immer nur bekannte Eintrittswahrscheinlichkeiten in weiterführende Rechnungen eingehen.

– Diese Schritte werden durchgeführt, solange noch Verknüpfungen existieren, deren Ereignisse durch solche aus tieferen Ebenen gebildet werden. Nicht-minimale Schnitte sind spätestens hier zu entfernen. Das letzte Ereignis ist das unerwünschte Ereignis, die zugehörige Wahrscheinlichkeit ist die Eintrittswahrscheinlichkeit des Ereignisses, für das die Fehlerbaumanalyse durchgeführt wurde.

– Für einen Drei-Ebenen-Baum, der nur noch aus minimalen Schnittmengen besteht, vereinfacht sich die Berechnung und erfolgt in zwei Schritten:

– Zunächst werden die Eintrittswahrscheinlichkeiten aller Minimalschnitte berechnet. Die Eintrittswahrscheinlichkeit einer minimalen Schnittmenge ist das Produkt der Eintrittswahrscheinlichkeiten aller Basisereignisse in dieser Menge, wenn diese Wahrscheinlichkeiten bereits die Kennwerte sind, mit denen die Analyse durchgeführt werden soll.

- Die Eintrittswahrscheinlichkeiten der Minimalschritte werden in die Formel für die Oder-Verknüpfung eingesetzt, um dann die des unerwünschten Ereignisses zu erhalten.

*Für das HPRS soll die Eintrittswahrscheinlichkeit des unerwünschten Ereignisses berechnet werden, um Aussagen über die Betriebssicherheit machen zu können. Es seien die in **Tabelle 5.3-1** gezeigten Ausfallkennwerte der Basisereignisse gegeben.*

Als Ausfallkennwert für die Komponenten des Systems wird eine Ausfallrate λ angegeben, die zunächst in eine Ausfallwahrscheinlichkeit über den Betrachtungszeitraum von 1200 h umgerechnet werden soll. Dafür gilt die folgende Formel:

$$G(X_i) = 1 - \exp(-\lambda_i \cdot 1200 \text{ h})$$

Für andere Basisereignisse wird direkt eine Eintrittswahrscheinlichkeit angegeben.

Diese Kennwerte für den Ausfall von Einzelkomponenten können Datenblättern oder anderen Spezifikationen zu den Komponenten entnommen werden. Gegebenenfalls müssen die dort gegebenen Kenngrößen wie oben gezeigt auf den betrachteten Zeitraum

Tabelle 5.3-1   Ausfallkennwerte der Basisereignisse

Bez.	Basisereignis	λ_i	$G(X_i)$
X1	Ausfall des Hauptspeichers	$6{,}0 \cdot 10^{-5}$	6,9 %
X2	Ausfall der Pumpe	$2{,}0 \cdot 10^{-5}$	2,4 %
X3	Ausfall d. Druckreglers	$4{,}0 \cdot 10^{-5}$	4,7 %
X4	Ermüdung der Leitung	$8{,}0 \cdot 10^{-6}$	1,0 %
X5	Korrosion der Leitung	$5{,}0 \cdot 10^{-6}$	0,6 %
X6	Falsche Montage d. Leitung		5,8 %
X7	Konstruktionsf. d. Leitung		0,6 %
X8	Steinschlag		3,5 %
X9	Wartung d. einen Laien		16,5 %
X10	Ölbehälter falsch gekennzeichnet		1,0 %
X11	Metallabrieb im System		0,6 %
X12	Alterung der Dichtung	$1{,}7 \cdot 10^{-6}$	0,2 %
X13	Kolbenstange korrodiert	$1{,}7 \cdot 10^{-6}$	0,2 %
X14	Ölbehälter korrodiert	$1{,}7 \cdot 10^{-6}$	0,2 %
X15	Ausfall der Warnlampe	$4{,}0 \cdot 10^{-5}$	4,7 %
X16	Fahrer übersieht d. Lampe		5,8 %
X17	Fahrer ignoriert d. Lampe		0,6 %
X18	Verkehrslage lässt ein Stillsetzen der Fahrzeugs nicht zu		9,2 %

5.3 Fehlerbaumanalyse

umgerechnet werden. Bei anderen dieser Werte ist anzunehmen, dass sie nicht mit sehr großer Sicherheit bekannt sind. Die Basisereignisse, die durch den Fahrer ausgelöst werden, können nur aus Beobachtungen des Verhaltens im Straßenverkehr abgeleitet werden. Um einen Kennwert für das Eintreten eines Wartungs- oder Montagefehlers angeben zu können, müssen Statistiken über das tatsächliche Eintreten solcher Fehler geführt werden, oder die Kennwerte müssen aus dem Erfahrungsschatz von Mitarbeitern abgeleitet werden. Daher ist das Ergebnis mit einem großen Vertrauensbereich zu betrachten. Die tatsächliche Berechnung wurde in diesem Fall rechnerunterstützt durchgeführt, da bei 51 Minimalschnitten einige Hundert Multiplikationen oder Subtraktionen durchzuführen sind.

Die Berechnung der ersten Minimalschnitte, die im Drei-Ebenen-Baum zu diesem System aufgeführt sind, ist in **Tabelle 5.3-2** dargestellt.

Nach diesen Berechnungen sind 51 Eintrittswahrscheinlichkeiten für die einzelnen Ausfallkombinationen bekannt. Diese sollen nun noch in eine Eintrittswahrscheinlichkeit des unerwünschten Ereignisses umgesetzt werden. Dazu können die Eintrittswahrscheinlichkeiten der minimalen Schnittmengen in die Formel für die Oder-Verknüpfung eingesetzt werden. Im konkreten Fall wurde eine Abschätzung durchgeführt: Die Eintrittswahrscheinlichkeiten der untergeordneten Ereignisse sind alle einzeln nicht sehr groß. In einem solchen Fall kann die Eintrittswahrscheinlichkeit des unerwünschten Ereignisses mit einer einfacheren Formel abgeschätzt werden, es gilt: Die Summe der Eintrittswahrscheinlichkeiten der minimalen Schnittmengen ist stets größer als die Eintrittswahrscheinlichkeit einer Oder-Verknüpfung aus diesen Minimalschnitten.

Die Eintrittswahrscheinlichkeit des unerwünschten Ereignisses wird von einer Software, die diese Rechnungen komplett durchgeführt hat mit $7 \cdot 10^{-2}$, also etwa 70 000 ppm, angegeben. Das bedeutet, dass man bei einhundert Einzelversuchen, bei denen das System im Straßenverkehr über 1200 h eingesetzt wird, etwa siebenmal mit dem Eintreten des unerwünschten Ereignisses rechnen müsste. Da das unerwünschte Ereignis eine Gefährdung der Insassen darstellt, ist dieses Ergebnis für das System unakzeptabel, es sind Gegenmaßnahmen zu ergreifen.

Tabelle 5.3-2 Die Eintrittswahrscheinlichkeiten von Minimalschnitten

Schnittmenge	Basisereignisse	$G(K_i) \times G(K_j)$	$G(M_v)$
M1	K18, K9	0,092 x 0,165	0,0152
M2	K16, K9	0,058 x 0,165	0,0095
M3	K15, K9	0,047 x 0,165	0,0078
M3	K18, K1	0,092 x 0,069	0,0063
M5	K18, K3	0,092 x 0,047	0,0043
M6	K16, K1	0,058 x 0,069	0,0040
M7	K15, K1	0,047 x 0,069	0,0032
…	…	…	…

5.3.13 Maßnahmen

Mit Maßnahmen sollen die aufgezeigten Fehler vermieden werden. Diese Maßnahmen bestehen allgemein in der Vergrößerung der minimalen Schnittmengen oder im Verringern der Eintrittswahrscheinlichkeiten der Basisereignisse. Die verschiedenen Maßnahmen (Ändern der Umgebungseinflüsse, Verwenden von hochwertigeren Teilkomponenten, Ändern von Abhängigkeiten im Teilsystem, Verbessern von systeminternen Korrekturmechanismen) müssen auf ihre Akzeptanz gegenüber der Aufgabenstellung, die Anlass zum Durchführen der Fehlerbaumanalyse war, untersucht werden. Die üblichen Kriterien dabei sind die Realisierbarkeit einer Maßnahme, die dabei entstehenden Kosten und die Dauer, bis die Maßnahme greift. Relevant ist auch, ob die Maßnahme in einem bestehenden System durchgeführt werden kann oder ob erst neu produzierte Systeme die Maßnahme realisieren. Die Maßnahmenfindung sollte aufgrund der vielfältigen Zusammenhänge im Team durchgeführt werden.

Es sollen zwei Maßnahmen vorgestellt werden, die im dargestellten Fall des HPRS durchgeführt wurden. Diese Maßnahmen sind nicht die einzigen, die aus der Fehlerbaumanalyse abgeleitet werden können. Sie sind zusätzlich dadurch ausgezeichnet, dass diese Maßnahmen eine hohe Akzeptanz aufweisen.

Die qualitative und quantitative Auswertung zeigt, dass das Eintreffen des unerwünschten Ereignisses besonders häufig durch menschlichen Einfluss hervorgerufen wird. Nur in diesen Fällen wirken sich die technischen Ausfälle des Drucksystems so aus, dass das unerwünschte Ereignis eintritt. Eine Ausnahme hiervon bildet nur die Kombination des Ausfalls des Drucksystems, wenn gleichzeitig die Warnlampe einen Primärausfall hat. In diesem Fall hat der Fahrer nicht die Möglichkeit, das Fahrzeug zu stoppen, bevor es manövrierunfähig wird.

Im vorliegenden Fall wurden die folgenden zwei Maßnahmen als sinnvoll bewertet:

Um zu verhindern, dass die Warnlampe vom Fahrer übersehen wird, wird zusätzlich zur Warnlampe ein akustischer Warnsignalgeber (Z5) eingesetzt. Diese Maßnahme verursacht keine hohen zusätzlichen Kosten und verringert die Wahrscheinlichkeit des Basisereignisses „Der Fahrer übersieht die Warnlampe" erheblich.

Eine technische Veränderung soll dem Fahrer mehr Zeit geben, nach dem Auftauchen des Warnsignals das Fahrzeug anzuhalten. Mit der damit erreichten längeren Reaktionszeit wird das Basisereignis „Die Verkehrslage lässt ein Anhalten des Fahrzeugs nicht zu" erheblich seltener eintreten. Diese technische Änderung wird durch zwei Zusatzspeicher (Z1 und Z2) durchgeführt, in denen die Energie des Öls unter Druck gespeichert wird. So sind nach einem Ausfall des Drucksystems noch einige Lenkbewegungen und Bremsvorgänge mit Servounterstützung möglich. Der Fahrer erhält mehr Zeit, um das Fahrzeug sicher anzuhalten, und auch die ihm zugestandene Reaktionszeit erhöht sich. Zwei Rückschlagventile (Z3 und Z4) sichern die in dem Zusatzspeicher zur Verfügung stehende Energiereserve gegen einen Druckabfall im Hauptsystem ab.

Durch diese Maßnahmen wird die Eintrittswahrscheinlichkeit des unerwünschten Ereignisses auf $2 \cdot 10^{-3}$, d. h. 2000 ppm, reduziert. Der modifizierte Fehlerbaum des verbesserten Systems führt zwar nun zu 153 verschiedenen minimalen Schnitten, die das unerwünschte Ereignis eintreten lassen, aber in diesen Minimalschnitten befinden sich mehr Basisereignisse, die gleichzeitig eintreten müssen. Zusätzlich sind die Eintritts-

5.3 Fehlerbaumanalyse

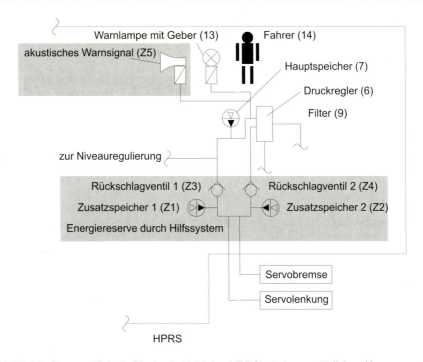

Bild 5.3-10 Das modifizierte Blockschaltbild des HPRS mit den zusätzlichen Komponenten Z1 bis Z5

*wahrscheinlichkeiten einiger Basisereignisse verringert. Das resultierende System ist in **Bild 5.3-10** dargestellt.*

5.3.14 Weitere Rechenverfahren für Fehlerbäume

Bei dem hier vorgestellten Rechenverfahren wird das Ausfallverhalten eines realen Systems durch eine sehr einfache mathematische Modellbildung dargestellt. Für Komponenten und Teilsysteme ist immer nur ein Ausfall oder ein korrektes Arbeiten darstellbar, weiterhin sind feste Eintrittswahrscheinlichkeiten für vorgegebene Basisereignisse vorgegeben. Dies ist sicherlich eine vereinfachte Darstellung der realen Vorgänge. Mit diesen Vereinfachungen ist allerdings prinzipiell die Möglichkeit gegeben, das Ausfallverhalten eines Systems mit Handrechenverfahren mathematisch zu erfassen, aber auch für das vorgestellte Beispiel wurde bereits Rechnerunterstützung eingesetzt. Wenn man die Rechnerunterstützung konsequent nutzt, können auch Verfahren der Fehleranalyse eingesetzt werden, die nicht auf einem so einfachen Bild der realen Vorgänge beruhen, wie die einfache Fehlerbaumanalyse.

Ein Rechner kann auch aufwendigere Verfahren durchführen, bei denen nicht nur boolesche Systemzustände (Ereignis eingetreten/nicht eingetreten) und feste Eintrittswahrscheinlichkeiten für die einzelnen Ereignisse verwendet werden. Die weiteren Möglichkeiten einer deduktiven Fehleranalyse sollen abschließend aufgezeigt werden.

Eine erste Erweiterung einer Fehlerbaumanalyse ist, nicht mit konstanten Eintrittswahrscheinlichkeiten für die Basis- und damit die nachfolgenden Ereignisse zu arbeiten. Bei längeren Betrachtungszeiträumen steigt die Wahrscheinlichkeit für den Eintritt eines Komponentenausfalls über den Zeitraum an. Zum einen besteht für jedes Zeitintervall eine komponentenabhängige Eintrittswahrscheinlichkeit für einen Ausfall. Je mehr Zeitintervalle des Betrachtungszeitraums verstrichen sind, desto wahrscheinlicher wird es, dass die Komponente bereits ausgefallen ist. Zum anderen können auch Alterungs-, meistens Verschleißerscheinungen, dazu führen, dass die Ausfallwahrscheinlichkeit über ein Zeitintervall noch steigt. Die Eintrittswahrscheinlichkeit des unerwünschten Ereignisses wird bei dieser Rechenmethode nicht für einen Betrachtungszeitraum, sondern für jeden Zeitpunkt im Betrachtungszeitraum getrennt angegeben.

Eine solche Betrachtung des Ausfallverhaltens eines Systems erfordert eine Erweiterung der mathematischen Darstellung. Wenn bei der Betrachtung eines Systems über einen längeren Zeitraum bereits zu einem frühen Zeitpunkt ein Komponentenausfall bemerkt wurde, ohne dass das unerwünschte Ereignis eingetreten ist, ist anzunehmen, dass eine Reparatur an dieser Komponente noch innerhalb des Betrachtungszeitraumes vorgenommen wird. Diese Vorgänge in der Realität können in die mathematische Darstellung übernommen werden, wenn Reparaturraten für einzelne Komponenten mit in die Betrachtung einbezogen werden.

Diese Verfeinerungen des mathematischen Systems zur Betrachtung von Ausfallverhalten führen bald zu Problemen in deren Darstellung, wenn weiterhin eine Boolesche Darstellung verwendet wird, bei der eine Komponente nur einen von zwei Zuständen einnehmen kann. Ein sehr großer Schritt in der deduktiven Analyse kann gemacht werden, wenn für eine Komponente verschiedene Zustände angenommen und dargestellt werden. Dies führt zu einer Systemanalyse mit Markoffschen Zustandsbeschreibungen. Dabei werden zunächst mehrere Zustände aufgelistet, die eine Komponente annehmen kann.

Beispielsweise können für die Pumpe des HPRS folgende Zustände angenommen werden:
– Die Pumpe arbeitet gemäß der Spezifikationen im Rahmen der vorgegebenen Druckwerte.
– Das Pumpe arbeitet zwar noch, aber sie unterschreitet die Druckvorgabe. Grund dafür kann eine undichte Stelle im Innern der Pumpe sein.
– Die Pumpe ist ausgefallen und kann keinen Druckaufbau mehr gewährleisten.
– Schließlich können jeweils noch Zustände angenommen werden, in denen die Fehler- oder Schadenszustände von einem Bediener entdeckt wurden.
– Dies führt dann zu einem weiteren Zustand, in dem die Wartung vorgenommen wird, um wieder den ersten Systemzustand zu erreichen.

Wenn die unterschiedlichen Systemzustände aufgelistet sind, muss für jeden Zustand jeweils eine Übergangswahrscheinlichkeit in jeden der anderen Systemzustände angegeben werden. Diese Werte müssen wieder aus Spezifikationen für eine Komponente oder Statistiken des tatsächlichen Betriebsverhaltens gebildet werden. Die Berechnung der Eintrittswahrscheinlichkeit eines unerwünschten Ereignisses kann bei einer derart detaillierten Systembeschreibung nur noch mit Rechnerunterstützung durchgeführt werden. Eine Software kann geforderte Kennwerte eines Systems beispielsweise mit Hilfe der Monte-Carlo-Simulation bestimmen, bei der im Programm viele Einzelversuche über den Betrachtungszeitraum durchgeführt werden und die einzelnen Zustandsübergänge nach Zufallsbildung vollzogen werden. Als Ergebnis einer solchen Simulation können nach hinreichend großer Versuchszahl stochastische Kennwerte für das Ausfallverhalten eines Systems angegeben werden.

Die boolesche Beschreibung, wie sie bei der Fehlerbaumanalyse verwendet wird, kann als eine einfache Markoffsche Zustandsbeschreibung angesehen werden, bei der die beiden Zustände „Ereignis ist nicht eingetreten, Komponente ist nicht ausgefallen" und „Ereignis ist eingetreten, Komponente ist ausgefallen" verwendet werden. Die Übergangswahrscheinlichkeit vom ersten in den zweiten Zustand wird mit der Eintrittswahrscheinlichkeit selbst angegeben, die Übergangswahrscheinlichkeit vom zweiten in den ersten Zustand ist immer genau Null.

Auch der noch so genauen Beschreibung eines Systems mit der Markoffschen Modellbildung fehlt gegenüber den Vorgängen in der Realität noch eine Eigenschaft, die ein tatsächliches Ausfallverhalten stark von einem deduktiv erarbeiteten Ausfallverhalten abweichen lassen kann. Als Markoff-Eigenschaft einer Komponente wird die Annahme bezeichnet, dass die Übergangswahrscheinlichkeiten von einem Zustand zu einem anderen unabhängig von der Vorgeschichte ist. Obwohl es für eine Komponente teilweise sehr unterschiedliche Übergangsabfolgen gibt, um einen bestimmten Zustand zu erreichen, ist nach dem Erreichen dieses Zustandes die Übergangswahrscheinlichkeit in andere Zustände zu einem bestimmten Zeitpunkt immer gleich groß.

Eine Modellerstellung, die diese Überlegungen mit einbezieht, kann durch Semi-Markoffsche Prozesse erreicht werden, bei denen die Verweildauer in den einzelnen Zuständen in der Vorgeschichte mit einbezogen wird, um Übergangswahrscheinlichkeiten für die einzelnen Zustände anzugeben. Weiterhin kann eine solche Systemanalyse dann in eine Darstellung mit einem linearen Flussgraphen übertragen werden, bei dem der Ablauf des Eintretens der einzelnen Zustände über einen Betrachtungszeitraum in eine Berechnung mit einbezogen wird. Für eine weiterführende Darstellung sei auf die Literatur, insbesondere [bir, mey], hingewiesen.

5.4 Statistische Versuchsmethodik

Ein Instrumentarium des präventiven Qualitätsmanagements, welches sowohl in der Produktentwicklung als auch zur Auslegung von Prozessen eingesetzt werden kann, ist die statistische Versuchsmethodik. Das Ziel bei Anwendung der statistischen Versuchsmethodik besteht darin, Produkte oder Prozesse mit möglichst wenigen Versuchen reproduzierbar zu optimieren. Zu diesem Zweck wird die Wirkung von Einflussgrößen auf die Zielgröße eines Prozesses oder Produktes ermittelt. Die Einflussgrößen werden entsprechend eines gewählten Versuchsplans nach statistischen Gesetzmäßigkeiten auf verschiedenen Einstellstufen in Versuchen gegeneinander variiert. Die in Versuchen variierten Einflussgrößen werden als Faktoren bezeichnet. Die aus dem Wechsel der Faktorstufen resultierenden Veränderungen der Zielgröße werden ermittelt.

Die Wirkung eines Faktors wird in Form eines so genannten Haupteffekts quantifiziert. Unter einer Wechselwirkung wird der Einfluss auf die Zielgröße aufgrund des Zusammenwirkens mehrerer Einflussgrößen verstanden. Auf Grundlage der ermittelten Effekte kann ein Regressionspolynom zur Beschreibung der funktionalen Zusammenhänge zwischen Faktoren und Zielgröße ermittelt werden. Die Signifikanz der Effekte wird mittels Varianzanalyse überprüft, bei der die Effekte mit der Zufallsstreuung verglichen werden.

Am Beispiel der Optimierung eines Druckgussprozesses wird im Folgenden die Planung, Durchführung und Auswertung vollfaktorieller Versuche beschrieben (Abschnitt 5.4.1). Die Auswertung eines vollfaktoriellen Versuchsplans sowie das Aufstellen eines teilfaktoriellen Versuchsplans kann am Beispiel der Optimierung eines Papierhubschraubers eingeübt werden (Abschnitt 5.4.2).

5.4.1 Einstellung eines Druckgussprozesses

Aufgabenstellung

Ein Aluminiumdruckgusshersteller steht vor der Aufgabe, ein hochwertiges Bauteil für die Luftfahrtindustrie in einer bisher nicht verwendeten Legierung zu gießen (**Bild 5.4-1**).

Erste Gießversuche mit der neuen Legierung zeigen, dass es Probleme gibt, ein vollständig gefülltes Bauteil herzustellen. Damit besteht die Aufgabe zunächst darin, die Gießparameter so zu optimieren, dass eine vollständige Formfüllung erzielt wird. Ist dies mit der neuen Legierung machbar, so soll ein qualitativ hochwertiges Bauteil durch weiterführende Optimierung der Parameter erzielt werden. Besondere Bedeutung kommt dabei der Rissfreiheit zu, da das Teil später hochbelastet eingesetzt wird.

Die Gießparameter sollen so gewählt werden, dass der Prozess möglichst wirtschaftlich abläuft, was sich in einer möglichst geringen Fertigungszeit ausdrückt. Um diese Ziele zu erreichen, sollen Versuche durchgeführt werden, die mittels Verfahren der statistischen Versuchsmethodik geplant und ausgewertet werden.

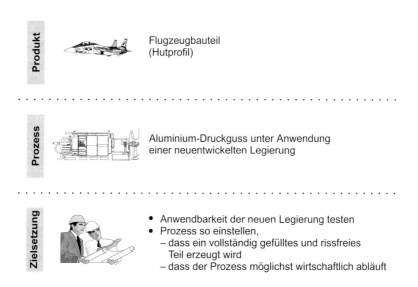

Bild 5.4-1 Optimierung eines Druckgussprozesses – Aufgabenstellung

5.4 Statistische Versuchsmethodik

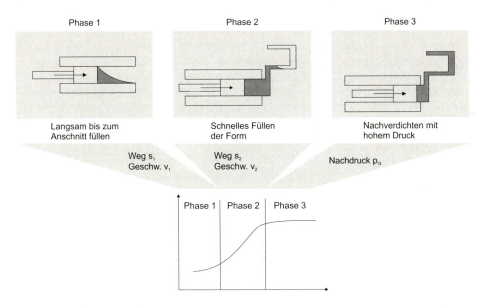

Bild 5.4-2   Prinzip des Druckgussprozesses

Der Druckgussprozess läuft in drei Phasen ab (**Bild 5.4-2**). In der ersten Phase wird das flüssige Metall langsam bis in den Bereich des Anschnitts geführt. Der Kolbenweg dieser ersten Phase wird als s_1 bezeichnet; die Geschwindigkeit des Kolbens in der ersten Phase mit v_1. In der zweiten Phase wird die Form mit höherer Geschwindigkeit gefüllt. Der Kolbenweg dieser Phase wird als s_2 bezeichnet. Die Geschwindigkeit des Kolbens in der zweiten Phase mit v_2. Die dritte Phase dient dem Nachverdichten und wird mit hohem Druck p_{J3} durchgeführt. Danach wird die Form auseinandergefahren. Das Teil wird entnommen, die Form wird mit Druckluft gereinigt und meist mit einem Trennmittel besprüht.

Insgesamt sind mehr als 20 Einflussgrößen bei diesem Prozess an der Maschine verstellbar.

Vorgehensweise

In intensiven Diskussionen zwischen Experten des Unternehmens werden die folgenden zwei Faktoren als Haupteinflussgrößen auf die Formfüllung herausgearbeitet:

s_1 – der Kolbenweg der 1. Phase und
v_2 – die Geschwindigkeit des Kolbens in der 2. Phase.

Die Experten legen für jeden Faktor eine untere („–1") und eine obere Einstellstufe („+1") fest. Zusätzlich wird ein sogenannter Zentralpunkt („0") in den Versuch eingebaut, um später die Annahme des statistischen Modells auf Linearität prüfen zu können.

Da bei dem derzeitigen Stand der Maschineneinstellung keinerlei gefüllte Teile produziert werden, liegen zur Bewertung der Versuchsergebnisse keine Messwerte als Zielgröße vor. Für den Füllgrad wird die folgende grobe Skala festgelegt:

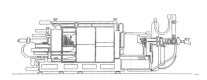

Nr.	s_1[mm]	v_2[%]	Füllgrad [1...4]			
1	220	70	1	3	1	2
2	260	70	4	3	4	3
3	220	80	4	4	4	4
4	260	80	3	1	1	1
0	240	75	3	3	4	1

Anmerkung: 0 = Zentralpunkt

Bild 5.4-3   Versuchsplan

1 – Teil mit großen Löchern
2 – Teil mit kleineren Löchern
3 – Ausgefülltes Bauteil mit Rissen
4 – Rissfreies Bauteil

Damit gilt es, den Füllgrad zu maximieren. Der Versuchsplan (**Bild 5.4-3**) wird so durchgeführt, dass die jeweilige Einstellung in zufälliger Reihenfolge vorgenommen wird (z. B. Einstellung Nr. 2: s_1 = 260 mm und v_2 = 70 %). Dann werden 3 Schüsse zur Stabilisierung der Einstellungen an der Maschine gemacht. Die nächsten 4 Teile werden als Versuchsergebnisse bewertet.

Diese Vorgehensweise entspricht nicht den exakten Regeln der Statistik. Diese empfehlen, jede Versuchseinstellung zufallsverteilt anzufahren und auch die Wiederholungen einzeln einzustellen. Bei einer solchen Vorgehensweise erhalten Störgrößen eine optimale Einflussmöglichkeit. Dadurch kann die Versuchsstreuung später exakter bestimmt werden.

Die hier gewählte Vorgehensweise ist jedoch häufig in der Praxis anzutreffen, da Umstellaufwand meist zusätzliche Kosten verursacht und die Versuchsdauer erhöht. Die hier vorgenommene Vereinfachung resultiert in einer reduzierten Abschätzung der Versuchsstreuung. Im vorliegenden Fall kann dieses Risiko jedoch durchaus getragen werden, da die Versuchsergebnisse in jedem Fall durch weiterführende Versuche abgesichert werden.

Die Auswertung der Versuchsergebnisse wird zunächst mit einer Pareto-Analyse sowie mittels Haupteffekt- und Wechselwirkungsdiagrammen durchgeführt (**Bild 5.4-4**).

Die Pareto-Analyse der Effekte wird mit einer Signifikanzlinie versehen, die den Zufallsstreubereich für ein Signifikanzniveau von 95 % darstellt. Wie bereits oben erwähnt, kann diese Schwelle aufgrund der (trivialen) Form der Versuchswiederholung zu niedrig abgeschätzt worden sein. Effekte, die unterhalb dieser Linie liegen, können vernachlässigt werden. Dies gilt für die Haupteffekte von s_1 und v_2. Eine Verstellung dieser Größen alleine führt nicht zum gewünschten Ergebnis. Die Wechselwirkung der beiden Größen hat einen nachgewiesenen Einfluss auf den Füllgrad.

Die Haupteffektdiagramme werden gezeichnet, um die Versuchsergebnisse auf Nichtlinearität zu prüfen (Bild 5.4-4). Da die eingezeichneten Zentralpunkte, wie in Bild 5.4-4 zu erkennen ist, keine übermäßig große Abweichung von der Linie (lineares Modell) aufweisen, kann das lineare Modell als zutreffend angenommen werden. Wäre dies nicht der Fall, hätte z. B. der Effekt einen kurvenförmigen Verlauf besitzen können. Damit wäre der gewählte Versuchsplan nicht ausreichend, was den Wechsel auf eine aufwendi-

5.4 Statistische Versuchsmethodik

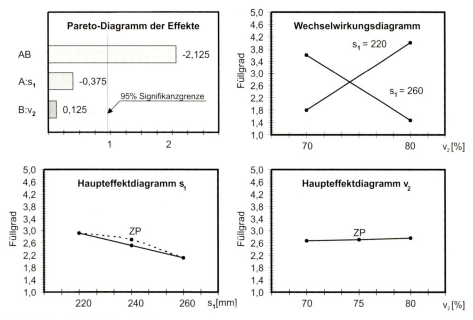

Bild 5.4-4 Versuchsauswertung

gere Versuchsstrategie mit mehr als zwei Stufen je Faktor erfordern würde (Response Surface Design).

Das Wechselwirkungsdiagramm zeigt eine stark kreuzende Wechselwirkung. Dies bedeutet, dass ein hoher Füllgrad entweder mit hohem v_2 und niedrigem s_1 oder mit niedrigem v_2 und hohem s_1 erzielt werden kann.

Aus den Versuchsergebnissen kann über eine Regressionsanalyse ein Modell des Zusammenhanges berechnet werden. Dieses Modell kann entweder als Oberflächenplot oder als Kennlinienfeld dargestellt werden (**Bild 5.4-5**).

Ein Vergleich des dargestellten Wechselwirkungsdiagramms mit dem Oberflächenplot zeigt, dass das Wechselwirkungsdiagramm die rechte und linke Randbegrenzung der Oberflächenkontur darstellt. Die Wechselwirkungsdiagramme stellen eine Technik dar, die in früheren Zeiten entwickelt wurde, als Softwareprogramme zur Erstellung der Oberflächenkontur noch nicht verfügbar waren.

Die Kennlinie macht die oben beschriebenen Möglichkeiten zur Erzielung eines hohen Füllgrades deutlich. Dieser Zusammenhang lässt sich ebenso im Kennlinienfeld ablesen. Dieser stellt Linien gleicher Höhe der Oberfläche dar. In der Mitte des Diagramms ist ein Sattel zu erkennen. Bei Optimierungsaufgaben, die der Erzielung eines robusten Designs dienen, würde ein solcher Sattel bevorzugt zur Positionierung des Betriebspunktes verwendet. Hier führen Änderungen der Einstellgrößen nur zu geringen Änderungen der Zielgröße. Im vorliegenden Beispiel muss jedoch ein möglichst hoher Füllgrad erzielt werden. Eine Optimierung längs der Flanken des Kennlinienfeldes versucht, einen möglichst großen Wert der Zielgröße zu erreichen. Dabei kann die Methode des steilsten Anstiegs verwendet werden.

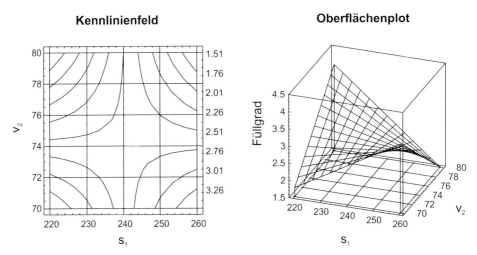

Bild 5.4-5 Kennlinienfeld und Oberflächenplot

Im vorliegenden Fall wurde s_1 weiter gesenkt und v_2 erhöht, so dass ein stabiler Betriebspunkt erreicht wurde.

Ergebnis

Mittels der statistischen Versuchsmethodik wird die Anwendbarkeit der neuen Legierung in kurzer Zeit ermöglicht (**Bild 5.4-6**). Die Auswertung der Versuchsergebnisse zeigt, dass der Schlüssel zum Verständnis des Zusammenhangs in der Wechselwirkung von s_1 und v_2 liegt. Diese Wechselwirkung wäre mit herkömmlichen Methoden (z. B. Einfaktormethode) nicht erkannt worden. Durch die gezielte Erhöhung der Geschwindigkeit in der zweiten Phase kann die Wirtschaftlichkeit des Prozesses gesteigert werden.

5.4.2 Optimierung der Flugeigenschaften eines Papierhubschraubers

Die Flugeigenschaften eines Papierhubschraubers sollen mittels statistisch geplanter Versuche optimiert werden. Hierzu wird ein Hubschraubermodell, das einem Papierhubschrauberwettbewerb der Zeitschrift *Scientific American* entstammt, als Basis verwendet (**Bild 5.4-7**).

Optimale Flugeigenschaften schlagen sich im Wesentlichen in einer möglichst großen Flugzeit nieder. In einer umfassenden Systemanalyse wurden neben möglichen Zielgrößen alle möglichen Einflussgrößen, d. h. sowohl potenzielle Faktoren (im Versuch variierte Größen) als auch Störgrößen, im Rahmen einer Teamsitzung ermittelt. Zur Optimierung der Flugeigenschaften des Papierhubschraubers können neben verschiedenen geometrischen Merkmalen, wie z. B. Flügellänge und Flügelbreite, u. a. auch Material und Gewicht verändert werden. Die Flugzeit, als Kenngröße für die Flugeigenschaften, kann darüber hinaus von Umgebungseinflüssen, wie z. B. der Thermik (Lufttemperatur, Temperaturgradienten usw.), abhängen.

5.4 Statistische Versuchsmethodik

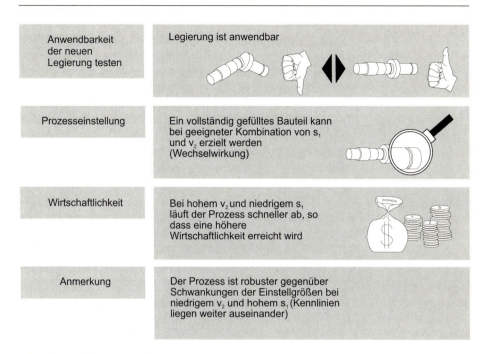

Bild 5.4-6 Ergebnis der Untersuchung

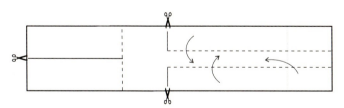

Nehmen Sie ein Blatt Papier im Format 30 cm x 7 cm und machen Sie mit einer Schere die angegebenen drei Schnitte.
Die zwei entstandenen Flügel links werden nun entlang der gestrichelten Linie gefaltet – ein Flügel nach hinten und einer nach vorne.
Die Flügel an der rechten Seite werden nun entlang der horizontalen Strichlinie gefaltet und anschließend wird das Ende entlang der vertikalen Strichlinie umgeklappt.

Wenn der Papierhubschrauber erst einmal geheftet oder geklebt wurde, ist er fertig für den Jungfernflug, aber bedenken Sie dabei, dass er von einem möglichst hohen Punkt aus gestartet werden sollte.

Nach: Scientific American

Bild 5.4-7 Optimierung eines Papierhubschraubers – Bauanleitung

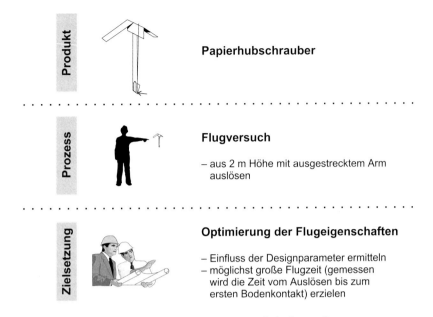

Bild 5.4-8 Optimierung eines Papierhubschraubers – Aufgabenstellung

Um ein charakteristisches Bild der Flugeigenschaften bei unterschiedlich konstruktiv ausgelegten Papierhubschraubern zu erhalten, wird eine Vorgehensweise zur Versuchsdurchführung unter definierten, möglichst konstanten Randbedingungen festgelegt (z. B. Versuchsdurchführung in einem geschlossenen, temperierten Raum, um Wind- und Thermikeinflüsse auszuschalten). Im Rahmen dieser Vorgehensweise werden die Flugversuche durch eine Person, die den Hubschrauber am ausgestreckten Arm festhält und auslöst, durchgeführt. Als Zielgröße wird die Flugzeit zwischen Auslösung und erstem Bodenkontakt mit einer Stoppuhr gemessen (**Bild 5.4-8**).

Aus der Vielzahl der möglichen Einflussgrößen werden 4 wesentliche Einflussgrößen für die weitere Betrachtung ausgewählt (**Tabelle 5.4-1**).

Tabelle 5.4-1 Betrachtete Einflussgrößen

Einflussgröße	Einheit	Einstell-Niveaus		Einstellaufwand
		–	+	
Flügellänge	mm	50	70	gering
Flügelbreite	mm	15	25	hoch
Höhe	mm	90	120	mittel
Fußgewicht	Clipanzahl	0	1	sehr gering

5.4 Statistische Versuchsmethodik

Für jede dieser 4 Einflussgrößen werden 2 Einstell-Niveaus (Faktorstufen) festgelegt. Das Fußgewicht wird in Form eines aufgesteckten Clip (z. B. Büroklammer) realisiert. Ein Clip entspricht einem Fußgewicht von 5 Gramm. Des Weiteren wird der Einstell-Aufwand der Größen abgeschätzt.

In einem ersten vollfaktoriellen Versuch werden die Flügelbreite (Faktor A) und das Fußgewicht (Faktor B) gemäß dem in **Tabelle 5.4-2** dargestellten Versuchsplan variiert.

Tabelle 5.4-2 Vollfaktorieller 2^2-Versuchsplan

	A Flügelbreite	B Fußgewicht	y Fallzeit [s]	
			1. Versuchsdurchführung	2. Versuchsdurchführung
1	15	ohne Clip	10,4	10,7
2	25	ohne Clip	6,8	6,4
3	15	mit Clip	7,9	8,2
4	25	mit Clip	12,2	11,9

Jeder Versuchspunkt wird zweifach realisiert (1. und 2. Versuchsdurchführung). Die Versuche werden nicht in der in Tabelle 5.5-2 dargestellten, sondern in zufälliger (randomisierter) Reihenfolge durchgeführt. Werten sie diesen Versuch bitte wie folgt aus:

Hinweis: Verwenden Sie für die Auswertung jeweils die nachfolgenden Tabellen sowie die als Anlage beigefügte Formelsammlung und die Tabelle der Percentile der F-Verteilung.

a) Erstellen Sie ein *Effektdiagramm*, das die Faktoren und die Wechselwirkung enthält.

Tabelle 5.4-3 Kennwertberechnung

	A	B	AB	$\bar{y}$	s^2
1					
2					
3					
4					
Σ+					
Σ–					
C					
e(C)					
SS(C)					

b) Werten Sie darüber hinaus den Versuch mittels *Varianzanalyse* aus und ermitteln Sie die *signifikanten* und die *hochsignifikanten Faktoren und Wechselwirkungen*. Legen Sie für die Bestimmung der signifikanten Größen (*) ein Signifikanzniveau von 95 % und für die Bestimmung der hochsignifikanten Größen (**) ein Signifikanzniveau von 99 % zugrunde.

Tabelle 5.4-4   Varianztabelle

Quelle	SS	f	MS	F = MS(C)/MSW	$F_{95\%}$	$F_{99\%}$	Signifikanz
A							
B							
AB							
Wiederholung (Zufallsstreuung)							
Gesamt							

c) Erstellen Sie für den Faktor A und für den Faktor B jeweils ein Haupteffektdiagramm.

d) Stellen Sie die Wechselwirkung AB in einem Wechselwirkungsdiagramm dar. Verwenden Sie die x-Achse für den Faktor B. Um welche Art von Wechselwirkung handelt es sich?

Tabelle 5.4-5   Hilfstabelle zur Erstellung des Wechselwirkungsdiagramms

		B	
		−	+
A	−		
	+		

e) Ermitteln Sie auf Grundlage dieser Versuchsergebnisse eine Regressionsgleichung y = f(A,B). Welche Fallzeit erwarten Sie bei einer Flügelbreite von 18 mm und einem Fußgewicht von 3 Gramm?

f) Stellen Sie einen teilfaktoriellen 2^{4-1}-Versuchsplan zur Untersuchung der 4 in Tabelle 5.5-1 angegebenen Einflussgrößen in Standardreihenfolge auf. Berücksichtigen Sie bei der Zuordnung der Faktoren zu den einzelnen Spalten den Einstellaufwand der Einflussgrößen (vgl. Tabelle 5.5-1). Beachten Sie darüber hinaus die Vermengungsstruktur bis hin zu Dreifaktorwechselwirkungen, und tragen Sie diese in den Versuchsplan ein.

5.4.3 Formel- und Tabellensammlung

Größe	Berechnungsformeln
k	Anzahl der Versuchszeilen
n	Anzahl der Versuchsdurchführungen einer Versuchszeile (Wiederholungen)
i	Laufvariable der Versuchszeilen ($i = 1 \ldots k$)
j	Laufvariable der Versuchsdurchführungen in einer Versuchszeile ($j = 1 \ldots n$)
Mittelwert $\bar{y}_i$	$\bar{y}_i = \dfrac{1}{n} \sum y_{j_i}$
Varianz s_i^2	$s_i^2 = \dfrac{\sum (y_{j_i} - \bar{y}_i)^2}{n-1}$
$\sum +$	Summe aller $\bar{y}_i$, bei denen der Faktor oder die Wechselwirkung in der auszuwertenden Spalte ein positives Vorzeichen (+) hat
$\sum -$	Summe aller $\bar{y}_i$, bei denen der Faktor oder die Wechselwirkung in der auszuwertenden Spalte ein negatives Vorzeichen (–) hat
c_i	Kontrastkoeffizienten (die Vorzeichen einer Versuchsspalte („–" = „–1"; „+" = „+1"))
Kontrast C	$C = \sum (c_i \cdot \bar{y}_i) = (\sum +) - (\sum -)$
linearer Effekt $e(C)$	$e(C) = \dfrac{C}{\sum \text{positive } c_i}$
Summe der Quadrate $SS(C)$	$SS(C) = \dfrac{C^2}{\frac{1}{n} \sum c_i^2}$
Freiheitsgrad der Effekte (Faktoren und Wechselw.) $f(C)$	$f(C)$ = Anzahl der Einstellungen eines Faktors –1
mittlere Quadrate der Effekte $MS(C)$	$MS(C) = \dfrac{SS(C)}{f(C)}$
Summe der Quadrate der Wiederholungen SSW	$SSW = (n-1) \sum s_i^2$
Freiheitsgrad der Wiederholungen f_W	$f_W = (n-1) \cdot k$
mittleres Quadrat der Wiederholungen MSW	$MSW = \dfrac{SSW}{f_W}$
F-Wert	$F(C) = \dfrac{MS(C)}{MSW}$

Tabelle der Percentile der F-Verteilung (für $v_1 = f(C) = 1$)		
$v_2 = f_w$	95. Percentil $\alpha = 0{,}05$	99. Percentil $\alpha = 0{,}01$
1	161,4	4052
2	18,51	98,5
3	10,13	34,1
4	7,71	21,1
5	6,61	16,3
6	5,99	13,8
7	5,59	12,3
8	5,32	11,3
9	5,12	10,6
10	4,96	10,0
11	4,84	9,65
12	4,75	9,33
13	4,67	9,07
14	4,60	8,86
15	4,54	8,68
16	4,49	8,53
18	4,41	8,29
20	4,35	8,10
22	4,30	7,95
24	4,26	7,82
26	4,23	7,72
28	4,20	7,64
30	4,17	7,56
60	4,00	7,08
120	3,92	6,85
∞	3,84	6,63

5.4.4 Lösung

a) Effektdiagramm

Das Effektdiagramm stellt den linearen Effekt e(C) grafisch dar. Der lineare Effekt e(C) ist eine Kenngröße, die die mittlere Veränderung einer Zielgröße bei der Umstellung eines Faktors von einer unteren Einstellung (–) auf eine obere Einstellung (+) beschreibt. Die Berechnung erfolgt sinnvollerweise gemäß einer standardisierten Vorgehensweise zur Auswertung von faktoriellen Versuchen. Zunächst wird eine Auswertematrix erstellt, die neben den Zeilen für die einzelnen Faktoren Spalten für Wechselwirkungen enthält.

Tabelle 5.4-6 Kennwertberechnung

	A	B	AB	$\bar{y}$	s^2
1	–	–	+	10,55	
2	+	–	–	6,6	
3	–	+	–	8,05	
4	+	+	+	12,05	
Σ+	18,65	20,1	22,6		
Σ–	18,6	17,15	14,65		
C	0,05	2,95	7,95		
e(C)	0,025	1,475	3,975		
SS(C)					

Bei dem hier betrachteten 2^2-Versuchsplan wird somit neben den beiden Spalten für die Faktoren A und B eine Spalte für die Wechselwirkung AB erstellt. Die Spalten A und B enthalten die Versuchsvorschrift in transformierter Form („–" bzw. „+"). Die Wechselwirkungsspalte ergibt sich durch Vorzeichenmultiplikation der beiden zugeordneten Faktorspalten. Zwei weitere Spalten dienen der Berechnung des Mittelwertes der Versuchsergebnisse und der Varianz. Die unteren Zeilen der Tabelle dienen der Berechnung weiterer Kennwerte. Zunächst werden die $\bar{y}_i$-Werte addiert, bei denen in der jeweiligen Spalte ein „+" erscheint, und anschließend erfolgt eine Addition der $\bar{y}_i$-Werte, bei denen ein „–" in der jeweiligen Spalte erscheint. Der Kontrast C ergibt sich als Differenz der beiden Summen. Der lineare Effekt wird berechnet, indem der Kontrast C durch die Anzahl der positiven Vorzeichen in einer Spalte dividiert wird. Die Größe SS(C) wird im Rahmen der Varianzanalyse verwendet.

Die Werte für Anzahl der Versuchszeilen k und die Anzahl der Versuchsdurchführungen n ergeben sich zu: $k = 4$; $n = 2$

Nachfolgend soll die Berechnung der weiteren Kennwerte exemplarisch für den Faktor A aufgezeigt werden. Für den Faktor B und die Wechselwirkung AB erfolgt die Berechnung analog. Der Kontrast C(A) und der lineare Effekt e(A) ergibt sich zu:

$$C(A) = \left(\sum +\right) - \left(\sum -\right)$$
$$= (6,6 + 12,05) - (10,55 + 8,05)$$
$$= 18,65 - 18,6 = 0,05$$

$$e(A) = \frac{C(A)}{\sum \text{positive } c_i}$$
$$= \frac{0,05}{(+1) + (+1)} = 0,025$$

Die Summe der positiven c_i entspricht der Anzahl der Werte je Stufe eines Faktors.

Die entsprechenden Kennwerte für den Faktor B und die Wechselwirkung AB können der Tabelle entnommen werden. Das nachfolgende Effektdiagramm (**Bild 5.4-9**) stellt die linearen Effekte e(C) in Form eines Balkendiagramms grafisch dar.

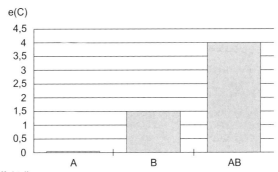

Bild 5.4-9 Effektdiagramm

b) Varianzanalyse

Die Auswertetabelle aus Aufgabenteil a) wird um die Kennwerte für die Varianz und die Größe SS(C) ergänzt.

	A	B	AB	$\bar{y}$	s^2
1	−	−	+	10,55	0,045
2	+	−	−	6,6	0,08
3	−	+	−	8,05	0,045
4	+	+	+	12,05	0,045
$\sum +$	18,65	20,1	22,6		
$\sum -$	18,6	17,15	14,65		
C	0,05	2,95	7,95		
e(C)	0,025	1,48	3,98		
SS(C)	0,00	4,35	31,60		

Exemplarisch wird die Berechnung der Summe der Quadrate (SS(C)) nachfolgend für den Faktor A dargestellt. Für B und AB erfolgt die Berechnung analog.

$$SS(A) = \frac{C(A)^2}{\frac{1}{n} \cdot \sum c_i^2}$$

$$= \frac{0,05^2}{\frac{1}{2} \cdot \left[(-1)^2 + (+1)^2 + (-1)^2 + (+1)^2\right]} = 0,00125$$

SSW ergibt sich aus der Summe der Varianzen:

$$SSW = (n-1) \cdot s_i^2$$
$$= (2-1) \cdot (0,045 + 0,08 + 0,045 + 0,045)$$
$$= 0,215$$

Der Freiheitsgrad der Wiederholungen wird wie folgt berechnet:

$$f_W = (n-1) \cdot k$$
$$= (2-1) \cdot 4 = 4$$

Damit folgt für MSW:

$$MSW = \frac{SSW}{f_W} = \frac{0,215}{4} = 0,05375$$

Die F-Werte der einzelnen Faktoren und der Wechselwirkung ergeben sich zu:

$$F(A) = \frac{MS(A)}{MSW} = \frac{0}{0,05375} = 0$$

$$F(B) = \frac{MS(B)}{MSW} = \frac{4,35}{0,05375} = 80,93 > F_{99\%}$$

$$F(AB) = \frac{MS(AB)}{MSW} = \frac{31,60}{0,05375} = 587,91 > F_{99\%}$$

Die Werte für $F_{95\%}$ und $F_{99\%}$ werden der Tabelle der Percentile der F-Verteilung (vgl. Anhang) entnommen.
Die Ergebnisse der Varianzanalyse können zusammenfassend in der Varianztabelle dargestellt werden.

Tabelle 5.4-7 Varianztabelle

Quelle	SS	f	MS	F = MS(C)/MSW	$F_{95\%}$	$F_{99\%}$	Signifikanz
A	0,00	1	0,00	0			
B	4,35	1	4,35	80,93	7,71	21,10	**
AB	31,60	1	31,60	587,91			**
Wiederholung (Zufallsstreuung)	0,215	4	0,05375				
Gesamt	36,165	7					

Signifikante Faktoren, d. h. $F > F_{95\%}$, werden mit * und hochsignifikante Faktoren, d. h. $F > F_{99\%}$, werden mit ** gekennzeichnet.

Die Varianzanalyse zeigt, dass der Faktor B und die Wechselwirkung AB hochsignifikant sind, während der Faktor A nicht signifikant ist.

c) Haupteffektdiagramme

Das Haupteffektdiagramm stellt den sich ergebenden Mittelwert der unteren Faktoreinstellung (−) und den entsprechenden Wert der oberen Faktoreinstellung (+) dar. Die Differenz dieser beiden Mittelwerte ist der lineare Effekt e(C). Für die beiden Faktoren A und B ergeben sich folgende Haupteffektdiagramme (**Bild 5.4-10**):

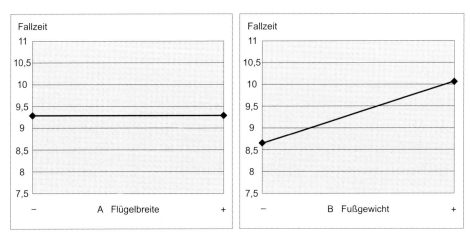

Bild 5.4-10 Haupteffektdiagramme

d) Wechselwirkungsdiagramm

Ein Wechselwirkungsdiagramm einer 2-Faktor-Wechselwirkung besteht immer aus 4 Punkten, die paarweise verbunden sind. Die Berechnung dieser 4 Punkte erfolgt grundsätzlich durch Mittelwertbildung aller Versuchsergebnisse einer bestimmten Faktorkombination. Hierzu dient die nachfolgende **Tabelle 5.4-8**:

5.4 Statistische Versuchsmethodik

Tabelle 5.4-8 Hilfstabelle zur Erstellung des Wechselwirkungsdiagramms

		B	
		−	+
A	−	10,55	8,05
	+	6,6	12,05

Im vorliegenden Fall eines 2^2-Versuchsplans ergeben sich die vier Punkte unmittelbar aus den Versuchsergebnissen (Tabelle 5.5-2). Bei anderen Versuchsplänen ist hier zunächst eine weitere Berechnung erforderlich.

Das Wechselwirkungsdiagramm ist nachfolgend dargestellt (**Bild 5.4-11**).

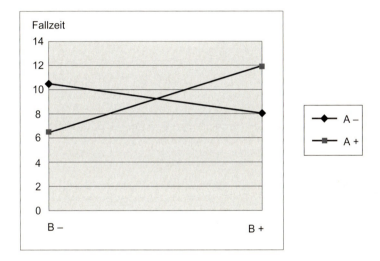

Bild 5.4-11 Wechselwirkungsdiagramm

Es handelt sich um eine kreuzende Wechselwirkung. Dies bedeutet, dass Flügelbreite und Fußgewicht aufeinander abgestimmt werden müssen. Eine hohe Flugzeit ergibt sich, wenn beide Größen gleichzeitig erhöht werden.

e) Regressionsgleichung

Die Regressionsgleichung wird wie folgt bestimmt:

$$y = b_0 + b_1 A + b_2 B + b_3 A \cdot B$$

mit

b_0 Gesamtmittelwert aus allen Versuchen

b_i halber Effekt (sowohl bei den Haupt- als auch bei den Wechselwirkungseffekten)

$$b_0 = \bar{\bar{y}} = \frac{10{,}55 + 6{,}6 + 8{,}05 + 12{,}05}{4} = 9{,}31$$

Damit ergibt sich die folgende Regressionsgleichung:

$$y = 9{,}31 + 0{,}0125\, A + 0{,}7375\, B + 1{,}99\, A \cdot B$$

Diese Regressionsgleichung gilt für die auf das Intervall [–1,+1] transformierten Werte von A und B. Um die erwartete Fallzeit für eine Flügelbreite (A*) von 18 mm und ein Fußgewicht (B*) von 3 Gramm zu ermitteln, müssen die in die Regressionsgleichung einzusetzenden Werte zunächst gemäß folgender Transformationsformeln berechnet werden:

$$A = \frac{A^* - 20}{5}$$

$$A = \frac{18 - 20}{5} = -0{,}4$$

$$B = \frac{B^* - 2{,}5}{2{,}5}$$

$$B = \frac{3 - 2{,}5}{2{,}5} = +0{,}2$$

$$\begin{aligned} y &= 9{,}31 + 0{,}0125 \cdot (-0{,}4) + 0{,}7375 \cdot 0{,}2 + 1{,}99 \cdot (-0{,}4) \cdot 0{,}2 \\ &= 9{,}29 \text{ s} \end{aligned}$$

D. h., bei einer Flügelbreite von 18 mm und einem Fußgewicht von 3 Gramm wird eine Fallzeit von 9,29 s erwartet.

f) Teilfaktorieller Versuchsplan

Der teilfaktorielle 2^{4-1}-Versuchsplan wird abgeleitet aus dem vollfaktoriellen 2^3-Versuchsplan. Der 2^3-Versuchsplan besteht aus den Spalten für die Faktoren A, B und C sowie den Wechselwirkungsspalten AB, AC, BC und ABC. In der Spalte des Faktors A wechselt das Vorzeichen jede Zeile, in der Spalte des Faktors B jede zweite Zeile und in der Spalte des Faktors C jede vierte Zeile. Die Wechselwirkungsspalten ergeben sich durch Vorzeichenmultiplikation der zugehörigen Faktorspalten (**Tabelle 5.4-9**).

Der teilfaktorielle 2^{4-1}-Versuchsplan ergibt sich, indem ein vierter Faktor D gemäß dem Muster einer der Wechselwirkungsspalten variiert wird. Hier bietet sich die Spalte der Wechselwirkung ABC an. Durch die zusätzliche Betrachtung des Faktors D ergeben sich weitere Wechselwirkungen, die den einzelnen Spalten zugeordnet sind. Im Gegensatz zum vollfaktoriellen Versuchsplan ergeben sich nun Vermengungen.

Die Versuche sollen im vorliegenden Beispiel nicht in zufälliger Reihenfolge durchgeführt werden, sondern mit einem möglichst geringen Einstellaufwand realisiert werden. Die Zuordnung der einzelnen Einflussgrößen zu Versuchsplanspalten erfolgt daher unter Berücksichtigung des Einstellaufwandes. Da die Flügelbreite einen hohen Einstell-

5.4 Statistische Versuchsmethodik

Tabelle 5.4-9 Teilfaktorieller Versuchsplan

	A BCD Fußgew.	B ACD Länge	AB CD	C ABD Breite	AC BD	BC AD	ABC D Höhe
1	−	−	+	−	+	+	−
2	+	−	−	−	−	+	+
3	−	+	−	−	+	−	+
4	+	+	+	−	−	−	−
5	−	−	+	+	−	−	+
6	+	−	−	+	+	−	−
7	−	+	−	+	−	+	−
8	+	+	+	+	+	+	+

aufwand aufweist, wird sie der Spalte C zugeordnet. Das Fußgewicht, das mit sehr geringem Aufwand verstellbar ist, wird der Spalte A zugeordnet. Flügellänge und Höhe werden ebenfalls gemäß Einstellaufwand den beiden verbleibenden Spalten zugewiesen.

Zusammenfassung der Versuchsergebnisse

Die Versuchsergebnisse können wie folgt zusammengefasst werden (**Bild 5.4-12**):

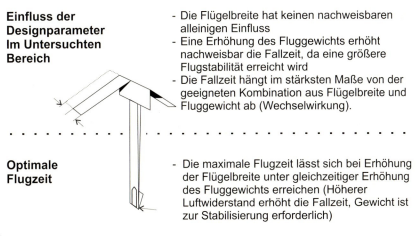

Einfluss der Designparameter Im Untersuchten Bereich
- Die Flügelbreite hat keinen nachweisbaren alleinigen Einfluss
- Eine Erhöhung des Fluggewichts erhöht nachweisbar die Fallzeit, da eine größere Flugstabilität erreicht wird
- Die Fallzeit hängt im stärksten Maße von der geeigneten Kombination aus Flügelbreite und Fluggewicht ab (Wechselwirkung).

Optimale Flugzeit
- Die maximale Flugzeit lässt sich bei Erhöhung der Flügelbreite unter gleichzeitiger Erhöhung des Fluggewichts erreichen (Höherer Luftwiderstand erhöht die Fallzeit, Gewicht ist zur Stabilisierung erforderlich)

Bild 5.4-12 Ergebnisse der Untersuchung

5.5 Fehler-Möglichkeits- und Einfluss-Analyse

5.5.1 Die Geschäftsprozess-FMEA

Robustheitsuntersuchungen sind bei Bearbeitungsprozessen bereits länger etabliert. Robust bedeutet in diesem Fall, dass der Prozess unempfindlich ist gegenüber Schwankungen der Eingangsgrößen und gegenüber Störungen. Diese Sichtweise lässt sich auf Geschäftsprozesse übertragen (**Bild 5.5-1**).

Durch die Beschreibung der Abläufe, des Informationsflusses und der einzusetzenden Methoden wird versucht, Vertrauen dafür zu schaffen, dass der Geschäftsprozess „fähig" ist, Prozessergebnisse entsprechend den geforderten Eigenschaften zu erzeugen.

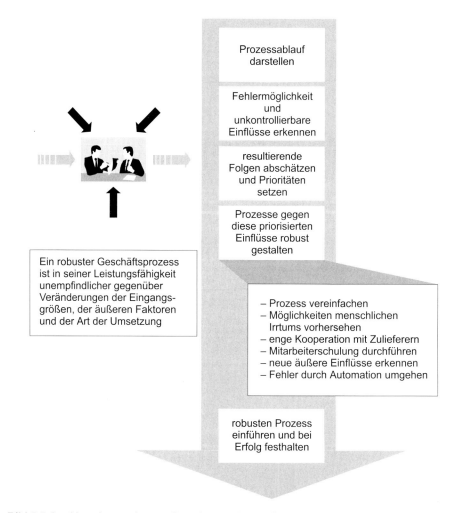

Bild 5.5-1 Vorgehensweise zur Gestaltung robuster Geschäftsprozesse

Bei Prozessen mit starker Entkopplung zwischen Planungs- und Ausführungsphase ist dies zudem der einzige Weg, qualitativ hochwertige Prozessergebnisse sicherzustellen.

Dazu wird bereits der Entwurf des Geschäftsprozesses einer kritischen Betrachtung unterzogen. Wesentlicher Arbeitsschritt ist die Analyse von Fehlermöglichkeiten im Geschäftsprozess und die Beschreibung von Maßnahmen zu ihrer Vermeidung. Wohlgemerkt erfolgt dies präventiv, d. h. noch bevor der erste Fehler aufgetreten ist.

Hier lässt sich eine Parallele zur Arbeitssicherheit ziehen [vdi]. In einer Befragung (84 Personen) unterschieden sich Personen, die keinen Unfall hatten, von Unfallopfern durch ihr strukturiertes Wissen über kritische Situationen. Unfallopfer schilderten das Ereignis unter dem Motto „Da habe ich noch mal Glück gehabt" während Personen, die keinen Unfall hatten, die Ursachen und die Bedingungen für mögliche Fehlhandlungen genau kannten.

Daraus ist zu folgern: Erst das Wissen und die präventive Reflexion kritischer Situationen verhindert deren Auftreten und führt zu Sicherheit!

Methodische Unterstützung bietet dazu die Geschäftsprozess-Fehler-Möglichkeits- und Einfluss-Analyse (G-FMEA), die aus der allgemeinen FMEA [shu] abgeleitet und zur Anwendung auf Geschäftsprozesse modifiziert wurde (**Bild 5.5-2**). Ausgehend vom ersten Entwurf des Geschäftsprozesses oder des Ist-Zustandes werden dazu für jeden Teilprozess im Brainstorming Fehlermöglichkeiten und deren Folgen für das Prozessergebnis gesammelt. Diese können entsprechend der Fehlermöglichkeiten aus den Bereichen Eingangsinformationen, Methoden, Menschen, Mitwelt und Messbarkeit strukturiert werden.

Die gesammelten Fehlermöglichkeiten werden nachfolgend bezüglich ihrer Folgen priorisiert. Nicht alles ist wichtig! Vielmehr gilt die Fragestellung: Was ist wichtig? Bei der Bewertung der Folgen wurde auf die Ermittlung der Risikoprioritätszahl (RPZ) verzichtet. Die Erfahrung zeigt, dass eine Klassifizierung nach A, B oder C-Fehlermöglichkeiten vollkommen ausreicht.

Gegen die als riskant priorisierten Fehlermöglichkeiten (A und B) sind geeignete Maßnahmen zu definieren. Die Gestaltungsmöglichkeiten für risikosenkende Maßnahmen zeigt Bild 5.5-2. Maßnahmen bezüglich der Ablauforganisation können direkt in das formale Modell des Geschäftsprozesses eingearbeitet werden.

Der Vollständigkeit halber sei hier erwähnt, dass das zu erwartende Risiko nach der Durchführung der Maßnahmen ebenfalls bewertet werden muss (A, B, C). Das Risiko sollte dann kleiner sein als vorher.

Fallstudie zur Geschäftsprozess-FMEA

Die Zahnrad GmbH positioniert sich am Markt als kundenorientierter Systemanbieter für Verzahnmaschinen. Daher ist das Angebot das zentrale Akquisitionsinstrument.

Das Angebot enthält konkrete Zusagen an den Kunden. Es steht damit im Spannungsfeld zwischen den Wünschen des Kunden und der Leistungsfähigkeit des Unternehmens. Bei der Angebotsbearbeitung werden die Forderungen des Kunden in konkrete Produktmerkmale übersetzt. Damit wird bereits hier die Grundlage für die Qualität der gesamten betrieblichen Leistungserstellung gelegt. Auf der anderen Seite relativiert sich der sinnvoll in die Angebotsbearbeitung zu investierende Aufwand durch die traditionell niedrige Umwandlungsrate im deutschen Werkzeugmaschinenbau.

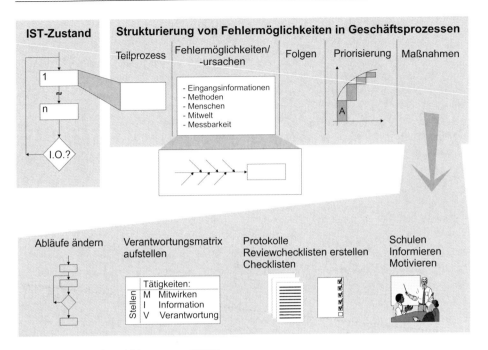

Bild 5.5-2 Die Geschäftsprozess-FMEA

Ziel des Projektes im Hause ist daher, die Analyse und die Optimierung des Geschäftsprozesses „Angebotsbearbeitung" an der Schnittstelle zwischen Vertrieb und Konstruktion.

Vor der Einführung des Geschäftsprozesses wird das Konzept der Angebotsbearbeitung mittels der Methode der Geschäftsprozess-FMEA einer Robustheitsbetrachtung unterzogen. Das Projektteam sammelt dazu in einem Brainstorming alle denkbaren Fehlermöglichkeiten des Prozesses und deren Folgen. Das Team wird aufgefordert, bewusst destruktiv zu denken und auch reale Fehler der Vergangenheit zu betrachten. **Bild 5.5-3** zeigt exemplarisch das G-FMEA-Formblatt des Subprozesses „Anfrage aufnehmen" bezüglich der Fehlermöglichkeit „unklare Werkstoffspezifikation".

Stimmt die angenommene Werkstoffspezifikation nicht mit der tatsächlichen überein – ist der Werkstoff z. B. härter –, so wird das Werkzeug nicht die zugesagte Standzeit erreichen. Die Folgen sind fatal und können bis zur Rückweisung der Maschine reichen. Aufgrund der Schwere der zu erwartenden Folgen erhält die Fehlermöglichkeit die Risikobewertung „A". Folglich definiert das Projektteam geeignete Maßnahmen (Bild 5.5-3).

Maßnahme 1: Im Ablauf des Geschäftsprozesses „Angebotsbearbeitung" wird die Freigabeschleife „notwendige Angaben" organisatorisch verankert.

Maßnahme 2: Als Hilfsmittel zur Durchführung der Freigabeentscheidung wird die Checkliste „notwendige Angaben" eingeführt. Diese enthält nun u. a. die Frage „Werkstoff bekannt?".

5.5 Fehler-Möglichkeits- und Einfluss-Analyse

Strukturierung von Fehlermöglichkeiten in Geschäftsprozessen					
Geschäftsprozess	Subprozess	Fehlermöglichkeiten/ -ursachen	Folgen	Priorisierung	Maßnahmen
Angebotserstellung	Anfrage aufnehmen	Anforderungen unklar z.B.: Werkstoffspezifikationen	Standzeit Probleme	A	

Kontrollschleife   Checkliste: notwendige Angaben   Verantwortungsmatrix   Außendienstmitarbeiter schulen

	Notwendige Angaben
Außendienst	Verantwortung
tech. Vertrieb	Mitwirken
TB	Information

Bild 5.5-3   Die Geschäftsprozess-FMEA – Beispiel „Anfrage Aufnehmen"

Maßnahme 3: Die Verantwortlichkeiten sind eindeutig zu regeln: Der Vertrieb-Außendienst ist verantwortlich, der Vertrieb-Innendienst wirkt mit und das Technische Büro ist zu informieren.

Maßnahme 4: Um die nachhaltige Wirksamkeit der Veränderungen im realen Prozessablauf sicherzustellen, ist die Schulung der Verantwortlichen, in diesem Fall des Vertriebes-Außendienst, unabdingbar.

Zusammenfassend empfiehlt sich die Geschäftsprozess-FMEA als ein wirksames Werkzeug zur Unterstützung des ständigen Verbesserungsprozesses. Im Team angewandt erlaubt die G-FMEA die strukturierte und systematische Schwachstellenanalyse der betrieblichen Organisation. Es zeigt sich, dass das Ziel „robuste Geschäftsprozesse" häufig mit einfachen organisatorischen Maßnahmen – oft sogar kostenneutral – erreicht werden kann.

5.5.2 Fehler-Möglichkeits- und Einfluss-Analyse in der Konstruktion

Der Erfolg eines Produktes hängt in starkem Maße von der Konstruktion ab. Denn hier erfolgt die detaillierte Festlegung der Gestaltungsmerkmale und somit der späteren Eigenschaften des Produktes. Die Beseitigung von Konstruktionsfehlern wird um so teurer, je später die Änderung veranlasst wird. Während der Konstruktion kann ein Fehler noch „mit dem Bleistift" korrigiert werden. Erfolgt die Fehlerbehebung erst nach Serienanlauf, so sind erheblich höhere Kosten zu tragen. Dann müssen nämlich Fertigungsabläufe geändert werden und der Hersteller muss für die beim Kunden in Erscheinung tretenden Mängel haften und sie beseitigen. Nicht zuletzt kann langfristig der Absatz zurückgehen, da die Produkte als unzuverlässig gelten.

In der Konstruktion muss der Grundstein für ein fehlerfreies Produkt gelegt werden. Dieses Ziel kann erstens durch Fehlervermeidung, zweitens durch frühzeitige Fehlerentdeckung erreicht werden. Die Fehlervermeidung kann durch eine methodische Konstruktion, aber vor allem auch durch ein frühzeitiges Review unter Einbeziehung aller an der Produktentstehung beteiligten Bereiche erreicht werden. Aber selbst durch die beste Konstruktionsmethodik und durch Teamarbeit kann nicht verhindert werden, dass Konstruktionsentwürfe immer auch Fehler enthalten. Daher müssen alle Anstrengungen unternommen werden, um den jeweils erreichten Stand der Konstruktion zu überprüfen und entsprechend zu überarbeiten.

Ein guter Konstrukteur überprüft seine Entwürfe ständig auf mögliche Schwachstellen und dokumentiert für kritische Bauteile jede Entscheidung. Ein geeignetes Werkzeug, das der Konstrukteur hierzu benutzen kann, ist die System-FMEA Produkt.

Im folgenden wird die System-FMEA Produkt am Beispiel eines Getriebeschaltrades (**Bild 5.5-4**) *erläutert.*

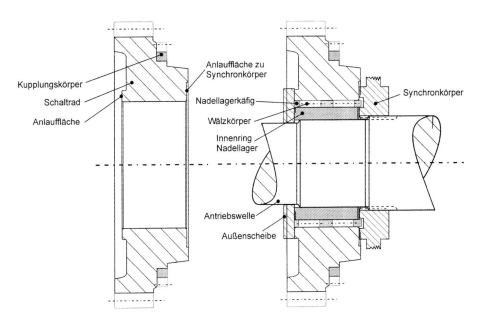

Bild 5.5-4 Getriebeschaltrad

Abgrenzung gegenüber der System-FMEA Prozess

In der praktischen Anwendung der FMEA fällt es oft schwer zu entscheiden, welche Inhalte in der System-FMEA Produkt und welche in der System-FMEA Prozess zu untersuchen sind. Folglich finden sich häufig in der System-FMEA Produkt Inhalte, die zur System-FMEA Prozess gehören und umgekehrt. Eine wirkungsvolle inhaltliche Abgrenzung ist sehr wichtig, denn sie ermöglicht die Konzentration auf die wesentlichen Inhalte und vermeidet Doppelarbeit. Als Leitfaden kann die folgende Abgrenzung herangezogen werden:

Die System-FMEA Produkt analysiert die konstruktive Auslegung eines Systems, die immer einen Kompromiss darstellt. Dieser Kompromiss kann bei bestimmten Bauteilen beispielsweise zugunsten eines geringen Gewichts aber auf Kosten der Lebensdauer (Verschleißteile) oder der Höchstlast ausgelegt sein. Schwachstellen in der konstruktiven Auslegung sollen durch die FMEA-Anwendung identifiziert werden. Hierbei sollen Fehler, die in der Fertigung auftreten könnten, nicht betrachtet werden: Dies ist Sache der System-FMEA Prozess. In der System-FMEA Produkt ist also von der Annahme auszugehen, dass das Teil genau so gefertigt und montiert wird, wie es in der Konstruktion (anhand der Einzelteil- und Zusammenstellungszeichnungen) spezifiziert wurde.

Die Leitfrage der System-FMEA Produkt könnte demnach lauten: „Wo könnte die *konstruktive Auslegung* der Komponente bzw. die Auslegung des Systems am ehesten dazu führen, dass die geforderten Funktionen nicht erfüllt werden?"

Wenn der Konstrukteur Toleranzen vorgibt, welche zwar eine sichere Funktionserfüllung gewährleisten, die aber fertigungstechnisch nicht hergestellt werden können, so ist dies ein typisches Schnittstellenproblem. In vielen Unternehmen ist diese Schnittstelle zwischen Konstruktion und Fertigung ein Kernproblem. Die Kommunikation dieser Bereiche ist zumeist noch sehr entwicklungsfähig.

Es ist Aufgabe der Konstruktion, fertigungsgerecht zu konstruieren. Die Untersuchung der fertigungstechnischen Machbarkeit von Konstruktionsentwürfen ist daher auch eine wichtige Aufgabe der System-FMEA Produkt! Hierzu sollte bei der Erstellung der System-FMEA Produkt immer auch ein Mitarbeiter aus der Prozessplanung oder der Produktion beteiligt sein.

Zur Untersuchung der fertigungstechnischen Machbarkeit sollte in der System-FMEA Produkt die folgende Leitfrage gestellt werden: „An welchen Stellen in der konstruktiven Auslegung sind die Vorgaben aus fertigungs- und montagetechnischen Gründen nicht oder nur sehr schwer erfüllbar?"

Organisatorische Vorbereitung der FMEA

Die FMEA ist in Teamarbeit zu erstellen, wobei die Teamzusammensetzung der jeweiligen Aufgabe angepasst sein muss. Entsprechend der unternehmensspezifischen Arbeitsteilung zwischen verschiedenen Bereichen wird das FMEA-Team in verschiedenen Unternehmen sehr unterschiedlich zusammengesetzt sein. Es ist hierbei zu bedenken, dass Fehler gerade an den Schnittstellen verschiedener Bereiche (z. B. fertigungstechnische Machbarkeit) entstehen. Durch die gemeinsame Fehlersuche im Team können solche Fehler bei der FMEA-Durchführung entdeckt werden (**Bild 5.5-5**).

Die FMEA muss organisatorisch gut vorbereitet werden. Zuerst sollte ein Moderator benannt werden, der im folgenden die FMEA-Durchführung koordiniert und die Teamsitzungen leitet und lenkt. Die erste Aufgabe des Koordinators ist die Bildung eines Teams und die Vereinbarung eines Terminplans. Um einen zügigen Fortschritt der FMEA zu gewährleisten, sollten vor jeder Teamsitzung an die Teammitglieder Aufgaben, wie z. B. die Beschaffung bestimmter Informationen, verteilt werden.

Zur organisatorischen Vorbereitung stehen dem Moderator eine Reihe von Hilfsmitteln zur Verfügung. Zur Zeitplanung kann er beispielsweise auf Projektplanungsmodule, die in einigen rechnergestützten FMEA-Programmen zur Verfügung stehen, zurückgreifen. Diese ermöglichen auch das Erstellen detaillierter FMEA-Arbeitspläne.

Teamarbeit muss gelenkt werden, da sonst allzu leicht „am Thema vorbei" diskutiert wird. Es ist die Aufgabe des Moderators, in den Sitzungen die Gesprächsführung zu übernehmen und die methodische Korrektheit der durchgeführten FMEA sicherzustel-

Aufgaben	Mitarbeiter	Termin
Organisation und Moderation der FMEA	*Verantwortlich:* Maier (QS)	2.4.95
Systemstruktur	*Verantwortlich:* Maier (QS)	5.4.95
– Information von Kunden besorgen	Müller (Vertrieb)	3.4.95
– Entwurf vorbereiten	Schmitz (Konstr.)	4.4.95
– Verabschiedung im Team	Maier (QS), Müller (Vertrieb), Schmitz (Konstr.)	5.4.95
Funktionsanalyse	*Verantwortlich:* Schmitz (Konstr.)	10.4.95
– Externe Funktionen dokumentieren	Schmitz (Konstr.), Müller (Vertrieb)	7.4.95
– Interne Funktionen & Merkmale dokumentieren	Schmitz (Konstr.)	7.4.95
– Zeichnungen und Stücklisten bereitstellen	Schmitz (Konstr.)	10.4.95
– Verabschiedung im Team	Maier (QS), Schmitz (Konstr.), Müller (Vertrieb)	10.4.95
Risikoanalyse	*Verantwortlich:* Schmitz (Konstr.)	20.4.95
– Liste von Fehlfunktion erstellen (Müller)	Schmitz (Konstr.), Schmitt (AP)	13.4.95
– Folgen von Fehlfunktionen	Müller (Konstr.)	18.4.95
– Ursachen von Fehlfunktionen	Schmitz (Konstr.)	18.4.95
– Entdeckungsmaßnahmen	Schmitz (Konstr.), Hinze (Versuch)	18.4.95
– Bewertung und Verabschiedung im Team	Maier (QS), Schmitz (Konstr.), Schmitt (AP)	20.4.95
Risikominimierung	*Verantwortlich:* Schmitz (Konstr.)	30.4.95
– Schwachstellenidentifikation	Maier (QS)	25.4.95
– Maßnahmenfestlegung im Team	Maier (QS), Schmitz (Konstr.), Schmitt (AP)	30.4.95
– Maßnahmenverfolgung	Maier (QS)	

Bild 5.5-5 FMEA-Arbeitsplan (Beispiel)

len. Eine weitere Aufgabe ist es, Mitarbeiter des Unternehmens in der FMEA-Methodik zu schulen.

Arbeitsablauf der FMEA

Die FMEA-Durchführung ist in die folgenden Arbeitsschritte gegliedert:
- Bestimmung der Systemstruktur
- Durchführung einer Funktionsanalyse
- Risikoanalyse und -bewertung
- Risikominimierung

Zur Vorbereitung der FMEA können bestimmte Informationen, sofern sie in dokumentierter Form vorliegen, den Teammitgliedern zur Verfügung gestellt werden. Die folgende Auflistung zählt hierzu Beispiele auf:

Gesamtsysteminformationen: Vor allem Zulieferer benötigen Informationen darüber, wie sich Fehler ihres Bauteils im Gesamtsystem auswirken, um die Bedeutung eines möglichen (Bauteil-) Fehlers besser abschätzen zu können.

QFD (Quality Function Deployment): Die QFD ist eine Qualitätsplanungsmethode, bei der die technische Realisierung mit den Augen des Kunden betrachtet wird (vgl. Kap. 1). Die folgenden QFD-Informationen sind aus Sicht der FMEA interessant: Kundenforderungen, Leistungsmerkmale des Produktes, konstruktive Merkmale, Prozessmerkmale und Parameter.

Pflichtenheft, gesetzliche Vorschriften: Im Pflichtenheft sind Anforderungen an ein System festgehalten, beispielsweise Einsatzbedingungen, Abmessungen, Gewicht, Leistung. In der System-FMEA Produkt wird überprüft, ob der Konstruktionsentwurf diese Anforderungen voraussichtlich erfüllen wird und ob das System unter allen Einsatzbedingungen funktionieren wird. Die Einhaltung von gesetzlichen Vorschriften, welche oft nicht im Pflichtenheft aufgeführt sind, ist in der FMEA unbedingt zu überprüfen.

Zeichnungen und Stücklisten werden bei der System-FMEA Produkt benötigt, um bestimmte Problemstellungen veranschaulichen und diskutieren zu können.

FMEAs, die zu ähnlichen Konstruktionen angefertigt wurden, enthalten in der Regel interessante Informationen und können als Anleitung dienen. Es ist zu beachten, dass durch *zu* starke, unkritische Verwendung vorhandener Informationen die Kreativität leiden kann.

Sonstige Informationen, z. B. Versuchsberichte usw., können in verschiedenen Schritten der FMEA hilfreich sein.

Systemstruktur

Die Systemstruktur ist Voraussetzung für die Betrachtung der Auswirkungen von Fehlern im System. Die in der FMEA betrachteten Bauteile sind zumeist Teil eines technischen Systems, wie beispielsweise eines Fahrzeugs. Die Systemstruktur stellt den Aufbau der Hardware, also der Bauteile und Komponenten, des Systems dar. Jedes Teil darf in der Systemstruktur nur einmal vorkommen. Funktionale Zusammenhänge sind implizit in der Systemstruktur enthalten, werden jedoch in einer Funktionsanalyse gesondert betrachtet.

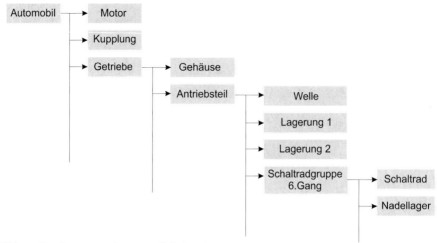

Bild 5.5-6 Systemstruktur zum Schaltrad

Die Aufstellung der Systemstruktur beginnt mit der Zerlegung des Endsystems in Hauptkomponenten, welche wiederum in Komponenten zerlegt werden können. Die Zerlegung wird fortgesetzt, bis die Ebene des zu untersuchenden Bauteils erreicht ist. Aber auch die umgekehrte Analyserichtung ist möglich, d. h. beginnend beim Bauteil werden die übergeordneten Systemebenen bis hin zum Endsystem bestimmt.

Das Schaltrad ist Teil der Schaltradgruppe, die wiederum eine Komponente des Getriebes ist. Das Getriebe gehört zum Antriebssystem des Fahrzeugs (**Bild 5.5-6**).

Funktionsanalyse

Die Überprüfung der Konstruktion erfolgt, indem jede einzelne *Funktion* des Bauteils auf mögliche Risiken, d. h. ganze oder teilweise Nichterfüllung der Funktion, überprüft wird. Die Funktionsanalyse dient der Ermittlung dieser Funktionen und ist damit die Basis für die weiteren Schritte.

Ausgangspunkt der Funktionsanalyse ist die Ermittlung der externen Funktionen des untersuchten Teils. Externe Funktionen sind diejenigen Funktionen, die das Teil „aus Sicht" des übergeordneten Systems erfüllt. Dabei kann das betrachtete Teil entweder der alleinige Funktionsträger sein oder mit anderen Funktionsträgern zusammenwirken. Sollten solche zusammenwirkende Funktionsträger existieren, so sind sie zusammen mit der Funktion zu dokumentieren.

Die externen Funktionen des Schaltrades im übergeordneten System Schaltradgruppe sind *Schaltvorgang, Übertragung des Drehmomentes* und *Lagerung*.

Bei der Funktion *Schaltvorgang* wirkt das Schaltrad mit den Bauteilen Synchronring, Schaltmuffe und Welle zusammen. Die *Übertragung des Drehmoments* wird durch ein Zusammenwirken von Schaltrad, Schaltmuffe, Synchronkörper und Welle gewährleistet. Die Funktion *Lagerung* wird durch Zusammenwirken mit dem Nadellager erfüllt.

In einem zweiten Schritt werden die externen Funktionen auf interne Funktionen zurückgeführt, d. h. auf technische Funktionen innerhalb des Bauteils oder auf das Zu-

5.5 Fehler-Möglichkeits- und Einfluss-Analyse

sammenwirken von Unterkomponenten. Im letzteren Fall ist das Zusammenwirken als eine externe Funktion der Unterkomponente anzusehen, die Funktionsanalyse ist für diese Unterkomponente entsprechend durchzuführen.

Hinsichtlich der externen Funktion *Schaltvorgang* zeigen sich die internen Funktionen *Synchronisieren des Schaltrades auf Wellendrehzahl, Herstellen des Formschlusses* und *Freilauf durch Aufgabe des Formschlusses.*

Die externe Funktion *Übertragung des Drehmoments* beruht auf den internen Funktionen Stirnradverzahnung und *Formschluss mit Schaltmuffe.* Die externe Funktion *Lagerung* lässt sich aufspalten in die internen Funktionen *Lagerung* axial und *Lagerung radial* (**Bild 5.5-7**).

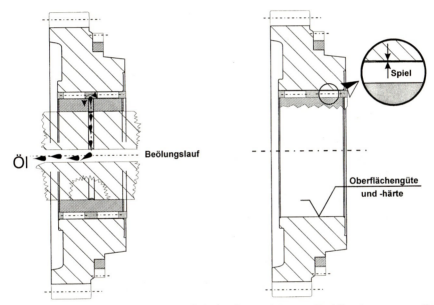

Bild 5.5-7   Konstruktive Merkmale des Schaltrades zur internen Funktion *Lagerung radial*

Technische Funktionen werden durch konstruktive Merkmale gewährleistet, die der Konstrukteur genau vorgibt und detailliert spezifiziert. Die Abweichung eines solchen Merkmals führt dazu, dass Funktionen ganz oder teilweise nicht gewährleistet sind, d. h. zu einem Funktionsverlust führen. Für die internen Funktionen sind die entsprechenden Merkmale anzugeben.

Bei unserem Schaltrad wollen wir uns im folgenden auf die internen Funktionen *Lagerung axial* und *Lagerung radial* konzentrieren.

Die Funktion *Lagerung radial* wird gewährleistet durch die Merkmale *Lagerspiel Wälzkörper/Schaltrad, Rauhigkeit der Schaltradbohrung, Härte der Schaltradbohrung* und *Lage der Ölbohrungen* (Bild 5.5-7). Die interne Funktion *Lagerung axial* wird gewährleistet durch die Merkmale *Axialspiel, Materialwahl* und *Rauhigkeit der Anlauffläche* (**Bild 5.5-8**).

Zur Funktionsanalyse können Formblätter (**Tabelle 5.5-1**) verwendet werden.

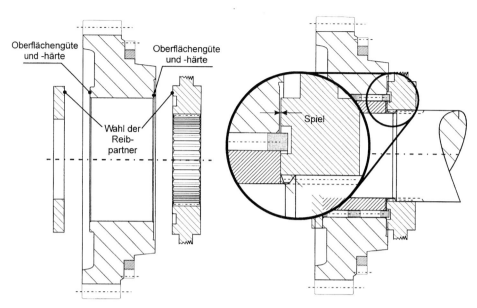

Bild 5.5-8 Konstruktive Merkmale des Schaltrades zur internen Funktion *Lagerung axial*

Risikoanalyse und -bewertung

Die Risikoanalyse und -bewertung besteht aus den Schritten:
- Ermitteln und Bewerten der potenziellen Fehlerfolgen
- Ermitteln der potenziellen Fehlerursachen und der Vermeidungsmaßnahmen sowie Bewerten derselben
- Ermitteln und Bewerten der vorhandenen Entdeckungsmaßnahmen

Als potenzielle Fehler der System-FMEA Produkt sind mögliche Fehlfunktionen des Teils anzugeben. Hierzu werden zu jeder internen Funktion, die in der Funktionsanalyse bestimmt wurde, Funktionsausfälle angegeben, d. h. die Funktion wird „verneint". Hierbei sind insbesondere auch Funktionsausfälle zu betrachten, die erst nach einer bestimmten Nutzungszeit („vorzeitiger Verschleiß") oder unter bestimmten Einsatzbedingungen auftreten können.

Für die Funktion *Lagerung radial* können die Fehlfunktionen *Verschleiß der Nadellaufbahn* und *Festfressen der Wälzkörper auf Schaltrad* angegeben werden. Bei der Funktion *Lagerung axial* kann es zur Fehlfunktion *Verschleiß der Anlaufflächen* kommen. Zur Darstellung von Funktionen und Fehlfunktionen kann sehr gut ein Baumdiagramm verwendet werden (**Bild 5.5-9**).

In dem zweiten Schritt der Risikoanalyse werden zu jeder ermittelten Fehlfunktion die möglichen Folgen angegeben und bewertet. Da infolge des Fehlers in der Regel auch Fehlfunktionen des übergeordneten Systems, z. B. des Getriebes, hervorgerufen werden, wird der Fehler sich unter Umständen soweit fortpflanzen, bis die Funktion des Gesamtsystems, z. B. des Fahrzeugs, betroffen ist. Bei der Angabe der Fehlerfolge sollte versucht werden, diese kausale Kette möglichst vollständig zu beschreiben.

5.5 Fehler-Möglichkeits- und Einfluss-Analyse

Tabelle 5.5-1   Formblatt der Funktionsanalyse

	Funktionsanalyse	Bauteil/Nächsthöhere Baustufe: Schaltrad/ Schaltradgruppe	
	Externe Funktionen	*Bezüglich Baustufe*	
1	Lagerung	Schaltradgruppe	
2	Schaltvorgang	Antriebswelle	
3	Übertragung des Drehmoments	Getriebe	
	Interne Funktion	*Merkmale*	*Zusammenwirken/ Unterkomponenten*
	Zu 1: Lagerung		
1.1	Lagerung radial	Bohrung: – Maß – Oberflächengüte – Oberflächenhärte – Schmierung	Nadellager: – Wälzkörper – Käfig – Nadellagersitz
1.2	Lagerung axial	Axialspiel Anlauffläche: – Oberflächengüte – Material	Synchronkörper Außenscheibe
	Zu 2: Schaltvorgang		
2.1	Synchronisieren	(…)	(…)
2.2	Herstellen des Formschlusses	(…)	(…)
2.3	Freilauf (ungeschaltet)	(…)	(…)
	Zu 3: Übertragung des Drehmoments		
3.1	Stirnradverzahnung	(…)	(…)
3.2	Formschluss mit Schaltmuffe	(…)	(…)

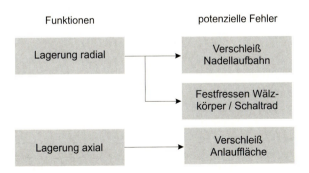

Bild 5.5-9   Ermittlung der potenziellen Fehler

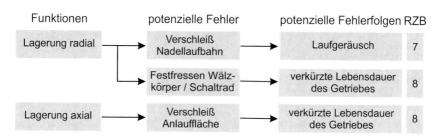

Bild 5.5-10 Ermittlung der Fehlerfolgen (RZB = Risikozahl „Bedeutung")

Jede Fehlerfolge ist bezüglich der Schwere bzw. Bedeutung zu bewerten, wobei der zuletzt hervorgerufene Systemzustand zugrunde zu legen ist. Die Bedeutung wird aus Kundensicht bewertet, d. h. es ist zu berücksichtigen, wie schwerwiegend der Kunde die Fehlerfolge bewerten wird. Zur Bewertung wird die sogenannte Risikozahl „*Bedeutung*" verwendet, die von 1 (Kunde nimmt die Fehler nicht wahr) über 5 (Kunde ist mäßig verärgert) bis 10 (z. B. Sicherheitsgefährdung des Kunden) reichen kann.

Manchmal verfügen Zulieferunternehmen nur über unzureichende Informationen bezüglich des Systems, in das ihr Bauteil eingebaut wird. In diesem Fall kann die Auswirkung von Fehlern im System weder bestimmt noch bewertet werden. Um dies zu vermeiden, sollte der Zulieferer diese Informationen von seinem Abnehmer anfordern.

Zur Bestimmung der Fehlerfolgen wird ein Baumdiagramm verwendet (**Bild 5.5-10**). Die angegebenen Risikozahlen „*Bedeutung*" liegen relativ hoch. Bei der Bewertung liegt die Annahme zugrunde, dass sowohl Laufgeräusche als auch ein frühzeitiger Verschleiß des Getriebes den Kunden erheblich verärgern.

Im dritten Schritt der Risikoanalyse werden die konstruktiven Ursachen für Fehlfunktionen untersucht. Die Ursachen liegen meist in unsicher oder ungeeignet ausgelegten Gestaltungsmerkmalen, z. B. in der Geometrieauslegung sowie in der Wahl von Passungen und Materialien. Bei der Ermittlung der potenziellen Fehlerursachen werden daher die einzelnen Gestaltungsmerkmale des Teils, die in der Funktionsanalyse erarbeitet wurden, bezüglich ihrer Auslegung überprüft (**Bild 5.5-11**).

Die gefundenen potenziellen Ursachen werden mit der Risikozahl „*Auftreten*" bewertet. Die Risikobewertung ist ein Maß dafür, wie wahrscheinlich die Fehlfunktion durch die bewertete Merkmalsauslegung verursacht werden kann. In anderen Worten: der Konstrukteur gibt anhand der Bewertung an, ob er sich bei der Merkmalsauslegung immer auf der sicheren Seite befunden hat (Risikozahl Auftreten = 1) oder ob die Merkmalsauslegung mit einer hohen Wahrscheinlichkeit zu bestimmten Fehlfunktionen führen wird (Risikozahl Auftreten = 10).

Ursächlich für den Fehler Verschleiß der Nadellaufbahn kann eine unzureichende Schmierung sein. Unter Berücksichtigung der schon vorgesehenen Vermeidungsmaßnahme *Verbesserte Ölzufuhr* kann fast sicher davon ausgegangen werden, dass eine unzureichende Schmierung nicht auftreten wird. Daher wurde hier die Risikozahl (RZ) Auftreten mit 2 bewertet. Für die Fehlfunktion *Festfressen Wälzkörper/Schaltrad* können drei konstruktive Vorgaben verantwortlich sein: die Auslegungen der Oberflächengüte, der Oberflächenhärte und des Radialspiels. Bei der Bewertung wird deutlich, dass

5.5 Fehler-Möglichkeits- und Einfluss-Analyse

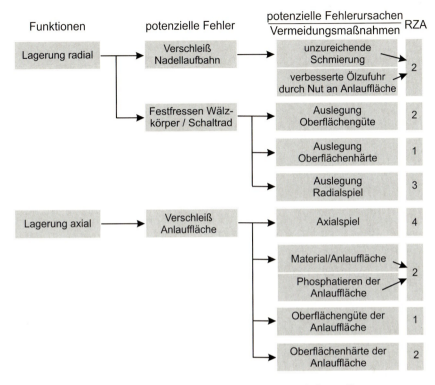

Bild 5.5-11 Ermittlung der Fehlerursachen (RZA = Risikozahl „Auftreten")

das Radialspiel (RZ „Auftreten" = 3) am ehesten Grund zur Sorge gibt. Der Konstrukteur hat hier ein größeres Spiel vorgesehen, damit das Lager leichter montierbar ist.

Für die Fehlfunktion *Verschleiß der Anlauffläche* wurden vier mögliche Ursachen bestimmt: *Axialspiel, Material der Anlauffläche, Oberflächengüte der Anlauffläche* und *Oberflächenhärte der Anlauffläche*. An der Anlauffläche kann Metall auf Metall reiben, wenn das Schaltrad sich im Freilauf befindet, d. h. nicht unter Last ist und auf der Welle drehbar ist. Das gewählte Material (ein vergüteter Stahl) ließe eine große Reibung erwarten, doch durch die Vermeidungsmaßnahme *Phosphatieren der Anlauffläche* sind hier keine Probleme zu erwarten (RZ „Auftreten" = 2). Die Fehlfunktion *Verschleiß der Anlauffläche* kann am ehesten durch das vorgegebene – und offensichtlich zu geringe – Axialspiel verursacht werden (RZ „Auftreten" = 4).

In der Risikoanalyse wird zuletzt untersucht, ob die Fehlfunktionen entdeckt werden können, bevor die Konstruktionsfreigabe erfolgt. Unter der Annahme, dass die Fehlfunktion auftritt, lautet die Frage: „Sind Maßnahmen vorgesehen, die zur Entdeckung der Fehlfunktion führen?" Zur Entdeckung von konstruktiv bedingten Fehlfunktionen können beispielsweise Versuche an Prototypen oder Zusatzberechnungen vorgenommen werden.

Während durch bestimmte Entdeckungsmaßnahmen Fehlfunktionen leicht bemerkt werden können, sind andere nicht in der Lage diese aufzuspüren. Die Wahrscheinlichkeit der Fehlerentdeckung vor Konstruktionsfreigabe wird mit der Risikozahl „Entdeckung" bewertet, die von 1 (Fehlfunktion wird sicher entdeckt werden) bis 10 (Fehlfunktion wird wahrscheinlich nicht entdeckt werden) reichen kann. Der Wert 10 ist also insbesondere dann zu vergeben, wenn keine Maßnahme vorgesehen ist, die den Fehlerzustand entdecken kann.

Die Funktion des Schaltrades wird überprüft anhand von Lastläufen. Hierzu werden noch vor der endgültigen Konstruktionsfreigabe Prototypen des Getriebes hergestellt und ausgiebig getestet. In diesem Test können jedoch Fehlfunktionen, die sich erst nach längerer Zeit zeigen, beispielsweise *Vorzeitiger Verschleiß*, nur mit einer mittleren bis niedrigen Wahrscheinlichkeit gefunden werden. Daher wurde die Risikozahl „Entdeckung" hierfür mit 7 bewertet (**Bild 5.5-12**). Die Fehlfunktion *Unzureichende Schmierung* kann demgegenüber besser entdeckt werden, die Risikozahl „Entdeckung" hierfür ist 5.

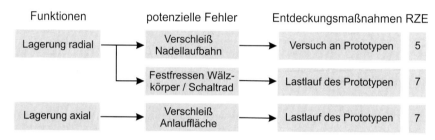

Bild 5.5-12 Ermittlung der Entdeckungsmaßnahmen (RZE = Risikozahl „Entdeckung")

Die Risikobewertung

Im Rahmen der Risikoanalyse werden drei Risikozahlen (RZ) bestimmt, die jeweils von 1 (günstigster Zustand) bis 10 (ungünstigster Zustand) reichen können (**Tabelle 5.5-2**).

Bei der Risikobewertung sollten die folgenden Punkte berücksichtigt werden:

- Unabhängigkeit der Risikozahlen: Es ist sehr wichtig, die verschiedenen Bewertungskriterien nicht zu vermischen, was in der Praxis leider manchmal vorkommt. Mit der Risikozahl „Entdeckung" beispielsweise ist die Entdeckungswahrscheinlichkeit des Fehlers zu bewerten, *ohne* zu berücksichtigen, wie oft er auftreten kann. Die Frage muss lauten: „Wenn der Fehler auftritt, wie wahrscheinlich kann ich ihn dann entdecken?"
- Standard-Bewertungstabellen (z. B. nach VDA) können Anhaltspunkte für die Risikobewertung geben. Leider lassen sich diese Tabellen häufig nicht auf die speziellen Gegebenheiten eines Unternehmens oder einer bestimmten Branche anwenden. Hierzu können unternehmensspezifische, eigene Bewertungstabellen entwickelt werden.
- Die Risikobewertung ist subjektiv beeinflusst. Daher kommt es bei der Bewertung weniger darauf an, die jeweiligen Risikoinhalte, d. h. Ursachen, Folgen und Entdeckungsmaßnahmen mit absoluten Werten aus Bewertungstabellen zu vergleichen. Dies kann auch sehr schwierig sein, da diese Tabellen häufig quantitative Angaben enthalten; und wer kann z. B. schon sagen, ob eine Ursache mit der Ausdruckwahrscheinlichkeit 1/25 000 auftritt? Wichtiger ist es vielmehr, die einzelnen Risikoinhalte

untereinander anhand der Bewertungszahlen zu priorisieren, also beispielsweise zu dokumentieren, dass die Ursache U1 wahrscheinlicher auftreten wird als U2. Aber auch dies ist in der Praxis häufig mit Schwierigkeiten verbunden. Ein Hilfsmittel kann eine priorisierte Liste sein, die hier am Beispiel der Fehlerursachen erläutert werden soll. Die Fehlerursachen werden in eine Liste eingetragen und dann nach der Auftretenswahrscheinlichkeit sortiert, beispielsweise durch paarweisen Vergleich. Dann werden Risikozahlen vergeben, wobei diejenigen Ursachen, die untereinander nicht abgestuft werden können, die gleiche Risikozahl erhalten (**Tabelle 5.5-3**).

Tabelle 5.5-2 Die drei Risikozahlen der FMEA im Überblick

Risikozahl	Verknüpft mit	Bewertungskriterium
RZ „Bedeutung"	Fehlerfolge (z. B. „Funktions-Ausfall des Gesamtsystems")	Wirkung auf den Kunden des Enderzeugnisses, z. B.: 1 = Kunde nimmt die Fehlerfolge nicht wahr 10 = Sicherheitsgefährdung des Kunden
RZ „Auftreten"	Fehlerursache (z. B. Auslegung des Merkmals „Axialspiel")	Wahrscheinlichkeit mit der die Ursache eine Fehlfunktion herbeiführt (unter Berücksichtigung der vorhandenen Vermeidungsmaßnahmen), z. B.: 1 = Merkmalsauslegung ist „bombensicher" und kann Fehlfunktion auf keinen Fall herbeiführen 10 = Merkmalsauslegung ist relativ unsicher
RZ „Entdeckung"	Entdeckungs-Maßnahme (z. B. Versuch am Prototypen)	Wahrscheinlichkeit, mit der die Fehlfunktion durch eine Entdeckungsmaßnahme noch vor Konstruktionsfreigabe bemerkt wird, z. B.: 1 = Fehlfunktion wird sicher entdeckt werden 10 = Fehlfunktion wird wahrscheinlich unentdeckt bleiben

Tabelle 5.5-3 Priorisierte Liste für die Fehlerursachen

Ursachen	Risikozahl „Auftreten"
Axialspiel	4
Auslegung Radialspiel	3
Unzureichende Schmierung/Vermeidungsmaßnahme: Beölungslauf, verbesserte Ölzufuhr durch Nut an Anlauffläche	2
Auslegung Oberflächengüte	2
Material Anlauffläche/Vermeidungsmaßnahme: Phosphatieren der Anlauffläche	2
Oberflächenhärte der Anlauffläche	2
Auslegung Oberflächenhärte	1
Oberflächengüte der Anlauffläche	1

Durch Multiplikation der drei Risikozahlen ergibt sich die sogenannte Risikoprioritätszahl (RPZ). Die RPZ kann für jeden Fehlerzustand, d. h. für jede kausale Kette aus Fehlerursache sowie Fehler und Fehlerfolge, gebildet werden. Die RPZ ist ein Kennwert für das Risiko, das der Fehlerzustand in sich birgt. Sie ist im Mittel dann hoch, wenn ein Fehler

1. häufig auftritt,
2. selten entdeckt wird und
3. aus Sicht des Kunden schwerwiegend ist.

Das FMEA-Formblatt

Zur Dokumentation der FMEA können Formblätter (**Bild 5.5-13** und **Bild 5.5-14**) verwendet werden. Am weitesten verbreitet ist das Formblatt nach VDA (Verband Deutscher Automobilhersteller).

In den Kopf des Formulars werden eingetragen:

– Art der FMEA (hier: „System-FMEA Produkt") und die Seitennummerierung. Die Bezeichnung „System-FMEA" weist somit auch darauf hin, dass Bezüge zu anderen FMEAs über übergeordnete oder auch untergeordnete Systemteile bestehen können.
– Typ- und Modellbezeichnung des hergestellten Systems, der Änderungstand der FMEA und der FMEA-Verantwortliche (1), beispielsweise der Moderator
– Die Bezeichnung oder Nummer des untersuchten Bauteils (unter der Rubrik „Systemelement")
– Die untersuchte interne Funktion – für jede interne Funktion existieren also ein oder mehrere eigene Formblätter (2).

Die Risikoinhalte werden in den Rumpf des Formblatts eingetragen. Hierbei sollte wie folgt vorgegangen werden (Bild 5.5-13 und Bild 5.5-14):

1. Die erste Fehlfunktion wird in der Spalte *Mögliche Fehler* (3) eingetragen.
2. Für diese Fehlfunktion wird dann die erste mögliche Fehlerfolge in (4) und die damit verbundene Risikozahl *Bedeutung* in (8) dokumentiert.
3. Als nächstes werden die möglichen Ursachen in (5) und – falls vorhanden – die Vermeidungsmaßnahmen in (6) aufgelistet. Die Risikozahl *Auftreten* wird in (9) eingetragen.
4. Nun wird die nächste Folge eingetragen. Hierzu werden nochmals alle möglichen Ursachen entsprechend Schritt 3 aufgeschrieben. Dies wird für alle Folgen wiederholt.
5. Die Entdeckungsmaßnahmen werden in (7) und die Risikozahlen *Entdeckung* in (10) vermerkt.
6. Aus den einzelnen Risikozahlen wird durch Multiplikation die Risikoprioritätszahl ermittelt und in (11) eingetragen.
7. Die Schritte 1 bis 6 werden für die weiteren Fehlfunktionen wiederholt.

5.5 Fehler-Möglichkeits- und Einfluss-Analyse

Fehler-Möglichkeits- und Einfluss-Analyse										Regel-Nr.:	
[X] System-FMEA Produkt			[ ] System-FMEA Prozess							Seite 1 von 2	
Typ/Modell/Fertigung/Charge: 1995/4711 (1)			Sach-Nr.: 12345-XYZ Änderungsstand: 3/95/Z			Verantw.: M. Klöbner Firma:				Abt.: Ent./Kon. Datum: 1.4.95	
System-Nr./Systemelement: Schaltrad Funktion/Aufgabe: Lagerung radial (2)			Sach-Nr.: Änderungsstand:			Verantw.: Firma:				Abt.: Datum:	
Fehl. Nr.	Mögliche Fehlerfolgen (4)	B (8)	Mögliche Fehler (3)	Mögliche Fehlerursachen (5)	Vermeidungs-maßnahmen (6)	A (9)	Entdeckungs-maßn. (7)	E (10)	RPZ (11)	V/T (12)
---	---	---	---	---	---	---	---	---	---	---
1	Laufgeräusch	7	Verschleiß Nadellaufbahn	unzureichende Schmierung	verbesserte Ölzufuhr durch Nut an Anlauffläche	2	Versuche an Prototypen: Beölungslauf;	5	70	Entw./Konst.
2	Verkürzte Lebensdauer des Getriebes	8	Festfressen Wälzkörper/ Schaltrad	Auslegung Oberflächen-güte		2	Lastlauf des Prototypen	7	112	Entw./Konst.
3		8		Auslegung Oberflächen-härte		1	Lastlauf des Prototypen	7	56	Entw./Konst.
4		8		Auslegung Radialspiel		3	Lastlauf des Prototypen	7	168	Entw./Konst.

Bild 5.5-13 VDA-Formblatt für *Lagerung radial*

Fehler-Möglichkeits- und Einfluss-Analyse										Regel-Nr.:	
[X] System-FMEA Produkt			[ ] System-FMEA Prozess							Seite 2 von 2	
Typ/Modell/Fertigung/Charge: 1995/4711 (1)			Sach-Nr.: 12345-XYZ Änderungsstand: 3/95/Z			Verantw.: M. Klöbner Firma:				Abt.: Ent./Kon. Datum: 1.4.95	
System-Nr./Systemelement: Schaltrad Funktion/Aufgabe: Lagerung axial (2)			Sach-Nr.: Änderungsstand:			Verantw.: Firma:				Abt.: Datum:	
Fehl. Nr.	Mögliche Fehlerfolgen (4)	B (8)	Mögliche Fehler (3)	Mögliche Fehlerursachen (5)	Vermeidungs-maßnahmen (6)	A (9)	Entdeckungs-maßn. (7)	E (10)	RPZ (11)	V/T (12)
---	---	---	---	---	---	---	---	---	---	---
5	verkürzte Lebensdauer des Getriebes	8	Verschleiß Anlauffläche	Axialspiel		4	Lastlauf des Prototypen	7	224	Entw./Konst.
6		8		Material Anlauffläche	Phosphatierte Anlauffläche	2	Lastlauf des Prototypen	7	112	Entw./Konst.
7		8		Oberflächen-güte d. Anlauf-fläche		1	Lastlauf des Prototypen	7	56	Entw./Konst.
8		8		Oberflächen-härte d. Anlauf-fläche		2	Lastlauf des Prototypen	7	112	Entw./Konst.

Bild 5.5-14 VDA-Formblatt für Lagerung axial

Risikominimierung

Das Ist-Risiko der Konstruktion wurde anhand der Risikoanalyse untersucht und dokumentiert. Zur Risikominimierung sind nun die folgenden Arbeitsschritte durchzuführen:

1. Bestimmung der Schwachstellen
2. Bestimmung geeigneter Maßnahmen und Bewertung bezüglich der Durchführbarkeit, der Kosten etc.
3. Verfolgung der Maßnahmen

Durch die Einführung von Abstellmaßnahmen werden in der Regel die Schwachstellen der Konstruktion entschärft oder beseitigt. Danach werden andere Risiken, die zuvor eher zweitrangig waren, an die erste Stelle rücken: Im Sinne einer ständigen Verbesserung sollte die Risikominimierung immer wieder durchlaufen werden, bis eine akzeptable Qualität erreicht wird. Nach der Wirkung auf den Fehlerzustand können unterschieden werden (Tabelle 5.5-4).

– *Vermeidende Maßnahmen* tragen dazu bei, die Wahrscheinlichkeit des Fehlerauftretens zu vermindern. Sie setzen also in der Regel bei der Fehlerursache an. Ein Beispiel für eine vermeidende Maßnahme ist eine verbesserte Merkmalsauslegung, also eine Konstruktionsänderung. Vermeidende Maßnahmen führen zu geringeren Risikozahlen *Auftreten*.

– *Entdeckende Maßnahmen* verbessern die Möglichkeit der Fehlerentdeckung, z. B. durch Tests, Versuche und Prüfmaßnahmen (vgl.: Entdeckungsmaßnahmen der Risikoanalyse). Durch Entdeckungsmaßnahmen werden bessere Risikozahlen *Entdeckung* erreicht.

– *Auswirkungsbegrenzende Maßnahmen* vermindern die Auswirkung eines auftretenden Fehlers, beispielsweise durch Gewährleistung einer Redundanz. Ein Beispiel für eine auswirkungsbegrenzende Maßnahme ist der Einbau einer Sicherung in Elektrogeräte. Wenn durch einen konstruktionsbedingten Kabelbruch ein Kurzschluss auftritt, so verhindert die Sicherung einen Brand. Die Folge des Fehlers Kabelbruch ist durch die Sicherung weniger schwerwiegend. Auswirkungsbegrenzende Maßnahmen sind in der Praxis eher selten. Sie führen zu einer Reduzierung der Risikozahl *Bedeutung*.

Tabelle 5.5-4 Die Wirkung der Maßnahmen

	RZ Auftreten	RZ Entdeckung	RZ Bedeutung
Vermeidende Maßnahmen	⇓		
Entdeckende Maßnahmen		⇓	
Auswirkungsbegrenzende Maßnahmen			⇓

Entscheidungskriterien für die Risikominimierung

Als Kriterium für die Entscheidung, wo Abstellmaßnahmen einzuleiten sind, wird meist die RPZ herangezogen. Da die Risikozahlen jedoch sehr stark von subjektiven Bewertungen abhängen, ist es *falsch*, als Kriterium feste Grenzwerte für die RPZ, beispielsweise RPZ > 125, zu wählen. Die RPZ ist als ein Kennwert zur Priorisierung von potentiellen Fehlerzuständen zu verstehen. Ein Mittel, um die relative Bedeutung darzustellen, ist die Pareto-Analyse.

Die Pareto-Analyse für das Beispielteil (**Bild 5.5-15**) zeigt, dass die beiden wichtigsten Fehlerzustände für über 40 % des Gesamtrisikos verantwortlich sind. Die angegebenen Fehlernummern korrespondieren mit denen in den Formblättern (Bild 5.5-13 und Bild 5.5-14).

Es ist wichtig, neben der RPZ auch die Beschreibung von Fehler, Fehlerfolge und Fehlerursache sowie die „Zusammensetzung" der RPZ zu beachten. So können als zusätzliche Kriterien auch einzelne Bewertungszahlen sowie Kombinationen einzelner Bewertungszahlen benutzt werden. Zwei derartige Kombinationen sind:

a) Das Produkt aus den Risikozahlen A und B (A · B):

Durch dieses Kriterium werden Fehler identifiziert, die häufig auftreten und sich beim Kunden schwerwiegend auswirken: das Qualitätsproblem schlechthin. Zwar kann durch einen hohen Prüfaufwand die RPZ noch gering gehalten werden, aber durch diese Vorgehensweise wird Qualität erprüft, nicht produziert. An den Schwachstellen, die mit Hilfe dieses Kriteriums gefunden werden, sollten vor allem vermeidende Maßnahmen ansetzen. Durch erhöhten Prüfaufwand kann hier nicht mehr viel erreicht werden.

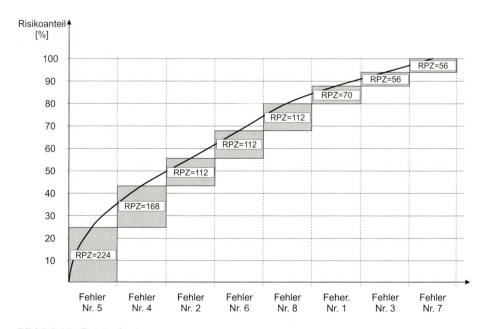

Bild 5.5-15 Pareto-Analyse

b) Das Produkt aus den Risikozahlen A und E (A · E):

Durch dieses Kriterium werden Fehler identifiziert, die häufig zum Kunden gelangen, d. h. die häufig auftreten und – wenn sie auftreten – schlecht entdeckt werden. An diesen Stellen sollte genau überprüft werden, ob die Fehlerfolge noch hinnehmbar ist: auch kleine Fehler können, wenn sie gehäuft auftreten, zu erhöhten Servicekosten führen. An den Schwachstellen, die mit Hilfe dieses Kriteriums gefunden werden, können vermeidende oder – wenn nicht anders möglich – auch entdeckende Maßnahmen ansetzen.

Bestimmung der Abstellmaßnahmen

Zu den identifizierten Schwachstellen werden Abstellmaßnahmen vorgeschlagen. Aus den vorgeschlagenen Maßnahmen werden dann diejenigen ausgewählt, die tatsächlich umgesetzt werden sollen. Diese werden *beschlossene Abstellmaßnahmen* genannt. Bei der Festlegung der Abstellmaßnahmen sind verschiedene Faktoren zu beachten:

Wirkung der Abstellmaßnahme: Es ist zu entscheiden, ob vermeidende, entdeckende oder auswirkungsbegrenzende Maßnahmen ergriffen werden sollten. Grundsätzlich gehen vermeidende vor entdeckende Maßnahmen, dennoch kann dieser Grundsatz nicht verallgemeinert werden. Einen Anhaltspunkt kann die Risikobewertung geben, denn in ihr wird anhand hoher Risikozahlen erkennbar, wo das höhere Potenzial liegt. Beispiele hierzu sind: wenn A = 2, B = 10, E = 10 ist, so wird eine entdeckende Maßnahme sinnvoller sein als eine vermeidende; wenn A = 7, B = 10, E = 3 ist, so sollte eher eine vermeidende Maßnahme ansetzen. Die Entscheidung hängt auch wesentlich von den weiteren Faktoren ab:

Realisierbarkeit: Es ist zu berücksichtigen, ob und mit welchem Aufwand Abstellmaßnahmen realisierbar sind. Es kann beispielsweise sein, dass eine Vermeidungsmaßnahme, d. h. eine konstruktive Änderung, einen erheblichen Aufwand mit sich bringt, weil dadurch auch andere Teile der Konstruktion betroffen sind. Es kann in diesem Fall geraten sein, stattdessen eine Ausweichlösung zu realisieren. Diese Ausweichlösung könnte eine Entdeckungsmaßnahme sein, wie beispielsweise umfangreiche Versuche an Prototypen.

Kosten: Wenn mehrere Abstellmaßnahmen in Frage kommen, kann neben der technischen Beurteilung auch eine Kostenbetrachtung erforderlich sein. So könnte es sein, dass die technisch beste Lösung mit sehr hohen Kosten verbunden ist. Eine andere, kostengünstige Lösung, die technisch zwar ausreichend aber nicht optimal ist, wäre dann möglicherweise vorzuziehen. Kostenbetrachtungen von Abstellmaßnahmen sind ein äußerst sensibles Thema! Bei Sicherheitsteilen sollten Kostenbetrachtungen nicht zum Tragen kommen.

Auch zur Maßnahmenfestlegung existiert ein VDA-Formblatt (**Bild 5.5-16**). Dort werden zunächst in Spalte (2) die Risikoinhalte (Fehlerursache, Fehler, Fehlerfolge) eingetragen, für die Maßnahmen zu ergreifen sind. Die vermeidenden bzw. entdeckenden Maßnahmen werden in Spalte (4) bzw. (6) vermerkt. Die Risikobewertung ist entsprechend dieser Maßnahmen vorzunehmen, wobei als Ausgangswerte die Risikozahlen des FMEA-Formblattes (Bild 5.5-13) zu verwenden sind. In der Spalte (9) wird eingetragen, wer für die Einleitung der Maßnahme verantwortlich ist, und bis wann die Maßnahme umgesetzt sein soll (V/T steht für Verantwortlicher/Termin). Eine Kosten/Nutzen-Abschätzung von Abstellmaßnahmen kann in Spalte (10) vermerkt werden. Die

5.5 Fehler-Möglichkeits- und Einfluss-Analyse

		Maßnahmenbewertung Fehler-Möglichkeits- und Einfluss-Analyse			Regel-Nr.:	
					Seite von	
Typ/Modell/Fertigung/Charge: 1995/4711		Sach-Nr.: 12345-XYZ Änderungsstand: 3/95/Z		Verantw.: M. Klöbner Firma:	Abt.: Ent./Kon. Datum: 1.4.95	
System-Nr./Systemelement: Schaltrad Funktion/Aufgabe: Lagerung axial		Sach-Nr.: Änderungsstand:		Verantw.: Firma:	Abt.: Datum:	
Fehl. Nr. ①	Mögl. Fehlerursachen mit zugeh. Fehler und Fehlerfolgen ②	B ③ Vermeidungs-maßnahmen ④	A ⑤ Entdeckungs-maßnahmen ⑥	E ⑦ RPZ ⑧	V/T ⑨	Kosten/ Nutzen ⑩	Realisier-barkeit ⑪	Priorität ⑫
5	Axialspiel/ Verschleiß Anlauf-fläche/verkürzte Lebensdauer des Getriebes	8 Axialspiel um 0,01 vergrößern	2	7 112	Konstr. 15.4.95	niedrig	einfach	1

System-Nr./Systemelement: Schaltrad Funktion/Aufgabe: Lagerung radial		Sach-Nr.: Änderungsstand:		Verantw.: Firma:	Abt.: Datum:	
Fehl. Nr.	Mögl. Fehlerursachen mit zugeh. Fehler und Fehlerfolgen	B Vermeidungs-maßnahmen	A Entdeckungs-maßnahmen	E RPZ	V/T	Kosten/ Nutzen	Realisier-barkeit	Priorität
4	Auslegung Radialspiel/ Festfressen Wälzkörper-Schaltrad/ verkürzte Lebensdauer des Getriebes	8 Radialspiel um 0,01 verkleinern	1	7 56	Konstr. 15.4.95	niedrig	einfach	1

Bild 5.5-16 VDA-Formblatt für die Maßnahmenbewertung

Realisierbarkeit (einfach/zu prüfen/schwierig) wird in Spalte (11) eingetragen. Bei mehreren Maßnahmen kann auch die Priorität (1 = hoch, 2 = mittel, 3 = niedrig) wichtig sein (Spalte 12).

Für das Schaltrad sind Abstellmaßnahmen für die Fehlerzustandsnummern 5 und 4 festgelegt worden (Bild 5.5-16). *Es handelt sich in beiden Fällen um vermeidende Maßnahmen. Die Risikozahl Auftreten wurde im ersten Fall von 4 auf 2 und im zweiten Fall von 3 auf 1 herabgesetzt.*

Verfolgung der Maßnahmen

Wenn daran gegangen wird, die beschlossenen Maßnahmen umzusetzen, stellen sich manchmal andere, bessere Lösungsmöglichkeiten heraus. Wenn solche Veränderungen bei den Abstellmaßnahmen vorgenommen werden, sollten sie in dem Maßnahmenbewertungs-Formular dokumentiert werden.

Die Umsetzung der Maßnahmen muss bezüglich der Termineinhaltung überwacht werden. Hierzu kann das Formblatt zur Maßnahmenverfolgung nach VDA verwendet werden (**Bild 5.5-17**). Wenn Maßnahmen umgesetzt worden sind, sind sie in das FMEA-Formblatt in die Spalte Entdeckungs- bzw. Vermeidungsmaßnahmen zu übertragen, da sie von nun an bei der Betrachtung des derzeitigen Zustandes berücksichtigt werden

		Maßnahmenverfolgung		Regel-Nr.:	
		Fehler-Möglichkeits- und Einfluss-Analyse		Seite von	
Typ/Modell/Fertigung/Charge: 1995/4711		Sach-Nr.: 12345-XYZ Änderungsstand: 3/95/Z	Verantw.: M. Klöbner Firma:	Abt.: Ent./Kon. Datum: 1.4.95	
System-Nr./Systemelement: Schaltrad Funktion/Aufgabe: Lagerung axial		Sach-Nr.: Änderungsstand:	Verantw.: Firma:	Abt.: Datum:	
Fehl. Nr.	Mögl. Fehlerursachen mit zugeh. Fehler und Fehlerfolgen	RPZ	Vermeidungs- maßnahmen	Entdeckungs- maßnahmen	V/T	Erledigungsstand in % 20 | 40 | 60 | 80 | 100	Bemerkung/ Status
5	Axialspiel/ Verschleiß Anlauf- fläche/ verkürzte Lebensdauer des Getriebes	8	Axialspiel um 0,01 vergrößern		Konst. 15.4.	XX	

Bild 5.5-17 VDA-Formblatt für die Maßnahmenverfolgung

müssen. Die Risikobewertung ist anzupassen, wobei die Werte aus dem Maßnahmenbewertungs-Blatt zugrunde gelegt werden können. Allerdings ist zu überprüfen, ob die erhofften Verbesserungen sich tatsächlich eingestellt haben.

5.5.3 Fehlermöglichkeits- und Einflussanalyse in der Prozessplanung (System-FMEA Prozess)

Selbst in Unternehmen, die schon jahrelang Erfahrungen mit bestimmten Prozessen haben, treten in neuen oder geänderten Fertigungslinien immer wieder Fehler auf. Der überwiegende Teil dieser Fehler wird in der Planung verursacht, z. B. durch Vernachlässigung scheinbar unwichtiger Prozessschritte. Zur Vermeidung derartiger Fehler kann wirkungsvoll die System-FMEA Prozess eingesetzt werden.

Im Folgenden wird die System-FMEA Prozess am Beispiel der Fertigung eines Getriebeschalt-Rades (Bild 5.5-4) *erläutert. Die konstruktive Auslegung des Getriebeschaltrades wurde bereits anhand einer System-FMEA Produkt untersucht.*

Abgrenzung gegenüber der System-FMEA Produkt

Der Betrachtungsgegenstand der System-FMEA Prozess ist ein (geplanter) Fertigungsprozess. Aber auch zur Optimierung bestehender Prozesse kann die System-FMEA Prozess wirkungsvoll eingesetzt werden. Die Auslegung des Fertigungsprozesses wird daraufhin überprüft, ob eine Herstellung des Produktes entsprechend der konstruktiven Spezifikation gewährleistet ist. Hierbei sind potenzielle Schwachstellen in der Spezifikation nicht zu betrachten, denn dies ist Sache der System-FMEA Produkt. Es ist also von der Annahme auszugehen, dass ein fehlerfreier Entwurf vorliegt.

Die Leitfrage der System-FMEA Prozess lautet: „Wo könnten in dem Fertigungsprozess, so wie er zur Zeit festgelegt ist, am ehesten Abweichungen von der konstruktiven Vorgabe auftreten?"

Arbeitsablauf der FMEA

Der Arbeitsablauf der System-FMEA Prozess besteht aus den folgenden Arbeitsschritten:

- Strukturierung des Fertigungsprozesses
- Risikoanalyse und -bewertung
- Risikominimierung

Zur Vorbereitung der FMEA sollten relevante Informationen, sofern sie in dokumentierter Form vorliegen, den Teammitgliedern zur Verfügung gestellt werden. Die folgende Auflistung zählt hierzu Beispiele auf:

- *System-FMEA Produkt:* bei der Erstellung der System-FMEA Prozess sollte eine System-FMEA Produkt des gefertigten Bauteils vorliegen. Aus der System-FMEA Produkt werden beispielsweise Informationen darüber benötigt, wie sich Merkmalsabweichungen auf die Funktion des Gesamtsystems auswirken.

- Durch Verwendung von bereits erstellten *Arbeitsplänen*, z. B. aus rechnergestützten Arbeitsplanungssystemen, kann der Aufwand der System-FMEA Prozess reduziert werden. Die Arbeitspläne können bei der Strukturierung des Fertigungsprozesses direkt verarbeitet werden.

- *FMEAs*, die zu ähnlichen Prozessen angefertigt wurden, enthalten in der Regel interessante Informationen und können als Anleitung dienen. Es ist zu beachten, dass durch zu starke, unkritische Verwendung vorhandener Informationen die Kreativität leiden kann.

- *Sonstige Informationen* zu dem untersuchten Fertigungsprozess, beispielsweise Prüfpläne, dienen einer detaillierten Prozessbeschreibung und sind daher sehr hilfreich.

Strukturierung des Fertigungsprozesses

Die Strukturierung dient der Vorbereitung der Risikoanalyse, indem der Fertigungsprozess in kleinere Betrachtungseinheiten, d. h. einzelne Arbeitsschritte, zerlegt wird.

Der Fertigungsprozess wird zunächst untergliedert in Fertigungsabschnitte, wobei diese definiert sind als größere abgeschlossene Einheiten des Fertigungsprozesses.

Für das Getriebeschaltrad können eine ganze Reihe von derartigen Fertigungsabschnitten definiert werden. Zunächst wird Stangenmaterial abgelängt (**Bild 5.5-18**). *Dieses wird dann durch Gesenkschmieden umgeformt. Danach folgt ein Drehprozess usw.*

Im zweiten Schritt werden die Fertigungsabschnitte in einzelne Arbeitsschritte unterteilt. Es ist wichtig, hierbei alle Vorgänge und Handlungen zu berücksichtigen, in denen die Qualität mittelbar oder unmittelbar beeinflusst werden kann.

Allzu oft werden Arbeitsschritte nicht beachtet, weil sie scheinbar unwichtig oder zu „selbstverständlich" sind, z. B. Maschinenkalibrierungen, Materialbereitstellung, Werkstücktransport. Doch können gerade in solchen Arbeitsschritten Fehler auftreten oder verursacht werden. Hier ist gegeneinander abzuwägen: einerseits sollten alle qualitätsrelevanten Arbeitsschritte untersucht werden, andererseits ist auch eine Konzentration auf die wesentlichen Arbeitsschritte wünschenswert.

Innerhalb automatisierter Fertigungsanlagen können anstatt der Arbeitsschritte auch einzelne Bearbeitungsgänge der Maschine angegeben werden. Für die Unterteilung der

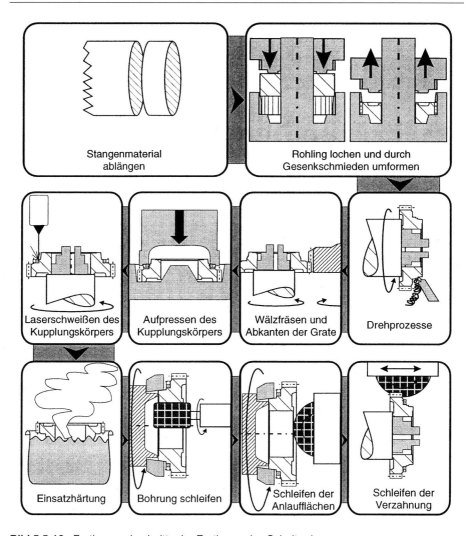

Bild 5.5-18 Fertigungsabschnitte der Fertigung des Schaltrades

Fertigungsabschnitte empfiehlt es sich, einen Fachmann aus dem jeweiligen Bereich (z. B. Schmieden) hinzuzuziehen.

Der Fertigungsabschnitt *Ablängen* besteht aus einem einzigen Arbeitsgang. Das *Schmieden* besteht aus den Arbeitsgängen *Einlegen in Form, Lochen, Einlegen in Gesenk* und *Schmieden*. In dieser Weise können auch alle übrigen Fertigungsabschnitte unterteilt werden (**Bild 5.5-19**).

Im Folgenden werden nur die Arbeitsschritte *Schleifen der Bohrung* und *Aufpressen des Kupplungskörpers* weiter untersucht.

Im dritten Schritt der Strukturierung werden zu den Arbeitsschritten Fertigungsparameter angegeben und Verknüpfungen zu konstruktiven Merkmalen hergestellt *(Die Herlei-*

Fertigungsabschnitte	Arbeitsschritte
Stangenmaterial ablängen	– Stangenmaterial ablängen
Rohling lochen und durch Gesenkschmieden umformen	– Einlegen in Form – Lochen – Einlegen in Gesenk – Senkschmieden
Drehprozess	– Einspannen an Kalibrierflächen – Außendurchmesser Laufverzahnung drehen – Außenplanfläche, Anlauffläche und Fasen drehen – Innenbohrung und Fase drehen – Umspannen – 1. Planfläche innen und Fase drehen – Außendurchmesser Kupplungskörpersitz und Fase drehen – Konus und Fase drehen – Anlauffläche und Fasen drehen
Wälzfräsen und Abkanten der Grate	(...)
Aufpressen des Kupplungskörpers	– Aufpressen des Kupplungskörpers
Laserschweißen des Kupplungskörpers	(...)
Einsatzhärtung	(...)
Bohrung schleifen	– Bohrung schleifen
Schleifen der Anlaufflächen	(...)
Schleifen der Verzahnung	(...)

Bild 5.5-19 Unterteilung der Fertigungsabschnitte

tung der Merkmale kann mittels der Funktionsanalyse erfolgen). Fertigungsparameter sind Einstellwerte von Maschinen- und Prozessgrößen sowie äußere Größen, die auf den Arbeitsschritt einwirken können. Für einen Arbeitsschritt Werkstücke verkleben beispielsweise können folgende Fertigungsparameter angegeben werden: *Dicke des Klebstoffauftrags, Temperatur des Werkstücks, Lufttemperatur und Anpressdruck.*

Zu jedem Arbeitsschritt werden die konstruktiven Merkmale angegeben, welche direkt gefertigt oder indirekt beeinflusst werden. Beispiel: Bei dem Arbeitsschritt *Drehen des Außendurchmessers* wird das Merkmal *Außenmaß* direkt gefertigt, das Merkmal *Koaxialität* aber indirekt festgelegt.

Beim Arbeitsschritt *Aufpressen des Kupplungskörpers* sind für die Presse die Maschinenparameter *Pressdruck, Kraft/Wegverlauf des Pressdrucks* und *Koaxialität Presse/Welle* anzugeben (**Bild 5.5-20**). Als Prozessparameter ist hier *die Lage des Kupplungskörpers* angegeben worden, d. h. wie der Kupplungskörper vor dem Pressvorgang auf das Schaltrad aufgelegt wird. Dieser Arbeitsschritt hat Einfluss auf die Merkmale *Planlauf* und *Lage des Kupplungskörpers auf dem Schaltrad.*

Für den Arbeitsschritt *Bohrung schleifen* wurden die Parameter in *Schleifparameter*, welche hier nicht genauer spezifiziert werden, und in *Aufspannung* untergliedert. In

Fertigungsabschnitte	Arbeitsschritte	Fertigungs-parameter	Merkmale
Stangenmaterial ablängen	(...)		
Rohling lochen und durch Gesenkschmieden umformen	(...)		
Drehprozess	(...)		
Wälzstoßen und Abkanten der Grate	(...)		
Aufpressen des Kupplungskörpers	– Aufpressen des Kupplungs-körpers	Presse: Max. Pressdruck Kraft/Wegverlauf des Pressdrucks Koaxialität Presse/Welle Prozess: Lage des Kupplungskörpers	– Planlauf – Lage des Kupplungskörpers auf dem Schaltrad
Laserschweißen des Kupplungskörpers	(...)		
Einsatzhärtung	(...)		
Bohrung schleifen	– Bohrung schleifen	– Schleifparameter – Aufspannung	– Innendurchmesser – Rauhigkeit – Planlauf
Schleifen der Anlaufflächen	(...)		
Schleifen der Verzahnung	(...)		

Bild 5.5-20 Bestimmung der Fertigungsparameter und der Merkmale

dem Arbeitsschritt werden die Merkmale *Innendurchmesser, Rauhigkeit* und *Planlauf* gefertigt.

Risikoanalyse und -bewertung

Die Risikoanalyse und -bewertung besteht – analog zur System-FMEA Produkt – aus den folgenden Schritten:
- Ermitteln der potenziellen Fehler,
- Ermitteln und Bewerten der potenziellen Fehlerfolgen,
- Ermitteln und Bewerten der potenziellen Fehlerursachen und der Vermeidungsmaßnahmen,
- Ermitteln und Bewerten der vorhandenen Entdeckungsmaßnahmen.

Betrachtungsgegenstand der System-FMEA Prozess sind die zuvor bestimmten Arbeitsschritte (*vgl. mit der System-FMEA Produkt – dort werden anstatt der Arbeits-*

5.5 Fehler-Möglichkeits- und Einfluss-Analyse

schritte interne Funktionen untersucht). Die potentiellen Fehler der System-FMEA Prozess werden hergeleitet, indem zu den Arbeitsschritten fehlerhafte Ausprägungen des Prozesses angegeben werden, d. h. der Prozessschritt wird „verneint". Hierbei sind insbesondere auch Fehler zu betrachten, die erst nach einer bestimmten Fertigungsdauer, z. B. infolge eines Maschinen- bzw. Werkzeugverschleißes, oder unter bestimmten Bedingungen auftreten können.

Für den Arbeitsschritt *Aufpressen des Kupplungskörpers* können die potenziellen Fehler Schiefes *Aufpressen* und *Kupplungskörper seitenverkehrt eingepresst* angegeben werden. Beim Arbeitsschritt *Bohrung schleifen* kann es zu den Fehlern *Bohrung zu groß* und *Bohrung schief geschliffen* kommen. Zur Darstellung kann, wie schon bei der System-FMEA Produkt, ein Baumdiagramm verwendet werden (**Bild 5.5-21**).

Bild 5.5-21 Ermittlung der potenziellen Fehler

Im zweiten Schritt der Risikoanalyse werden die Folgen der potenziellen Fehler betrachtet. Die Fehler in der Fertigung führen dazu, dass die Gestaltungsmerkmale von den konstruktiven Spezifikationen abweichen. Über diese unmittelbare Folge hinaus kommt es zu Funktionsausfällen des Bauteils und – durch Fehlerfortpflanzung – zu Funktionsbeeinträchtigungen des Gesamtsystems. Die gesamte Fehlerfortpflanzungskette sollte möglichst vollständig beschrieben werden. Bei der Bestimmung der unzulässig abweichenden Merkmalsausprägungen, die infolge eines Fertigungsfehlers auftreten können, gibt die Strukturierung des Fertigungsprozesses (Bild 5.5-20) wichtige Hinweise.

Jede Fehlerfolge ist bezüglich der Schwere bzw. Bedeutung zu bewerten, wobei der zuletzt hervorgerufene Systemzustand zugrunde zu legen ist. Die Bedeutung wird aus Kundensicht bewertet, d. h. es ist zu berücksichtigen, wie schwerwiegend der Kunde die Fehlerfolge bewerten wird. Zur Bewertung wird die *Risikozahl „Bedeutung"* verwendet, die von 1 (Kunde nimmt die Fehler nicht wahr) über 5 (Kunde ist mäßig verärgert) bis 10 (z. B. Sicherheitsgefährdung des Kunden) reichen kann.

Der Fehler *Schiefes Aufpressen* führt zu einem Planlauffehler am Kupplungskörper, wodurch die Schaltmuffe vom Kupplungskörper springen kann (Gangspringer). Durch *seitenverkehrtes Aufpressen des Kupplungskörpers* kann das Getriebe nicht geschaltet werden. Eine *zu groß geschliffene Bohrung* führt zu einem hohen Radialspiel des Nadellagers und schließlich zu erhöhtem Laufgeräusch. Wird die *Bohrung schief* geschliffen, so wird eine Flankenlinienabweichung auftreten, die letztlich zu einer verkürzten Lebensdauer führt (**Bild 5.5-22**).

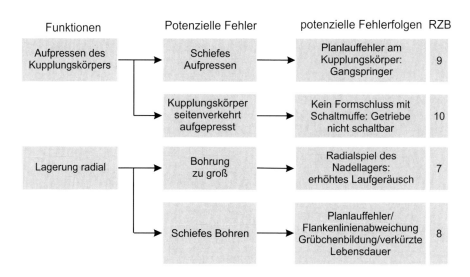

Bild 5.5-22 Ermittlung der potenziellen Fehlerfolgen (RZB = Risikozahl „Bedeutung")

Bei der Bewertung der Bedeutung wurden relativ hohe Risikozahlen „Bedeutung" (RZB) vergeben. Bezüglich der Schwere der Fehlerauswirkung ist folgende Rangfolge erkennbar: Getriebe nicht schaltbar (10), Gangspringer (9), verkürzte Lebensdauer (8) und erhöhtes Laufgeräusch (7).

Zur Beschreibung der Auswirkungen von unzulässigen Merkmalsabweichungen, die durch Prozessfehler verursacht werden, ist das Verständnis der Wichtigkeit der Merkmale, des Funktionszusammenhanges und der Fehlerfortpflanzung im System eine wichtige Voraussetzung. Liegt für das untersuchte Bauteil keine System-FMEA Produkt vor, so sollte zumindest eine Funktionsanalyse und eine Beschreibung der Fehlerfortpflanzung im System zur Verfügung stehen. Insbesondere Zulieferunternehmen verfügen oft nicht über derartige Informationen, so dass die Auswirkung von Fehlern im System weder bestimmt noch bewertet werden kann. Um dies zu vermeiden, sollte der Zulieferer diese Informationen von seinem Abnehmer anfordern.

Im dritten Schritt der Risikoanalyse werden die Ursachen für Prozessfehler untersucht. Die Ursachen liegen meist in abweichenden Fertigungsparametern, aber auch in menschlichen Fehlhandlungen, Unachtsamkeiten usw. Einen Anhaltspunkt liefern die Fertigungsparameter aus der Strukturierung des Fertigungsprozesses (Bild 5.5-20). Zusammen mit den Ursachen werden die dazu vorhandenen Vermeidungsmaßnahmen untersucht.

Die gefundenen potenziellen Ursachen werden mit der *Risikozahl „Auftreten"* bewertet. Durch die Risikobewertung wird angegeben, wie wahrscheinlich der Fehler durch die betrachtete Ursache hervorgerufen werden kann. Hierbei bedeutet ein Wert von 1, dass der Fehler fast sicher nicht infolge der entsprechenden Ursache auftreten kann. Eine Risikozahl von 10 bedeutet, dass die Ursache mit hoher Wahrscheinlichkeit den Fehler bewirken wird (**Bild 5.5-23**).

5.5 Fehler-Möglichkeits- und Einfluss-Analyse

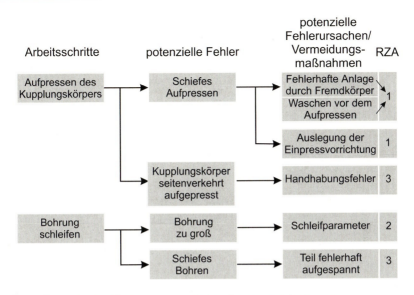

Bild 5.5-23 Ermittlung der Fehlerursachen (RZA = Risikozahl „Auftreten")

Mögliche Ursachen für den Prozessfehler *Schiefes Aufpressen* sind *Fehlerhafte Anlage durch Fremdkörper*, wobei hier die Vermeidungsmaßnahme *Waschen vor dem Aufpressen* zu berücksichtigen ist, und *Auslegung der Einpressvorrichtung*. Beide Ursachen werden jedoch mit höchster Wahrscheinlichkeit nicht zu dem Prozessfehler führen (Risikozahl „Auftreten" = 1), d. h. in diesen Bereichen wurde der Prozess so sicher wie möglich ausgelegt.

Ursächlich für das *seitenverkehrte Aufpressen des Kupplungskörpers* kann ein Handhabungsfehler sein. Dieser kann mit einer relativ hohen Wahrscheinlichkeit auftreten: die Risikozahl (RZ) „Auftreten" ist mit 3 angegeben.

Für den Fehler *Bohrung zu groß* können fehlerhafte Schleifparameter verantwortlich sein, diese werden jedoch kaum auftreten (RZ „Auftreten" = 2).

Schiefes Bohren kann mit mittlerer Wahrscheinlichkeit (RZ „Auftreten" = 3) durch fehlerhafte Aufspannung entstehen.

Der letzte Schritt der Risikoanalyse untersucht, ob auftretende Prozessfehler oder daraus resultierende Merkmalsabweichungen, d. h. Fehlerfolgen, anhand von vorgesehenen Prüfmaßnahmen entdeckt werden können. Als Prüfmaßnahmen sind dabei sowohl Stichprobenprüfungen als auch 100 %-Prüfungen geeignet (*Einen Sonderfall stellt die SPC dar, denn sie ist nicht nur eine prüfende Maßnahme, die das Auftreten eines Fehlers entdeckt. Die SPC ist auch eine vermeidende Maßnahme, da sie rechtzeitige Prozesseingriffe initiiert, durch die Prozessfehler von vornherein verhindert werden.*). Manche Fehler werden mit großer Sicherheit in nachfolgenden Arbeitsgängen entdeckt werden (z. B. wenn ein Teil aufgrund eines Fehlers nicht weiter montierbar ist), daher haben diese Arbeitsgänge auch prüfenden Charakter.

Die Wahrscheinlichkeit, mit welcher der Fehler vor Auslieferung des Teils an den Kunden entdeckt werden kann, wird mit der Risikozahl „Entdeckung" bewertet, die von 1 (Fehler wird sicher entdeckt werden) bis 10 (Fehler wird wahrscheinlich nicht entdeckt werden) reichen kann. Der Wert 10 ist also insbesondere dann zu vergeben, wenn keine prüfenden Maßnahmen vorgesehen sind und der Fehler nicht in nachfolgenden Arbeitsgängen bemerkt werden wird (**Bild 5.5-24**).

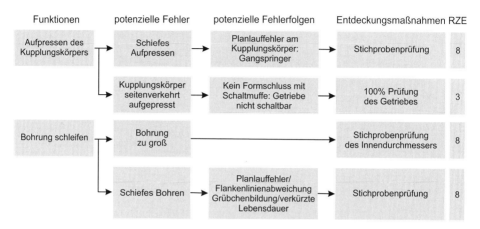

Bild 5.5-24 Ermittlung der Entdeckungsmaßnahmen (RZE = Risikozahl „Entdeckung")

Der Fehler *Schiefes Aufpressen* zieht einen Planlauffehler nach sich, welcher durch eine Stichprobenprüfung entdeckt werden kann. Die Wahrscheinlichkeit der Entdeckung ist jedoch relativ gering, die Risikozahl (RZ) „Entdeckung" ist daher 8.

Eine bessere Entdeckung ist für den Fehler *seitenverkehrtes Aufpressen des Kupplungskörpers* möglich. Da das Getriebe infolge dessen nicht schaltbar ist, wird der Fehler mit hoher Wahrscheinlichkeit in der Endprüfung des Getriebes entdeckt werden. Die Risikozahl „Entdeckung" ist daher nur 3.

Der Fehler *Bohrung zu groß* kann durch eine Stichprobenprüfung mit geringer Wahrscheinlichkeit entdeckt werden.

Für den Fehler „*schiefes Schleifen der Bohrung*" ist hier eine Stichprobenprüfung, die sich auf die dadurch hervorgerufene Planlaufabweichung bezieht, angegeben worden. Die Entdeckungswahrscheinlichkeit ist gering.

Die Risikobewertung

Im Rahmen der Risikoanalyse werden – wie auch in der System-FMEA Produkt – drei Risikozahlen (RZ) bestimmt, die jeweils von 1 (günstigster Zustand) bis 10 (ungünstigster Zustand) reichen können (Tabelle 5.5-5).

Die Hinweise, die in den vorherigen Kapiteln zur Risikobewertung der System-FMEA Produkt gegeben wurden, gelten hier analog.

Durch Multiplikation der drei Risikozahlen ergibt sich die Risikoprioritätszahl (RPZ). Die RPZ ist für jeden Fehlerzustand, d. h. für jede kausale Kette aus Fehlerursache, Fehler und Fehlerfolge, zu bilden.

Tabelle 5.5-5 Die drei Risikozahlen der FMEA im Überblick

Risikozahl	Verknüpft mit	Bewertungskriterium
RZ „Bedeutung"	Fehlerfolge (z. B. „Funktionsausfall des Gesamtsystems")	Wirkung auf den Kunden des Enderzeugnisses, z. B.: 1 = Kunde nimmt die Fehlerfolge nicht wahr 10 = Sicherheitsgefährdung des Kunden
RZ „Auftreten"	Fehlerursache (z. B. Werkzeugverschleiß)	Wahrscheinlichkeit, mit der die Ursache, z. B. ein Fertigungsparameter, einen Prozessfehler herbeiführt. 1 = Prozessparameter ist sehr robust ausgelegt und kann Prozessfehler auf keinen Fall herbeiführen 10 = Auslegung des Prozessparameters ist relativ unsicher
RZ „Entdeckung"	Entdeckungsmaßnahme (z. B. Versuch am Prototypen)	Wahrscheinlichkeit, mit welcher der Fehler oder die resultierende Fehlerfolge (Merkmalsabweichung) vor Auslieferung an den Kunden bemerkt wird, z. B.: 1 = Fehler wird sicher entdeckt werden 10 = Fehler wird wahrscheinlich unentdeckt bleiben

Das FMEA-Formblatt

Das FMEA-Formblatt ist für die Prozess- und System-FMEA Produkt identisch. Beim Ausfüllen der Formblätter müssen für die System-FMEA Prozess im Unterschied zur System-FMEA Produkt nur die folgenden Unterschiede beachtet werden:

– Im Kopf ist „System-FMEA Prozess" anzukreuzen.

– In der Spalte Funktion/Aufgabe ist der untersuchte Arbeitsschritt einzutragen.

Für die Arbeitsschritte *Aufpressen des Kupplungskörpers* und *Bohrung schleifen* ist jeweils ein Formblatt anzulegen (**Bild 5.5-25** und **Bild 5.5-26**).

Risikominimierung

Das Ist-Risiko des (geplanten) Fertigungsprozesses wurde anhand der Risikoanalyse untersucht und dokumentiert. Das Vorgehen der Risikominimierung entspricht der System-FMEA Produkt. Auch hier gilt: Im Sinne einer ständigen Verbesserung sollte die Risikominimierung immer wieder durchlaufen werden, bis eine akzeptable Qualität erreicht wurde.

Nach der Wirkung auf den Fehlerzustand können unterschieden werden.

– *Vermeidende Maßnahmen* tragen dazu bei, die Wahrscheinlichkeit des Fehlerauftretens zu vermindern, d. h. den Prozess sicherer auszulegen.

– *Entdeckende Maßnahmen* verbessern die Möglichkeit der Fehlerentdeckung, z. B. durch Stichprobenprüfungen am Prozess, Endprüfungen usw. Durch Entdeckungsmaßnahmen werden bessere Risikozahlen *„Entdeckung"* erreicht.

– *Auswirkungsbegrenzende Maßnahmen* vermindern die Auswirkung eines auftretenden Fehlers.

Fehler-Möglichkeits- und Einfluss-Analyse

☐ System-FMEA Produkt ☒ System-FMEA Prozess

Regel-Nr.:
Seite 1 von 2

Typ/Modell/Fertigung/Charge: 1995/4711
Sach-Nr.: 12345-XYZ
Änderungsstand: 3/95/Z
Verantw.: M. Klöbner
Firma:
Abt.: AP
Datum: 1.4.95

System-Nr./Systemelement: Schaltrad
Funktion/Aufgabe: Aufpressen des Kupplungskörpers
Sach-Nr.:
Änderungsstand:
Verantw.:
Firma:
Abt.:
Datum:

Fehl. Nr.	Mögliche Fehlerfolgen	B	Mögliche Fehler	Mögliche Fehlerursachen	Vermeidungsmaßnahmen	A	Entdeckungsmaßnahmen	E	RPZ	V/T
1	Planlauffehler am Kupplungskörper: Gangspringer	9	schiefes Aufpressen	Fehlerhafte Anlage durch Fremdkörper	Waschen vor dem Aufpressen	1	Stichprobenprüfung	8	72	AP
2		9		Auslegung Einpressvorrichtung		1	Stichprobenprüfung	8	72	AP
3	Kein Formschluss mit Schaltmuffe: Getriebe nicht schaltbar	10	Kupplungskörper seitenverkehrt aufgepresst	Handhabungsfehler		3	Lastlauf des Prototypen	3	90	AP

Bild 5.5-25 VDA-Formblatt für Aufpressen des Kupplungskörpers.

Fehler-Möglichkeits- und Einfluss-Analyse

☐ System-FMEA Produkt ☒ System-FMEA Prozess

Regel-Nr.:
Seite 2 von 2

Typ/Modell/Fertigung/Charge: 1995/4711
Sach-Nr.: 12345-XYZ
Änderungsstand: 3/95/Z
Verantw.: M. Klöbner
Firma:
Abt.: AP
Datum: 1.4.95

System-Nr./Systemelement: Schaltrad
Funktion/Aufgabe: Bohrung schleifen
Sach-Nr.:
Änderungsstand:
Verantw.:
Firma:
Abt.:
Datum:

Fehl. Nr.	Mögliche Fehlerfolgen	B	Mögliche Fehler	Mögliche Fehlerursachen	Vermeidungsmaßnahmen	A	Entdeckungsmaßn.	E	RPZ	V/T
4	Radialspiel d. Nadellagers: erhöhtes Laufgeräusch	7	Bohrung zu groß	Schleifparameter		2	Stichprobenprüfung d. Innendurchmessers	8	112	AP
5	Planlauffehler/ Flankenlinienabweichung/ Grübchenbildung/ verkürzte Lebensdauer	8	Schiefes Bohrungsschleifen	Teil fehlerhaft aufgespannt		3	Stichprobenprüfung	8	192	AP

Bild 5.5-26 VDA-Formblatt für Bohrung schleifen

Entscheidungskriterien für die Risikominimierung wurden bereits vorgestellt und können hier analog angewendet werden. Zur Darstellung der Risikorangfolge kann beispielsweise eine Pareto-Analyse angewendet werden.

Auch hier sei nochmals darauf hingewiesen, dass die RPZ niemals das alleinige Entscheidungskriterium sein darf. Ein Beispiel hierfür ist der Fehlerzustand Nr. 3 aus dem Formblatt (Bild 5.5-25): Einerseits wird der Fehlerzustand durch die Ursache *Handhabungsfehler* relativ häufig auftreten (RZ „Auftreten" = 3). Die RPZ wird gegenüber den anderen Fehlerzuständen vor allem durch die relativ hohe Entdeckungswahrscheinlichkeit (RZ „Entdeckung" = 3) klein gehalten. Mit der Entdeckung dieses relativ häufig auftretenden Fehlers sind jedoch erhebliche Kosten verbunden, denn ein komplettes Getriebe muss demontiert und nachgearbeitet werden. Daher muss auch dieser Fehler trotz relativ geringer RPZ durch Abstellmaßnahmen entschärft werden.

I. Bestimmung der Abstellmaßnahmen

Hierzu wird das in der System-FMEA Produkt vorgestellte VDA-Formblatt verwendet. Abstellmaßnahmen sind für die Fehlerzustandsnummern 3, 4 und 5 festgelegt worden (**Bild 5.5-27**), wobei es sich bei den Nummern 3 und 5 um vermeidende Maßnahmen handelt. Die Risikozahl „Auftreten" wurden in beiden Fällen auf 1 herabgesetzt.

		Maßnahmenbewertung Fehler-Möglichkeits- und Einfluss-Analyse						Regel-Nr.: Seite 1 von 2		
Typ/Modell/Fertigung/Charge: 1995/4711			Sach-Nr.: 12345-XYZ Änderungsstand: 3/95/Z			Verantw.: M. Klöbner Firma:		Abt.: AP Datum: 1.4.95		
System-Nr./Systemelement: Schaltrad Funktion/Aufgabe: Aufpressen des Kupplungskörpers						Verantw.: Firma:		Abt.: Datum:		
Fehl. Nr.	Mögl. Fehlerursachen mit zugeh. Fehler und Fehlerfolgen	B	Vermeidungs- maßnahmen	A	Entdeckungs- maßnahmen	E	RPZ	V/T	Kosten/ Nutzen	Realisier- barkeit	Priorität
3	Handhabungsfehler/ Kupplungskörper seitenverkehrt aufgepresst/ Getriebe nicht schaltbar	10	Abfrage in Einpress- vorrichtung über korrekte Einbaulage	1		3	30	AP 15.4.95	niedrig	einfach	1
System-Nr./Systemelement: Schaltrad Funktion/Aufgabe: Bohrung schleifen						Verantw.: Firma:		Abt.: Datum:		
Fehl. Nr.	Mögl. Fehlerursachen mit zugeh. Fehler und Fehlerfolgen	B	Vermeidungs- maßnahmen	A	Entdeckungs- maßnahmen	E	RPZ	V/T	Kosten/ Nutzen	Realisier- barkeit	Priorität
4	Schleifparameter/ Bohrung zu groß / Radialspiel des Nadellagers, erhöhtes Laufgeräusch	7	SPC für Bohrungs- durchmesser	1	SPC für Bohrungs- durchmesser	4	28	AP 15.4.95	mittel	mittel	1
5	Teil fehlerhaft aufgespannt/ Schiefes Bohrungsschleifen/ Planlauffehler, Grübchenbildung, verkürzte Lebensdauer	8	Spannvor- richung mit Abfrage Anlage Rad	1		8	64	AP 15.4.95	niedrig	einfach	1

Bild 5.5-27 VDA-Formblatt für die Maßnahmenbewertung

Bei dem Fehlerzustand Nummer 4 wurde eine SPC für den Bohrungsdurchmesser festgelegt. Da SPC sowohl entdeckend als auch vermeidend wirkt, wurde diese Maßnahme in beiden Spalten eingetragen, und die Risikozahl „Auftreten" sowie die Risikozahl „Entdeckung" wurden angepasst.

Die neu festgelegten Risikozahlen weisen darauf hin, dass die Prozessparameter nun absolut sicher ausgelegt wurden.

II. Verfolgung der Maßnahmen

Wenn Maßnahmen beschlossen wurden, sind sie bezüglich der Termineinhaltung und des Erfüllungsgrades zu überwachen. Hierzu kann das Formblatt zur Maßnahmenverfolgung nach VDA verwendet werden (**Bild 5.5-28**).

		Maßnahmenverfolgung Fehler-Möglichkeits- und Einfluss-Analyse				Regel-Nr.:				
						Seite 1 von 2				
Typ/Modell/Fertigung/Charge: 1995/4711			Sach-Nr.: 12345-XYZ Änderungsstand: 3/95/Z		Verantw.: M. Klöbner Firma:	Abt.: Ent./Kon. Datum: 1.4.95				
System-Nr./Systemelement: Schaltrad Funktion/Aufgabe: Bohrung schleifen			Sach-Nr.: Änderungsstand:		Verantw.: Firma:	Abt.: Datum:				
Fehl. Nr.	Mögl. Fehlerursachen mit zugeh. Fehler und Fehlerfolgen	RPZ	Vermeidungs- maßnahmen	Entdeckungs- maßnahmen	V/T	Erledigungsstand in %				Bemerkung/ Status
						20	40	60	80	100	
5	Teil fehlerhaft aufgespannt/ Schiefes Bohrungsschleifen/ Planlauffehler, Grübchenbildung, verkürzte Leber.sdauer	8	Spannvorrichtung mit Abfragung Anlage Rad		AP 15.4.				XX		

Bild 5.5-28 VDA-Formblatt für die Maßnahmenverfolgung

Wenn Maßnahmen umgesetzt worden sind, sind sie in das FMEA-Formblatt (Bild 5.5-25) in die Spalte *Entdeckungs- bzw. Vermeidungsmaßnahmen* zu übertragen, da sie von nun an bei der Betrachtung des derzeitigen Zustandes berücksichtigt werden müssen. Die Risikobewertung ist anzupassen, wobei die Werte aus dem Maßnahmenbewertungs-Blatt zugrunde gelegt werden können. Allerdings ist zu überprüfen, ob die erhofften Verbesserungen sich tatsächlich eingestellt haben.

Literatur

[aka] **Akao, Y.:** *Quality Function Deployment: Integrating Customer Requirements into Product Design.* Cambridge, Massachusetts, USA: Productivity Press, 1990

[al1] **Altschuller, G. S.:** *Erfinden. Wege zur Lösung technischer Probleme.* Berlin: VEB Verlag Technik, 1984

[al2] **Altschuller, G. S.:** *40 Principles: TRIZ Keys to Technical Innovation.* Worcester, MA: Technical Innovation Center Inc., 1998

[asi] **N. N.:** *QFD Workshop.* Dearborn, Michigan, USA: American Supplier Institute, Inc. 1989

[bir] **Birolini, A.:** *Quality and Reliability of Technical Systems.* Berlin, Heidelberg: Springer Verlag, 1994

[chi] **Chiang, J. K.:** *Qualitätsplanungssystematik auf der Basis von Hypertext Techniken.* Ein Beitrag zur rechnerunterstützten Teamarbeit in der ganzheitlichen Qualitätsplanung. Dissertation. Aachen: RWTH, 1994

[din] **N. N.:** *Begriffe zur Ordnung von Funktions- und Baueinheiten.* DIN 40 150.

[din] **N. N.:** *DIN 25 424 Fehlerbaumanalyse.* Teil 1: Methode und Bildzeichen. Teil 2: Handrechenverfahren zur Auswertung eines Fehlerbaums. Deutsches Institut für Normung e. V. Berlin: Beuth Verlag, 1981

[gim] **Gimpel, B.; Herb, R.; Herb, T.:** *Ideen finden, Produkte entwickeln mit TRIZ.* München: Carl Hanser Verlag, 2000, ISBN 3-446-21159-4

[hei] **Heinrich, L; Burgholzer, P.:** *Systemplanung I.* 6. Auflage, München, Wien: R. Oldenbourg Verlag, 1994

[kin] **King, B.:** *Hoshin Planning – The Developmental Approach.* Bob King, Goal/QPC, 1989

[kol] **Koller, R.:** *Konstruktionslehre für den Maschinenbau. Grundlagen zur Neu- und Weiterentwicklung technischer Produkte.* Berlin, Heidelberg: Springer Verlag, 1994

[mey] **Meyna, A.:** *Einführung in die Sicherheitstheorie.* München, Wien: Carl Hanser Verlag, 1982

[pfe] **Pfeifer, T.:** *Qualitätsmanagement.* 2. Auflage, München, Wien: Carl Hanser Verlag, 1996

[pfe] **Pfeifer, T.:** *Qualitätsmanagement.* 2. Auflage, München, Wien: Carl Hanser Verlag, 1996

[pfe] **Pfeifer, T.:** *Qualitätsmanagement.* 2. Auflage, München, Wien: Carl Hanser Verlag, 1996

[qua] **N. N.:** *QFD-Designer.* Qualisoft Corporation. Michigan, USA: West Bloomfield, 1991

[shu] **Schubert, M.:** *FMEA – Fehlermöglichkeits- und Einflußanalyse.* DGQ Schrift 13-11, Berlin: Beuth Verlag, 1993

[suh] **Suh, N. P.; Albano, L. D.:** *Axiomatic Approach to Structural Design.* Research in Engineering Design, Vol. 4, Number 3. New York: Springer Verlag, 1992

[ter] **Terninko, J.; Zusman, A.; Zlotin, B.:** *TRIZ: Der Weg zum konkurrenzlosen Erfolgsprodukt.* Landsberg/Lech: Verlag Moderne Industrie AG, 1998

[vdi] **N. N.:** *Erst die Kenntnis der Fehler bringt Sicherheit.* VDI-Nachrichten, 4.9.92. Düsseldorf: VDI-Verlag, 1992

[vdi] **N. N.:** *VDI-Richtlinie 2222.* Düsseldorf: VDI-Verlag, 1977/80/86

KAPITEL 6
QM in der Beschaffung

Gliederung

6.1 Lieferantenaudit 246
    6.1.1 Einführung und Theorie 246
    6.1.2 Praxisbeispiel 255
6.2 Aufzeichnung der Qualität gelieferter Produkte 255
    6.2.1 Einführung und Theorie 255
    6.2.2 Praxisbeispiel 256
    6.2.3 Übungsaufgabe 263
    6.2.4 Lernerfolgsfragen 266
    6.2.5 Antworten 266
Literatur 266

6.1 Lieferantenaudit

6.1.1 Einführung und Theorie

Um festzustellen, inwieweit ein Anbieter oder Lieferant in der Lage ist, die vorgegebenen Forderungen zu erfüllen, ist die systematische Untersuchung und Bewertung der Zulieferer notwendig. Die Bewertung dient der Analyse und Beurteilung der Fähigkeiten des Lieferanten, die an ihn gestellten Forderungen zu erfüllen. Sie wird sowohl bei möglichen neuen Lieferanten als auch bei vorhandenen Lieferanten durchgeführt.

Möglichkeiten der Lieferantenbeurteilung

In der Vergangenheit wurde eine Vielzahl von methodischen Ansätzen erarbeitet, um Lieferanten systematisch zu beurteilen. Hierzu zählen:
- das Lieferantenaudit,
- die Baumuster- bzw. Erstmusterprüfung,
- die Auswertung von Qualitätsdaten von durchgeführten Lieferungen,
- die Lieferantenselbstauskunft und
- die Auswertung von Referenzen.

Eine Möglichkeit, einen sehr detaillierten Überblick über einen (potenziellen) Zulieferer zu bekommen, ist das Lieferantenaudit. Hierbei wird das QM-System des Zulieferers analysiert und bewertet. Im folgenden sollen die notwendigen Schritte für die Vorbereitung und die Durchführung eines Lieferantenaudits beschrieben und vertieft werden. Die notwendigen Schritte gliedern sich in
- die Einführung der Methode,
- die Anwendung der Methode und in
- die Überprüfung der Methode.

Einführung der Methode

Es bietet sich an, die Einführung von Lieferantenaudits als Bestandteil des QM-Systems einem Projektteam zu übertragen. Hierdurch lassen sich Erfahrungen aus mehreren Bereichen des Unternehmens zusammentragen und für die Gestaltung des Audits nutzen.

Erstellung des Auditkonzepts

In einem ersten Schritt sind Kriterien für die Bewertung des QM-Systems von Zulieferern zu erarbeiten. Eine Orientierung bieten Auditkataloge von Zertifizierungsgesellschaften und von der Automobilindustrie [vda, qsa], sowie die Normenreihe DIN EN ISO 9000 ff. [di1, di2] oder firmeninterne Standards und Richtlinien.

Die Auswahl geeigneter Fragen zur Überprüfung vor Ort hat zentrale Bedeutung für die Wirksamkeit des Lieferantenaudits. Sie sollen so formuliert sein, dass sie klar, verständlich, eindeutig bewertbar und möglichst leicht verifizierbar sind. Zudem sollen sie objektive, reproduzierbare Entscheidungsfindungen unterstützen und die Qualifikation des Auditpersonals angemessen berücksichtigen. Dies ist insbesondere dann zu beachten, wenn die Fachleute der auditierenden Firma nicht ständig mit derartigen Gutachten beschäftigt sind.

In einem weiteren Arbeitsschritt ist eine terminliche Planung der Audits festzulegen. Um dem hohen Aufwand bei Planung, Durchführung und Auswertung Rechnung zu tragen, sind die Kriterien bezüglich Anlass, Art und Umfang der Maßnahmen sorgfältig auszuwählen. Risiken, Kosten und Nutzen für Lieferant und Abnehmer sind gegenüberzustellen. Weitere Bestimmungsfaktoren sind Betrachtungen der Konstruktions- und Realisierungsprozesse sowie Merkmale des Produktes einschließlich des Ausfallrisikos und der möglichen Folgerisiken.

Genehmigung des Konzeptes einholen

Die Ergebnisse der konzeptionellen Arbeit sollten von der Geschäftsführung bestätigt werden. So wird frühzeitig die Bedeutung des Projektes herausgestellt und der Unternehmensleitung die notwendige Mitverantwortung bewusst gemacht.

Erstellen einer Verfahrensanweisung

In einer Verfahrensanweisung werden die internen und externen Aktivitäten zur Planung, Durchführung und Auswertung des Lieferantenaudits festgelegt. Ihr kommt eine zentrale Bedeutung zu, da sie die Verantwortlichkeiten und die durchzuführenden Ablaufschritte festlegt.

Voraussetzungen schaffen

Ein wichtiges Hilfsmittel für die Durchführung und Auswertung eines Audits ist der verwendete Fragebogen.

Der komplette Bogen besteht aus
- einem Deckblatt,
- einer Übersicht mit allgemeinen Firmenangaben,
- einer Ergebnisübersicht,
- den Checklisten für die Beurteilung des Lieferanten und
- den Ergänzungsblättern hierzu sowie
- einem Aktionsplan.

Das Deckblatt enthält nur Informationen zur Identifikation des Lieferanten bzw. des durchgeführten Audits.

Ihm folgen allgemeine Angaben zum auditierten Unternehmen. In dieser Übersicht wird später die abschließende Einstufung vermerkt. Sie kann so ohne die Detailinformationen der übrigen Formblätter als Informationsträger an die Beschaffung weitergegeben werden.

Seite 3 des nachfolgend angegebenen Bewertungsbogens bietet eine Übersicht über die in den einzelnen Bewertungskategorien erzielten Ergebnisse. Die Checklisten für die Beurteilung des Lieferanten enthalten alle Informationen, die später einen Überblick über die Fähigkeiten und Möglichkeiten zur Erfüllung der Qualitätsforderungen geben. Sie dienen dem Audit-Team als Leitlinie. Die Checklisten können in der Vorbereitungsphase des Audits je nach Bedarf geändert oder ergänzt werden. Ausschlaggebend sind die zu erwartenden Besonderheiten beim Lieferanten, z. B. im Produkt oder bei den Herstellverfahren.

Der Auditor bewertet den Grad der Erfüllung jeder Forderung mit einer Note entsprechend dem vorgegebenen Schlüssel und vermerkt ggf. erläuternde Hinweise. Entfällt ein Kriterium, so ist dies angemessen zu begründen.

LIEFERANTENAUDIT

NR.: *007/1*

LIEFERANT: **Hen & Partner GmbH**

Verteiler: *EK*

QM

Konstr.

AV

LIEFERANTENAUDIT
Allgemeine Angaben

Audit-Nr.: 007/1	Lieferant: Hen & Partner GmbH
Lieferanten-Nr.: 0815	Werk, Teilbetrieb: Zuführsysteme, AC
Teil: Werkstückzuführungen	Branche: Masch.-bau
Teile-/Material-Nr.: ---	Umsatz: 75 Mio./a
Einkaufsvolumen: 480 TDM/a	
Leitung: H. Dr. Müller	Beschäftigte: 300
	davon Produktion: 100
Auditoren/Funktion:	Mitarbeiter Qualitätswesen: 4
H. Wegener / Leitung	Referenzen: IPT
H. Kleist	WZL Aachen
H. Beier	
Datum: 20.05.99 – 01.06.99	
Ergebnis: 75 %	verantwortliche Kontaktpersonen/
Einstufung:	Funktion/ Tel.:
☐ A-Lieferant (100% bis 80%)	H. Schmidt
☒ B-Lieferant (80% bis 60%)	Leiter QM / 8901–4711
☐ C-Lieferant (unter 60%)	
A: entspricht den Forderungen	
B: entspricht weitgehend den Forderungen	
C: entspricht nicht den Forderungen	
Auditleiter:	für den Lieferanten:
Aachen, den 01.06.99	*Aachen, den 01.06.99*
M. Wegener	*Dr. Müller*
(Ort, Datum, Unterschrift)	(Ort, Datum, Unterschrift)

Seite 2

	LIEFERANTENAUDIT Ergebnis				Audit-Nr.: 007/1 Firma: Hen & Partner GmbH				
					Erfüllungsprofil %				
Nr.	Kriterium	Anz. Pkt.	mög. Pkt.	%	20	40	60	80	100
1	Verantwortung der Leitung	300	500	60					
2	QM-System	800	1000	80					
3	Produktionsprozesse	700	800	87,5					
4	Entwicklungsprozess	300	400	75					
5	Dokumentenlenkung	400	1200	33					
6	Beschaffungsprozess	300	400	75					
7	....								
8	....								
	Gesamtbewertung:	15000	20000	75					

Einstufung:

☐ 100% bis 80%   A Entspricht den Forderungen

☒ 80% bis 60%   B Entspricht weitgehend den Forderungen

☐ unter 60%   C Entspricht nicht den Forderungen

Seite 3

6.1 Lieferantenaudit

	LIEFERANTENAUDIT 4. Prüfmittel						Datum: Audit-Nr.: *007/ I* Auditor: *Beier* Firma: *Hen & Partner*	
	Dok./Wirksamkeit							
Nr.	Frage	Entf.	1	2	3	4	Bemerkung	Anl.
4.1	Gibt es eine festgelegte Vorgehensweise zur Freigabe neuer Prüfmittel?							
4.2	Sind korrektive Maßnahmen zur Behebung von Schäden und Fehlern an Prüfmitteln dokumentiert?							
4.3	Ist die Prüfmittelüberwachung angebunden an staatliche Normale?							
	1 erfüllt Nennungen:						$\Sigma=$	(Summe Antw.)
	2 teilweise erfüllt, Änderungen nötig 3 im Aufbau 4 nicht erfüllt		x100	x75	x50	x0	x100=	(Maximale Pkt.)
							$\Sigma=$	(Erreichte Pkt.)
	Seite 8							

	LIEFERANTENAUDIT Aktionsplan	Audit-Nr.: *007/1*
		Firma: *Hen & Partner*

Nr.	Beschreibung	Termin	Anlagen

ERLEDIGUNGSVERMERK	Durchführung	Abnahme durch Auditleitung
Verantwortlich		
Ort, Datum, Unterschrift		
	Seite 12	

Eine wichtige Voraussetzung für die Durchführung von Lieferantenaudits ist die Schaffung geeigneter personeller und organisatorischer Voraussetzungen. Es muss geprüft werden, welche Mitarbeiter für die Funktionen der Auditoren und Auditleiter geeignet sind. Das Auditpersonal ist sehr sorgfältig auszuwählen. Neben Kenntnis und Verständnis der relevanten Normen sollte der Auditor mit den Methoden der Bewertung vertraut sein. Er muss die von ihm zu beurteilenden Elemente und die hierbei gebräuchlichen Qualitätstechniken beherrschen.

An die persönliche Eignung des Auditors sind viele Forderungen geknüpft. Diese ergeben sich zum einen aus seiner Funktion beim Audit, zum anderen aus seiner Eigenschaft als Repräsentant seines Unternehmens. Er muss über Kontaktfähigkeit und Einfühlungsvermögen verfügen. Eine gute Menschenkenntnis ist Voraussetzung für seine wirksame Arbeit. Der Auditleiter muss diesem Forderungsprofil gerecht werden.

Audit-Programm mit Terminplan erstellen

Die Planung endet mit dem Festschreiben eines Audit-Programms, das die Arbeitsgrundlage für die Arbeit der Auditgruppe darstellt. Hierdurch ist die Funktionsfähigkeit des Auditwesens sicherzustellen. Daher muss geregelt werden, wann, wer, wo, wen oder was, wie auditiert. Der Zeitplan ist abhängig von der personellen und organisatorischen Kapazität der zuständigen Stelle sowie von den Produkten und den nötigen Mitarbeiterqualifikationen bei deren Erstellung. Eine laufende Aktualisierung ist notwendig.

Anwendung der Methode

Planung und Vorbereitung des Audits

Ein Audit wird von einer einzelnen Person oder häufiger von einem Team durchgeführt. Im letzten Fall übernimmt der Auditleiter die Gesamtverantwortung. Nachdem die Beschaffung den Kontakt zum Lieferanten hergestellt hat, koordiniert er mit einem vom Lieferanten bestimmten Vertreter die das Audit betreffenden Absprachen.

Schon bei der Vorbereitung des Audits sind bei allen Entscheidungen die Belange des auditierten Unternehmens angemessen zu berücksichtigen. Das betrifft die Auswahl und Zusammensetzung des Audit-Teams und die Ausarbeitung des Auditplans. Um ein Audit durchführen zu können, ist das Einverständnis des Lieferanten erforderlich. Daher sind frühzeitige Absprachen mit ihm unbedingt nötig.

Zunächst wird der Umfang des Audits und die Audithäufigkeit festgelegt. Eine Beschreibung des QM-Systems durch den Lieferanten (z. B. QM-Handbuch) vermittelt einen ersten Eindruck. Ein Vorbesuch oder eine adäquate telefonische Absprache geben weitere Aufschlüsse. Hierbei macht der Abnehmer den Gegenstand des Audits und seine Erwartungen deutlich. Er erklärt, wer das Audit durchführen wird und wie die Ergebnisse weiter genutzt werden. Der Zeitplan ist gemeinsam zu erstellen. Zusammen mit weiteren organisatorischen Hinweisen bilden diese Informationen den Auditplan, der vom Lieferanten genehmigt werden sollte.

Das Audit-Team regelt die Aufgabenverteilung, informiert sich über Besonderheiten des Betriebes (Umsatz, Marktsituation, Besitzverhältnisse, Unternehmenstraditionen, Anzahl und Qualifikation der Mitarbeiter etc.), der Produkte und der eingesetzten Produktionsverfahren und erarbeitet hieraus die Checkliste.

Wichtige Unterlagen in dieser Phase sind eigene qualitätsrelevante Richtlinien, Basisinformationen zum QM-System des Lieferanten (QM-Handbuch) sowie alle Vereinbarungen mit dem Lieferanten, wie Auftragsforderungen oder Qualitätsmanagementvereinbarungen.

Für eine effiziente Arbeit ist der permanente Erfahrungs- und Erkenntnisaustausch der Auditoren wichtig.

Eine Analyse der Lieferantenhistorie ist sinnvoll. Jedoch sollten hierbei Voreingenommenheiten ausgeschaltet werden.

Der Auditleiter sorgt für notwendige logistische Unterstützung (Besprechungsraum, Telefon für unmittelbare Rücksprachen, Schreibdienst) während der Erstellung [rob].

Durchführung des Audits

Die Durchführung des Audits beginnt mit einem Einführungsgespräch, in dem grundsätzliche organisatorische Fragen geklärt werden. Ein vorgeschalteter Rundgang durch den Betrieb erleichtert das Verstehen von Zusammenhängen während einzelner Detailprüfungen.

Die Untersuchung orientiert sich an der erstellten Checkliste. Festgeschriebene Richtlinien sind durch Befragungen und Stichproben auf ihre Wirksamkeit zu prüfen. Ansätze geben hier zum Beispiel Funktions- und Stellenbeschreibungen, Ablauforganisationspläne oder Analyseberichte. Ressortspezifische Fragen beantworten die Verantwortlichen selbst, nicht der Qualitätsleiter der auditierten Unternehmung oder seine Mitarbeiter.

Die Erkenntnisse werden unmittelbar notiert und bewertet. Die festgestellten Mängel werden genau beschrieben und analysiert. Wenn möglich sollten stets Verbesserungsvorschläge aufgezeigt werden.

Wird festgestellt, dass eine Frage im speziellen Fall nicht zutreffend ist, so ist stets eine Begründung anzugeben. Bei kritischen Abweichungen sind Sofortmaßnahmen zur Schadensbegrenzung einzuleiten.

Im Anschluss an die Aufnahme ist ein Abschlussgespräch mit den Vertretern des Lieferanten sinnvoll, in dem sie Gelegenheit zur Darstellung ihrer Ansichten haben. Diese können später im Bericht berücksichtigt werden, um so zu einer übereinstimmenden Annahme des Ergebnisses zu gelangen.

Auswertung des Audits

Die Ergebnisse der Untersuchung werden nach festgelegten Kriterien verdichtet, um zu einem Urteil zu gelangen. Die Ergebnisse können in ein grafisches Erfüllungsprofil umgesetzt werden, um einen guten Überblick über Stärken und Schwächen des QM-Systems zu geben.

Je nach erreichter relativer Gesamtpunktzahl erfolgt eine Einstufung des Lieferanten in eine der Qualitätsfähigkeitsklasse, z. B.: A (qualitätsfähig), B (bedingt qualitätsfähig) oder C (nicht qualitätsfähig).

Das Ergebnis des Audits wird den internen Stellen in vereinbarter Form weitergegeben und archiviert.

Reaktion auf das Ergebnis

Der auditierten Unternehmung wird möglichst innerhalb von ca. 3 Wochen nach Auditabschluss ein detaillierter Bericht vorgelegt, der neben der Feststellung von Schwachstellen gegebenenfalls Verbesserungsvorschläge enthält. Das weitere Vorgehen berücksichtigt mindestens die Durchführung und Überprüfung der Abhilfemaßnahmen mit Zeitplan und Zuständigkeiten, z. B. durch Wiederholungsaudits. Diese sollten nach einem angemessenen Zeitraum, z. B. nach 90 Tagen, merkliche Verbesserungen aufzeigen. Der Bericht wird archiviert. Er dient dem Nachweis der Erfüllung von Aufsichts- und Zuliefererpflichten.

Überprüfung der Wirksamkeit, Systempflege, Systemüberwachung

Das Lieferantenaudit soll vereinfachte Trendbeobachtungen unterstützen und Vergleiche verschiedener Anbieter zulassen. Um seine Aussagekraft langfristig sicherzustellen, bedarf es einer ständigen Systempflege. Im Mittelpunkt steht dabei die Sicherung und Weiterentwicklung der Fähigkeiten des Auditpersonals durch Schulungsprogramme.

Geeignete Controllingmethoden sichern die Wirksamkeit des Auditwesens. Dem hohen Aufwand bei der Auditierung von Lieferanten sollten substantielle Ergebnisse folgen. Sie zu quantifizieren wird Hauptaufgabe sein. Eine wichtige Kenngröße ergibt sich aus der Bestimmung der Kosten eines Lieferantenaudits. Sie beeinflusst wesentlich den Einsatzbereich der Methode.

6.1.2 Praxisbeispiel

Das Lieferantenaudit stellt heutzutage eines der zentralen Werkzeuge zur Absicherung von Beschaffungsprozessen dar. In vielen Branchen hat die partnerschaftliche Planung und Durchführung von Lieferantenaudits z. B. Wareneingangsprüfungen als Mittel zur Sicherung der Beschaffungsqualität längst ersetzt. Die nachfolgenden Seiten verdeutlichen anhand einer Beispieldokumentation den Ablauf eines Lieferantenaudits auf Basis der DIN EN ISO 9001 [di1].

6.2 Aufzeichnung der Qualität gelieferter Produkte

6.2.1 Einführung und Theorie

Zertifizierte Unternehmen verpflichten sich, die Qualitätslage aller Lieferanten kontinuierlich zu bewerten und entsprechende Schlüsse zu ziehen bzw. Maßnahmen zu ergreifen. Für einen schnellen Überblick können die Leistungen der Lieferanten zu Qualitätskennzahlen verdichtet werden. Das Niveau und die Entwicklung solcher Kennzahlen zeigt dann i. d. R. rechtzeitig auf, wann beispielsweise Lieferantenaudits dazu beitragen können, die Qualitätslage einzelner Lieferanten zu prüfen und ggf. Qualifizierungsmaßnahmen zu ergreifen, um das Qualitätsniveau wieder anzuheben.

Es ist prinzipiell geschäfts- und branchenabhängig, welche Kennzahlen für ein Unternehmen wichtig sind. Qualitäts-, Termin-, Mengen- oder Kostenziele können von unterschiedlicher Bedeutung für einzelne Kunden sein. In der Regel ist ein Mix solcher Kennzahlen erforderlich, um Lieferanten ganzheitlich und angemessen beurteilen zu können.

Das folgende Praxisbeispiel zeigt anhand einer kontinuierlichen Qualitätsbewertung, wie die Qualitätsfähigkeit von Lieferanten beurteilt und zu Qualitätskennzahlen verdichtet werden kann. Berechnungsgrundlagen sind diesem Beispiel zu entnehmen.

6.2.2 Praxisbeispiel

Der Beschaffungsverantwortliche eines Maschinenbauunternehmens steht vor der Aufgabe ein Lieferantenbewertungssystem mit Hilfe der Bildung von Qualitätskennzahlen zu realisieren.

Im ersten Schritt ermittelt er für drei Lieferanten aus den im folgenden aufgelisteten Ergebnissen der Wareneingangsprüfungen eine erste Qualitätskennzahl (QKZ 1). Bei der Ermittlung der QKZ 1 legt er folgende Berechnungsformel zugrunde:

$$QKZ1_i = \left(1 - \frac{F_i}{N_{\text{ges},i}}\right) \cdot 100$$

mit N_{ges} Anzahl der gelieferten Teile
F Anzahl der fehlerhaften Teile
i Periode (hier Kalenderwoche)

Er entnimmt die Zahlen der gelieferten und der fehlerhaften Teile den Wareneingangslisten und ergänzt dort zeilenweise die QKZ 1 (**Tabelle 6.2-1**).

In einer anschließenden grafischen Darstellung bewertet er die Entwicklung der QKZ 1 aller drei Lieferanten und verschafft sich so einen ersten Eindruck der Lieferantenhistorie der letzten Wochen (**Bild 6.2-1**).

Die aktuelle Qualitätsfähigkeit der Lieferanten führt in der 10. KW zu folgender Rangfolge:

1. Lieferant C
2. Lieferant A
3. Lieferant B

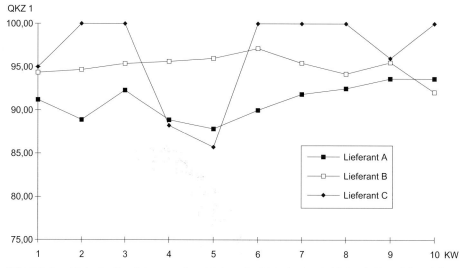

Bild 6.2-1 Einfache Realisierung einer Lieferantenhistorie der Anbieter A, B und C auf der Grundlage eines relativen Fehlerquotienten.

6.2 Aufzeichnung der Qualität gelieferter Produkte   257

Tabelle 6.2-1   Auswertung der Ergebnisse der Wareneingangsprüfung (QKZ 1)

KW	Gelieferte Teile	Materialwert	fehlerhafte Teile	kritische Fehler	Hauptfehler	Nebenfehler	Fehlerkosten in DM	QKZ 1
Lieferant A								
1	125	5000	11	1	3	7	665	91,20
2	135	5400	15	0	7	8	730	88,89
3	65	2600	5	1	2	2	485	92,31
4	90	3600	10	1	1	8	600	88,89
5	255	10200	31	2	12	17	1535	87,84
6	50	2000	5	1	1	3	280	90,00
7	135	5400	11	2	3	6	725	91,85
8	160	6400	12	7	4	1	825	92,50
9	110	4400	7	6	0	1	1105	93,64
Lieferant B								
10	440	17600	28	28	0	0	5525	93,64
1	265	53000	15	8	4	3	3024	94,34
2	300	60000	16	9	7	0	3256	94,67
3	260	52000	12	7	4	1	2634	95,38
4	230	46000	10	6	4	0	1965	95,65
5	200	40000	8	5	2	1	1843	96,00
6	280	56000	8	4	2	2	1943	97,14
7	220	44000	10	6	4	0	2067	95,45
8	310	62000	18	9	8	1	3793	94,19
9	290	58000	13	7	4	2	2826	95,52
10	265	53000	21	10	5	6	4025	92,08
Lieferant C								
1	20	6000	1	0	0	1	300	95,00
2	18	5400	0	0	0	0	0	100,00
3	22	6600	0	0	0	0	0	100,00
4	17	5100	2	0	0	2	562	88,24
5	7	2100	1	0	0	1	493	85,71
6	20	6000	0	0	0	0	0	100,00
7	12	3600	0	0	0	0	0	100,00
8	20	6000	0	0	0	0	0	100,00
9	25	7500	1	0	1	0	736	96,00
10	12	3600	0	0	0	0	0	100,00

Auffällig sind hier insbesondere die starken, sprunghaften Schwankungen in der Qualitätsfähigkeit des Lieferanten C. Eine Ursache können die geringen Liefermengen sein, die eine zu geringe Grundgesamtheit bilden, um ausreichend begründete Schlüsse ziehen zu können. Selbst eine geringe Anzahl von Fehlern hat folglich erhebliche Auswirkungen auf die relative Größe aus Fehleranzahl und Gesamtmenge.

Die anfänglichen Schwankungen bei den Lieferungen des Anbieters A haben sich offensichtlich in einen stetigen Trend in positiver Richtung entwickelt. Ursache hierfür könnte ein systematisches Aufdecken und Beseitigen von Schwachstellen zum Beispiel infolge eines Lieferantenaudits sein. Dagegen scheint Lieferant B noch nicht in der Lage zu sein, die jüngsten Schwierigkeiten zu beseitigen.

Dem Mitarbeiter ist bewusst, dass die Schwankungen in der Qualitätsfähigkeit einen stark dynamischen Charakter haben. Um dies zu berücksichtigen möchte er die Daten aus dem Wareneingang auf Grundlage des gleitenden Mittelwerts beurteilen. Für Lieferant A ergibt sich dabei folgendes Bild (**Bild 6.2-2**).

Der Verlauf der geglätteten Kurve zeigt eine deutlich niedrigere Sensibilität auf plötzliche Schwankungen. Derartige Auswertungen eignen sich insbesondere zur Vorbereitung längerfristiger, strategischer Entscheidungen. Andererseits erschweren sie die schnelle Identifikation von plötzlich auftretenden Qualitätseinbrüchen.

Neben dem hier vorgestellten Verfahren sind Modelle auf der Basis exponentieller Glättung und Regressionsanalysen gebräuchliche Formen der Auswertung von Fehlerstatistiken.

Die Berechnung des jeweils aktuellen geglätteten Wertes ergibt sich aus dem arithmetischen Mittel der QKZ 1 der letzten 3 Lieferungen. In der Praxis wird hier in der Regel eine breitere Basis verwendet.

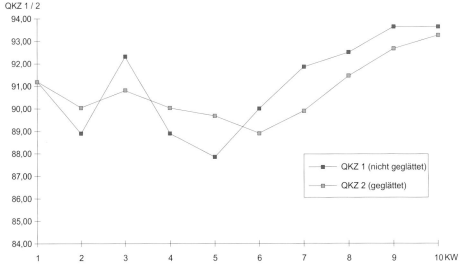

Bild 6.2-2 Kontinuierliche Dynamisierung mit Hilfe eines gleitenden Mittelwertes (Lieferant A)

6.2 Aufzeichnung der Qualität gelieferter Produkte

$$QKZ2_i = \frac{QKZ1_{i-2} + QKZ1_{i-1} + QKZ1_i}{3}$$

Der Mitarbeiter ergänzt die ermittelten Werte für die QKZ 2 zeilenweise in der Wareneingangsliste. Für den Lieferanten ergibt sich danach folgendes Bild (**Tabelle 6.2-2**):

Tabelle 6.2-2 Weitere Auswertung der Wareneingangsprüfung des Lieferanten A (QKZ 2)

KW	Gelieferte Teile	Materialwert	fehlerhafte Teile	Kritische Fehler	Hauptfehler	Nebenfehler	Fehlerkosten in DM	QKZ 1	QKZ 2
				Lieferant A					
1	125	5000	11	1	3	7	665	91,20	91,20
2	135	5400	15	0	7	8	730	88,89	90,04
3	65	2600	5	1	2	2	485	92,31	90,80
4	90	3600	10	1	1	8	600	88,89	90,03
5	255	10200	31	2	12	17	1535	87,84	89,68
6	50	2000	5	1	1	3	280	90,00	88,91
7	135	5400	11	2	3	6	725	91,85	89,90
8	160	6400	12	7	4	1	825	92,50	91,45
9	110	4400	7	6	0	1	1105	93,64	92,66
10	440	17600	28	28	0	0	5525	93,64	93,26

Durch eine Gewichtung der Fehlerarten soll zusätzlich deren spezifische Bedeutung berücksichtigt werden. Für die Einteilung der Fehler im Wareneingangsbereich sieht die DIN 55 350 drei Fehlerklassen vor [di3]:

– Kritischer Fehler: Fehler, von dem anzunehmen oder bekannt ist, dass er voraussichtlich für Personen, welche die betreffende Einheit benutzen, instand halten oder auf sie angewiesen sind, gefährliche oder unsichere Situationen schafft, oder ein Fehler, von dem anzunehmen oder bekannt ist, dass er voraussichtlich die Erfüllung der Funktion einer größeren Anlage, wie z. B. eines Schiffes, eines Flugzeuges, einer Rechenanlage, einer medizinischen Einrichtung oder einer Tankstelle gefährdet.
– Hauptfehler: Nicht kritischer Fehler, der voraussichtlich zu einem Ausfall führt, oder der die Brauchbarkeit für den Verwendungszweck wesentlich herabsetzt.
– Nebenfehler: Fehler, der voraussichtlich die Brauchbarkeit für den vorgegebenen Verwendungszweck nicht wesentlich herabsetzt, oder ein Abweichen von geltenden Festlegungen, die den Gebrauch oder Betrieb der Einheit nur geringfügig beeinflussen.

Eine gebräuchliche Berechnungsgrundlage bedient sich folgender Formel:

$$QKZ3_i = \left[1 - \frac{\sum F_{k,i} \cdot 10 + \sum F_{h,i} \cdot 5 + \sum F_{n,i}}{10 \cdot \sum N_{ges,i}}\right] \cdot 100$$

mit N_{ges} Anzahl der gelieferten Teile
F_k Anzahl der Teile mit kritischem Fehler
F_h Anzahl der Teile mit Hauptfehler
F_n Anzahl der Teile mit Nebenfehler
i Periode (hier Kalenderwoche)

Für die Gewichtung der Fehlerarten wurde gewählt:
- für kritische Fehler: Faktor 10
- für Hauptfehler: Faktor 5
- für Nebenfehler: Faktor 1

Für den Lieferanten A ergeben sich folgende Kennzahlen (**Tabelle 6.2-3**) und folgender Verlauf (**Bild 6.2-3**).

Offensichtlich ist die positive Entwicklung der Qualitätsfähigkeit des Lieferanten A zu relativieren. Zwar ist der Fehleranteil in den letzten Wochen zurückgegangen, jedoch hat die Tragweite der einzelnen Fehler zugenommen. Eine genaue Betrachtung (Tabelle 6.2-3) zeigt, dass in den letzten Wochen deutlich mehr kritische Fehler aufgetreten sind.

Die absolute oder relative Anzahl von Fehlern kann nur erste Einschätzungen zur betriebswirtschaftlichen Bedeutung zulassen. Um die Folgen eines Fehlers und den erforderlichen Aufwand für seiner Beseitigung genauer abschätzen zu können, ist eine kostenorientierte Analyse wichtig. Eine leistungsfähige Kostenrechnung sollte in der Lage sein, Aussagen über Kostenauswirkungen der Fehler zuzulassen. Hierzu muss sowohl die Kostenartenrechnung als auch die Kostenstellenrechnung entsprechend aufgegliedert sein, um eine eindeutige Zuordnung zu ermöglichen. Die hier erfassten, bzw. verrechneten Größen müssen mit Hilfe geeigneter Buchungsschlüssel lieferungsbezogen und lieferantenbezogen gekennzeichnet werden. Im Beispiel wählte der Mitarbeiter eine auf

Tabelle 6.2-3 Weitere Auswertung der Wareneingangsprüfung des Lieferanten A (QKZ 3)

KW	Gelieferte Teile	Materialwert	fehlerhafte Teile	kritische Fehler	Hauptfehler	Nebenfehler	Fehlerkosten in DM	QKZ 1	QKZ 2	QKZ 3
				Lieferant A						
1	125	5000	11	1	3	7	665	91,20	91,20	97,44
2	135	5400	15	0	7	8	730	88,89	90,04	96,81
3	65	2600	5	1	2	2	485	92,31	90,80	96,62
4	90	3600	10	1	1	8	600	88,89	90,03	97,44
5	255	10200	31	2	12	17	1535	87,84	89,68	96,20
6	50	2000	5	1	1	3	280	90,00	88,91	96,40
7	135	5400	11	2	3	6	725	91,85	89,90	96,96
8	160	6400	12	7	4	1	825	92,50	91,45	94,31
9	110	4400	7	6	0	1	1105	93,64	92,66	94,45
10	440	17600	28	28	0	0	5525	93,64	93,26	93,64

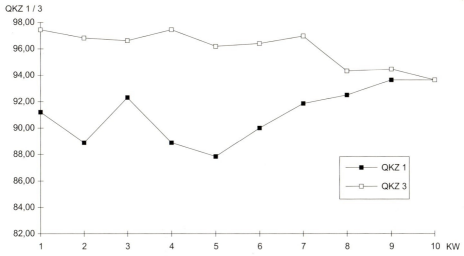

Bild 6.2-3 Lieferantenhistorie auf der Grundlage von relativen Fehleranteilen ungewichtet (QKZ 1) und gewichtet (QKZ 3)

den bewerteten Materialeinsatz bezogene Kennzahl, um einen anschaulichen Vergleich mit den übrigen Darstellungen zu vereinfachen. Folgende Formel verwendet er:

$$QKZ\,4_i = \left[1 - \frac{FKO_i}{MW_i}\right] \cdot 100$$

mit FKO Fehlerkosten (inkl. Folgekosten)
     MW   Materialwert
     i Periode (hier Kalenderwoche)

Der Mitarbeiter ergänzt die Wareneingangsliste um folgende Werte (**Tabelle 6.2-4**).

Abschließend bewertet der Mitarbeiter die kostenorientierte Historie von Lieferant A (**Bild 6.2-4**).

Die Zunahme der gewichteten Fehlerrate findet ihre Entsprechung in den Kostenauswirkungen. Die Fehlerkosten bezogen auf die gesamte gelieferte Menge sind in den letzten Wochen deutlich gestiegen. Offensichtlich wurden die Fehler später erkannt oder ihre Beseitigung war komplizierter.

Anmerkungen

Die Beurteilung alternativer Lieferanten eines Produktes auf der Grundlage einer Lieferantenhistorie kann durch inhomogene Rahmenbedingungen erschwert werden, z. B. durch:
– unterschiedliche Bezugsmengen
– unterschiedliche Bezugszeiträume
– häufig wechselnde Bestellzyklen

Tabelle 6.2-4 Weitere Auswertung der Wareneingangsprüfung des Lieferanten A (QKZ 4)

KW	Gelieferte Teile	Materialwert	Fehlerhafte Teile	kritische Fehler	Hauptfehler	Nebenfehler	Fehlerkosten in DM	QKZ 1	QKZ 2	QKZ 3	QKZ 4
				Lieferant A							
1	125	5000	11	1	3	7	665	91,20	91,20	97,44	86,70
2	135	5400	15	0	7	8	730	88,89	90,04	96,81	86,48
3	65	2600	5	1	2	2	485	92,31	90,80	96,62	81,35
4	90	3600	10	1	1	8	600	88,89	90,03	97,44	83,33
5	255	1020	31	2	12	17	1535	87,84	89,68	96,20	84,95
6	50	2000	5	1	1	3	280	90,00	88,91	96,40	86,00
7	135	5400	11	2	3	6	725	91,85	89,90	96,96	86,57
8	160	6400	12	7	4	1	825	92,50	91,45	94,31	87,11
9	110	4400	7	6	0	1	1105	93,64	92,66	94,45	74,89
10	440	17600	28	28	0	0	5525	93,64	93,26	93,64	68,61

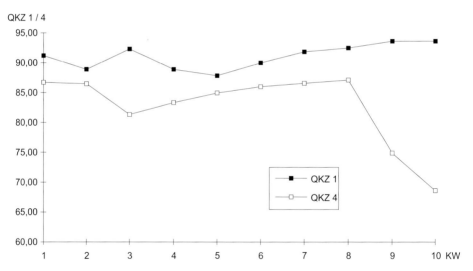

Bild 6.2-4 Zusätzliche Aussagen unterstützt durch eine kostenorientierte Lieferantenhistorie

Grundsätzlich lassen sich die genannten Probleme mit mehr oder weniger aufwendigen Rechenmodellen bewältigen. Allerdings führt ein überhöhter Rechenaufwand nicht immer zu zuverlässigeren Ergebnissen. Stets ist die richtige Interpretation des Ergebnisses eine Voraussetzung zu einer treffenden Beurteilung eines Lieferanten. So ist die Bevorzugung eines Lieferanten A mit einer – wie auch immer ermittelten – Qualitätskennzahl von 90,2 gegenüber einem Lieferanten B mit einer Qualitätskennzahl von 89,8 allein auf dieser Grundlage sicher immer zweifelhaft.

Ist ein Zulieferer über einen längeren Zeitraum hinweg nicht zum Zuge gekommen, so ergibt sich ein Vergleichsproblem. In diesem Fall wäre es möglich, den letzten errechneten Wert der Qualitätskennzahl unverändert fortzuschreiben. Hierdurch würde aber seine möglicherweise veränderte Qualitätsfähigkeit verfälscht wiedergegeben. Andere Maßnahmen – wie zum Beispiel ein Lieferantenaudit – können dann bessere Auskünfte geben. Ziel einer effektiven Organisation muss es sein, eine geeignete Grundlage für eine zuverlässige Beurteilung zu schaffen, andererseits aber den Erfassungs- und Auswertungsaufwand in Grenzen zu halten. Des weiteren muss der Anwender die Aussagekraft einer Statistik verstehen, d. h. in vielen Fällen trägt eine Vielzahl von Tabellen und Diagrammen ohne entsprechende Interpretationshilfen nur unzureichend zur optimalen Umsetzung des Beurteilungsprinzips bei.

In der Praxis hat sich eine qualitätsorientierte Klasseneinteilung der Lieferanten bewährt, die in einfacher Form dokumentiert werden kann. In einer Liste werden produkt- und/oder produktgruppenbezogen alternative Lieferanten geführt, deren Qualitätsfähigkeit durch eine entsprechende Kennzeichnung vom Einkäufer schnell identifiziert werden kann:

A: Der Lieferant ist ohne Einschränkungen geeignet.
B: Der Lieferant ist prinzipiell geeignet, es bestehen jedoch Einschränkungen.
C: Der Lieferant ist ungeeignet.

Der Einkäufer kann grundsätzlich nur Lieferanten der Klassen A und B auswählen, wobei A-Lieferanten zu bevorzugen sind. Ausnahmen von dieser Regelung sind nur im Rahmen von entsprechend dokumentierten Sonderverfahren möglich.

6.2.3 Übungsaufgabe

Sie haben in ihrem Betrieb die Forderungen an ein effizientes Qualitätsmanagement in der Beschaffung diskutiert. Dabei haben Sie festgestellt, dass die internen Zielsetzungen weitgehend im Einklang mit den Forderungen der DIN ISO 9001 stehen. Eine der wichtigsten Maßnahmen zur Unterstützung der qualitätsorientierten Beschaffungssicherung ist die Einführung einer Beurteilung der Lieferanten auf der Grundlage der von ihnen gelieferten Produktqualität.

Sie wollen systematische Aufzeichnungen über die Qualität der gelieferten Produkte einführen. Zunächst soll das Vorgehen an ausgewählten Lieferanten erprobt werden.

Realisieren Sie bitte eine systematische Lieferantenbeurteilung mit der Bildung von Qualitätskennzahlen. Nehmen Sie die folgenden Tabellen und Koordinatensysteme zur Hilfe. Die Lösungen sind dem Praxisbeispiel zu entnehmen (Abschnitt 6.2.2).

Die Wareneingangslisten mit den Angaben der Lieferanten A, B und C sind in **Tabelle 6.2-5** festgehalten.

Entwickeln Sie eine Kennzahl zur Beschreibung der Qualitätsfähigkeit der Lieferanten auf der Grundlage der relativen Anzahl fehlerhafter Teile (QKZ 1). Bei fehlerfreier Lieferung soll diese Kennzahl den Idealwert 100 erreichen, der bei Mängeln entsprechend reduziert werden soll. Wie lautet die zur Berechnung notwendige Formel? Stellen Sie den Verlauf der Qualitätsfähigkeit aller drei Lieferanten grafisch dar und interpretieren Sie das Ergebnis (**Bild 6.2-5**). Wie lautet die aktuelle Reihenfolge der Lieferanten bezogen auf ihre Qualitätsfähigkeit?

Tabelle 6.2-5   Ergebnisse der Wareneingangsprüfung

KW	Gelieferte Teile	Materialwert	fehlerhafte Teile	kritische Fehler	Hauptfehler	Nebenfehler	Fehlerkosten in DM	QKZ 1	QKZ 2	QKZ 3	QKZ 4
\multicolumn{12}{c}{Lieferant A}											
1	125	5000	11	1	3	7	665				
2	135	5400	15	0	7	8	730				
3	65	2600	5	1	2	2	485				
4	90	3600	10	1	1	8	600				
5	255	10200	31	2	12	17	1535				
6	50	2000	5	1	1	3	280				
7	135	5400	11	2	3	6	725				
8	160	6400	12	7	4	1	825				
9	110	4400	7	6	0	1	1105				
10	440	17600	28	28	0	0	5525				
\multicolumn{12}{c}{Lieferant B}											
1	265	53000	15	8	4	3	3024				
2	300	60000	16	9	7	0	3256				
3	260	52000	12	7	4	1	2634				
4	230	46000	10	6	4	0	1965				
5	200	40000	8	5	2	1	1843				
6	280	56000	8	4	2	2	1943				
7	220	44000	10	6	4	0	2067				
8	310	62000	18	9	8	1	3793				
9	290	58000	13	7	4	2	2826				
10	265	53000	21	10	5	6	4025				
\multicolumn{12}{c}{Lieferant C}											
1	20	6000	1	0	0	1	300				
2	18	5400	0	0	0	0	0				
3	22	6600	0	0	0	0	0				
4	17	5100	2	0	0	2	562				
5	7	2100	1	0	0	1	493				
6	20	6000	0	0	0	0	0				
7	12	3600	0	0	0	0	0				
8	20	6000	0	0	0	0	0				
9	25	7500	1	0	1	0	736				
10	12	3600	0	0	0	0	0				

6.2 Aufzeichnung der Qualität gelieferter Produkte

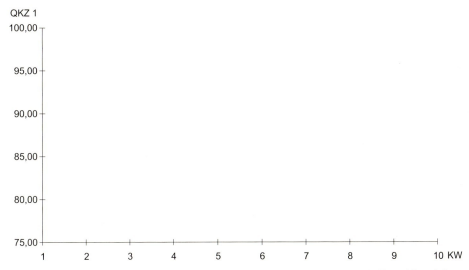

Bild 6.2-5 Einfache Realisierung einer Lieferantenhistorie der Anbieter A, B und C auf der Grundlage eines relativen Fehlerquotienten

Sie wollen nun eine langfristigere, kontinuierliche Betrachtungsweise erproben. Entwickeln Sie eine Formel zur Bewertung der Qualitätsfähigkeit auf der Grundlage eines gleitenden Mittelwertes (QKZ 2). Als Ausgangsgrößen benutzen Sie die im ersten Aufgabenteil ermittelten Kennzahlen. Im ersten Schritt sollen jeweils 3 Werte gemittelt werden. Stellen Sie den Verlauf der Qualitätsfähigkeit des Lieferanten A mit und ohne Glättung grafisch dar und erläutern Sie kurz das Ergebnis (**Bild 6.2-6**).

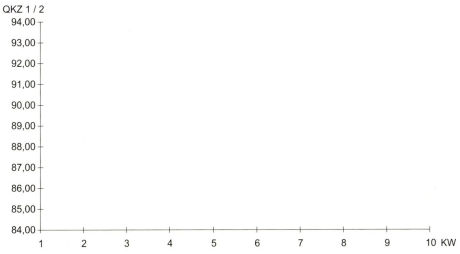

Bild 6.2-6 Kontinuierliche Dynamisierung mit Hilfe eines gleitenden Mittelwertes (Lieferant A)

Entwickeln Sie eine Formel zur Bewertung der Qualitätsfähigkeit der Lieferanten unter Berücksichtigung der Fehlerklassifizierung (QKZ 3). Kritische Fehler sollen den Gewichtungsfaktor 10, Hauptfehler den Faktor 5 und Nebenfehler den Faktor 1 erhalten. Erneut soll der Idealwert bei 100 liegen. Ermitteln Sie die Qualitätsfähigkeit des Lieferanten A und stellen Sie die beiden Kennzahlen QKZ 1 und QKZ 2 grafisch dar. Suchen Sie nach einer möglichen Ursache für den Verlauf der Kurven relativ zueinander (**Bild 6.2-7**).

Entwickeln Sie eine Formel zur Bewertung der Qualitätsfähigkeit der Lieferanten unter Berücksichtigung der Fehlerfolgekosten und des Materialwerts (QKZ 4). Untersuchen Sie die Qualitätsfähigkeit des Lieferanten A auf dieser Grundlage und stellen Sie für den Kennzahlverlauf mit und ohne Berücksichtigung der Fehlerfolgekosten dar (**Bild 6.2-8**). Was schließen Sie daraus?

6.2.4 Lernerfolgsfragen

1. Nennen Sie methodische Ansätze, einen Lieferanten grundsätzlich zu beurteilen.
2. Begründen Sie, warum man die Einführung von Lieferantenaudits einem Projektteam überträgt.
3. Skizzieren Sie kurz den Aufbau von Auditbögen für die Lieferantenauswahl.

6.2.5 Antworten

zu 1.: Das Lieferantenaudit, Baumuster- bzw. Erstmusterprüfung, Auswertung von Qualitätsdaten von durchgeführten Wareneingangsprüfungen, die Lieferantenselbstauskunft und die Auswertung von Referenzen (Abschnitt 6.1.1)

zu 2.: Hierdurch lassen sich Erfahrungen aus mehreren Bereichen des Unternehmens zusammentragen und für die Gestaltung des Audits nutzen.

zu 3.: Abschnitt 6.1.3

Literatur

[di1] **Norm DIN EN ISO 9001 (ISO/DIS 9001:1999) 01.2000:** *Qualitätsmanagementsysteme: Forderungen*

[di2] **Norm DIN EN ISO 19 011 (ISO/DIS 19 011:1999) 01.2000:** *Leitfaden für das Auditieren von QM- und UM-Systemen*

[di3] **Norm DIN 55 350 Teil 31 12.1985:** *Begriffe der Qualitätssicherung und Statistik: Begriffe der Annahmestichprobenprüfung*

[qsa] **DaimlerChrysler, Ford, General Motors:** *QSA – Quality System Assessment.* Detroit, 1998 – Firmenschrift

[rob] **Robinson, C.:** *How to plan an audit.* In: ASQC Guidelines/ASQC (Hrsg.). Milwaukee, 1987

[vda] **VDA Band 6, Teil 1:** *QM-Systemaudit – materielle Produkte.* 4. Auflage, 1998

6.2 Aufzeichnung der Qualität gelieferter Produkte

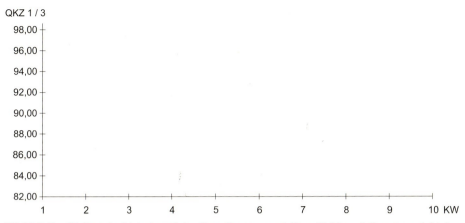

Bild 6.2-7 Lieferantenhistorie auf der Grundlage von relativen Fehleranteilen ungewichtet (QKZ 1) und gewichtet (QKZ 3)

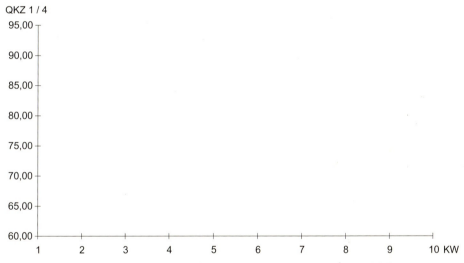

Bild 6.2-8 Zusätzliche Aussagen unterstützt durch eine kostenorientierte Lieferantenhistorie

Kapitel 7

Qualitätsmanagement in der Fertigung

Gliederung

7.1 Prüfdatenauswertung 270
    7.1.1 Prozessmodelle 270
    7.1.2 Qualifikation der Fertigungseinrichtung (Maschine) 272
    7.1.3 Prozessfähigkeit 276
    7.1.4 Durchführung 276
7.2 Statistische Prozessregelung (SPC) 279
    7.2.1 Einführung und Theorie 279
    7.2.2 Praxisbeispiel 280
7.3 Prüfmittelüberwachung 286
    7.3.1 Gerätespezifische Prüfmittelüberwachung 288
    7.3.2 Aufgabenspezifische Prüfmittelüberwachung 295
    7.3.3 Rechenaufgaben 302
    7.3.4 Lösung 303
Literatur 306
Weiterführende Literatur 307

7.1 Prüfdatenauswertung

Bei der Qualifikation von Fertigungseinrichtungen (Maschinen) und Prozessen hat sich in den letzten Jahren eine in den Grundlagen einheitliche Vorgehensweise ergeben, die in verschiedenen Richtlinien beschrieben wird (z. B. [ai1], [fo1] und [mbe]). Kernpunkt ist eine mehrstufige Vorgehensweise und die Beurteilung der Prozessqualität mit Hilfe statistischer Methoden.

7.1.1 Prozessmodelle

Für eine umfassende und korrekte Qualifikation von Prozessen ist es erforderlich, mit Hilfe statistischer Verfahren den Sachverhalt ausreichend genau modellhaft zu beschreiben. Je besser dies gelingt, desto exakter sind die Ergebnisse und um so wertvoller die gewonnenen Informationen.

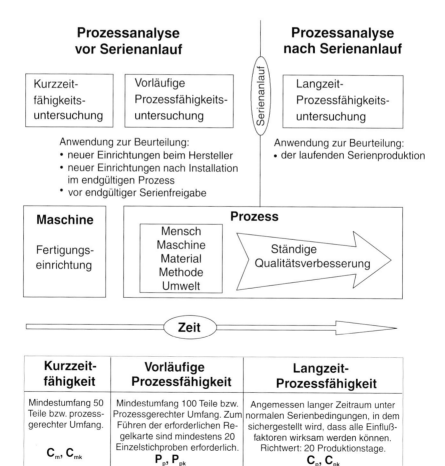

Bild 7.1-1   Vorgehensweise Prozessfähigkeit (nach VDA 4.1)

7.1 Prüfdatenauswertung

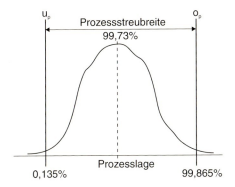

Bild 7.1-2 Definition Prozessstreubreite und Prozesslage

Zur Modellbeschreibung werden die von einer Fertigungseinrichtung hergestellten Teile gemessen. Diese Messdaten repräsentieren – ein fähiges Messverfahren und ausreichend große Stichproben vorausgesetzt – das Verhalten der Fertigungseinrichtung (Maschine) bzw. des Prozesses. Mit Hilfe statistischer Verfahren kann basierend auf diesen Messdaten ein mathematisches Modell bestimmt werden. Inwieweit das ausgewählte mathematische Modell mit dem realen Sachverhalt übereinstimmt, kann grafisch mit dem Histogramm und dem Wahrscheinlichkeitsnetz beurteilt werden oder numerisch mit Hilfe eines Regressionsmodells.

Anhand des ausgewählten Modells kann ein Schätzwert für die Prozessstreubreite und die Prozesslage angegeben werden. Unter Prozessstreubreite ist der Bereich zu verstehen, in dem 99,73 % der Merkmalswerte zu erwarten sind. Dieser Bereich ist durch die Kennwerte u_p und o_p gekennzeichnet.

Bei der Berechnung von Fähigkeitskenngrößen ist heute die Percentilmethode am gebräuchlichsten, bei der die Prozessbreite, -lage und Toleranz ins Verhältnis gesetzt werden.

Die wesentlichen praxisrelevanten Prozessmodelle sind in den folgenden Abbildungen idealisiert dargestellt [E DIN 50 119].

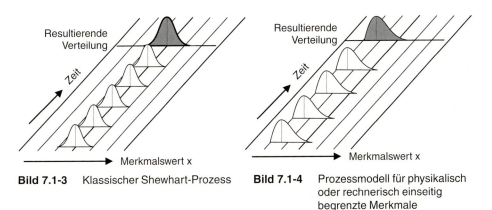

Bild 7.1-3 Klassischer Shewhart-Prozess

Bild 7.1-4 Prozessmodell für physikalisch oder rechnerisch einseitig begrenzte Merkmale

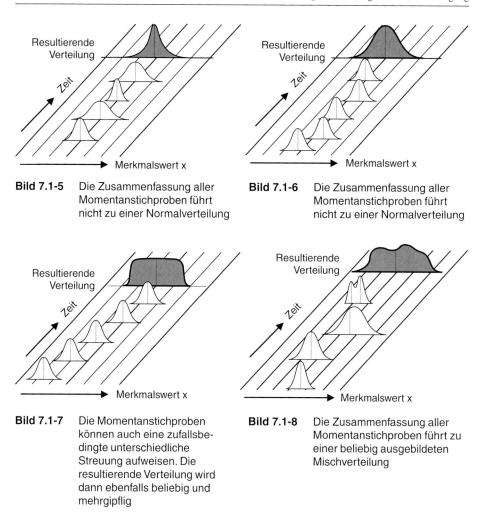

Bild 7.1-5 Die Zusammenfassung aller Momentanstichproben führt nicht zu einer Normalverteilung

Bild 7.1-6 Die Zusammenfassung aller Momentanstichproben führt nicht zu einer Normalverteilung

Bild 7.1-7 Die Momentanstichproben können auch eine zufallsbedingte unterschiedliche Streuung aufweisen. Die resultierende Verteilung wird dann ebenfalls beliebig und mehrgipflig

Bild 7.1-8 Die Zusammenfassung aller Momentanstichproben führt zu einer beliebig ausgebildeten Mischverteilung

7.1.2 Qualifikation der Fertigungseinrichtung (Maschine)

Die Durchführung der Abnahme erfolgt bei neuen Einrichtungen in der Regel beim Hersteller. Hierbei wird eine bestimmte Anzahl von Teilen entsprechend den Spezifikationen gefertigt. Bedingt durch den frühen Zeitpunkt erfolgt eine Begrenzung auf in der Regel 50 Teile für die statistische Auswertung. Zur Beurteilung werden die Fähigkeitsindizes C_m und C_{mk} für die qualitätsrelevanten Merkmale bestimmt. Der Ablauf der Auswertung für das folgende Beispiel ist in der folgenden Abbildung dargestellt:

Anhand eines realen Beispiels soll an vier Qualitätsmerkmalen die Vorgehensweise erläutert werden.

Zunächst wird entweder im Wahrscheinlichkeitsnetz oder anhand von numerischen Testverfahren festgestellt, ob eine Normalverteilung vorliegt oder nicht. Falls keine Normal-

7.1 Prüfdatenauswertung

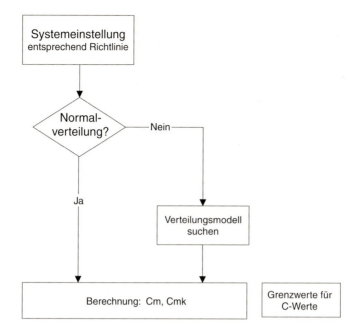

Bild 7.1-9 Ablauf Auswertung „Abnahme beim Lieferanten"

verteilung vorhanden ist, ist das zutreffende Verteilungsmodell zu suchen. Bei allen Beispielen wurde der Fähigkeitsindex über die Percentil-Methode berechnet.

In jedem Fall sollten die gemessenen Einzelwerte grafisch dargestellt werden. Anhand des Werteverlaufs können Ausreißer erkannt werden. Dazu stehen auch numerische Testverfahren zur Verfügung. Werden Ausreißer erkannt, sind die jeweiligen Teile nochmals zu überprüfen, um eventuelle Messfehler auszuschließen. Liegen nur 1 bis 2 Ausreißer vor, sind diese für die Berechnung aus der Messwertreihe zu eliminieren. Anschließend ist die Auswertung auf den restlichen Daten erneut durchzuführen.

Wird anhand des Werteverlaufes bzw. eines numerischen Testverfahrens ein Trend (z. B. infolge von Werkzeugverschleiß) erkannt, können die Werte, falls vereinbart, um diesen Trend bereinigt werden. Vor der Abnahme ist festzulegen, ob die Abnahme mit oder ohne Trendkompensation erfolgt.

Übliche Grenzwerte sind $C_m \geq 2{,}0$ und $C_{mk} \geq 1{,}67$.

7.1.2.1 Beispiele für Fertigungsmerkmale

Der Werteverlauf bei Merkmal 1 (**Bild 7.1-10**) zeigt eine deutliche Abweichung des Stichprobenmittelwerts von der Toleranzmitte. Da beim späteren Fertigungsprozess eine einfache Korrektur der Lage möglich ist, ergibt sich kein Handlungsbedarf. Die Abweichungen einiger Punkte im Wahrscheinlichkeitsnetz sind noch kein ausreichendes Indiz für das Vorliegen einer Nicht-Normalverteilung, zumal die numerischen Tests auf Normalverteilung ebenfalls nicht ansprechen.

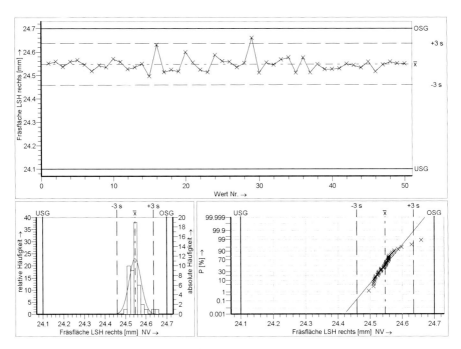

Bild 7.1-10 Merkmal 1 – $C_m = 3{,}39$; $C_{mk} = 1{,}72$

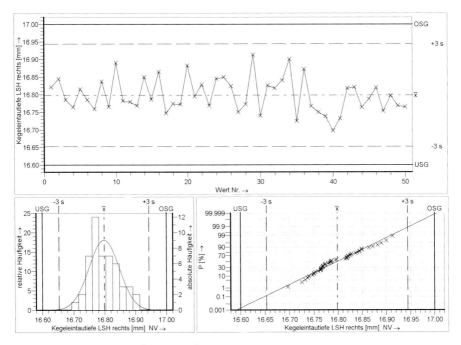

Bild 7.1-11 Merkmal 2 – $C_m = 1{,}37$; $C_{mk} = 1{,}36$

7.1 Prüfdatenauswertung

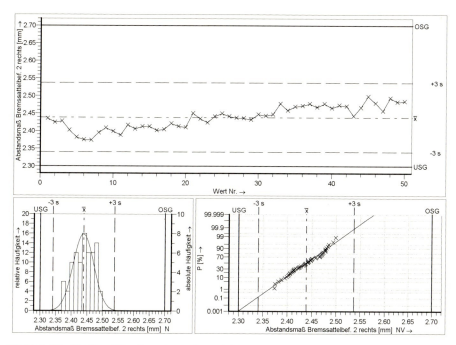

Bild 7.1-12 Merkmal 3 – $C_m = 2{,}04$; $C_{mk} = 1{,}41$

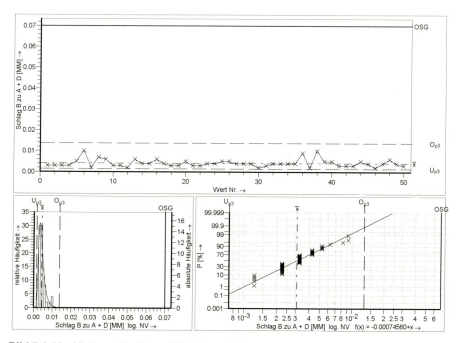

Bild 7.1-13 Merkmal 4 – $C^*_m = 5{,}70$; $C_{mk} = 6{,}89$

Bei Merkmal 2 (**Bild 7.1-11**) ist die Zentrierung zwar optimal, die Streuung der Werte ist jedoch zu groß. Die geforderten Werte der Fähigkeitsindizes werden nicht erreicht! Nachbesserungen an der Fertigungseinrichtung sind hier notwendig (oder Toleranzerweiterung oder Sonderfreigabe).

Im Werteverlauf von Merkmal 3 (**Bild 7.1-12**) ist ein Trend erkennbar. Die Berechnung der Fähigkeitsindizes erfolgte ohne Trendkompensation. Die Zentrierung ist nicht optimal und führt zu einem C_{mk}, der kleiner als die Forderung ist. Da bei der späteren Fertigung die Zentrierung verbessert werden kann, ist dies tolerabel.

Bei Merkmal 4 (**Bild 7.1-13**) handelt es sich um ein natürlich nullbegrenztes Merkmal. Die Annahme einer normalverteilten Grundgesamtheit ist nicht zutreffend. Als Verteilungsmodell wurde die logarithmische Normalverteilung gewählt. Die Berechnung des C_{mk}-Wertes erfolgt in solchen Fällen immer zur „echten" Toleranzgrenze hin, während die natürliche Grenze (0) für die Berechnung einer „Toleranzbreite" herangezogen werden kann. Der hiermit berechnete C^*_m-Wert kann somit in solchen Fällen kleiner als der C_{mk}-Wert sein.

7.1.3 Prozessfähigkeit

Nach der erfolgreich verlaufenen Abnahme der Fertigungseinrichtung erfolgen die Prozessfähigkeitsuntersuchungen. Bei einer Prozessfähigkeit sind möglichst alle auf einen Prozess einwirkenden Einflusskomponenten wie Material, Mensch, Umwelt usw. zu berücksichtigen. Bei der vorläufigen Prozessfähigkeit wird dies aufgrund des kürzeren Untersuchungszeitraums nicht gelingen. Daher sind höhere Grenzwerte für die Eignung anzusetzen. Für die fortdauernde Prozessfähigkeit sollte diese Forderung erfüllt sein.

7.1.4 Durchführung

7.1.4.1 Untersuchung der vorläufigen Prozessfähigkeit

Es sind mindestens 20 Stichproben erforderlich. In der Regel sollte jede Stichprobe aus 3 bis 5 Teilen bestehen. Diese Teile müssen dem Prozess unter normalen Produktionsbedingungen entnommen werden. Die Stichproben sind während der gesamten Dauer der Untersuchung in regelmäßigen Zeitabständen zu ziehen. Wenn der Produktionslauf nur die Mindestanzahl Teile für eine Untersuchung umfasst, müssen die Teile in direkter Reihenfolge entnommen und zu Stichproben zusammengefasst aufgezeichnet werden. Wenn in Ausnahmefällen die Mindestforderung von 20 Stichproben nicht erfüllt ist, sind die Ergebnisse der Untersuchung mit großer Vorsicht zu betrachten. Grundsätzlich kann festgestellt werden, dass mit jeder Verringerung des Prüfumfanges eine Vorhersage über die künftige Qualitätsleistung eines Prozesses an Aussagekraft verliert.

7.1.4.2 Untersuchung der Langzeit-Prozessfähigkeit

Für eine Langzeitfähigkeitsuntersuchung sollten endgültige Produktionsbedingungen vorliegen. Dabei sollte ein Mindestzeitraum von 20 normalen Produktionstagen zugrunde liegen. Oft kann diese Forderung nicht eingehalten werden. Daher sollte die Bezeichnung C_p, C_{pk} dann verwendet werden, wenn im Untersuchungszeitraum alle im Normalbetrieb denkbaren und möglichen Einflüsse mit ihren Auswirkungen enthalten sind.

7.1.4.3 Auswertung der Daten für vorläufige und Langzeit-Prozessfähigkeit

Zur Prozessbeurteilung und zur Bestimmung der Fähigkeitsindizes kann gemäß dem folgenden Ablaufdiagramm vorgegangen werden.

Die wesentlichen Schritte hierbei sind:
- Datensammlung und Eingabe der Werte
- Beurteilung der Stabilität des Prozesses
- Geeignetes Verteilungsmodell bestimmen
- Qualitätsregelkarte festlegen (z. B. $\bar{x}/s$-Karte)

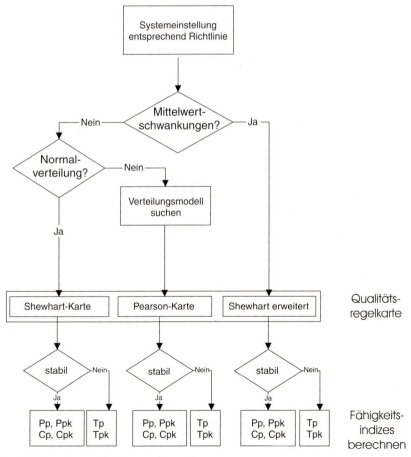

Bild 7.1-14 Vorgehensweise Prozessbeurteilung

- Eingriffsgrenzenberechnung
- Berechnung von P_p und P_{pk}, bzw. C_p und C_{pk}
- Wenn kein stabiler Prozess vorliegt, erfolgt die Berechnung von T_p und T_{pk}

Das folgende Beispiel in Bild 7.1-15 zeigt das Ergebnis einer Langzeit-Prozessfähigkeitsuntersuchung. Die Schwankungen der Einzelwerte sind für die meisten Prozesse als normal zu bezeichnen. Die Ergebnisse einer umfassenden Untersuchung von 1000 Prozessen ergaben in 95 % der Fälle eine Mischverteilung. Die Annahme einer Normalverteilung traf nur in 2 % der Fälle zu.

Als Verteilungsmodell wurde dabei die Mischverteilung gewählt. Für die Lage-Qualitätsregelkarte kommt eine modifizierte Shewhart-Karte mit erweiterten Grenzen in Betracht, um die Mittelwertschwankungen zu berücksichtigen.

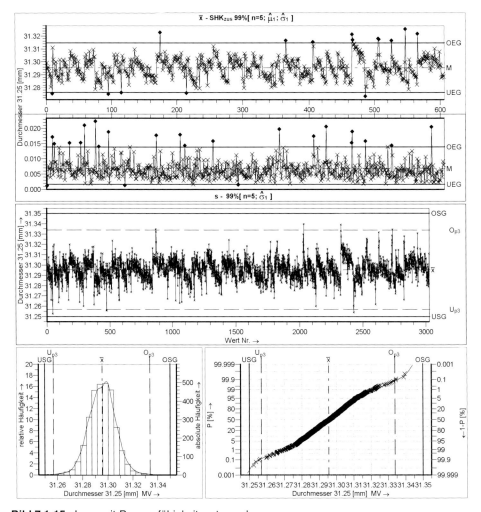

Bild 7.1-15 Langzeit-Prozessfähigkeitsuntersuchung

7.2 Statistische Prozessregelung (SPC)

7.2.1 Einführung und Theorie

Stabile und qualitätsfähige Prozesse sind die Basis des Unternehmenserfolgs und der Ausgangspunkt einer kontinuierlichen Verbesserung der Prozessqualität. Die Anwendung der statistischen Prozessregelung (SPC) stellt in diesem Zusammenhang ein leistungsstarkes Hilfsmittel zur Zielerreichung dar. Wesentliche Bestandteile der SPC sind Fähigkeitsuntersuchungen und die Regelkartentechnik.

Mit Fähigkeitsuntersuchungen wird die grundsätzliche Eignung des Prozesses für den Einsatz der SPC überprüft. Nichtfähige Prozesse eignen sich wegen der hohen Gefahr der Ausschussproduktion nicht für die Überwachung durch die SPC. Voraussetzung für eine Fähigkeitsuntersuchung ist ein stabiles und damit vorhersagbares Prozessverhalten. Daher ist zunächst die Stabilität der zu untersuchenden Prozesse mittels Streuungs- und Mittelwertanalyse (z. B. durch Regelkarten) nachzuweisen. Um eine quantifizierbare Aussage über die Fähigkeit machen zu können, werden standardisierte Fähigkeitsindizes c_p und c_{pk} berechnet (**Bild 7.2-1**).

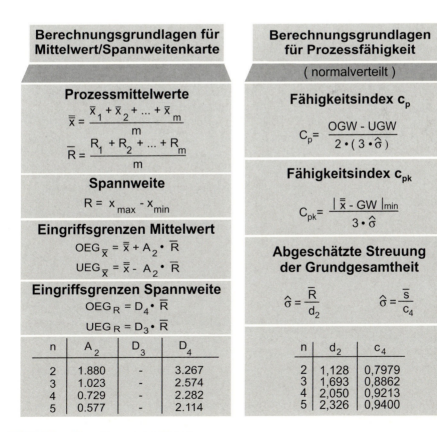

Bild 7.2-1 Berechnungsgrundlagen

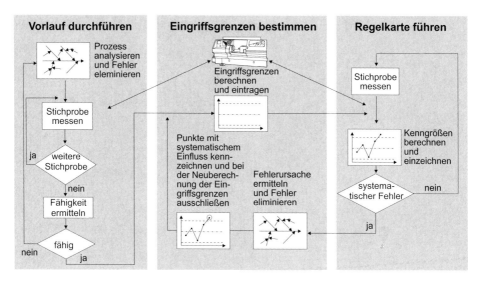

Bild 7.2-2   Ablauf der statistischen Prozessregelung

Zentrales Werkzeug der SPC sind die (Qualitäts-)Regelkarten mit deren Hilfe die eigentliche Überwachung und Lenkung des Prozesses erfolgt. Sie dienen dazu, systematische und spezielle Prozesseinflüsse frühzeitig zu erkennen, um diesen durch die Wahl geeigneter Maßnahmen entgegen zu wirken. Es existiert eine Vielzahl von Regelkartentypen, für deren richtige Auswahl die Kenntnis der natürlichen Streuung des Prozesses eine wesentliche Voraussetzung darstellt. Ein typischer Vertreter ist die sogenannte Mittelwert/Spannweitenkarte, die im nachfolgenden Praxisbeispiel noch näher vorgestellt wird.

Bild 7.2-2 zeigt den typischen Ablauf der Prozessregelung und Prozessverbesserung mittels SPC in dem die drei Phasen der Datenerfassung, Datenanalyse und Regelung fortlaufend wiederholt werden. Für detailliertere Informationen beispielsweise über das statische Verhalten von Prozessen, die Anwendung der SPC und deren Randbedingung sei auf die weiterführende Literatur verwiesen [pfe, rin, she, whe].

7.2.2 Praxisbeispiel

Aufgabenstellung

Das hier beschriebene Beispiel für die Anwendung von Methoden der statistischen Prozessregelung (SPC) soll zeigen, dass SPC durchaus auch in anderen Bereichen als der Automobilindustrie angewendet werden kann. Es handelt sich um den Vorgang des Abpackens von tiefgefrorenen Fischstäbchen. Aus Wettbewerbsgründen wurden die Daten, die einem realen Prozess entnommen wurden, leicht verfremdet.

Das Produkt besteht aus Fisch und Panade. Bei dem zu verpackenden Fisch handelt es sich um ein Naturprodukt, das Schwankungen in den Rohmaterialien aufweisen kann. Das Abpackgewicht soll 300 g betragen. Dabei gilt es, die gesetzlichen Auflagen der

7.2 Statistische Prozessregelung (SPC) 281

Produkt
Tiefgefrorene Fischstäbchen (Fisch und Panade)
Prozess

Abpacken:
- Sollgewicht 300 g
- laut Fertigpackungsverordnung §22 darf ein Wert von
  Sollgewicht - 3% nicht unterschritten werden (mit Ausnahme
  von 2% aller Packungen)
-> untere Toleranzgrenze UT = 291 g

Zielsetzung
Untersuchung des Prozesses mit einer Mittelwert-/Spannweiten Regelkarte: - Ist der Prozess stabil? - Kann die Verpackungsverordnung eingehalten werden? - Kann die Wirtschaftlichkeit gesteigert werden?

Bild 7.2-3   Abpackgewicht von Fischstäbchen – Aufgabenstellung

Fertigpackungsverordnung zu beachten. Diese regelt in § 22, welche Gewichtsabweichungen bei fertigverpackten Fischprodukten zulässig sind. Bei einem Abpackgewicht von 300 g gilt, dass das Sollgewicht bei mehr als 98 % aller Verpackungen nicht um mehr als 3 % unterschritten werden darf. Damit ergibt sich eine untere Toleranzgrenze von 291 g pro Packung **(Bild 7.2-3)**.

Die obere Toleranzgrenze liegt aus gesetzlicher Sicht bei Unendlich, da der Verbraucher sich sicherlich nicht beschwert, wenn er zuviel Ware für sein Geld erhält. Aus Sicht des Herstellers sieht dies anders aus. Dieser versucht aus wirtschaftlichen Überlegungen, das angegebene Sollgewicht möglichst nicht zu überschreiten.

In einer Prozessstudie soll mittels einer Regelkarte geklärt werden, ob der Abpackprozess stabil ist. Ist dies der Fall, so soll über eine Fähigkeitsuntersuchung geklärt werden, ob die Fertigverpackungsverordnung eingehalten werden kann. Dabei soll die Frage beantwortet werden, ob die Wirtschaftlichkeit des Prozesses gesteigert werden kann.

Vorgehensweise

Im Rahmen einer Prozessstudie wurden dem Abpackprozess in stündlichem Abstand jeweils 5 Teile entnommen und gewogen. Insgesamt wurden 20 Stichproben gezogen **(Bild 7.2-4)**.

Die Vorgabe einer stündlichen Entnahme konnte im vorliegenden Beispiel nicht exakt eingehalten werden. Dies ist in der Praxis durchaus häufiger der Fall und unkritisch, solange die Abweichung klein gegenüber dem Vorgabeintervall ist. Von jeder Stichprobe wurden Mittelwert $\bar{x}$ und Spannweite (R) ermittelt.

Dabei ergibt sich am Beispiel der ersten Stichprobe der Mittelwert aus der Summe der Gewichtswerte geteilt durch die Anzahl der Werte:

$$\bar{x}_1 = \frac{342 + 346 + 338 + 337 + 344}{5} = 341,4 \text{ g}$$

Datum	5/1									
Zeit	6:10	7:05	8:06	9:01	9:58	11:00	12:05	13:10	13:57	14:00
Nr.	1	2	3	4	5	6	7	8	9	10
1	342	336	331	343	332	339	337	339	335	328
2	346	337	340	343	331	335	336	340	333	333
3	338	342	339	337	336	338	340	341	337	327
4	337	334	336	335	333	333	340	337	347	339
5	344	339	335	338	332	332	334	327	341	343
$\bar{X}$	341,4	337,6	336,2	339,2	332,8	335,4	337,4	336,8	338,6	334
R	9	8	9	8	5	7	6	14	14	16

Datum	5/1									
Zeit	15:02	16:01	16:58	17:10	18:02	19:10	20:02	21:10	22:02	23:00
Nr.	11	12	13	14	15	16	17	18	19	20
1	332	341	338	342	336	341	336	328	344	335
2	337	342	335	343	342	344	338	336	343	339
3	335	343	341	333	343	345	346	328	340	336
4	337	342	337	335	336	336	337	338	339	333
5	332	341	334	333	337	345	335	333	338	336
$\bar{X}$	334,6	341,8	337	337,2	338,8	342,2	338,4	332,6	340,8	335,8
R	5	2	7	10	7	9	11	10	6	6

Bild 7.2-4 Überwachung des Abpackgewichtes von Fischstäbchen

Die Spannweite ist der Abstand zwischen dem größten und dem kleinsten Wert der Stichprobe:

$$R_1 = x_{max} - x_{min} = 346 - 337 = 9 \text{ g}$$

Auf der Grundlage der folgenden Daten soll nun eine Mittelwert/Spannweiten Regelkarte erzeugt werden, um die Frage zu beantworten, ob der Prozess stabil ist. Ist dies der Fall, so ist die Prozessfähigkeit zu ermitteln.

Zur Erstellung der Regelkarte wird zunächst die mittlere Spannweite bestimmt. Diese ergibt sich als Mittelwert der einzelnen Spannweiten der Stichproben:

$$\bar{R} = \frac{R_1 + R_2 + ... + R_{20}}{20} = \frac{9 + 8 + ... + 6 + 6}{20} = 8,45 \text{ g}$$

Die obere Eingriffsgrenze für die Spannweite ergibt sich zu:

$$OEG_R = D_4 \cdot \bar{R} = 2,114 \cdot 8,45 = 17,9 \text{ g}$$

Die Faktoren D_3 und D_4 sind in Abhängigkeit von der Variablen „n", dem Stichprobenumfang, aus einschlägigen Tabellenwerken zu ermitteln. Im Beispiel ist $n = 5$, da jede Stichprobe aus 5 Teilen besteht. Zur Berechnung der unteren Eingriffsgrenze wird die Konstante D_3 verwendet. Da diese für kleinere Werte als $n = 6$ gegen 0 geht, wird die untere Eingriffsgrenze im vorliegenden Fall zu 0 gesetzt.

$$UEG_R = D_3 \cdot \bar{R} = 0 \text{ g}$$

Es wird nun geprüft, ob es Spannweitenwerte gibt, die diese Grenze verletzen. Ist dies der Fall, so handelt es sich wahrscheinlich um Prozessstörungen, die die Grenzen vergrößern würden. In einem solchen Fall sollten diese Stichproben gekennzeichnet werden und die Berechnung unter Ausschluss dieser Stichproben wiederholt werden. Im vorliegenden Beispiel treten keine Grenzverletzungen auf. Damit können die Grenzen mit der vorliegenden mittleren Spannweite berechnet werden. Der Prozessmittelwert ergibt sich als Mittelwert der Stichprobenmittelwerte:

$$\bar{\bar{x}} = \frac{\bar{x}_1 + \bar{x}_2 + \ldots + \bar{x}_{20}}{20} = \frac{341,4 + 337,6 + \ldots + 340,8 + 335,8}{20} = 337,4 \text{ g}$$

Die obere Eingriffsgrenze für den Mittelwert ergibt sich mit A_2 ($n = 5$) aus den einschlägigen Tabellenwerken zu:

$$OEG_{\bar{x}} = \bar{\bar{x}} + A_2 \cdot \bar{R} = 337,4 + 0,577 \cdot 8,45 = 342 \text{ g}$$

Die untere Eingriffsgrenze ergibt sich zu:

$$UEG_{\bar{x}} = \bar{\bar{x}} - A_2 \cdot \bar{R} = 337,4 - 0,577 \cdot 8,45 = 333 \text{ g}$$

Die Regelkarte zeigt im untersuchten Bereich keine Auffälligkeiten. Es handelt sich um einen stabilen Prozessverlauf (**Bild 7.2-5**).

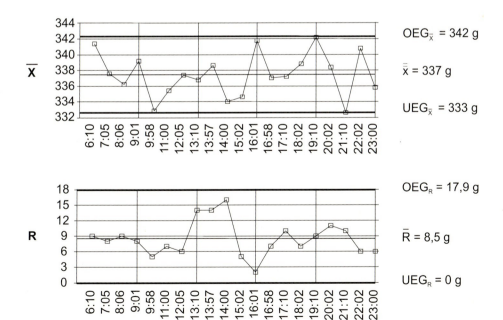

Bild 7.2-5 Abpackgewicht von Fischstäbchen – Mittelwert/Spannweiten Regelkarte

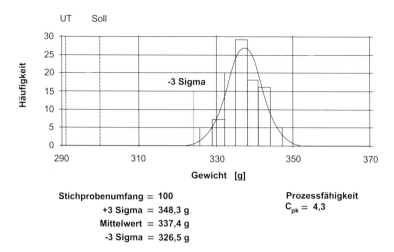

Bild 7.2-6 Abpackgewicht von Fischstäbchen – Prozessfähigkeitsuntersuchung

Um die Frage der Prozessfähigkeit zu beantworten, werden üblicherweise die beiden Kennwerte c_p und c_{pk}, die nur bei stabilen Prozessen berechnet werden dürfen, ermittelt (**Bild 7.2-6**).

Hierzu werden Angaben über die Toleranzen benötigt sowie über die Breite der Prozessstreuung, die üblicherweise mit 6 σ angegeben wird (99,73 % aller Werte des Prozesses werden statistisch gesehen in einem Bereich von ±3 σ um den Mittelwert erwartet). Der Wert für Standardabweichung der Grundgesamtheit σ lässt sich mit dem Faktor d_2 (aus einschlägigen Tabellenwerken: d_2 ($n = 5$) = 2,326) aus der mittleren Spannweite schätzen als:

$$\hat{\sigma} = \frac{\bar{R}}{d_2} = \frac{8,45}{2,326} = 3,63 \text{ g}$$

Der c_p Wert ist definiert als das Verhältnis der Toleranzbreite (Oberer Grenzwert (OGW) – Unterer Grenzwert (UGW)) zur Breite der Prozessstreuung. Im vorliegenden Fall existiert keine obere Toleranzgrenze. In solchen Fällen behilft man sich auf zwei Wegen:

1. Man definiert (mehr oder minder willkürlich) eine obere Toleranzgrenze. Ein Anhaltswert wäre es z. B., den Abstand von unterer Grenze zum Mittelwert als Richtwert für eine symmetrische Toleranz zu wählen. Also 300 ± 9 g als Toleranz vorzugeben. Damit ergibt sich der (theoretische) c_p-Wert zu:

$$c_p = \frac{OGW - UGW}{2 \cdot (3 \cdot \hat{\sigma})} = \frac{309 - 291}{2 \cdot (3 \cdot 3,63)} = 0,83$$

Der Wert ist kleiner als 1, so dass man in diesem Fall von einem nicht fähigen Prozess sprechen könnte. Da der Wert jedoch durch Wahl der oberen Grenze beliebig manipulierbar ist (bei Wahl einer oberen Grenze von 1000 g wäre der c_p-Wert 32!), empfiehlt es sich, den c_p-Wert bei einseitigen Toleranzen nicht anzugeben, sondern

7.2 Statistische Prozessregelung (SPC)

> **Ist der Prozess stabil?**
>
> -> Die Regelkarte zeigt einen stabilen Prozess
> (im untersuchten Kurzzeitbereich).
>
> **Kann die Fertigpackungsverordnung eingehalten werden?**
>
> -> Ja, der Prozess ist fähig (c_{pk} = 4,3).
>
> **Kann die Wirtschaftlichkeit gesteigert werden?**
>
> -> Ja, eine Optimierung des Abpackgewichtes erhöht die Wirtschaftlichkeit.
>
> -> Der Wert an der Abpackmaschine sollte soweit gesenkt werden, daß ein
> c_{pk}-Wert von z.B. 2 erreicht wird.

Bild 7.2-7 Abpackgewicht von Fischstäbchen-Ergebnis der Untersuchung

2. lediglich den c_{pk}-Wert anzugeben. Dieser bezeichnet den Sicherheitsabstand zur nächsten kritischen Toleranzgrenze (Abstand zwischen Prozessmittelwert und nächstliegendem Grenzwert (GW) geteilt durch die halbe Prozessstreubreite):

$$c_{pk} = \frac{\left|\bar{\bar{x}} - GW\right|_{min}}{3 \cdot \hat{\sigma}} = \frac{\bar{\bar{x}} - UGW}{3 \cdot \hat{\sigma}} = \frac{337,4 - 291}{3 \cdot 3,63} = 4,3$$

Ergebnis

Die an den Prozess gestellten Fragen lassen sich nun durch die Ergebnisse der Studie beantworten (**Bild 7.2-7**).

Die Regelkarte zeigt einen stabilen Prozessverlauf. Eingriffsgrenzen werden nicht verletzt, es sind keine auffälligen Folgen oder Läufe zu beobachten (Run, Trend, ...). Da der Prozess stabil ist, kann die Fähigkeit untersucht werden.

Als unterste Grenze für den c_{pk}-Wert wird üblicherweise 1,33 bei Langzeitstudien und 1,67 bei Kurzzeitstudien angesetzt. Einige Unternehmen nennen bei Kurzzeitstudien den Index p_{pk} (process potential), um auf den Kurzzeitcharakter der Studie hinzuweisen. Die Berechnung des p_{pk}-Wertes ist mit der des c_{pk} identisch. Die Studie zeigt durch einen c_{pk}-Wert von mehr als 4, dass die Fertigpackungsverordnung mit hoher Sicherheit eingehalten werden kann.

Interpretiert man den c_{pk}-Wert als Sicherheitsfaktor, so besitzt der Prozess eine mehr als 4-fache Sicherheit. Diese Sicherheit bedingt ein erhöhtes Abpackgewicht, welches letztendlich zu erhöhten Herstellkosten führt. Ein sinnvoller Weg zur Erhöhung der Wirtschaftlichkeit besteht darin, einen firmeninternen Richtwert für die Prozesssicherheit festzulegen. Dieser kann z. B. $c_{pk} = 2$ sein. Stellt man die Formel zur Berechnung des c_{pk}-Wertes um und löst sie nach dem Prozessmittelwert auf, so ergibt sich ein gewünschter Mittelwert für den Prozess von:

$$\bar{\bar{x}}_{soll} = c_{pk} \cdot 3 \cdot \hat{\sigma} + UGW = 2 \cdot 3 \cdot 3,63 + 291 = 312,78 \text{ g}$$

Wird der Prozess auf diesen neuen Wert zentriert, so lassen sich die Herstellkosten reduzieren, ohne die Prozesssicherheit zu gefährden. Damit ergibt sich pro Packung im Schnitt eine Reduzierung des Gewichtes von 24 g, die sich aus der Differenz des aktuellen Mittelwertes und des Sollmittelwertes (337 g – 313 g) ergibt. Daraus resultiert bei 12 hergestellten Packungen eine zusätzliche Packung.

Ein weiterer Weg zur Steigerung der Wirtschaftlichkeit besteht in einer Reduzierung der Prozessstreuung. Dieser Weg ist aus technischer Sicht der wünschenswertere, leider aus praktischer Sicht meist mit einem wesentlich höheren Aufwand verbunden. Dies gilt insbesondere im vorliegenden Fall, da es sich um ein Naturprodukt handelt, auf dessen Schwankungen kein Einfluss genommen werden kann. Aus diesem Grund ist hier die optimale „Zentrierung" des Prozesses der Weg, der mit dem geringsten Aufwand zum Erfolg führt.

7.3 Prüfmittelüberwachung

Die Prüfmittelüberwachung ist ein Teil des Prüfmittelmanagements, das im wesentlichen aus der Prüfmittelplanung und der Prüfmittelbeschaffung, der Überwachungsprüfung und einer übergeordneten Prüfmittelverwaltung besteht, die alle logistischen Aufgaben des Prüfmittelmanagements übernimmt (**Bild 7.3-1**).

Aufgabe der Prüfmittelüberwachung ist die Überprüfung und Sicherstellung der relevanten Eigenschaften eines Prüfmittels, da dieses der Maßstab für ein objektives Ergeb-

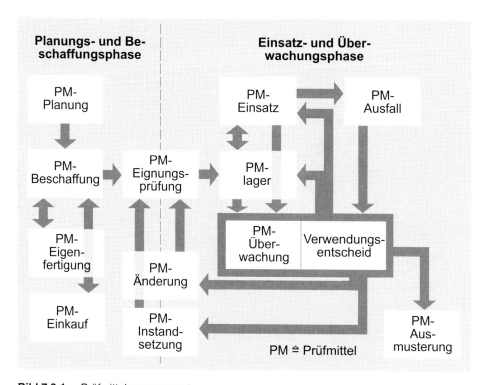

Bild 7.3-1 Prüfmittelmanagement

7.3 Prüfmittelüberwachung

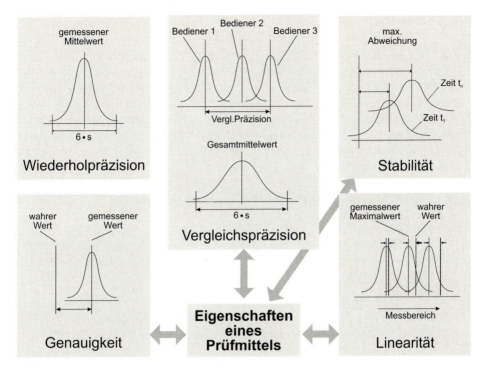

Bild 7.3-2 Eigenschaften eines Prüfmittels

nis einer Qualitätsprüfung ist. Diese charakteristischen Eigenschaften (**Bild 7.3-2**) können wie folgt definiert werden [ged, bos, for]:

- Die *Genauigkeit* ist die Abweichung zwischen dem Mittelwert einer Messwertereihe bei wiederholtem Messen des gleichen Merkmals und dem wahren bzw. als wahr angenommenen Wert des Merkmals.
- Mit *Wiederholpräzision* bezeichnet man die Eigenschaft, wie präzise ein ermittelter Messwert in einer Messreihe wiederholt wird. Ein Maß für die Wiederholpräzision ist die Standardabweichung einer Messreihe.
- Die *Vergleichspräzision* bezieht sich auf die Variationen einer Randbedingung, wie z. B. Bediener, Prüfort oder eingesetztes Prüfmittel. Mit Hilfe der Vergleichspräzision lässt sich der Einfluss einer solchen Randbedingung quantifizieren.
- Mit *Stabilität* wird das zeitliche Verhalten eines Prüfmittels charakterisiert. Hierzu werden in festgelegten Intervallen Messreihen durchgeführt und Unterschiede der statistischen Kennwerte verglichen.
- Mit *Linearität* wird der Effekt bezeichnet, dass mit zunehmendem Messwert die Messabweichung in erster Näherung linear zunimmt.

Da Prüfmittel einem Verschleiß unterliegen bzw. dejustiert werden können, sind die an sie gestellten Forderungen bezüglich ihrer Prüfmitteleigenschaften zu überwachen und somit in regelmäßigen Intervallen zu überprüfen. Die Vorgehensweise bei der Prüfmittelüberwachung ist im allgemeinen durch einen geringeren Aufwand gekennzeichnet als die Abnahme- bzw. Eignungsprüfung, bei der alle charakteristischen Eigenschaften bzw. die durch den Hersteller garantierten Eigenschaften eines Prüfmittels überprüft werden. Nach der Überwachung eines Prüfmittels muss durch den Prüfer entschieden werden, inwieweit das Prüfmittel einsetzbar bzw. ob es instand zu setzen ist oder ausgemustert werden muss (Bild 7.3-1).

Die Prüfmittelüberwachung kann im wesentlichen in zwei Überwachungsstrategien untergliedert werden, die gerätespezifische und die aufgabenspezifische Prüfmittelüberwachung, die anhand einiger Beispiele aus der Praxis in den folgenden Unterkapiteln näher erläutert werden sollen.

7.3.1 Gerätespezifische Prüfmittelüberwachung

Unter der gerätespezifischen Prüfmittelüberwachung wird im folgenden die Überwachung der Messabweichungen für repräsentative Werte des gesamten Messbereichs eines Messmittels sowie in geringem Umfang auch die Überprüfung der Wiederholpräzision auf der Basis von Wiederholmessungen verstanden. Die hier durchgeführten Untersuchungen finden unter idealen Bedingungen statt, d. h. durch geschultes Personal zumeist in einem klimatisierten Messraum. Für die Überwachung einiger auf dem Markt erhältlicher Prüfmittel, wie z. B. Messschieber oder Messuhren, die von unterschiedlichen Prüfmittelherstellern angeboten werden, bestehen Richtlinien und Checklisten, wie z. B. die Richtlinie VDI/VDE/DGQ 2618 [vd1]. Für Koordinatenmessgeräte (KMG) existiert die Richtlinie VDI/VDE/DGQ 2617 [vd2], nach der eine Abnahme bzw. eine Überwachung der Eigenschaften eines KMG durchgeführt werden kann.

Prüfmittelüberwachung nach der Richtlinie VDI/VDE/DGQ 2618

Zur Überwachung marktüblicher Prüfmittel wurde in einem Gemeinschaftsausschuss der VDI/VDE Gesellschaft für Messtechnik und Automatisierung (GMA) und der Deutschen Gesellschaft für Qualität e. V. (DGQ) die Richtlinie VDI/VDE/DGQ 2618 Prüfanweisungen zur Prüfmittelüberwachung erstellt. Diese aus insgesamt 27 Blättern bestehende Richtlinie enthält eine Einführung sowie in Checklistenform zusammengestellte Prüfanweisungen, die eine standardisierte Beurteilung neuer oder gebrauchter Prüfmittel ermöglichen. Ein weiteres Ziel dieser Richtlinie ist es, den Herstellern und Anwendern von Prüfmitteln eine gemeinsame Grundlage für die Prüfmittelüberwachung zur Verfügung zu stellen.

Inhalt und Aufbau der Prüfanweisungen entsprechen den Anforderungen der betrieblichen Praxis. Sie können als Prüf- oder Arbeitsplan zur Wareneingangsprüfung und zur periodischen Überwachung der im Einsatz befindlichen Prüfmittel, eventuell auch zur Musterprüfung, verwendet werden. Die Angaben in den Prüfanweisungen sind als Empfehlung zu werten und können betriebsintern oder nach Vereinbarungen zwischen Abnehmern und Zulieferern zweckentsprechend variiert werden. In der Prüfanweisung eines zu überwachenden Prüfmittels sind im wesentlichen beschrieben [vd1]:

– Die zur Vorbereitung der Prüfmittelüberwachung erforderlichen Arbeitsgänge,
– die zu prüfenden Merkmale und die zugehörigen zulässigen Abweichungen,
– die zur Überprüfung der Prüfmittel zu verwendenden Arbeits- oder Prüfmittel sowie
– die Auswerte-, Prüfentscheid- und Dokumentationshinweise.

7.3 Prüfmittelüberwachung

Die in den Anweisungen angegebenen zulässigen Abweichungen orientieren sich hierbei an den in Normen und Normentwürfen sowie wissenschaftlichen Veröffentlichungen festgelegten Angaben für handelsübliche Prüfmittel, wobei nicht für alle Prüfmittel entsprechende Normen existieren. Die in den Normen angegebenen zulässigen Abweichungen beziehen sich auf den Neuzustand eines Prüfmittels, so dass betriebsintern festzulegende Werte dem Verschleiß eines gebrauchten Prüfmittels Rechnung tragen müssen. Die in der Richtlinie empfohlenen Arbeits- und Prüfmittel können durch Prüfmittel und Normale mit gleichen oder kleineren Abweichungen als den in der Richtlinie angegebenen ersetzt werden.

Die Liste der verfügbaren Prüfanweisungen kann in eine Gruppe der lehrenden Prüfmittel, in eine der messenden Prüfmittel und in Normale unterteilt werden. Für die lehrenden Prüfmittel sind z. B. Prüfanweisungen für Lehrdorne, Rachenlehren oder Kegellehren vorhanden. Prüfanweisungen für Messschieber, Messuhren und Bügelmessschrauben sind Beispiele aus der Gruppe der messenden Prüfmittel. Bei den Parallelendmaßen und den Einstellringen handelt es sich um Maßverkörperungen, sogenannte Normale. Eine vollständige Liste der verfügbaren Prüfanweisungen findet sich in Blatt 1 der Richtlinie VDI/VDE/DGQ 2618.

Im folgenden soll die Prüfanweisung nach VDI/VDE/DGQ 2618 Blatt 8 für die Prüfmittelüberwachung eines Messschiebers exemplarisch durchgeführt werden (**Bild 7.3-3**).

Zunächst ist bei der Wareneingangsprüfung eines Prüfmittels grundsätzlich zu überprüfen, ob die Lieferung mit der Bestellung übereinstimmt. Hierzu sind der Typ, die Anzahl und das Zubehör der Lieferung mit der Bestellung zu vergleichen.

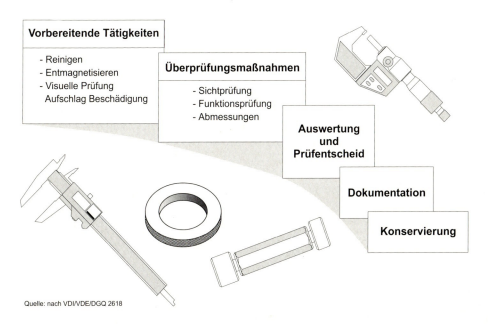

Quelle: nach VDI/VDE/DGQ 2618

Bild 7.3-3 Prüfmittelüberwachung nach der Richtlinie VDI/VDE/DGQ 2618

Für die Prüfung des Messschiebers sind sowohl bei der Wareneingangsprüfung als auch bei der Überwachung des Prüfmittels während des betrieblichen Einsatzes einige vorbereitende Tätigkeiten durchzuführen, wie die Reinigung, die Entmagnetisierung, die visuelle Prüfung auf Beschädigungen, die Nacharbeit leichter Beschädigungen der Funktionsflächen und die Temperierung des Messschiebers.

Zu den Überprüfungsmaßnahmen gehört die Sichtprüfung der Strichskalen und Ziffern auf Lesbarkeit, wobei diese Eigenschaft zum großen Teil nur bei der Wareneingangsprüfung geprüft werden. Hierbei sind Anforderungen z. B. an die Geradheit und Breite der Teilstriche bei analog anzeigenden und an die vollständige und gute Lesbarkeit der Ziffernanzeige bei digital anzeigenden Messschiebern zu stellen. Eine allgemeine Funktionsprüfung stellt die Gängigkeit des verschiebbaren Messschenkels im gesamten Messbereich und die Funktion der Feststelleinrichtung sicher. Eine in der Nähe der Messflächen durchzuführende Härteprüfung und die Überprüfung der allgemeinen Abmessungen des Messschiebers werden lediglich bei der Wareneingangsprüfung durchgeführt.

Die Hauptaufgabe der Prüfmittelüberwachung ist die Ermittlung der Messabweichungen. Die hier durchgeführten Untersuchungen führen zu der Aussage, ob der Messschieber die an ihn gestellten Anforderungen bez. seiner zulässigen Messabweichungen erfüllt oder nicht. Es sind neben der Überprüfung der Parallelität der Messflächen für die Außenmessung (Prüfung des Lichtspalts bei Anschlag der Messschenkel) drei unterschiedliche Messaufgaben in einem definierten Messbereich mit einem Messschieber durchführbar:

– Außenmessung,
– Innenmessung und
– Tiefenmessung.

Da bei allen drei Messaufgaben dieselbe Skala abgelesen wird, muss lediglich für eine der Aufgaben eine genauere Untersuchung an verschiedenen Maßen des Messbereichs durchgeführt werden. Bei einem Messschieber wird für diese Aufgabe die Messung unterschiedlicher Außenmaße herangezogen, die mit Hilfe mehrerer Parallelendmaße kombiniert werden. Für die Durchführung der Untersuchungen werden ein Parallelendmaßsatz (Genauigkeitsgrad 2) und ein Lehrring eingesetzt. Je nach Messbereich des Messschiebers werden zwischen 3 bis 5 Prüfmaße mit Parallelendmaßen zusammengesetzt und mit dem Messschieber gemessen. Sowohl die Prüfmaße als auch die nach DIN [di3] zulässigen Abweichungen sind in der VDI/VDE/DGQ 2618 Blatt 8 in einer Tabelle aufgelistet. Die Abweichung der Innenmessung wird für ein Maß mit einem Lehrring ermittelt. Die Nullstellung der Tiefenmessstange wird in Anschlagstellung der Messschenkel überprüft. Für die Überwachung des Prüfmittels im betrieblichen Einsatz können betriebsinterne Abweichungsgrenzen und hieraus abgeleitet Prüfmittelklassen definiert werden.

Nach einer Auswertung der Prüfergebnisse wird in einem Prüfentscheid festgelegt, wie der überwachte Messschieber weiterzuverwenden ist. Er kann freigegeben, nach betriebsinterner Vorschrift in eine andere Prüfmittelklasse rückgestuft, instandgesetzt oder verschrottet werden.

Die durchgeführten Prüfungen, die Prüfprotokolle und Entscheidungen müssen dokumentiert werden. Hierzu kann eine Kartei, oder bei einem größeren Prüfmittelbestand ein Rechner mit entsprechender Software für die Datenverwaltung zum Einsatz kommen. Bei der Wareneingangsprüfung ist zu diesem Zeitpunkt die endgültige Beschriftung des Messschiebers mit einer Nummer zur Identifikation vorgesehen. Um eine effektive Prüfmittelüberwachung durchführen zu können, ist der Status des Prüfmittels (hier Messschieber) entsprechend zu kennzeichnen. Es kann so jederzeit am Prüfmittel abgelesen werden, wann der nächste Prüftermin ist. Wird der Messschieber nach seiner Überwachung für eine längere Zeit gelagert, so ist er geeignet zu konservieren.

Überwachungsprüfung eines Koordinatenmessgerätes nach VDI/VDE/DGQ 2617
Für die Beschreibung von Koordinatenmessgeräten wurde in einer Arbeitsgruppe des Bereichs Fertigungsmesstechnik der VDI/VDE für Messtechnik und Automatisierung (GMA) die Richtlinie VDI/VDE/DGQ 2617 [vd2] erarbeitet, die durch die Definition von Kenngrößen und Verfahrensanweisungen eine reproduzierbare Überprüfung der Koordinatenmessgeräte ermöglicht. Die Prüfanweisungen der Richtlinie können lediglich als Stichprobenprüfung angewendet werden, da eine Überprüfung aller Positionen des Messvolumens in der Praxis nicht möglich ist. Zum Einsatz kommt diese Richtlinie sowohl bei der Erstabnahme und der Wiederinbetriebnahme nach Reparaturen bzw. Umrüstungen als auch bei der periodischen Überwachung von Koordinatenmessgeräten.

Beschrieben wird die Genauigkeit durch die Komponenten ihrer Messabweichungen:
- Positionsabweichungen,
- Rechtwinkligkeitsabweichungen,
- Geradheitsabweichungen,
- rotatorische Abweichungen und
- Antastunsicherheit.

Definitionen der Kenngrößen, die die Komponenten dieser Messabweichungen beschreiben, und die Messverfahren, mit denen sie ermittelt werden können, finden sich in der Richtlinie VDI/VDE/DGQ 2617 Blatt 3 [vd2]. Eine Überlagerung dieser Messabweichungskomponenten führt zu einer Gesamtmessabweichung des Einzelmesswertes, der mit der Messunsicherheit des Koordinatenmessgerätes behaftet ist.

Voraussetzung für eine Prüfung des Koordinatenmessgerätes ist eine allgemeine Funktionsprüfung, bei der festgestellte Mängel des Gerätes, wie z. B. verschmutzte Führungselemente oder zu niedriger Luftdruck für die Luftlagerung, zu beseitigen sind [vd2]. Grundsätzlich lassen sich die Einflüsse auf die Messabweichungen in nichtgerätespezifische und in gerätespezifische Einflüsse unterteilen (**Bild 7.3-4**).

Für die vorgestellten nichtgerätespezifischen Einflüsse auf die Messabweichungen eines Koordinatenmessgerätes werden durch den Hersteller oftmals einschränkende Angaben gemacht. Für den Einfluss der Umgebungstemperatur wird z. B. die Genauigkeit und die Funktionsfähigkeit eines KMG durch den Hersteller nur unter der Bedingung gewährleistet, dass sie 20 °C beträgt und von diesem Wert maximal 1 °C abweicht. Zusätzlich werden Grenzen für die zeitliche und räumliche Temperaturänderung angegeben. Grenzwerte werden auch für die zulässige Luftfeuchtigkeit, den Luftdruck und Schwingungen angegeben.

Für den Anwender eines Koordinatenmessgerätes ist von besonderem Interesse, mit welcher Messunsicherheit bei der Durchführung einer Messaufgabe zu rechnen ist. Mit Messunsicherheit wird nach DIN 1319 Teil 3 die Überlagerung aus zufälligen (statisti-

Ursachen für die Messabweichungen eines Koordinatenmessgerätes	
nicht gerätespezifisch	gerätespezifisch

• Umgebungstemperatur
• Luftfeuchtigkeit
• Luftdruck
• Schwingungen
• Energieversorgung
  z.B. Druckluft oder Netzspannung
• Nachgiebigkeitsverhalten
•
	• Unvollkommene Messsysteme
	  - Maßverkörperung
	  - Sensoren
	  - Interpolationseinrichtung
	• Reibung
	• Antastverhalten
	• statische und dynamische Deformationen
	• Software des Gerätes
	•

Bild 7.3-4   Ursachen für die Messabweichungen eines Koordinatenmessgerätes

schen) und systematischen Messabweichungen bezeichnet. Unter der Messunsicherheit eines Messgerätes wird diejenige Messgröße verstanden, die angibt, in welchem Bereich um den angezeigten Wert der richtige Wert der Messgröße mit einer statistischen Sicherheit von 95 % liegt [di1]. Der Wert für die Messunsicherheit kann abhängig von der Messaufgabe sein, sie wird allgemein mit u bezeichnet. In der Koordinatenmesstechnik wird die Messunsicherheit als längenabhängige Messunsicherheit beschrieben [vd2]:

$$u_i = A_i + K_i \cdot L \leq B_i \qquad (7.3\text{-}1)$$

Hierin bezeichnen A_i, B_i und K_i messaufgabenspezifische Konstanten, L ist die gemessene Länge. Der Index i kann die Werte $i = 1,2,3$ annehmen und beschreibt, ob es sich um eine ein-, zwei- oder dreidimensionale Längenmessung handelt. Für die Überwachung der längenabhängigen Messunsicherheit können Parallelendmaße nach DIN 861 [di2] und Stufenendmaße zum Einsatz kommen. Die grundsätzliche Vorgehensweise bei der Überwachung der längenabhängigen Messunsicherheit soll hier am Beispiel eines Zerodur-Stufenendmaßes vorgestellt werden (**Bild 7.3-5**).

Ein Stufenendmaß ist eine geometrisch stabile Verkörperung mehrerer Längen in einem Normal. Realisiert werden die Längen durch planparallele Antastflächen (Fläche mindestens 4 x 4 mm), die senkrecht zur Messlinie ausgerichtet sind und von einem Taster angetastet werden können. Ein solches Stufenendmaß muss über Ausrichtflächen (sie definieren die Richtung der zu prüfenden Messlinie) verfügen und einen Kalibrierschein besitzen. Das Ist-Maß der zur Überwachung eines Koordinatenmessgerätes eingesetz-

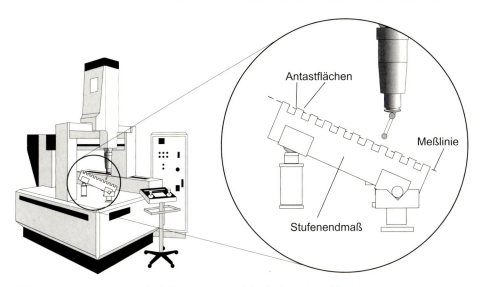

Bild 7.3-5 Bestimmung der Längenmessunsicherheit u_3 eines KMG

ten Parallel- und Stufenendmaße soll mit einer Unsicherheit, die kleiner als 1/5 der durch den Hersteller angegebenen Längenmessunsicherheit ist, bekannt sein [vd2].

Bei der Bestimmung der eindimensionalen Längenmessunsicherheit u_1 wird die Maßverkörperung parallel zu einer der Achsen des Koordinatenmessgerätes ausgerichtet und die Einhaltung der längenabhängigen Messunsicherheit durch mehrmaliges Messen verschiedener Längen überprüft. Bei der zweidimensionalen Längenmessunsicherheit u_2 ist die Maßverkörperung in allen drei Ebenen des Koordinatensystems, die durch jeweils zwei der Koordinatenachsen des Gerätes aufgespannt werden, durch Wiederholmessungen zu messen. Für den Fall der dreidimensionalen Längenmessunsicherheit u_3 wird die Maßverkörperung schräg im Raum aufgespannt, so dass beim Messen der verkörperten Längen eine überlagerte Bewegung in allen drei Koordinatenachsen stattfindet (Bild 7.3-5). In allen drei Fällen kann sich das Stufenendmaß an jedem Punkt im Messvolumen des Koordinatenmessgerätes befinden. Es ergeben sich somit insgesamt mindestens 7 Messlinien, die zu überprüfen sind.

– 3 *ein*dimensionale Messlinien   0° zu einer der drei Koordinatenachsen des KMG
– 3 *zwei*dimensionale Messlinien 45° zur 1. und 2. Koordinatenachse des KMG
                                                            90° zur 3. Koordinatenachse des KMG
– 1 *drei*dimensionale Messlinie   55° zur 1., 2. und 3. Koordinatenachse des KMG

Je nach Größe des Koordinatenmessgerätes sind weitere Messlinien an anderen Orten des Messvolumens zu überwachen.

Die Längenmessabweichung einer Messung ergibt sich aus der Differenz zwischen dem ermittelten Wert L_a und dem wahren Wert L_r der Testlänge. Der wahre Wert einer Testlänge ist auf dem Kalibrierschein des Stufen- oder Parallelendmaßes vermerkt. Insgesamt werden pro Messlinie 10 verschiedene Längen fünfmal gemessen, so dass insgesamt 50 Einzelmessungen durchgeführt werden. Liegen mehr als 5 % der Messwerte

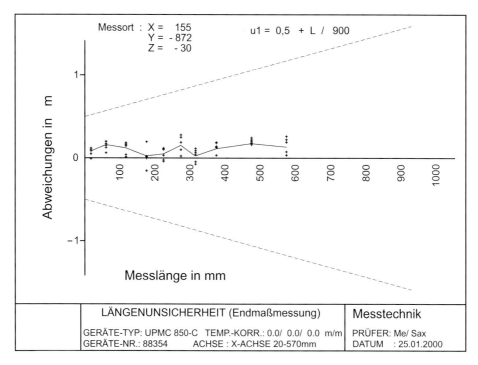

Bild 7.3-6 Schablonengrafik der Längenmessunsicherheit u_1 in der X-Achse eines KMG

außerhalb der zulässigen Grenzen (2 von 50 Messwerten), so gelten die Herstellerangaben als nicht eingehalten. Die Messergebnisse werden in sogenannten Längenmessunsicherheitsdiagrammen dargestellt **(Bild 7.3-6)**. Diese grafische Form der Ergebnisdarstellung erlaubt einen direkten Überblick über den Zustand des untersuchten Koordinatenmessgerätes. Während der Untersuchungen wird die Temperatur an mehreren Orten im Messvolumen überwacht und dokumentiert. Weitere Angaben auf einem solchen Formular sind die Position der Maßverkörperung im Messvolumen, seine Ausrichtung und die zulässige Längenmessunsicherheit.

Die Längenmessunsicherheit von Koordinatenmessgeräten größerer Bauart kann mit dem sogenannten Blockverfahren überwacht werden. Hierbei werden am Tastkopf des Koordinatenmessgerätes ein Taster und ein Reflektor befestigt, die sich in einem konstanten Abstand voneinander in Richtung der festgelegten Messlinie verfahren lassen. Entlang dieser Linie kann ein Block verschoben und in den unterschiedlichen Positionen mit der Tastkugel angetastet werden. Als Referenz für die Differenz zweier Positionen des Blocks dient ein Laserinterferometer, das in Richtung der Messlinie ausgerichtet ist. Der Reflektor an der Tastkopfeinheit wird hierbei zur Reflexion des Laserstrahls genutzt. Der angezeigte Messwert des Interferometers bildet die Referenz für den angezeigten Messwert des Koordinatenmessgerätes. Bei diesem Verfahren ist darauf zu achten, dass die Messwerte beider Systeme (Laserinterferometer und KMG) gleichzeitig gespeichert werden, da es ansonsten bei dynamisch arbeitenden Tastsystemen zu Auswertefehlern kommt [vd2].

Zur Vollständigkeit sei noch die DIN EN ISO 10 360 erwähnt, die genauso wie die VDI/VDE/DGQ 2617 heute meist zur Abnahme und Überwachung der Messabweichung von KMG mit Endmaßen oder Stufenendmaßen herangezogen wird [di4].

7.3.2 Aufgabenspezifische Prüfmittelüberwachung

Mit aufgabenspezifischer Prüfmittelüberwachung wird die auf eine spezielle Messaufgabe bezogene Überwachung eines Prüfmittels bezeichnet. Ihr Ziel ist es zu beurteilen, ob Eigenschaften und Handhabungsvorschriften eines Prüfmittels auf die spezifischen Prüfbedingungen (z. B. eine Fertigungsumgebung mit schwankenden Temperaturverhältnissen) angepasst sind und den an sie gestellten Anforderungen genügen. Für eine Prüfaufgabe ungeeignete Prüfmittel führen zu fehlerhaften Ergebnissen bei der Beurteilung eines Fertigungsprozesses oder der Produktqualität. Einsatzort, unterschiedliche Prüfer, Messvorrichtungen sowie das Prüfen von Werkstücken des realen Fertigungsprozesses können die Eignung des Prüfmittels für den Einsatzzweck erheblich einschränken. Wird ein langfristiger Einsatz eines Prüfmittels in der Serienprüfung erwogen, ist das Prüfmittel unter den spezifischen Einsatzbedingungen zu untersuchen. Systematische und zufällige Einflüsse auf die Prüfung unter Prüfbedingungen im Fertigungsprozess müssen erkannt und quantifiziert werden. Neben der Messunsicherheit sind weitere Eigenschaften des Prüfmittels, wie z. B. die Wiederholpräzision und die Vergleichspräzision, unter typischen Einsatzbedingungen zu überwachen (Bild 7.3-2). Weiterhin ist bei der Untersuchung von Prüfmitteln analog zur SPC zwischen einer Analysephase (während der Planung und Beschaffung eines Prüfmittels), in der die Eignung (Fähigkeit) des Messverfahrens festgestellt wird, und der kontinuierlichen Überwachung am Einsatzort während des Einsatzes zu unterscheiden (Bild 7.3-1) [ged].

Zunächst ist der gesamte Prüfvorgang als Prozess aufzufassen, für den analog zur Bestimmung der Prozessfähigkeit eines Fertigungsprozesses eine Prüfprozessfähigkeit (langfristige Stabilität von Streuung und Lage des Prüfprozesses) ermittelt werden kann. Hierzu sind in periodischen Intervallen die Fähigkeitsindizes c_g und c_{gk} zu berechnen und in einer Regelkarte zu dokumentieren. Die Definition der Fähigkeitsindizes c_g und c_{gk} variiert je nach Anwender [for, bos]. Im Prinzip werden die Toleranzweite OT-UT des Merkmals oder die Prozessstreuweite s_Prozess mit der Streuung des Messmittels $s_\text{Messmittel}$ zueinander in Beziehung gesetzt und mit einem Faktor bewertet [pfe]. Alle Messungen zur Bestimmung der Fähigkeitsindizes werden an einem Bezugsnormal (Einstellmeister, Endmaß) vorgenommen. Neben der Untersuchung der Prüfmittelfähigkeitsindizes c_g und c_{gk} entwickelt sich derzeit in der Industrie die R&R-Studie (*R*epeatability & *R*eproducibility-Study) [for, bos] zu einem Standardverfahren.

Es wird im folgenden auf die Prüfmittelfähigkeitsindizes c_g und c_{gk}, die R&R-Studie und die Discrimination Ratio D_R (Verfahren zur Berechnung des Unterscheidungsverhältnisses zwischen der Streuung der Messabweichung und der Streuung des Fertigungsprozesses) näher eingegangen.

Fähigkeitsindizes c_g und c_{gk}

Bei der Ermittlung der Fähigkeitsindizes c_g und c_{gk} wird das gerätebedingte Streuverhalten einer Prüfeinrichtung unter Einsatzbedingungen am Einsatzort (z. B. Fertigungsumgebung) mit einem Normal oder einem Meisterwerkstück untersucht. Hierbei müssen der Ist-Wert des zu untersuchenden Merkmals bekannt und die Unsicherheit der Merkmalsverkörperung kleiner als die Auflösung der Prüfeinrichtung sein. Für das Verhältnis zwischen der Unsicherheit der Merkmalsverkörperung und der Auflösung der Prüfeinrichtung werden in der Literatur unterschiedliche Werte angegeben. Als Richtwert kann die Auflösung 2 % der Merkmalstoleranz betragen, im ungünstigsten Fall sollte sie 5 % nicht übersteigen [bos]. Ergebnis dieser Untersuchungen sind die Kennwerte c_g und c_{gk}, die ein Maß für die Genauigkeit und die Wiederholpräzision sind.

Zur Ermittlung der Messwerte wird ein Merkmal eines bekannten Normals mit dem zu untersuchenden Messmittel bzw. -verfahren 50-mal gemessen. In Ausnahmefällen kann die Anzahl der Messungen auf 25 reduziert werden, hierbei wird jedoch die statistische Aussagefähigkeit verschlechtert. Während der Messungen ist darauf zu achten, dass das Normal nach jeder Messung aus der Messvorrichtung entfernt und wieder neu eingelegt wird. Mit Hilfe der bekannten Formeln für den arithmetischen Mittelwert und die Standardabweichung können die beiden Kennwerte $\bar{x}_{\text{Messmittel}}$ und $s_{\text{Messmittel}}$ berechnet werden **(Bild 7.3-7)**.

Für die Berechnung der Prüfmittelfähigkeitsindizes c_g und c_{gk} wird neben den in der Messreihe bestimmten Kennwerten $\bar{x}_{\text{Messmittel}}$ und $s_{\text{Messmittel}}$ die Standardabweichung des Fertigungsprozesses s_{Prozess} benötigt. Dieser Wert kann in einer Voruntersuchung mit einem zum vergleichsweise genaueren Messverfahren untersuchten Messverfahren bestimmt werden. Ist die Standardabweichung eines Fertigungsprozesses nicht bekannt, kann auch die Toleranzfeldbreite des Merkmals eingesetzt werden [ged].

Je nach Unternehmen (bzw. Gültigkeitsdatum der Vorschriften) werden bei der Ermittlung des Fähigkeitsindex c_g unterschiedliche Faktoren bei der Multiplikation mit dem Verhältnis von Toleranzfeldbreite T = OT-UT (bzw. Standardabweichung s_{Prozess}) und

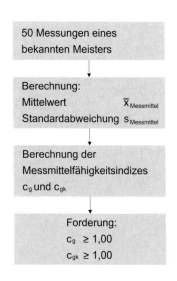
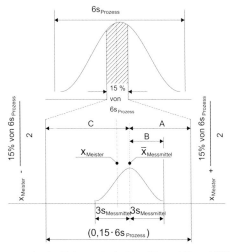

nach : Ford

Bild 7.3-7 Berechnung der Fähigkeitsindizes c_g und c_{gk}

7.3 Prüfmittelüberwachung

Prüfmittelstreuung $s_{\text{Messmittel}}$ genutzt. Des Weiteren werden durch die Unternehmen unterschiedliche Mindestanforderungen an die Fähigkeitsindizes gestellt, z. B. c_g bzw. $c_{gk} > 1,0$ oder $1,33$.

Im nachfolgenden Zahlenbeispiel sind die Fähigkeitsindizes c_g und c_{gk} für die Durchmesserbestimmung eines Aluminiumrohres ermittelt worden. Hierzu sind zunächst 25 Messungen eines bekannten Meisterwerkstücks ($x_{\text{Meister}} = 32{,}05$ mm) durchgeführt worden (**Tabelle 7.3-1**).

Tabelle 7.3-1

Nr.	Messwert	Nr.	Messwert	Nr.	Messwert	Nr.	Messwert	Nr.	Messwert
1	32,03	6	32,02	11	32,03	16	32,02	21	32,03
2	32,04	7	32,04	12	32,03	17	32,04	22	32,04
3	32,03	8	32,04	13	32,03	18	32,03	23	32,03
4	32,04	9	32,03	14	32,04	19	32,04	24	32,04
5	32,04	10	32,03	15	32,04	20	32,04	25	32,02

Mit den Tabellenwerten ergibt sich der mittlere Messwert des Messmittels (Bügelmessschraube) zu

$$\bar{x}_{\text{Messmittel}} = \frac{1}{n}\sum_{i=1}^{n} x_i \qquad (7.3\text{-}2)$$

$$\bar{x}_{\text{Messmittel}} = \frac{1}{25}(32{,}03 + 32{,}04 + \ldots + 32{,}02)\text{ mm} = 32{,}034\text{ mm}$$

sowie die Standardabweichung zu

$$s_{\text{Messmittel}} = \sqrt{\frac{\sum_{i=1}^{n}(x_i - \bar{x}_{\text{Messmittel}})^2}{n-1}} \qquad (7.3\text{-}3)$$

$$s_{\text{Messmittel}} = \sqrt{\frac{(32{,}03 - 32{,}034)^2 + \ldots + (32{,}02 - 32{,}034)^2}{24}}\text{ mm}$$

$$s_{\text{Messmittel}} = 0{,}0059\text{ mm} = 5{,}9\ \mu\text{m}.$$

Bei einer bekannten Standardabweichung des Fertigungsprozesses von $s_{\text{Prozess}} = 52$ µm lassen sich die Fähigkeitsindizes direkt ermitteln.

$$c_{\text{g}} = \frac{0{,}15 \cdot s_{\text{Prozess}}}{s_{\text{Messmittel}}} \qquad (7.3\text{-}4)$$

$$c_{\text{g}} = \frac{0{,}15 \cdot 52\ \mu\text{m}}{5{,}9\ \mu\text{m}}$$

$$c_{\text{g}} = 1{,}322$$

$$c_{\text{gj}} = \frac{\left[\left(0{,}15 \cdot 0{,}5 \cdot 6\ s_{\text{Prozess}}\right) \pm \left(X_{\text{Meister}} - \overline{X}_{\text{Messmittel}}\right)\right]_{\min}}{3\ s_{\text{Messmittel}}} \qquad (7.3\text{-}5)$$

$$c_{\text{gk}} = \frac{\left[\left(0{,}15 \cdot 0{,}5 \cdot 6 \cdot 52\ \mu\text{m}\right) \pm \left(32{,}05 - 32{,}034\right)\right]_{\min}}{3 \cdot 5{,}9\ \mu\text{m}}$$

$$c_{\text{gk}} = 0{,}4181$$

Sie berechnen sich für das vorgestellte Fallbeispiel zu $c_{\text{g}} = 1{,}322$ und zu $c_{\text{gk}} = 1{,}740$. Der Kennwert c_{gk} macht deutlich, dass das Messmittel den wahren Wert des Merkmals sehr genau bestimmt, wohingegen der Kennwert c_{g} eine Mindestanforderung von $c_{\text{g}} > 1{,}33$ gerade nicht erfüllen würde.

R&R-Studie

Als Alternative zur Bestimmung der Fähigkeitsindizes wird ein Verfahren vorgeschlagen, das eine Aussage darüber ermöglicht, wie gut ein Messverfahren in der Lage ist, Unterschiede zwischen den Produkten zu finden. Das Ziel des als R&R-Methode (*Re*peatability and *R*eproducibility) bezeichneten Verfahrens ist es, ein Maß für die Eignung eines Messverfahrens zu ermitteln [gfq, whe, for]. Dieses Verfahren ist geeignet, die Wiederholpräzision und die Vergleichspräzision eines Messverfahrens zu ermitteln.

Bei der R&R-Studie werden in der Regel 10 Teile von 3 Prüfern mit 3 Wiederholungen unter realen Bedingungen mit dem zu untersuchenden Messmittel geprüft. In Ausnahmefällen ist eine Reduzierung des Aufwandes auf z. B. 5 Teile, 3 Prüfer und 2 Wiederholungen zulässig. Im dargestellten Fallbeispiel wird lediglich ein Messmittel verwendet, so dass die Studie den Einfluss des Prüfers auf das Messergebnis verdeutlicht. Weitere variable Einflussgrößen sind unterschiedliche Prüfeinrichtungen oder der Einsatz eines Prüfmittels an unterschiedlichen Orten. Zu beachten ist hierbei, dass nur eine Einflussgröße variiert werden darf und alle anderen Einflussgrößen konstant zu halten sind.

Es ist darauf zu achten, dass die ausgewählten 10 Teile aus dem gesamten Bereich der Häufigkeitsverteilung des Fertigungsprozesses kommen, so dass die Produktstreuung in der Studie berücksichtigt wird. Dokumentiert werden die durch das Messmittel angezeigten bzw. die von den Prüfern von der Anzeige abgelesenen Messwerte des untersuchten Merkmals. Nach der 1. und der 2. Versuchsreihe wird die Reihenfolge der Teile geändert. Mit Hilfe der während der Messreihen ermittelten Einzelergebnisse werden die mittlere Spannweite $\overline{R}_i$ und die mittlere Abweichung $\overline{x}_i$ von einem Prüfer berechnet:

$$\overline{R}_j = x_{j,\max} - x_{j,\min} \tag{7.3-6}$$

$$\overline{R}_i = \frac{1}{m} \sum_{j=1}^{m} R_j \tag{7.3-7}$$

$$\overline{x}_i = \frac{1}{n \cdot m} \sum_{j=1}^{m} \sum_{k=1}^{n} x_{kj} \tag{7.3-8}$$

hierin bezeichnen:

i: Index Prüfer	l: Anzahl Prüfer
j: Index Teil	m: Teile
k: Index Versuch	n: Wdhl. je Prüfer

Zur Dokumentation der Messdaten können entsprechende Formblätter ausgefüllt werden (**Bild 7.3-8**). In dem hier vorgestellten Beispiel werden die ermittelten Messwerte in 10^{-3} mm angegeben. Die Auflösung des Messmittels beträgt laut Herstellerangaben ebenfalls 10^{-3} mm. Die Kennzahlen $\overline{R}_i$ und $\overline{x}_i$ verdichten die Messergebnisse der einzelnen Prüfer und können miteinander verglichen werden. Hier fällt zunächst die im Vergleich mit dem Prüfer A geringere mittlere Spannweite $\overline{R}_C$ C der Messwerte des Prüfers C auf.

Eine weitere Verdichtung der Prüfdaten kann durch die arithmetische Mittelung der mittleren Spannweite $\overline{R}_i$ und die Bestimmung der maximalen Differenz der Mittelwerte $\overline{x}_i$ der Prüfer erfolgen. Um die Wiederhol- bzw. die Vergleichspräzision (WP und VP) berechnen zu können, müssen diese Werte noch mit einem zusätzlichen Faktor korri-

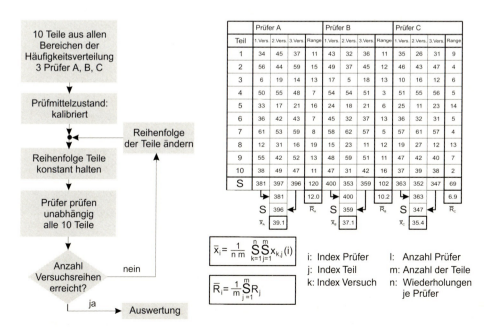

Bild 7.3-8 Formblatt R&R-Studie

giert werden, da die Anzahl der Wiederholungen (Messreihen) bzw. der Prüfer begrenzt ist.

$$WP = K_1 \cdot \bar{\bar{R}} \quad \text{mit} \quad \bar{\bar{R}} = \frac{1}{1} \sum_{i=1}^{1} \bar{R}_i \tag{7.3-9}$$

$$VP = K_2 \cdot x_{\text{Diff}} \quad \text{mit} \quad x_{\text{Diff}} = \max. \text{ Differenz } \bar{x}_i \tag{7.3-10}$$

Die Korrekturfaktoren K_1 und K_2 werden in der Literatur [ged] bei einem Vertrauensniveau von 99,00 % bzw. 99,73 % mit den Werten aus **Tabelle 7.3-2** angegeben.

Tabelle 7.3-2

	Anzahl der Wiederholungen	99,00 %	99,73 %		Anzahl der Prüfer	99,00 %	99,73 %
K_1	2	4,56	5,32	K_2	2	3,65	4,28
	3	3,05	3,54		3	2,70	3,14

Mit den im Formblatt angegebenen Kennwerten und den Korrekturwerten K_1 und K_2 ergeben sich für die durchgeführte Untersuchung bei einem Vertrauensniveau von 99,73 % eine Wiederholpräzision von WP = 34,3 µm und eine Vergleichspräzision von VP = 11,6 µm, die zu der Gesamtstreuung S_m zusammengefasst werden können (Hinweis: die Anzahl der Wiederholungen einer Messreihe ist hier gleich der Anzahl der Messungen eines Prüfers an einem Teil $n = 3$).

$$S_m = \sqrt{WP^2 + VP^2} \tag{7.3-11}$$

Die Gesamtstreuung beträgt hier $S_m = 36,3$ µm. Sie kann direkt mit der 6-fachen Fertigungsprozessstreuung $6 \cdot s_{\text{Prozess}}$ bzw., wenn diese nicht bekannt ist, mit der Toleranzfeldbreite T ins Verhältnis gesetzt werden. Bei einer Toleranzfeldbreite von $T = 200$ µm ergibt sich somit eine relative Gesamtstreuung $S_{m\%}$ von

$$S_{m\%} = \frac{S_m \cdot 100\,\%}{T}, \quad \text{hier: } S_{m\%} = 18,13\,\% . \tag{7.3-12}$$

Die Beurteilung der Messmittelfähigkeit erfolgt in drei Klassen:
- tauglich $\quad 0\,\% < S_{m\%} < 20\,\%$
- bedingt tauglich $\quad 20\,\% < S_{m\%} < 30\,\%$
- nicht einsetzbar $\quad 30\,\% < S_{m\%}$

Das untersuchte Prüfmittel ist somit als tauglich zu bezeichnen.

Unterscheidungsverhältnis D_R

Mit der kontinuierlichen Verbesserung der Fertigungsprozesse und der damit immer geringer werdenden Prozessstreuung s_{Prozess} kann sich das Verhältnis zwischen der Streu-

7.3 Prüfmittelüberwachung

ung des Messprozesses und der des Fertigungsprozesses dahingehend verschieben, dass ein Prüfmittel nicht geeignet ist, Änderungen im Produktionsprozess zu entdecken. Aus diesem Grund wird im folgenden eine Kennzahl hergeleitet, die die Eignung eines Messverfahrens zur Prüfung eines Qualitätsmerkmals quantifiziert [gfq].

Unter der Annahme, dass die Streuung des Fertigungsprozesses $\sigma_{Prozess}$ unabhängig von der Streuung des Messprozesses $\sigma_{Messmittel}$ ist, berechnet sich die Streuung der beobachteten Messwerte $\sigma_{Messwert}$ zu:

$$\sigma_{Messwert}^2 = \sigma_{Prozess}^2 + \sigma_{Messmittel}^2 \qquad (7.3\text{-}13)$$

Ein erster Ansatz zur Beschreibung ist der Intraclass-Korrelationskoeffizient, der das Verhältnis zwischen der Streuung des Messwertes $\sigma_{Messwert}$ und der des Fertigungsprozesses $\sigma_{Prozess}$ beschreibt:

$$\rho = \frac{\sigma_{Prozess}^2}{\sigma_{Messwert}^2} \qquad \overline{R} = \frac{\sigma_{Messwert}^2 - \sigma_{Messmittel}^2}{\sigma_{Messwert}^2} = 1 - \frac{\sigma_{Messmittel}^2}{\sigma_{Messwert}^2} \qquad (7.3\text{-}14)$$

Der Korrelationskoeffizient ρ kann hierbei nur Werte zwischen 0 und 1 annehmen, da die Streuung des beobachteten Messwertes in der Praxis immer größer als die des Messmittels ist. Für die beiden Extremwerte des Koeffizienten ergeben sich folgende Interpretationen. Ist die Streuung des Messverfahrens vernachlässigbar ($\sigma_{Messmittel} \ll \sigma_{Prozess}$), hat der Korrelationskoeffizient ρ den Wert 1. Ist der Messwert jedoch hauptsächlich von der Streuung des Messverfahrens abhängig ($\sigma_{Messmittel} \Rightarrow \sigma_{Messwert}$), so strebt ρ den Wert 0 an. Der zweite Fall ($\rho = 0$) hat zur Folge, dass der Prozess nicht mit diesem Messverfahren beurteilt werden kann. Da der Intraclass-Korrelationskoeffizient nicht linear ist, diese Eigenschaft aber für eine einfache Interpretation erwünscht ist, wird er in das Unterscheidungsverhältnis *Discrimination Ratio* D_R transformiert.

$$D_R = \sqrt{\frac{1+\rho}{1-\rho}} = \sqrt{\frac{2\sigma_{Messwert}^2}{\sigma_{Messmittel}^2} - 1} \quad \text{mit} \quad \sigma_{Messmittel} = \frac{\overline{R}_{Messmittel}}{d_2} \qquad (7.3\text{-}15)$$

Tabelle 7.3-3

Stichprobenumfang *n*	2	3	4	5
Korrekturfaktor d_2	1,128	1,693	2,059	2,326

Der Korrekturwert d_2 ist abhängig vom Stichprobenumfang n und kann in Tabellen der einschlägigen Literatur nachgeschlagen werden [whe, gfq]. $\overline{R}_{Messmittel}$ bezeichnet den Mittelwert der Spannweiten einer Stichprobe. Da durch jeden Prüfer je drei Messungen pro Teil durchgeführt wurden (Beispiel R&R-Studie), ist der Stichprobenumfang $n = 3$ und der Korrekturfaktor somit $d_2 = 1,693$. Für die in der R&R-Studie ermittelten Messdaten ergibt sich eine Messmittelstreuung von $\sigma_{Messmittel} = 5,7$ μm.

Die Streuung der Messwerte σ_{Messwert} kann einer Regelkarte des Fertigungsprozesses entnommen werden. Hier kann die gleiche Formel wie bei der Berechnung der Messmittelstreuung angewendet werden. Wenn keine Daten aus dem Prozess vorhanden sind, kann die Prozessstreuung geschätzt werden. Die Anwendung der hier angegebenen Formel sollte jedoch, wenn möglich, vermieden werden:

$$\sigma_{\text{Messwert}}^2 = s_{\text{AVER}}^2 + \frac{N-1}{N} \sigma_{\text{Messmittel}}^2 \qquad (7.3\text{-}16)$$

wobei s_{AVER}^2 die Varianz der Mittelwerte der Messungen der einzelnen Teile bezeichnet und N die Anzahl der Messungen je Teil ist.

In einer Voruntersuchung an Teilen, die dem Fertigungsprozess zufällig entnommen wurden, ist eine Messwertstreuung von σ_{Messwert} = 14,6 µm bestimmt worden. Aus den Werten für die Messmittelstreuung und die Messwertstreuung kann der Intraclass-Korrelationskoeffizient ρ = 0,85 berechnet werden. Hieraus lässt sich unmittelbar das Unterscheidungsverhältnis D_R = 3,46 ermitteln. Dies entspricht einem Verhältnis zwischen der Prozessstreuung und der Messwertstreuung von 0,92.

Das Unterscheidungsverhältnis D_R ist ein Kennwert, der anzeigt, ob ein Messverfahren in der Lage ist, Unterschiede in einem Fertigungsprozess zu finden. Fällt das Unterscheidungsverhältnis in einen Bereich zwischen 1 und 2, so können keine Aussagen über Veränderungen des Fertigungsprozesses getroffen werden. Die Konsequenz hieraus kann nur die Optimierung des Messverfahrens sein. Bei einem Unterscheidungsverhältnis von größer 4 ist das Messverfahren in der Lage, Produktunterschiede zu quantifizieren [gfq].

7.3.3 Rechenaufgaben

Aufgabe 1:

Für die Prüfung tolerierter Bohrungsdurchmesser können selbstzentrierende digitale Innenmessschrauben eingesetzt werden. Um die Eignung dieser Messschrauben mit Hilfe der Fähigkeitsindizes c_g und c_{gk} nachzuweisen, ist eine Messreihe mit 25 Messungen (**Tabelle 7.3-4**) durchgeführt worden. Hierzu wurde der wahre Durchmesser der Bohrung eines Meisterwerkstückes zunächst mit einem Koordinatenmessgerät und darauffolgend 25-mal mit der zu überprüfenden Messschraube bestimmt. Der mit dem Koordi-

Tabelle 7.3-4

Nr.	Messwert	Nr.	Messwert	Nr.	Messwert	Nr.	Messwert	Nr.	Messwert
1	45,025	6	45,027	11	45,025	16	45,027	21	45,026
2	45,027	7	45,026	12	45,027	17	45,028	22	45,025
3	45,026	8	45,026	13	45,028	18	45,025	23	45,026
4	45,028	9	45,028	14	45,027	19	45,026	24	45,027
5	45,027	10	45,027	15	45,026	20	45,027	25	45,028

7.3 Prüfmittelüberwachung

$\bar{x}_i = \frac{1}{nm} \sum_{k=1}^{n} \sum_{j=1}^{m} x_{k,j}(i)$

i: Index Prüfer
j: Index Teil
k: Index Versuch

$\bar{R}_i = \frac{1}{m} \sum_{j=1}^{m} R_j$

l: Anzahl der Prüfer
m: Anzahl der Teile
n: Wiederholungen je Prüfer

Teil	Prüfer A				Prüfer B				Prüfer C			
	1.Vers.	2.Vers.	3.Vers.	Range	1.Vers.	2.Vers.	3.Vers.	Range	1.Vers.	2.Vers.	3.Vers.	Range
1	5	10			10	13						
2	12	4			15	7						
3	1	6			3	5						
4	15	8			17	10						
5	4	13			9	15						
6	8	7			2	8						
7	9	3			7	10						
8	10	5			11	13						
9	4	7			7	9						
10	3	9			2	5						
S												

$s_{\bar{x}_A}$ → $\bar{R}_A$ $s_{\bar{x}_B}$ → $\bar{R}_B$ $s_{\bar{x}_C}$ → $\bar{R}_C$

Bild 7.3-9 Formblatt der R&R-Studie

natenmessgerät ermittelte Durchmesser der Bohrung beträgt $x_{\text{Meister}} = 45{,}025$ mm. Aus Voruntersuchungen des Fertigungsprozesses, die ebenfalls mit einem Koordinatenmessgerät durchgeführt wurden, ist die Streuung des Fertigungsprozesses bekannt $s_{\text{Prozess}} = 7$ µm. Die Toleranzfeldbreite der Bohrung (45^{H8} mm) beträgt 39 µm.

Zu berechnen sind die Fähigkeitsindizes c_g und c_{gk} für die angegebene Prozessstandardabweichung $s_{\text{Prozess}} = 7$ µm.

Aufgabe 2:

Um den Einfluss eines Prüfers auf den Prüfprozess zu quantifizieren, sind in einer Vergleichsmessung 10 Werkstücke von 2 Prüfern jeweils 2-mal gemessen worden. Die Messergebnisse (in µm) sind bereits in ein hierfür vorgesehenes Formblatt eingetragen worden, das nun vervollständigt werden soll (**Bild 7.3-9**). Aus den hier berechneten Kennzahlen sollen im weiteren die Wiederholpräzision WP, die Vergleichspräzision VP und die relative Gesamtstreuung $S_{m\%}$ ermittelt werden. Kann der untersuchte Prüfprozess bei einer Toleranzfeldbreite von $T = 100$ µm als tauglich bezeichnet werden? Die Untersuchung soll für ein Vertrauensniveau von 99 % durchgeführt werden (Tabelle 7.3-2).

7.3.4 Lösung

Zu Aufgabe 1:

Der mittlere Messwert $\bar{x}_{\text{Messmittel}}$ und die Standardabweichung $s_{\text{Messmittel}}$ eines Messmittels werden mit folgenden Formeln ermittelt:

$$\overline{x}_{\text{Messmittel}} = \frac{1}{n}\sum_{i=1}^{n} x_i \qquad s_{\text{Messmittel}} = \sqrt{\frac{\sum_{i=1}^{n}\left(x_i - \overline{x}_{\text{Messmittel}}\right)^2}{n-1}}$$

Mit den Messwerten der Messreihe (Tabelle 7.3-4) und der Anzahl der durchgeführten Messungen $n = 25$ ergeben sich folgende Kennwerte:

$$\overline{x}_{\text{Messmittel}} = \frac{1}{25}\,(45{,}025 + 45{,}027 + \ldots + 45{,}028)\text{ mm}$$

$\overline{x}_{\text{Messmittel}} = \mathbf{45{,}0266\text{ mm} \approx 45{,}027\text{ mm}}$

$$s_{\text{Messmittel}} = \sqrt{\frac{(45{,}025 - 45{,}027)^2 + \ldots + (45{,}028 - 45{,}027)^2}{24}}\text{ mm}$$

$s_{\text{Messmittel}} = \mathbf{0{,}00108\text{ mm} \approx 1\ \mu m.}$

Mit der bekannten Standardabweichung des Fertigungsprozesses von $s_{\text{Prozess}} = 7\ \mu m$ und dem bekannten Durchmesser des Meisterwerkstücks $x_{\text{Meister}} = 45{,}025$ mm können die Fähigkeitsindizes direkt ermittelt werden.

$$c_g = \frac{0{,}15 \cdot s_{\text{Prozess}}}{s_{\text{Messmittel}}} = \frac{0{,}15 \cdot 7\ \mu m}{1\ \mu m}$$

$c_g = 1{,}05$

$$c_{gk} = \frac{\left[0{,}15 \cdot 0{,}5 \cdot 6\,s_{\text{Prozess}} \pm \left(x_{\text{Meister}} - \overline{x}_{\text{Messmittel}}\right)\right]_{\min}}{3\,s_{\text{Messmittel}}}$$

$$= \frac{\left[0{,}15 \cdot 0{,}5 \cdot 6 \cdot 0{,}007\text{ mm} \pm (45{,}025 - 45{,}027)\text{ mm}\right]_{\min}}{3 \cdot 0{,}001\text{ mm}} = 0{,}3833$$

Zu Aufgabe 2:

Zunächst ist das Formblatt in **Bild 7.3-10** mit Hilfe der Formel 7.3-6 bis Formel 7.3-8 auszufüllen. Hierzu ist die Spannweite der beiden Messungen eines Prüfers für jedes Teil, die Summe der Spannweiten über alle 10 Teile und die Summe der Einzelergebnisse der beiden Versuchsreihen eines Prüfers zu berechnen (Bild 7.3-10).

Die weitere Verdichtung der Prüfdaten erfolgt mit der arithmetische Mittelung der mittleren Spannweiten $\overline{R}_i$ und der Bestimmung der maximalen Differenz der Mittelwerte $\overline{x}_i$ der beiden Prüfer (Formel 7.3-9 und Formel 7.3-10). Die Wiederhol- bzw. die Vergleichspräzision (WP und VP) werden mit den folgenden Formeln berechnet:

7.3 Prüfmittelüberwachung

$$WP = K_1 \cdot \bar{\bar{R}} \quad \text{mit} \quad \bar{\bar{R}} = \frac{1}{1}\sum_{i=1}^{1} \bar{R}_i$$

$$VP = K_2 \cdot x_{\text{Diff}} \quad \text{mit} \quad x_{\text{Diff}} = \text{max. Differenz } \bar{x}_i ,$$

wobei

$$\bar{\bar{R}} = 4{,}85 \; \mu\text{m} \quad \text{und} \quad x_{\text{Diff}} = 1{,}7 \; \mu\text{m}$$

Die Korrekturfaktoren K_1 und K_2 können in der oben Tabelle 7.3-2 abgelesen werden (Vertrauensniveau laut Aufgabenstellung 99 %).

$$K_1 = 4{,}56 \quad \text{und} \quad K_2 = 3{,}65$$

Hiermit ergeben sich die Wiederhol- und die Vergleichspräzision WP und VP zu:

$$WP = 22{,}12 \; \mu\text{m} \quad \text{und} \quad VP = 6{,}21 \; \mu\text{m}$$

und die relative Gesamtstreuung $S_{m\%}$ nach Formel 7.3-11 und Formel 7.3-12 zu:

$$S_{m\%} = \frac{S_m \cdot 100\%}{T} = \frac{22{,}98 \; \mu\text{m} \cdot 100\%}{100 \; \mu\text{m}}$$

$$S_{m\%} = 22{,}98\%$$

Schlussfolgerung:

Das untersuchte Prüfmittel ist somit lediglich als bedingt tauglich zu bezeichnen.

	Teil	Prüfer A				Prüfer B				Prüfer C			
		1.Vers.	2.Vers.	3.Vers.	Range	1.Vers.	2.Vers.	3.Vers.	Range	1.Vers.	2.Vers.	3.Vers.	Range
$\bar{x}_i = \frac{1}{nm}\sum_{k=1}^{n}\sum_{j=1}^{m} x_{k,j}(i)$	1	5	10		5	10	13		3				
	2	12	4		8	15	7		8				
i: Index Prüfer	3	1	6		5	3	5		2				
j: Index Teil	4	15	8		7	17	10		7				
k: Index Versuch	5	4	13		9	9	15		6				
$\bar{R}_i = \frac{1}{m}\sum_{j=1}^{m} R_j$	6	8	7		1	2	8		6				
	7	9	3		6	7	10		3				
l: Anzahl der Prüfer	8	10	5		5	11	13		2				
m: Anzahl der Teile	9	4	7		3	7	9		2				
n: Wiederholungen je Prüfer	10	3	9		6	2	5		3				
	S	71	72		55	83	95		42				
			71		5,5		83		4,2				
		S	143		$\bar{R}_A$	S	178		$\bar{R}_B$	S			$\bar{R}_C$
		$\bar{x}_A$	7,2			$\bar{x}_B$	8,9			$\bar{x}_C$			

Bild 7.3-10 Ausgefülltes Formblatt der R&R-Studie

Literatur

[ai1] **A.I.A.G. – Chrysler Corp., Ford Motor Co., General Motors Corp.:** *Fundamental Statistical Process Control, Reference Manual.* Michigan, USA, 1991

[ai2] **A.I.A.G. – Chrysler Corp., Ford Motor Co., General Motors Corp.:** *Measurement Systems Analysis, Reference Manual.* Michigan, USA, 1995

[chr] **Chrysler Corp., Ford Motor Co., General Motors Corp.:** *Quality System Requirements, QS-9000.* 1994

[die] **Dietrich, E.; Schulze, A.:** *Richtlinien zur Beurteilung von Meßsystemen und Prozessen, Abnahme von Fertigungseinrichtungen.* Carl Hanser Verlag, September 1998

[fo1] **Ford AG:** *EU 882 Richtlinie für Untersuchungen der vorläufigen und fortdauernden Prozessfähigkeit.* Köln, 1991

[fo2] **Ford AG:** *Fertigungseinrichtungen Richtlinie zu Leistungsbeurteilung.* Köln, Januar 1992 Auswertung von Positionstoleranzen. Köln, Februar 1995

[fo3] **Ford Motor Co./Q-DAS GmbH Ford:** *Testbeispiele, Beurteilung von SPC Software.* Birkenau, 1991

[mbe] **Mercedes Benz AG:** *Statistische Prozessregelung (SPC) – Leitfaden zur Anwendung.* Stuttgart, 1991

[ope] **Opel, Vauxhall, General Motors:** *Ergänzung der GM Richtlinie B-01: – Abnahme von Meßmitteln für PT und Chassis-Werke. – Qualitätsabnahme von Fertigungseinrichtungen LVQ-1.* Rüsselsheim, November 1996

[psa] **PSA Peugeot, Citroën, Renault:** *CNOMO Norm E41.32.110.N Produktionsmittel, Zulassung der Funktionsfähigkeit von Produktionsmitteln zur Ausführung von Merkmalen entsprechend einem Normalgesetz.* Juli 1991

[bos] **Robert Bosch GmbH:** *Schriftenreihe „Qualitätssicherung in der Bosch-Gruppe Nr. 9" Technische Statistik Maschinen- und Prozessfähigkeit.* Stuttgart, 1990

[sie] **Siemens AG:** *Maschinen- und Prozessqualifikation.* München, 1993

[vdm] **VDMA – Verband Deutscher Maschinen- und Anlagenbau e. V.:** *VDMA 8669: Fähigkeitsuntersuchung zur Abnahme spanender Werkzeugmaschinen.* Berlin: Beuth-Verlag GmbH, 1995

[vol] **Volkswagen AG – Audi AG:** *BV 1.01 – Betriebsmittel-Vorschriften.* Mai 1995

[kai] **Kaiser, B.; Nowack, H.:** *Nur scheinbar instabil.* QZ 44 (1999) 6, S. 761–765

Weiterführende Literatur

[jur] **Juran:** *Quality Control Handbook.* 4. Auflage, New York: Mc Graw Hill, 1988

[pfe] **Pfeifer, T.:** *Qualitätsmanagement: Strategien, Methoden, Techniken.* 3. Auflage, München: Carl Hanser Verlag, 2000

[rin] **Rinne, H., Mittag, H. J.:** *Statistische Methoden der Qualitätssicherung.* 3. Auflage, München: Hanser, 1995

[she] **Shewhart, W.:** *Economic Control of Quality of Manufactured Product.* New York: van Nostrand, 1931

[wec] **Weck, M., Pfeifer, T., u. a.:** *Die Realisierung von Qualitätsregelkreisen – zentrales Moment der integrierten Qualitätssicherung. In: Wettbewerbsfaktor Produktionstechnik.* AWK – Aachener Werkzeugmaschinen-Kolloquium, Düsseldorf: VDI, 1990

[wel] **N. N.:** *Statistische Qualitätskontrolle – Handbuch der Western Electric Company.* 1. Auflage gfmt, München: Hudak Druck GmbH, 1989

[whe] **Wheeler, D.:** *Understanding statistical process control.* Knoxville: Statistical process controls, 1986

[bos] **N. N.:** *Technische Statistik, Fähigkeit von Messeinrichtungen.* Qualitätssicherung in der Bosch-Gruppe Nr. 10. Stuttgart: Schriftenreihe der Fa. Bosch, 1990

[di1] **N. N.:** *DIN 1319 Teil 3 Grundbegriffe der Meßtechnik. Begriffe für die Messunsicherheit und für die Beurteilung von Meßgeräten und Meßeinrichtungen.* Berlin: Beuth Verlag; 1996

[di2] **N. N.:** *DIN 861 Teil 1 Parallelendmaße. Begriffe, Anforderungen, Prüfung.* Berlin: Beuth Verlag, 1980

[di3] **N. N.:** *DIN 862 Messschieber. Anforderungen, Prüfung.* Berlin: Beuth Verlag, 1988

[di4] **N. N.:** *DIN EN ISO 10 360 Teil 2 (Entwurf): Koordinatenmesstechnik.* Berlin: Beuth Verlag, Januar 2000

[for] **N. N.:** *Fähigkeit von Meßsystemen und Meßmitteln.* Richtlinie der Fa. Ford, 1990

[ged] **Dietrich, E. Schulze, A.:** *Unterschiedliche Verfahren zur Ermittlung der Prüfmittelfähigkeit im Vergleich.* Firmenschrift der Gesellschaft für Datenverarbeitung und Systemtechnik mbH

[gfq] **Gimpel, B.:** *Analyse von Messprozessen.* Arbeitsunterlagen der G. f. Q. S. Aachen: Gesellschaft für Qualitätssicherung mbH; 1994

[pfe] **Pfeifer, T.:** *Qualitätsmanagement. Strategien, Methoden, Techniken.* 2. Auflage, München: Carl Hanser Verlag, 1995

[vd1] **N. N.:** *Prüfanweisungen zur Prüfmittelüberwachung.* VDI/VDE/DGQ 2618, Blatt 1 – 27. Berlin: Beuth Verlag; 1991

[vd2] **N. N.:** *Genauigkeit von Koordinatenmessgeräten – Kenngrößen und deren Prüfung.* VDI/VDE 2617, Blatt 1–7. Berlin: Beuth Verlag, 1999

[whe] **Wheeler, D. J.; Chambers, D. S.:** *Understanding Statistical Process Control.* Knoxville, Tennessee: Statistical Process Control, Inc., 1986

KAPITEL 8

Qualitätsmanagement während des Feldeinsatzes (Weibull-Auswertung)

Gliederung

8.1 Einleitung 310

8.2 Aufgabenstellung 310

8.3 Formeln 314
    8.3.1 Berechnung der Mittleren Ordnungszahl $j(t_j)$ 314
    8.3.2 Berechnung der Summenhäufigkeiten $H_j(t_j)$ für die Ausfallverteilung 314

8.4 Lösungsweg 314
    8.4.1 Ermittlung der Summenhäufigkeit je Fahrstreckenklasse $HS(t_j)$ 314
    8.4.2 Ermittlung der Einzelhäufigkeiten je Fahrstreckenklasse $HE(t_j)$ 316
    8.4.3 Ermittlung der Anzahl nicht schadhafter Teile je Klasse
        $n_{\text{nicht schadhaft}}(t_j)$ 316
    8.4.4 Zwischenergebnis 317
    8.4.5 Ermittlung der Mittleren Ordnungszahl $j(t_j)$ 318
    8.4.6 Ermittlung der Summenhäufigkeit $H_j(t_j)$ für die Ausfallverteilung ...319
    8.4.7 Zwischenergebnis 319
    8.4.8 Eintragung der Summenhäufigkeiten der Fahrstreckenklassen $H_j(t_j)$ ..320
    8.4.9 Extrapolation 320

8.5 Ergebnis 323

Literatur 323

8.1 Einleitung

Die Weibull-Auswertung ist eine Methode zur statistischen Analyse des Ausfallverhaltens von Bauteilen. Mit ihrer Hilfe lassen sich Erkenntnisse über die vorliegenden Ausfallmechanismen und über zu erwartende Ausfallraten der Bauteile gewinnen. Die Bedeutung der Weibull-Analyse liegt darin begründet, dass sie keine repräsentativen Stichproben als Eingangsdaten benötigt, sondern bereits mit den Informationen über die Ausfälle der ersten Bauteile einer Grundgesamtheit durchgeführt werden kann, die dem Hersteller wesentlich leichter zugänglich sind. Die Grundlage zur Bestimmung und Auswertung des Ausfallverhaltens ist die sog. Weibull-Verteilungsfunktion, mit der die meisten Verteilungsfunktionen, wie sie für den Ausfall von Bauteilen typisch sind, hinreichend genau angenähert werden können. Durch eine Koordinatentransformation eines linearen Koordinatensystems ergibt sich das Weibull-Wahrscheinlichkeitsnetz, in das die Summenhäufigkeiten eingetragen und durch Ausgleichgeraden angepasst werden. Die Anzahl und der Verlauf dieser Geraden gibt Auskunft über die Anzahl und Art der Ausfallmechanismen.

Im Folgenden wird die Vorgehensweise der Weibull-Analyse skizziert. Für eine detailliertere Beschreibung des Verfahrens und eine Herleitung der Formeln sei auf den Hauptband, Abschnitt 10.5 verwiesen. Ausgehend von den Lebensdauermerkmalen (Betriebsdauer, Fahrstrecke etc.) der ausgefallenen Einheiten und der Verteilung der Lebensdauer der untersuchten Bauteile zu dem betrachteten Zeitpunkt, wird das Lebensdauermerkmal zur Vereinfachung des Auswertevorganges in Intervalle unterteilt. Den einzelnen Lebensdauerklassen $H(t_j)$ werden jeweils schadhafte und nicht schadhafte Bauteile zugeordnet. Die schadhaften Bauteile pro Lebensdauerklasse beinhalten jedoch nur diejenigen, die bis zum Betrachtungszeitpunkt ausgefallen sind. Nicht berücksichtigt sind diejenigen, welche aufgrund ihres sehr geringen Lebensdauermerkmals noch keinen Schaden aufweisen, aber bei steigender Lebensdauer noch ausfallen können und dann den höheren Lebensdauerklassen zugeordnet werden müssen. Um diesem Effekt Rechnung zu tragen, wird für jede Lebensdauerklasse eine sog. mittlere Ordnungszahl $j(t_j)$ berechnet, die die bislang noch intakten Bauteile berücksichtigt. Mit diesen Daten wird schließlich die Summenhäufigkeit für die Ausfallverteilung $H_j(t_j)$ bestimmt, die angibt, wie viele Bauteile bis zu welcher Lebensdauer ausgefallen sind. Diese Summenhäufigkeiten werden in das Weibull-Netz eingetragen und durch Ausgleichsgeraden angepasst. Unter der Voraussetzung, dass bei höheren Lebensdauern kein neuer Ausfallmechanismus einsetzt, lässt sich durch Extrapolation der Ausgleichsgeraden eine Prognose über den weiteren Verlauf der Schadenshäufigkeit geben.

8.2 Aufgabenstellung

Untersucht werden soll das Ausfallverhalten der Produktionsmenge eines bestimmten Fertigungszeitraumes. Dabei handelt es sich in diesem Beispiel um eine Anzahl von $n_{gesamt} = 3780$ produzierter Fahrzeuge. Über die Auswertung der Garantie erhält man die Anzahl der ausgefallenen, schadhaften Erzeugnisse $n_{schadhaft}$ je Fahrstreckenklasse t_j. *(Das hier dargestellte Beispiel erfolgt in Anlehnung an die Richtlinie „Zuverlässigkeits-*

sicherung bei Automobilherstellern und Lieferanten" des Verbands der Automobilindustrie e. V. (VDA) [vda].)

Diese Schadensfälle werden in aufsteigender Reihenfolge entsprechend dem Lebensdauermerkmal, hier Fahrstrecke, sortiert und den einzelnen Fahrstreckenklassen t_j zugeordnet (**Tabelle 8.2-1**).

Tabelle 8.2-1   Anzahl schadhafter Teile je Fahrstreckenklasse

Fahrstreckenklasse t_i [km]	Anzahl schadhafter Teile $n_{schadhaft}(t_i)$
0 ... 4.000	5
4.000 ... 8.000	2
8.000 ... 12.000	2
12.000 ... 16.000	2
16.000 ... 20.000	1
20.000 ... 24.000	0
24.000 ... 28.000	1
28.000 ... 32.000	2
32.000 ... 36.000	3
36.000 ... 40.000	1

Da die Fahrstreckenklasse 20.000 ... 24.000 km durch kein Schadensteil besetzt ist, entfällt diese Klasse in der weiteren Betrachtung.

Die Fahrstreckenverteilung des untersuchten Erzeugnisses im Wahrscheinlichkeitsnetz nach Gauß ist gegeben (**Bild 8.2-1**). Sie wird für dieses Beispiel als bekannt vorausgesetzt. Aus dieser Verteilung werden nur die nicht schadhaften Fahrzeuge ermittelt.

Die Fahrstreckenverteilung ist eine Summenfunktion. Für die Obergrenze einer Fahrstreckenklasse liest man den zugehörigen Prozentwert an der Ordinate ab. Dieser Wert ist der aufsummierte, prozentuale Anteil (Summenhäufigkeit) der Fahrzeuge, die eine geringere Fahrstrecke als die Klassenobergrenze erreicht haben.

Beispielsweise beträgt der Wert der Summenhäufigkeit für eine Fahrstreckenklasse bis 16.000 km etwa 20 %. Das bedeutet, dass 20 % der Fahrzeuge eine Fahrstrecke zwischen 0 und max. 16.000 km erreicht haben. 80 % der Fahrzeuge haben mehr als 16.000 km zurückgelegt.

Auf Basis der vorliegenden Informationen und unter Zuhilfenahme der angegebenen Formeln soll die zu erwartende Anzahl aller Ausfälle bis zu einer Laufleistung von 100.000 km ermittelt werden. Nutzen Sie hierzu das Lebensdauernetz für Weibull-Verteilungen (**Bild 8.3-1**).

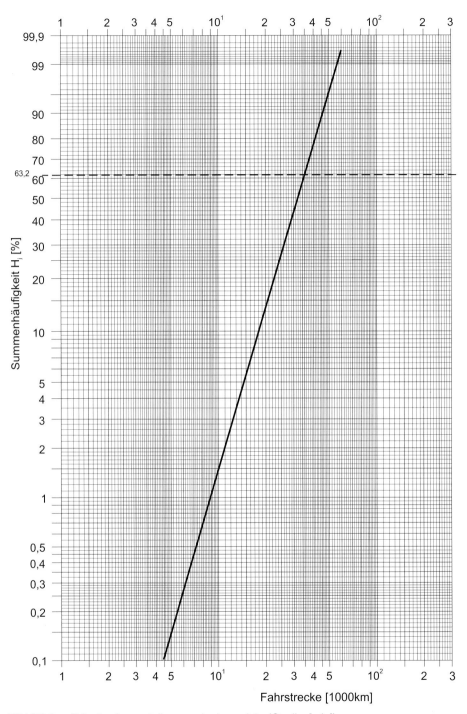

Bild 8.2-1 Fahrstreckenverteilung nach einem Jahr (Quelle: [vda])

8.2 Aufgabenstellung

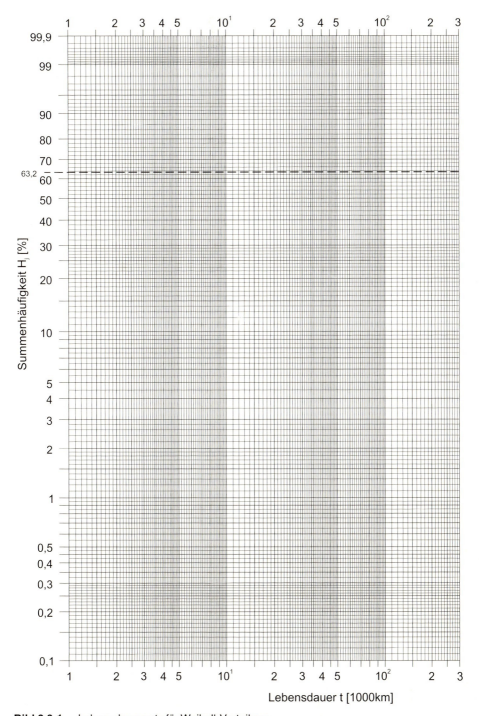

Bild 8.3-1   Lebensdauernetz für Weibull-Verteilung

8.3 Formeln

8.3.1 Berechnung der Mittleren Ordnungszahl $j(t_j)$

$$j(t_j) = j(t_{j-1}) + [n_{\text{schadhaft}}(t_j) \cdot N(t_j)] \tag{1}$$

$j(t_j)$ Mittlere Ordnungszahl
$j(t_{j-1})$ vorherige Ordnungszahl
$n_{\text{schadhaft}}(t_j)$ Anzahl schadhafter Teile (Ausfälle)
$N(t_j)$ Zuwachs

Der Zuwachs $N(t_j)$ berechnet sich wie folgt:

$$N(t_j) = \frac{n_{\text{gesamt}} + 1 - j(t_{j-1})}{1 + n_{\text{gesamt}} - \text{Anzahl davorliegender Teile}} \tag{2}$$

es gilt: $j(t_{j-1}) = j(t_0) = 0$ für $j = 1$

n_{gesamt} Grundgesamtheit (Summe aller Teile aller Nutzungsklassen, schadhaft und nicht schadhaft)

Anzahl davorliegender Teile $= \sum n_{\text{nicht schadhaft}} + \sum n_{\text{schadhaft}}$

$n_{\text{nicht schadhaft}}(t_j)$ Anzahl nicht schadhafter Teile

8.3.2 Berechnung der Summenhäufigkeiten $H_j(t_j)$ für die Ausfallverteilung

Die Berechnung der Summenhäufigkeiten $H_j(t_j)$ erfolgt nach der Näherungsformel des *Median Rank-Verfahrens*:

$$H_j(t_j) = \frac{j(t_j) - 0{,}3}{n_{\text{gesamt}} + 0{,}4} \tag{3}$$

8.4 Lösungsweg

Aus der Fahrstreckenverteilung wird zunächst ermittelt, wie hoch die Anzahl der nicht schadhaften Fahrzeuge der jeweiligen Fahrstreckenklassen ist (Abschnitt 8.4.1–8.4.3). Unter Anwendung statistischer Auswerteverfahren ist es dann möglich, die Ausfallhäufigkeiten des betrachteten Produktes zu bestimmen (Abschnitt 8.4.4 – 8.4.8) und den weiteren Verlauf des Ausfallverhaltens abzuschätzen (Abschnitt 8.4.9).

8.4.1 Ermittlung der Summenhäufigkeit je Fahrstreckenklasse $H_S(t_j)$

Die Fahrstreckenverteilung ist eine Summenfunktion. Das bedeutet, dass die zurückgelegten Fahrstrecken der betrachteten Fahrzeuge kumuliert aufgetragen werden. Die Fahrstreckenverteilung gibt somit wieder, wie hoch der Anteil der Fahrzeuge ist, die eine

8.4 Lösungsweg

bestimmte Laufleistung nicht überschritten haben. Entsprechend der Einteilung der Ausfallstatistik müssen die prozentualen Anteile der Fahrzeuge der jeweiligen Fahrstreckenklassen ermittelt werden, bevor im nächsten Schritt (Abschnitt 8.4.2) die Einzelhäufigkeiten der Fahrstreckenklassen ermittelt werden.

Die erste Fahrstreckenklasse der geordneten Schadensfälle hat eine Obergrenze von 4.000 km. Aus der gegebenen Fahrstreckenverteilung (Bild 8.2-1) liest man für diesen Lebensdauerwert eine Summenhäufigkeit von ca. 0,035 % ab (**Bild 8.4-1**). Das bedeutet, 0,035 % aller Fahrzeuge dieses Fertigungszeitraums haben zu diesem Zeitpunkt weniger als 4.000 km zurückgelegt.

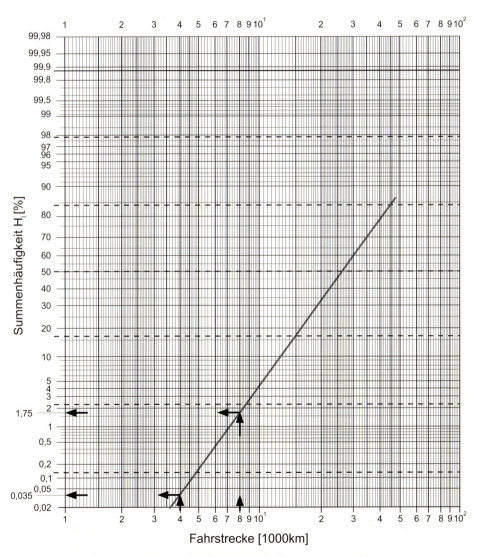

Bild 8.4-1 Ermittlung der Summenhäufigkeit aus der Fahrstreckenverteilung

Die nächste Klassenobergrenze ist 8.000 km. Der entsprechende Summenhäufigkeitswert aus der Fahrstreckenverteilung beträgt 1,7 %. 1,7 % aller untersuchten Fahrzeuge haben also erst eine Fahrstrecke von weniger als 8.000 km erreicht. Darin eingeschlossen sind auch die Fahrzeuge, die weniger als 4.000 km zurückgelegt haben, denn die Fahrstreckenverteilung ist eine Summenfunktion, bei der die Fahrstreckenhäufigkeiten kumuliert aufgetragen werden. Die Werte für die weiteren Klassen ergeben sich analog und sind in **Tabelle 8.4-1** eingetragen.

8.4.2 Ermittlung der Einzelhäufigkeiten je Fahrstreckenklasse $H_E(t_j)$

Für die weitere Vorgehensweise wird die Zuordnung der Anzahl nicht schadhafter Fahrzeuge zu der entsprechenden Fahrstreckenklasse t_j benötigt. Deshalb wird zunächst der prozentuale Anteil der schadhaften Fahrzeuge in den Fahrstreckenklassen t_j ermittelt. Dieser prozentuale Anteil wird als Einzelhäufigkeit je Fahrstreckenklasse $H_E(t_j)$ bezeichnet. Zu deren Ermittlung wird von der Summenhäufigkeit der Fahrstreckenklasse t_j die Summenhäufigkeit der vorangehenden Fahrstreckenklasse t_{j-1} subtrahiert.

Allgemeingültig lässt sich somit formulieren:

$$H_E(t_j) = H_S(t_j) - H_S(t_{j-1})$$

Für die erste Fahrstreckenklasse ergibt sich:

$$\begin{aligned} H_E(t_1) &= H_S(t_1) - H_S(t_0) \\ &= 0,035\ \% - 0\ \% \\ &= 0,035\ \% \end{aligned}$$

Für die zweite Fahrstreckenklasse ergibt sich demnach:

$$\begin{aligned} H_E(t_2) &= H_S(t_2) - H_S(t_1) \\ &= 1,7\ \% - 0,035\ \% \\ &= 1,665\ \% \end{aligned}$$

So bleibt für die zweite Fahrstreckenklasse ein Wert von 1,7 % – 0,035 % = 1,665 % übrig. Das bedeutet, in der Fahrstreckenklasse $t_2 = 4.000\ldots8.000$ km gibt es 1,665 % von insgesamt 3761 betrachteten schadensfreien Fahrzeugen. Die weiteren Werte sind bereits in Tabelle 8.4-1 eingetragen.

8.4.3 Ermittlung der Anzahl nicht schadhafter Teile je Klasse $n_{\text{nicht schadhaft}}(t_j)$

Aus der Fahrstreckenverteilung lässt sich die Anzahl nicht schadhafter Fahrzeuge $n_{\text{nicht schadhaft}}$ in den einzelnen Fahrstreckenklassen errechnen. Für diese Rechnung geht man von der Gesamtmenge aller Fahrzeuge n_{gesamt} aus. Hiervon muss die Summe der schadhaften Fahrzeuge der Fahrstreckenklassen subtrahiert werden. Hieraus ergibt sich eine Anzahl nicht schadhafter Fahrzeuge $n_{\text{nicht schadhaft}}$.

$$n_{\text{nicht schadhaft}} = n_{\text{gesamt}} - \sum n_{\text{schadhaft}}(t_j)$$

Für diese Aufgabe umfasst die Gesamtmenge n_{gesamt} 3780 Fahrzeuge. Die Anzahl der schadhaften Fahrzeuge je Fahrstreckenklasse $n_{\text{schadhaft}}(t_j)$ kann aus Tabelle 8.2-1 ermittelt werden.

8.4 Lösungsweg

$$n_{\text{nicht schadhaft}} = 3780 - (5 + 2 + 2 + 2 + 1 + 0 + 1 + 2 + 3 + 1)$$
$$= 3780 - 19$$
$$= 3761$$

Es muss nun berechnet werden, wie hoch die Anzahl der nicht schadhaften Fahrzeuge in den entsprechenden Fahrstreckenklassen ist. Hierzu wird die Einzelhäufigkeit je Fahrstreckenklasse $H_E(t_j)$ mit der Anzahl nicht schadhafter Fahrzeuge multipliziert.

$$n_{\text{nicht schadhaft}}(t_j) = H_E(t_j) \cdot n_{\text{nicht schadhaft}}$$

Für die Fahrstreckenklasse $t_1 = 0 \ldots 4000$ km ergibt sich:

$$n_{\text{nicht schadhaft}}(t_1) = H_E(t_1) \cdot n_{\text{nicht schadhaft}}$$
$$= 0{,}035\,\% \cdot 3761$$
$$= 1 \text{ (gerundet)}$$

Der Anteil nicht schadhafter Teile der Fahrzeugklasse $t_j = 0\ldots4000$ beträgt 0,035 % von 3761 schadensfreien Fahrzeugen. Das entspricht einer Anzahl von einem Fahrzeug. Das bedeutet, dass statistisch nur eines der schadensfreien Fahrzeuge bis zum Zeitpunkt der Erhebung weniger als 4.000 km Laufleistung aufweist. Alle anderen Fahrzeuge haben eine höhere Laufleistung zurückgelegt. Dies ist der erste $n_{\text{nicht schadhaft}}(t_j)$-Wert.

Für die Fahrstreckenklasse $t_2 = 4000 \ldots 8000$ km ergibt sich:

$$n_{\text{nicht schadhaft}}(t_2) = H_E(t_1) \cdot n_{\text{nicht schadhaft}}$$
$$= 1{,}665\,\% \cdot 3761$$
$$= 63 \text{ (gerundet)}$$

Das entspricht einer Anzahl von ca. 63 Fahrzeugen. Das ist der zweite $n_{\text{nicht schadhaft}}(t_j)$-Wert. Durch eine analoge Vorgehensweise erhält man die übrigen Werte (Tabelle 8.4-1).

8.4.4 Zwischenergebnis

Die Ergebnisse der ersten drei Berechnungsschritte sind zusammenfassend in Tabelle 8.4-1 dargestellt:

Tabelle 8.4-1   Ergebnisse der Berechnungsschritte 8.4.1–8.4.3

Fahrstreckenklasse t_i [km]	8.4.1 Summenhäufigkeit je Fahrstreckenklasse $H_S(t_i)$ [%]	8.4.2 Einzelhäufigkeit je Fahrstreckenklasse $H_E(t_i)$ [%]	8.4.3 Anzahl der nicht schadhaften Teile je Klasse $n_{\text{nicht schadhaft}}(t_i)$ [ ]
0 … 4.000	0,035	0,035	1
4.000 … 8.000	1,7	1,665	63
8.000 … 12.000	8,6	6,9	260
12.000 … 16.000	20,0	11,4	429
16.000 … 20.000	33,5	13,5	508
20.000 … 28.000	57,0	23,5	884
28.000 … 32.000	67,0	10,0	376
32.000 … 36.000	74,0	7,0	263
36.000 … 40.000	80,0	6,0	226

8.4.5 Ermittlung der Mittleren Ordnungszahl j(t_j)

Bei der Auswertung von Feldausfällen ist es erforderlich, auch die Fahrzeuge zu berücksichtigen, die aufgrund ihrer sehr geringen zurückgelegten Fahrstrecke noch keinen Schaden zeigen. Diese Fahrzeuge mit geringer Fahrstrecke können jedoch noch ausfallen und müssten dann in der oben stehenden Ausfallstatistik berücksichtigt werden.

Wurde beispielsweise ein Fahrzeug mit einer Laufleistung von 7.000 km in der Fahrstreckenverteilung erfasst, so kann dieses Fahrzeug durchaus ausfallen, bevor es die Laufleistung des Fahrzeuges mit der höchsten Laufleistung erreicht hat. Es wird die Problematik deutlich, wenn das Lebensdauermerkmal (hier: Laufleistung) nicht mit der Lebenszeit übereinstimmt. Die nicht ausgefallenen Einheiten enthalten jedoch Informationen, die bei der statistischen Aufbereitung der Daten berücksichtigt werden müssen.

Dieser Sachverhalt kann durch eine Analogie zum *abgebrochenen Versuch* (auch: Sudden Death Testing) berücksichtigt werden. Die nicht schadhaften Einheiten werden hierbei durch die mittlere Ordnungszahl $j(t_j)$ berücksichtigt. Näheres ist im Hauptband in Abschnitt 10.5 erläutert.

Mit den errechneten Werten für die Anzahl der nicht schadhaften Fahrzeuge je Fahrstreckenklasse $n_{\text{nicht schadhaft}}(t_j)$ kann zunächst die mittlere Ordnungszahl $j(t_j)$ ermittelt werden und anschließend die Berechnung der Summenhäufigkeiten $H_j(t_j)$ nach dem oben beschriebenen *Median Rank-Verfahren* erfolgen. Hierzu werden die Formeln (1) und (2) herangezogen.

Für die Fahrstreckenklasse $t_1 = 0 \ldots 4000$ km ergibt sich:

$$N(t_1) = \frac{n_{\text{gesamt}} + 1 - j(t_0)}{1 + n_{\text{gesamt}} - \text{Anzahl davorliegender Teile}} \tag{4}$$

$$N(t_1) = \frac{3780 + 1 - 0}{1 + 3780 - 1} \tag{5}$$

$N(t_1) = 1$

$j(t_1) = j(t_0) + [n_{\text{schadhaft}}(t_1) \cdot N(t_1)]$
$\quad\quad = 0 + [5 \cdot 1]$
$\quad\quad = 5$

Für die Fahrstreckenklasse $t_2 = 4000 \ldots 8000$ km:

$$N(t_2) = \frac{n_{\text{gesamt}} + 1 - j(t_1)}{1 + n_{\text{gesamt}} - \text{Anzahl davorliegender Teile}} \tag{6}$$

$$N(t_2) = \frac{3780 + 1 - 5}{1 + 3780 - (1 + 5 + 63)} \tag{7}$$

$N(t_2) = 1{,}017$

$j(t_2) = j(t_1) + [n_{\text{schadhaft}}(t_2) \cdot N(t_2)]$
$\quad\quad = 5 + [2 \cdot 1{,}017]$
$\quad\quad = 7{,}03$

Die weiteren Werte ergeben sich analog und sind in **Tabelle 8.4-2** dargestellt.

8.4.6 Ermittlung der Summenhäufigkeit $H_j(t_j)$ für die Ausfallverteilung

Die Berechnung der Summenhäufigkeit $H_j(t_j)$ für die Ausfallverteilung erfolgt mit der Näherungsformel für das *Median Rank-Verfahren* (Formel 3).

Für die Fahrstreckenklasse $t_1 = 0 \ldots 4000$ km:

$$H_1(t_1) = \frac{j(t_1) - 0,3}{n_{\text{gesamt}} + 0,4} \tag{8}$$

$$H_1(t_1) = \frac{5 - 0,3}{3780 + 0,4} \tag{9}$$

$H_1(t_1) = 0,0012 = 0,12\,\%$

Für die Fahrstreckenklasse $t_2 = 4000 \ldots 8000$ km:

$$H_2(t_2) = \frac{j(t_2) - 0,3}{n_{\text{gesamt}} + 0,4} \tag{10}$$

$$H_2(t_2) = \frac{7,03 - 0,3}{3780 + 0,4} \tag{11}$$

$H_2(t_2) = 0,0017 = 0,17\,\%$ (gerundet)

8.4.7 Zwischenergebnis

Die Ergebnisse der Berechnungsschritte 8.4.5 und 8.4.6 sind zusammenfassend in Tabelle 8.4-2 dargestellt:

Tabelle 8.4-2 Ergebnisse der Berechnungsschritte 8.4.5–8.4.6

Fahrstreckenklasse t_i [km]	Anzahl der schadhaften Teile $n_{\text{schadhaft}}(t_i)$	Anzahl der nicht schadhaften Teile $n_{\text{nicht schadhaft}}(t_i)$	Zuwachs $N(t_i)$	8.4.5 Mittlere Ordnungszahl $j(t_i)$	8.4.6 Summenhäufigkeit, Ausfall $H_i(t)$ [%]
0 … 4.000	5	1	1	5,00	0,12
4.000 … 8.000	2	63	1,017	7,03	0,17
8.000 … 12.000	2	260	1,094	9,22	0,23
12.000 … 16.000	2	429	1,249	11,72	0,30
16.000 … 20.000	1	508	1,502	13,22	0,34
20.000 … 28.000	1	884	2,320	15,54	0,40
28.000 … 32.000	2	376	3,020	21,58	0,56
32.000 … 36.000	3	263	3,828	33,06	0,86
36.000 … 40.000	1	226	4,984	38,04	0,99

8.4.8 Eintragung der Summenhäufigkeiten der Fahrstreckenklassen $H_j(t_j)$

Die ermittelten Summenhäufigkeiten der Fahrstreckenklassen $H_j(t_j)$ können nun im Lebensdauernetz über den zugehörigen Klassenobergrenzen abgetragen werden (**Bild 8.4-2**).

Folgende Aussagen können aufgrund des Verlaufes getroffen werden:
- Deutlich zu erkennen ist, dass sich die Lebensdauergerade aus zwei Ästen zusammensetzt. Es handelt sich somit um eine Mischverteilung aus Früh- und Verschleißausfällen.
- Der erste Teil der Kurve spiegelt das Ausfallverhalten aufgrund von Frühausfällen wieder.
- Der zweite Ast der Verteilung zeigt die Tendenz für das zu erwartende Langzeitverhalten durch Verschleiß.

8.4.9 Extrapolation

Um das zu erwartende Ausfallverhalten abzuschätzen, muss der Kurvenzug verlängert werden. Voraussetzung für ein solche Prognose ist allerdings, dass fundierte Erfahrungen mit gleichen oder ähnlichen Erzeugnissen vorliegen. Denn bei der Verlängerung der Geraden muss berücksichtigt werden, dass ein Abknicken der Kurve aufgrund zunehmender Ermüdungsausfälle zu erwarten ist.

Um die zu erwartende Anzahl der schadhaften Fahrzeuge mit einer Laufleistung von 100.000 km zu bestimmen, wird der zweite Ast der Geraden bis zum Lebensdauermerkmal Laufleistung $t = 100.000$ km verlängert (**Bild 8.4-3**). Auf der y-Achse kann nun der Wert der prognostizierten Summenhäufigkeit abgelesen werden. Es ergibt sich ein Wert von $H_{100.000} = 10\ \%$. Durch Multiplizieren mit der Gesamtzahl aller Fahrzeuge lässt sich die Anzahl schadhafter Fahrzeuge mit einer Laufleistung von 100.000 km berechnen.

$$\begin{aligned} n_{\text{schadhaft},100.00} &= H_{100.000} \cdot n_{\text{gesamt}} \\ &= 10\ \% \cdot 3780 \text{ Fahrzeuge} \\ &= 378 \text{ Fahrzeuge} \end{aligned}$$

Anmerkung:

Aussagen über Ausfälle lagen in diesem Beispiel bis zu einer Laufleistung von 40.000 km vor (siehe Tabelle 8.2-1: Anzahl schadhafter Teile je Fahrstreckenklasse und Bild 8.2-1: Fahrstreckenverteilung). Liest man im Lebensdauernetz für die Lebensdauer $t = 40.000$ km die zugehörige Summenhäufigkeit ab, so ergibt sich ein Wert von ca. 1 %. Das bedeutet das ca. 38 Fahrzeuge bis zum Erreichen dieser Laufleistung schadhaft werden. Tabelle 8.2-1 der Aufgabenstellung gibt insgesamt 19 schadhafte Fahrzeuge bis zu dieser Laufleistung an. Deutlich wird hier die Berücksichtigung, dass eine bestimmte Anzahl der Fahrzeuge mit einer geringeren Laufleistung als 40.000 km – zum Zeitpunkt der Erhebung – noch bis zum Erreichen dieser Laufleistung ausfallen können (siehe Abschnitt 8.3.5).

8.4 Lösungsweg

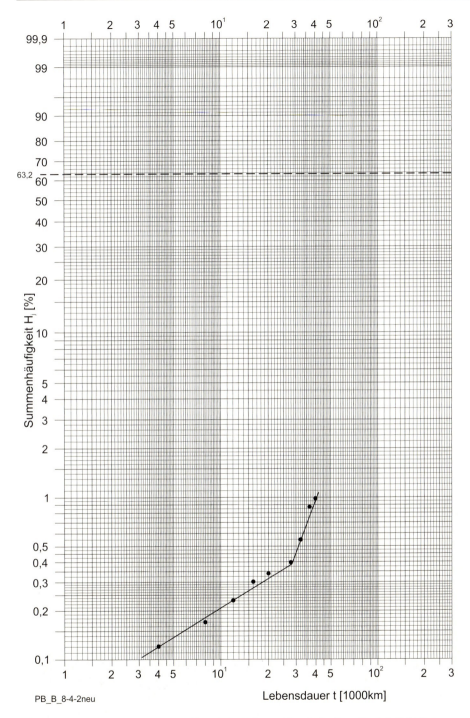

PB_B_8-4-2neu

Bild 8.4-2 Lebensdauernetz für Weibull-Verteilung – Ermittelte Summenhäufigkeiten

322 8 Qualitätsmanagement während des Feldeinsatzes (Weibull-Auswertung)

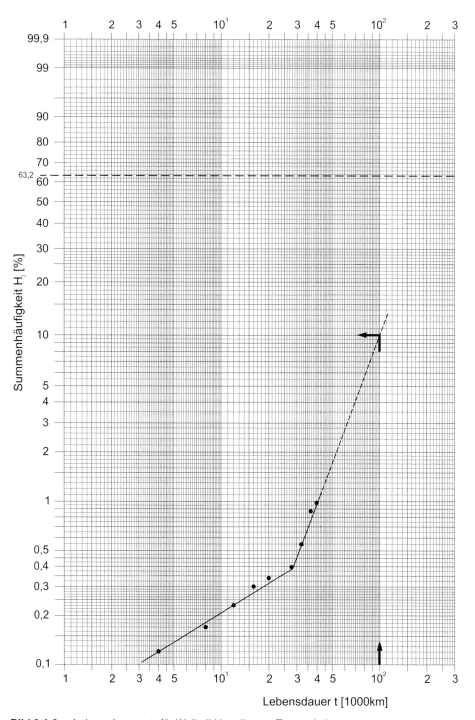

Bild 8.4-3 Lebensdauernetz für Weibull-Verteilung – Extrapolation

8.5 Ergebnis

Es ist zu erwarten, dass ca. 378 Fahrzeuge schadhaft werden, bevor sie eine Laufleistung von 100.000 km erreicht haben.

Literatur

[pfe] **Pfeifer, T.:** *Qualitätsmanagement: Strategien, Methoden, Techniken.* 3. Auflage, München, Wien: Carl Hanser Verlag, 2000

[vda] **N. N.:** *Qualitätskontrolle in der Automobilindustrie, Band 3: Zuverlässigkeitssicherung bei Automobilherstellern und Lieferanten.* 2. Auflage, Frankfurt/Main: VDA Verband der Automobilindustrie e. V., 1984

Stichwortverzeichnis

A

Abstellmaßnahme 226, 228, 241
Abstellmaßnahmen 241
Affinitätsdiagramm 137, 153
Akkreditierung 69
Angebotsbearbeitung 209
APQP 46
Arbeitsplan 231
Arbeitsschritte 231
Auditpersonal 59
Ausbildung 151
Ausfallwahrscheinlichkeit 167, 182
Ausschuss 30
Auswertestrategie 123

B

BDE-System 119
Beschaffung 245
Betriebsklima 30
Bewertungskatalog 62
Bewertungstabelle 222
Bildungsbedarfsanalyse 21
Blockverfahren 294
Brainstorming 154

C

CAQ-System 27

D

Datenerfassung 118
Datensatz 123
Deming-Zyklus 17
Drei-Ebenen-Baum 178
Druckgussprozess 190, 191

E

Effekt 190, 192, 201, 204
Einflussgröße 191, 194, 196, 197, 206
Entdeckungsmaßnahme 218, 221, 239
Erfahrungsschatz 108, 111
Erfassungsformular 121

F

F-Verteilung 197
Fähigkeitsindex 277
Faktor 189, 191, 193, 194, 198, 201, 204
Fehler 60
Fehlercode 119
Fehlerentdeckung 212
Fehlererfassungssystem 118
Fehlerkatalog 111
Fehlerkostenbericht 124
Fehlermerkmal 121
Fehlersammelkarte 4, 6
Fehlerschlüssel 119, 121
Fehlerschwerpunkt 121
Fehlervermeidung 212
Fehlerwissen 106
Fehlfunktion 218
Fehlzeiten 30
Fertigungsabschnitt 231
Fertigungsparameter 232
Fertigungsprozess 230
Fertigungsprozesses 231
FMEA 47, 52, 215
  – Arbeitsablauf 215, 231
FMEA-Formblatt 224, 239
FTA 167
Funktionsanalyse 216, 236
Funktionsbaum 147

G

Genauigkeit 287, 296
Genauigkeitsgrad 290
Geschäftsprozess-FMEA 208
Gruppenarbeit 24

H

Häufigkeitsbetrachtung 123
Häufigkeitsverteilung 2
Haupteffekt 192
Haupteffektdiagramm 192, 198, 204
Histogramm 2

I
Industriegetriebe 135, 148
Inhalt 82
Instandhaltung 151
Intraclass-Korrelationskoeffizient 301
Ishikawa-Diagramm 7

K
Kaizen 14
Kennlinienfeld 193
Kennzahlen 18, 28
Kommandoausfall 173
Konstruktionsfehler 211
Konstruktionsforderungen 148
Kontinuierlicher Verbesserungsprozess 13, 14
Korrelationsdiagramm 9
Kundenbefragung 137
Kundenforderung 137, 139
KVP 13

L
Lieferantenaudit 81, 246
Lieferantenbewertung 256
Linearität 287
Logistik, KVP in der 19

M
Maßnahmen
 – auswirkungsbegrenzende 226
 – entdeckende 239
 – Verfolgung 229, 242
 – vermeidende 239
Materialstrom 19
Messabweichungen 290, 291
Messunsicherheit 291, 292
Minimalschnitte 178
Mitarbeitergespräche 23
Mitarbeiterqualifikation 22

N
Nacharbeitskosten 118

O
Oberflächenplot 193
Optimierung 190, 193, 194

P
Papierhubschrauber 194, 196
Papierhubschraubers 194
Pareto-Analyse 192, 227, 241

Pareto-Diagramm 4
Pareto-Prinzip 4
Personalentwicklung 21
Pflichtenheft 215
Primärausfall 186
Problemlösung 13, 17, 18
Produktaudit 58
Produktaudits 28
Produktion, KVP in der 14
Produktionsplanung 136, 150
Produktplanung 137, 140, 154
Prozessanalyse 15
Prozessbeurteilung 277
Prozessfähigkeit 276
Prozessfehler 236
Prozessplanungsmatrix 149
Prüfanweisung 288
Prüfmaßnahmen 226
Prüfmittel
 – Verschleiß 287
Prüfmittelfähigkeitsindizes 295
Prüfmittelmanagement 286
Prüfmittelüberwachung 286
 – aufgabenspezifische 295
 – gerätespezifische 288
Prüfplan 27
Prüfprozessfähigkeit 295

Q
QFD 135, 215
 – Anforderungen 135
 – Funktionssicht 145
 – Funktionssynthese 145
 – Gestaltsicht 145
 – Gestaltsynthese 145
 – Gewichtung 148
 – Konzeptauswahl 149
 – Konzeptfindung 145
 – Korrelation 148
 – Merkmal 136
 – Optimierungsrichtung 141
 – Produktplanungsmatrix 156
 – Sollwert 136
 – Teileplanungsmatrix 148
 – Zielkonflikt 155
QM-Dokumentation 72
QM-Handbuch
 – elektronisches 90
Qualifizierungsmaßnahmen 21, 23
Qualitätsanforderungen 135
 – primäre 138

– sekundäre 138
– tertiäre 138
Qualitätsdatenbasis 107
Qualitätskennzahl 64
Qualitätskennzahlen 255
Qualitätskontrolle 151
Qualitätsmerkmal 154
Qualitätsregelkarte 277
Qualitätszirkel 24

R

R&R-Studie 295, 298
Regressionsanalyse 193
Regressionsgleichung 205, 206
Reklamationen 29
Risikoanalyse 215, 218, 231, 234
Risikobewertung 210, 220, 222, 238
Risikominimierung 226, 239
– Entscheidungskriterien 227
Risikoprioritätszahl 224
Risikozahl 220
RPZ 224

S

Schulungen 27
Schwachstellenanalyse 211
Schwellenwertbetrachtung 123
Sekundärausfall 175
Seven Tools 2
Sieben statistische Werkzeuge 2
Stabilität 287
Stichproben 276
Störgröße 192, 194
Strichliste 2
Stücklisten 215
Systemanalyse 194
Systemstruktur 215

T

Teamarbeit 212
Teileanforderung 136

Teileplanung 145
Themenspeicher 17
Total Quality Management 1
TQM 1

U

Ursache-Wirkungs-Diagramm 7

V

Varianzanalyse 190, 198, 202, 203, 204
Verbesserungsmanagement 105
Verbesserungsprozess 211
Verbesserungsprozesse 13
Verbesserungsvorschläge 17, 30
Vergleichspräzision 287
Verlaufsdiagramm 11
Verschwendungsarten 15
Versuche
– faktoriell 201
Versuchsbericht 215
Versuchsplan 189, 192, 197, 198, 201, 206
– teilfaktoriell 198, 206
– vollfaktoriell 206
Verteilungsmodell 277

W

Wechselwirkung 189, 192, 193, 194, 198, 201, 204, 205
Weibull-Analyse 310
Werkerselbstprüfung 24
Wiederholpräzision 287
Workflowmanagement-System 111

Z

Zeichnungen 215
Zeitbetrachtung 123
Zentralpunkt 191, 192
Zertifizierung 68, 69
Zertifizierungsstelle 69
Zielgröße 191, 193, 194, 196

Das bewährte Standardwerk und das Praxisbuch komplett neu überarbeitet

Das Handbuch "Qualitätsmanagement" ist ein eingeführtes Standardwerk für alle, die sich ein solides Grundwissen zu den Systemen, Verfahren, Methoden und Ideen des Qualitätsmanagements aneignen wollen.

In der dritten komplett neu verfassten Auflage werden alle aktuellen Entwicklungen berücksichtigt. Das gilt insbesondere für die neue ISO 9001, neue QM-Methoden, das Computergestützte Qualitätsmanagement und das TQM.

Der Aufbau des Buches orientiert sich an den einzelnen Phasen der Produktentstehung. Anhand von Praxisbeispielen lernt der Leser die Methoden und Verfahren kennen, die jeweils einsetzbar sind.

Obwohl die Hauptkapitel des Buches dem roten Faden folgen, der durch die Phasen der Produktentstehung vorgegeben ist, können sie auch einzeln und ohne Vorkenntnisse der anderen Kapitel gelesen werden. Dadurch ist es zugleich ein Nachschlagewerk, in dem auch erfahrene Industriepraktiker wertvolle Anregungen finden können.

Tilo Pfeifer
Qualitätsmanagement
Strategien, Methoden, Techniken
3., völlig überarbeitete und erweiterte Auflage
636 Seiten. Hardcover
2001.
ISBN 3-446-21515-8

Um auch in der dritten Auflage eine möglichst optimale Aufbereitung des Themas zu bieten, wurde das Buch in zwei Teile geteilt. Im **Teil A** liegt der Schwerpunkt auf Strategien und Rahmenbedingungen des Qualitätsmanagements, im **Teil B** geht es in erster Linie um Methoden und Techniken des Qualitätsmanagements.

Carl Hanser Verlag

Postfach 86 04 20, D-81631 München
Tel. (0 89) 9 98 30-0, Fax (0 89) 9 98 30-269
eMail: info@hanser.de, www.hanser.de